国家社会科学基金重点项目（14AZD020）最终成果

增长之源

中国中长期经济增长动力研究

盛来运　郑鑫　等著

商务印书馆
The Commercial Press

图书在版编目（CIP）数据

增长之源：中国中长期经济增长动力研究 / 盛来运等
著 . —北京：商务印书馆，2021
ISBN 978-7-100-19840-0

Ⅰ.①增⋯ Ⅱ.①盛⋯ Ⅲ.①中国经济—经济增长—
研究 Ⅳ.① F124.1

中国版本图书馆 CIP 数据核字（2021）第 066031 号

增长之源

中国中长期经济增长动力研究

盛来运　郑鑫　等著

商 务 印 书 馆 出 版
（北京王府井大街 36 号　邮政编码 100710）
商 务 印 书 馆 发 行
北京市十月印刷有限公司印刷
ISBN 978-7-100-19840-0

2021 年 6 月第 1 版　　　开本 710×1000　1/16
2021 年 6 月北京第 1 次印刷　　印张 31

定价：148.00 元

序　言

　　新中国成立以来，中国共产党团结带领全国各族人民拼搏奋进，砥砺前行，创造了经济增长的世界奇迹，中华民族迎来了从站起来、富起来到强起来的伟大飞跃。尤其是近40年来，中国共产党始终坚持以人民为中心的发展思想，坚持以经济建设为中心，坚持四项基本原则，坚持改革开放，不断解放和发展生产力，领导我国在实现经济持续较快增长的同时，实现了人民生活水平的不断提高。党的十八大以来，在以习近平同志为核心的党中央坚强领导下，我们坚持稳中求进工作总基调，统筹推进"五位一体"总体布局，协调推进"四个全面"战略布局，贯彻创新、协调、绿色、开放、共享的新发展理念，中国经济转入高质量发展新阶段。与改革开放初期相比，中国经济社会发展取得了翻天覆地的变化，经济实力明显增强，国际影响力大幅提升，成为推动经济全球化和世界经济发展的重要引擎。1979—2019年，中国国内生产总值年均实际增长9.4%，远高于同期世界经济2.9%左右的年均增速；中国经济总量占世界的比重由不足2%提高到16%以上，由低收入国家成功转变为中等偏上收入国家，正稳步向前继续迈进。

　　中国经济过去40多年持续快速增长的动力来自哪里？当前经济增长动力转换面临哪些挑战？未来经济增长的动力源泉将在何方？这些都是研究中国经济绕不开的重大课题。当前，世界正面临百年未有之大变局，新一轮科技革命、产业革命蓄势待发，中国经济正处在转型升级的关键时期，经济增长由高速向中高速转变，质量变革、效率变革和动力变革的任务十分紧迫。这不仅需要广大学者在历史纵深中拓展研究视野，梳理总结中国经济增长的经验，丰富经济增长的理论，创新经济增长的实践；更需要面向未来，顺应新时代发展要求，积极为推动中国经济高质量发展、构建发展新格局建言献策。

本书正是一本探索中国经济增长奇迹之谜、展望前行之路的新作。它聚焦中国经济增长动力，在深入剖析经济增长动力历史变迁的基础上，提出如何塑造和优化未来高质量发展的动力源泉。我认为，与现有相关研究相比，这本专著主要有以下几个突出的特点。

一是历史跨度较长。本书研究视线从改革开放之初一直延伸至本世纪中叶，跨越70余年，具体又划分为三个历史阶段，分别是：从改革开放初期到党的十八大之前、从党的十八大到"十三五"期末、从"十三五"期末到21世纪中叶。这三个阶段分别对应着从典型的低收入国家到世界第二大经济体的发展历程、新时代全面建成小康社会的进程，以及全面建设社会主义现代化国家的新征程。阶段的划分高度契合近年来中国共产党对我国发展历史的总结和中长期发展目标的战略部署，针对不同阶段对经济增长动力进行深层次考察，清晰地描述了动力转换的过程和方向，有助于读者加深对中国经济起飞和结构转换全过程的理解。

二是分析框架有创新。经济增长动力涉及内容较多，全面讨论一个大国中长期增长动力的变化，是个较难驾驭的大课题，一般文献会选取一个角度对动力变化的前因后果展开讨论，本书则从统计思维出发，围绕要素、产业、需求、空间四个维度，构建了一个适合于全面考察中国经济增长动力的分析框架。这个框架的构建在视角上颇为新颖，在逻辑上较为严密。在此框架下，作者对中国经济增长动力的来源及其变化过程进行了全景式考察分析，向读者讲述了一个生动的中国经济故事，既有广度又有深度；继而又使用这个分析框架，对中国未来经济增长的各个方面展开了讨论，试图描绘一张较为详细的发展路线图，这是对我国中长期发展战略研究的一次积极而有益的尝试。

三是数据较丰富。用数据说话是统计工作者学术研究的突出特点。这本书的研究团队主要由国家统计局从事统计分析的骨干工作者组成，书里的内容和方法也体现了数据研究和量化分析优势。尤其值得肯定的是，书中使用的大量数据来源较为统一，主要来自国家统计局和世界银行，这也是该团队日常统计分析工作中最常使用的数据来源，长期的使用确保了对有关统计标准、口径及指标内涵的充分理解，可以在很大程度上避免对数据的误读误判。同时，本书并不是统计资料的堆砌，作者在收集整理数据的基础上，结合理论和热点问题，做了大量的分析工作，在量化分析方法上也进行了一些创新，对推动相关领域学术研究有所贡献。

另外，这本书在丰富的数据资料和扎实的量化分析基础上，得出了一些独到的观点和见解，并尝试提出了具有针对性和可操作性的政策建议，对理解中国经济增长和谋划中长期发展战略具有参考价值。

来运同志长期跟踪研究中国宏观经济，近年来围绕经济增长等问题，开展了大量研究，取得了不少成果，为政府决策提供支持。在长期分析研究实践的基础上，他带领研究团队积极进取，勇于创新，不懈努力，终成此书。我对他们研究成果的出版表示祝贺！相信本书对所有关心中国经济增长问题的读者有所裨益。

2020 年 9 月 29 日

目 录

第一篇 高速扩张期的动力特征（1978—2012 年）

第二篇 新时代的动力转换（2013—2020 年）

第四篇　加快动力优化实现高质量发展

第一章 绪论

"合抱之木，生于毫末；九层之台，起于累土"，纵观中国改革开放 40 多年来的经济发展，我们能铸起千仞高山、汇聚汪洋大海，绝非神佛所助，更非一日之功，而是数代中华儿女披荆斩棘、艰苦奋斗的结果。"雄关漫道真如铁，而今迈步从头越"，中华民族的伟大复兴仍然任重道远。改革开放后不久，邓小平同志为我国的发展制定了"三步走"战略，指明了前进的方向。2017 年，党的十九大根据新时代发展环境和条件变化，进一步为建设社会主义现代化强国设定了新的"两步走"战略，即从 2020 年到 2035 年，"在全面建成小康社会的基础上，再奋斗十五年，基本实现社会主义现代化"；从 2035 年到本世纪中叶，"在基本实现现代化的基础上，再奋斗十五年，把我国建成富强民主文明和谐美丽的社会主义现代化强国"。

站在新的历史节点，回望历史，展望未来，习近平总书记高瞻远瞩、居安思危，提出世人深入思考和研究的时代课题，即"中国为什么能？中国共产党为什么能？国内外不少人都在思考这个问题。我们现在有底气，也有必要讲好中国故事"。本书就是一次旨在讲好中国经济增长故事的尝试。

1.1 研究背景

不可否认，经济发展的内涵要远远大于经济增长，但也不得不承认，经济增长是实现经济发展其他目标的前提和基础。回顾改革开放以来我国经济发展的巨大成就，在 40 多年的时间里持续较快的经济增长显然是最为引人瞩目的成就，也是最了不起的成就。要讲好过去 40 多年中国发展的故事，首先就需要讲好40多年的经济增长故事，而要讲好经济增长的故事，又必须讲清楚经济增长的动力从何而来。同理，要实现中华民族的伟大复兴，未来30年我们要努力实现高质量的发展，这仍然需要一定的经济增长作为支撑，经济增长的动力来源仍然是十分重要的问题。我们的研究就围绕经济增长动力展开，具体来说，主要围绕以下四个问题展开讨论。

一是中国经济为什么能够保持40年持续快速增长？ 改革开放以来，中国经济走上了一条前人从未走过的社会主义市场经济道路，期间曾经经历多次危机，每当我国经济发生波动时，国际上就会流行中国经济"崩溃论"，这种论调充斥着对中国经济增长动力来源的困惑和怀疑，然而事实证明中国经济具有较强的韧性，1979—2019年国内生产总值年均增速达到9.4%，这与西方经济学的传统认知形成了巨大反差。40多年的强劲增长动力来自哪里？这是解释中国经济增长奇迹的关键。

二是近年来中国经济增速放缓是否意味着中国经济增长奇迹的终结？ 2012年以来，我国经济增速呈放缓趋势，支撑中国经济高速增长的动力似乎在衰减，同时，随着中国经济规模超过日本，并迅速缩小与美国的差距，中国"威胁论"再次沉渣泛起，某些国际势力挑起了旨在遏制中国经济增长的贸易战、科技战、金融战，甚至不遗余力地借新冠肺炎疫情蔓延，污名中国，加速推进"去中国化"进程。在更加复杂严峻的内外部环境中，中国经济增长动力会不会出问题？中国共产党宣称的高质量发展能否实现？所谓"新时代"之"新"又体现在哪里？

三是未来中国经济能否成功跨越中等收入陷阱？ 2019年，中国人均GNI超过了10000美元，与世界银行划定的高收入国家门槛的差距缩小至20个百分点以内。然而，国际经验表明，近百年来，只有极少数国家成功地由发展中国家跨入了高收入国家行列，多数国家相对收入水平仍在低位徘徊，很多国家在经历了一段时间高收入增长后，止步于中等收入水平，陷入"中等收入陷阱"。然而中国共产党明确提出，未来30年内不仅要成为高收入国家，而且要"成为综合国力和国际影响力领先的国家"。有人怀疑其可行性，毕竟中国的人口规模比全世界发达国家人口总和还要大，同等规模的人口在短短 30 年实现发达国家的生活水平，历史上从来没有先例，中国去哪里寻找支撑梦想的经济增长动力？

四是如何塑造和优化中国未来的经济增长动力？ 中国梦是幸福的梦，中国人民追梦的过程将继续释放巨大的增长潜力，至少可以支撑未来 30 年的中高速增长，那么中国现有体制机制能否将这些潜力挖掘出来？历史经验告诉我们，中国过去 40 多年的发展史，就是一部依靠改革不断挖掘经济增长潜力的历史。中国的路没有人走过，所以需要不断改革创新，披荆斩棘，未来要挖掘增长潜力，改革的脚步仍然不能停下。因此，所谓"经历了 40 年的改革，为什么还没有改到位"的问题，本身就是一个伪命题，真正需要回答的是，我们未来需要将改革推向何处，从而推动中国经济增长动力结构不断适应发展阶段和内外环境的变化，再创中国经济增长"奇迹"。

1.2　经济增长动力分析框架

经济增长是一系列因素共同作用的结果，不同的学科、不同的理论、不同的学者会关注不同的因素，而这些因素的作用往往是相互交织的。西方主流经济学中的经济增长理论认为经济增长由劳动、资本、技术进步等决定，典型的解释方法是在生产函数框架内，将经济增长分解为要素投入和技术进步的作用，具体来说，把经济增长中能用劳动、资本等要素解释的部分剔除，其余的部分（所谓索洛余值）就是技术进步对经济增长的作用。然而，发展经济学等理论对于经济增长做出了更为广泛的解读，除了传统的要素积累和技术进步以外，产业结构、需求结构、空间结构等因素都与经济增长互为因果。显然，现实世界的经济增长是一连串重要事件共同作用的结果，生产要素的积累和技术进步必然引起产业结构的升级，产业结构的变化必须以需求结构的变化为推动和支撑，需求结构的升级也需要以产业结构升级为基础，要素聚集、产业扩张和需求变化又都需要空间结构的相应变化。本书的目的是要全面考察、解释和预测中国经济增长的动力构成和变化，我们认为，如果单纯使用偏重生产要素分解的西方主流增长理论，把握中国经济增长故事的全貌将是不可能完成的任务。因此，我们跳出了西方主流增长理论的框架，基于经济学理论和现实中社会各界关注的主要因素，并考虑统计数据的可得性，从要素、产业、需求、空间四个层面构建了新的动力分析框架。

一是经济增长的要素动力。经济增长的本质可以理解为价值的创造和财富的积累，因此，关于价值创造和财富积累的理论都可以用来解释经济增长及其动力构成的变化，相关理论构成了收入法国民经济统计与核算的基础。古典经济学和马克思主义经济学认为劳动是创造价值的唯一源泉，因而劳动的有效利用对于经济增长至关重要。新古典经济学及其发展（即庸俗经济学）则认为劳动、资本、土地等物质要素均创造价值，在此基础上，经济增长取决于要素投入规模的扩大、要素积累的增多、要素使用效率的提高等，如果将技术、制度等因素也视作要素，则经济增长可以完全由各种要素的投入及其相互配合来解释。就我国现阶段的生产力而言，生产要素及其所有制仍然是多样而复杂的，因而经济增长需要长期依靠多种生产要素的相互配合，并充分调动各要素所有者的积极性。改革开放以来，我国收入分配改革的一个重要内容就是由按劳分配转向按生产要素分配。党的十三大第一次提出了"在社会主义初级阶段，尤其要在以公有制为主体的前提下发展多种经济成分，在以按劳分配为主体的前提下实行多种分配方式"。党的十九届四中全会则明确提出，坚持按劳分配为主体、多种分配方式并存是我国国家制度和国家治理体系的显著优势之一，并要求"健全劳动、资本、土地、知识、技术、管理、数据等生产要素由市场评价贡献、按贡献决定报酬的机制"。因此，从要素对经济增长的贡献角度，对经济增长动力进行分解，并评价我国经济增长动力的演变，对理解我国经济增长的过去、现在和未来具有基础性作用，这构成了经济增长要素动力的研究内容。

二是经济增长的产业动力。要素的使用和组合构成了产业，从这个意义上讲，经济增长特别是发展中国家的经济增长，可以理解为要素由闲置状态或低效率的产业转移至高效率产业的过程。因此，结构主义发展经济学认为产业结构的变化或工业化是经济发展的前提，相关理论构成了生产法国民经济统计与核算的基础。库兹涅茨按照产业发展的历史顺序，将国民经济活动划分为农业产业、工业产业和服务产业三大类，推动了现代产业分类和产业统计方法的形成。经济增长往往可以规律性地概括为不同产业贡献大小的变化，经济增长的平稳性和可持续性也取决于产业体系的竞争力强弱。从实践来看，建立强大的产业体系一直是我国推动经济增长和发展的重中之重。新中国成立后，第一个五年计划的基本任务之一就是集中力量建设苏联帮助我国设计的 156 个项目，强调优先发展重工业。直到今天，产业建设仍然是关系我国长远发展的重点，党的十九大明确提出，要"着力加快建设实体经济、科技创新、现代金融、人力资源协同发展的产业体系"，要"加快建设制造强国，加快发展先进制造业"，"支持传统产业优化升级，加快发展现代服务业，瞄准国际标准提高水平"，"促进我国产业迈向全球价值链中高端，培育若干世界级先进制造业集群"。党的十九届四中全会也提出，要"积极发展新动能，强化标准引领，提升产业基础能力和产业链现代化水平"。因此，从生产角度分析各类产业对经济增长的贡献及其变化，可以对我国经济增长的历史进行较为细致的考察，与要素构成的变化相结合，可以较为全面地理解我国经济增长生产端或供给端的全貌，这构成了经济增长产业动力的研究内容。

三是经济增长的需求动力。经济运行不仅需要有效的生产（供给），还需要有效的使用（需求），只有需求与供给相匹配，经济增长才能持续推进。从这个意义上考虑，经济增长可理解为国民新增需求不断得到满足的过程，相关理论构成了支出法国民经济统计与核算的基础。虽然主流经济学对长期经济增长的解释集中于供给端，而对需求端的讨论主要用于解释经济的短期波动并推演宏观调控举措，但这并不代表需求端的变化对长期经济增长表现没有影响。我们暂且不讨论学界关于供给端与需求端的种种争论，但就主流经济学的逻辑而言，假设需求端的变化仅会造成短期经济波动，而短期经济波动会影响经济运行的稳定性，进而影响经济运行的可持续性，经济运行的可持续性必然影响到长期经济增长的表现。2008 年金融危机的爆发造成了全球贸易市场和投资市场的剧烈波动，而这种波动的影响一直延续到了十多年后的今天，短期与长期、供给与需求的界限已经很难区分。经济学家也常使用需求结构的变化来评价经济增长，例如，罗斯托在《经济增长的阶段》一书中，将经济增长划分为五个阶段，其中起飞阶段的重要标志之一是生产性投资率的提高，而当经济增长达到成熟阶段后，"社会的主要注意力就从供给转到需求，从生产问题转到消费问题和最广义的福利问题"[①]，推动经济增长进入大众高消费阶段。在我国改革开放之前，如何处理好积累与消费的关系就是制订经济计划的重要议题，改革开放后，随着生产水平的大幅提升，我国也出现了产能过剩问题，如何调整需求结构，以增强经济增长的平稳性和连续性，成为亟待解决的重大经济问题。党的十八大明确提出，"要牢牢把握扩大内需这一战略基点，加快建立扩大消费需求长效机制，释放居民消费潜力，保持投资合理增长，扩大国内市场规模。"党的十九大再次强调，要"完善促进消费的体制机制，增强消费对经济发展的基础性作用"。因此，从需求角度分析投资、消费、出口等使用方面的比例关系，可以对经济增长的可持续性和阶段性特征进行更为全面的把握，这构成了经济增长需求动力的研究内容。

四是经济增长的空间动力。无论是要素、产业还是需求，各种经济活动的开展和经济增长都需要在地理空间上发生，从空间角度看，经济增长可以理解为城市的崛起和各地区经济增长的加总，相关理论构成了城乡和地区经济统计与核算的基础。空间视角下的经济增长可分为城乡经济增长

---

① 〔美〕W. W. 罗斯托：《经济增长的阶段》，郭熙保、王松茂译，中国社会科学出版社 2001 年版，第 76 页。

和各地区经济的增长两个方面，在学术和政策语境中这两个方面更为人所熟悉的话题是"城镇化"和"区域协调"。对于发展中国家来说，城镇化进程往往与经济的快速发展同时发生，这是因为要素使用效率的提高、产业结构的转变意味着空间集中和外部规模经济效益的扩大，即城市经济的增长，而城市建设将带动大规模的基础设施建设，成为拉动需求增长的重要力量，另外，城市规模的扩大也意味着人们生活方式的改变，有助于创造新的更多的消费需求，所以，城镇化是由经济增长推动并对经济增长产生重要影响的因素。如果说城乡结构的变化对于经济增长的作用不够直观，那么区域协调对经济增长的作用就很直观了。一个经济体可以在空间上划分为若干个地区经济，地区经济的增长及其相互关系就决定了经济总体的增长情况。作为发展中大国，我国对于城镇化和区域经济的发展历来高度重视，对于经济增长的宏观调控往往需要落实到具体的城镇化或区域政策上来。例如，新中国成立初期，我国将以辽宁为中心的东北地区作为经济建设重点，苏联援建的 156 个项目中，有 17 个项目在"一五"计划实施前开工，其中 13 个被安排在东北地区。中国特色社会主义进入新时代以来，改善城乡和区域结构对于提高经济增长平稳性和经济发展质量的重要性更加凸显。党的十九大明确提出，要"建立健全城乡融合发展体制机制和政策体系"，"以城市群为主体构建大中小城市和小城镇协调发展的城镇格局"，"建立更加有效的区域协调发展新机制"。党的十九届四中全会提出，要"构建区域协调发展新机制，形成主体功能明显、优势互补、高质量发展的区域经济布局"。因此，从空间角度分析城镇化进程和各地区经济比例关系，可以对经济增长的具体实现过程进行较为直观的展现，特别是对于我国这样一个地区发展条件差异较大的大国来说，从空间角度对全国经济增长进行解释，更能反映不同地区居民对经济增长及其成效的不同感受，这构成了经济增长空间动力的研究内容。

1.3 本书结构

基于对国家宏观战略的认识和数据特征的分析，我们将改革开放以来的历史以及到新中国成立一百年的未来划分为三个阶段，分别为1978—2012年、2013—2020年、2021—2050年。据此，除第一章为绪论以外，本书按照四个部分展开研究，具体分为四篇。

第一篇主要分析1978—2012年的经济增长动力特征，包括第二、三、四、五、六章。这一阶段涵盖了党的十一届三中全会到党的十八大之前的34年时间，是我国经济高速扩张阶段。我国由一个温饱不足的贫穷国家迅速成长为世界第二大经济体，人均国民收入达到了中等偏上国家标准。毫无疑问，这个伟大奇迹的创造是由党的十一届三中全会以来轰轰烈烈的改革开放推动的，具体到经济增长动力，没有各领域各层面的改革开放，要素动力、产业动力、需求动力、空间动力的释放和增强都是无从谈起的，从这个意义上讲，改革开放是经济增长的根本动力。本篇中的第二章集中讨论我国经济增长与改革开放的相互关系，分析改革开放在我国经济增长动力特征形成过程中扮演的角色；接下来的第三章至第六章，分别对这一阶段经济增长的要素动力、产业动力、需求动力、空间动力演变和主要特征进行梳理和总结。

第二篇主要分析2013—2020年的经济增长动力特征，包括第七、八、九、十、十一章。这一阶段起始于党的十八大，结束于"十三五"末，即实现全面建成小康社会目标为止，或者说到我国"第一个百年"奋斗目标的时间节点为止。这一阶段的突出特征是中国特色社会主义进入新时代，经济由高速增长阶段转向高质量发展阶段，经济增长动力发生了转变，这种转变既有客观条件变化形成的倒逼因素，也有我国发展战略和政策调整而促使市场主体主动作为的因素。本篇中的第七章集中讨论新时代的主要特征，分析新时代背景下经济发展条件的变化，以及经济增长动力转变的必然性。接下来的第八章至第十一章，分别对新时代背景下经济增长的要素动力、产业动力、需求动力、空间动力发生的转变，以及呈现出的新特征，进行描述、分析和解读。

第三篇主要展望2021—2050年的经济增长动力，包括第十二、十三、十四、十五、十六章。这一阶段是我国实现"第二个百年"奋斗目标，实现伟大复兴中国梦的关键阶段。在这30年里，中国要跨越中等收入陷阱，同时要避免修昔底德陷阱，不仅需要在较长时期内维持中高速的经济增长，而且需要处理好国际经济关系，在推动构建人类命运共同体过程中扮演积极的角色。然而风险与不确定性如影随形，2019年底爆发的新冠肺炎疫情成为又一个打乱全球经济秩序的巨大"黑天鹅"，我们无法预知未来还有多少这样的"黑天鹅"，只有不断挖掘经济增长的新动力，才能有效抗击各种风险，才能让中国经济大船劈波斩浪，行稳致远。本篇中的第十二章着眼于2035年和2050年远景目标，通过国际比较，讨论现代化的数量目标，测算为实现"第二个百年"奋斗目标需要怎样的经济增长。接下来的第十三章至第十六章，分别对未来我国经济增长的要素动力、产业动力、需求动力、空间动力所蕴含的潜力进行测算，并讨论挖掘这些潜力会面临哪些挑战。

第四篇主要讨论推动我国经济增长动力优化的战略和关键领域改革，包括第十七、十八、十九、二十、二十一、二十二章。40年的发展经验告诉我们，只有不断深化改革开放，才能推动经济动力不断更新，以适应不断变化的内外部环境。在未来充满风险与不确定性的世界中，只有保持谨慎的态度和刀刃向内的勇气，继续推动自我革命，才能常改常新，永葆增长动力和发展活力。在总结40年经济增长动力变革的基础上，结合未来30年经济增长动力优化的要求，本篇针对与经济增长动力密切相关的重点领域改革提出我们的思考，其中第十七章概括未来推动经济高质量发展对经济增长动力优化的总体要求，并分析可资利用的机遇和需要应对的挑战，接下来的第十八章至第二十一章分别针对要素动力、产业动力、需求动力、空间动力的优化，讨论主要战略和改革方向，最后，第二十二章集中讨论事关全局的几项改革开放的重点领域任务。

1.4 主要结论和观点

1. **改革开放至 2012 年间, 我国经济增长的四大动力主要由规模扩张带动。从要素动力看,** 资本投入是我国经济增长的第一动力, 1979—2012 年对经济增长的平均贡献率达到了 62.9%; 全要素生产率是这一时期经济增长的第二动力, 贡献率达到了 25.6%, 但全要素生产率增长主要来源于制度变革诱发的改革红利; 劳动投入对经济增长的驱动作用也不容忽视, 平均贡献率达到 11.5%。同时, 三大要素融合发展催生的资本深化、资本体现式技术进步、人力资本积累等新要素动力也对经济增长产生了积极作用, 尤其是人力资本积累对经济增长具有重要意义。**从产业动力看,** 随着农业生产效率和生产能力的提升, 大量农业富余劳动力加快向非农产业转移, 促进了工业和服务业的发展。以工业为主的第二产业年均保持两位数的高速增长, 对经济增长的贡献率除少数年份外均超过 50%, 1979—2012 年第二产业贡献率平均值达到 53.5%; 服务业年均增长速度超过 10%, 对经济增长的贡献率呈持续上升状态, 由 1979 年的 25.6% 提高至 2012 年的 45.0%; 产业结构逐渐向合理化和高级化迈进以及不断提升的产业效率也是经济增长的重要动力。**从需求动力看,** 消费是拉动经济的第一动力, 1983—2012 年对经济增长的平均贡献率为 39.2%; 投资拉动作用总体增强, 1983—2012 年贡献率为 37.2%; 出口拉动力在我国加入 WTO 后大幅上升, 1983—2012 年贡献率为 23.5%。此外, 金融危机以后我国需求结构合理化水平有所下降, 不利于经济稳定增长。**从空间动力看,** 我国城镇化发展表现出渐进特征, 并对经济增长发挥了积极作用; 区域发展由追求均衡布局转向突出效率优先的非均衡增长, 1979—2012 年东部对经济增长的贡献率均值达到 51.2%, 区域分工趋于垂直化; 城乡和区域差距均呈现先扩大后缩小的特征。

2. 新时代以来，我国四大增长动力均实现了不同程度由量向质的转变。从要素动力看，全要素生产率对经济增长的拉动力明显提升，2013—2019年平均贡献率约为32%，且技术进步成为驱动我国全要素生产率增长的首要原因；资本投入依然是经济增长的第一动力，同时资本质量明显提升，对经济发展质量提升的积极作用不断增强；劳动投入对经济增长的贡献率已降至10%左右，但人力资本对经济增长的拉动力达到了历史最高水平。**从产业动力看，**2013—2019年我国工业增长放缓，第二产业对经济增长的贡献降至36.8%，但工业结构继续优化，发展质量提升，劳动生产率对第二产业增长的平均贡献率高达119%。服务业成为经济增长的重要引擎，2019年贡献率升至59.4%，同时服务业结构不断优化、现代服务业加快发展，劳动生产率提高和劳动投入增加都是促进服务业发展的有效动力。**从需求动力看，**消费的主动力地位继续加强，2013—2019年对经济增长的平均贡献率达55.7%且仍在提升；投资和出口的经济增长贡献率则分别降至36.3%和8.0%。同时，需求结构合理化水平回升，高级化水平稳步提高，正成为推动我国经济增长的有效动力。**从空间动力看，**我国城镇化质量有所提高，人口城镇化的经济拉动力凸显，经济增长对土地的依赖性下降，大城市化成为经济增长的新动力；四大板块中的西部地区对经济增长的贡献率提高，占全国经济的比重均有所上升，中部与东部地区分工趋于水平化；城乡差距继续缩小，区域差距保持平稳，但南北差距拉大。

3. 要实现第二个百年目标四大动力必须继续优化发展。测算显示，要实现第二个百年发展目标，2021—2050年我国经济平均增速须达到4.5%左右，在这一目标下四大增长动力既有机遇也面临挑战。**从要素动力看，**根据国际一般经验，未来我国全要素生产率贡献率仍将持续上升，2050年全要素生产率和资本投入的贡献率将呈现"六四开"的状态；但我国要素动力发展面临资本依赖过高、劳动力数量衰减过快两大困难，因此我国必须拥有持续推进技术进步的能力，而数字经济的发展将对创新发展提供重要支撑。**从产业动力看，**国际上产业发展既有一般规律也有各国特色，我国应从自身出发走一条符合中国特色的产业发展道路；2050年，农业占比进一步下降至2%左右，工业占比保持在35%左右，其中制造业占比稳定在25%左右，服务业占比上升至65%左右；在经济"服务化"发展过程中提高服务业效率、推动产业优化升级尤为关键，但我国产业发展仍面临自主创新能力不强、现代服务业发展不足、资源环境约束强化、国际产业竞争加剧等诸多挑战。**从需求动力看，**国际上存在从投资向消费和出口转换的一般规律，但也因要素禀赋而衍生出不同的发展模式，我国未来将形成以消费为核心的需求动力模式；要实现第二个百年预期发展目标，未来30年我国消费、投资和出口须年均分别拉动经济增长2.7、1.2和0.6个百分点；但我国需求动力升级面临着消费增长动力不足、投资效率偏低、仍处于出口价值链中低端等三大挑战。**从空间动力看，**根据国际经验测算，2035年和2050年我国城镇化率将先后提升至70%和75%左右，在实现第二个百年目标的过程中，由乡—城人口迁移推动的城镇经济增长效应可带动全国经济0.36个百分点的年均增速，同时城乡一体化推动的乡村经济增长效应可带动约0.39个百分点的年均增速，两项合计带动约0.8个百分点的年均增速，对经济增长的平均贡献率超过15%；基于区域角度的预测显示，由于区域差距的缩小，2021—2050年，东、中、西和东北四大板块对全国经济增长的贡献率分别为47.7%、22.2%、23.2%和6.9%，东部贡献率将下降。同时，我国城镇化发展面临着发展质量不高、土地资源供给趋紧、城镇承载能力不足、城市化发展不均衡等困难；各区域板块固有的发展短板仍较明显，资源、环境、财政等还可能成为制约区域发展差距缩小的因素。

4. 未来推动高质量发展必须加快构建新动力体系。我国经济已由高速增长阶段转向高质量发展阶段，正处在转变发展方式、优化经济结构、转换增长动力的攻关期。跨越发展关口、实现现代化目标，必须牢牢把握高质量发展的要求，坚持质量第一、效率优先，推动质量变革、效率变革、动力变革，实现经济高质量发展。当前，世界处于百年未有之大变局，我国高质量发展面临前所未有的机遇和挑战。下阶段，实现经济高质量发展，必须着力推进动力变革，加快构建以创新驱动为主导、产业提质升级为支撑、强大国内市场为依托、城乡区域协调为助力、体制机制完善为保障的动力体系，以动力变革促进质量变革和效率变革，实现经济更高质量、更有效率、更加公平、更可持续发展。

1.5　主要创新

1. 使用了较为全面的分析框架研究我国经济增长动力演化路径。本书构建了四大动力分析框架，用以系统梳理改革开放 40 年来我国经济增长动力的发展特征及其对经济增长的影响，并基于动力转换视角分析了各类动力的发展演化路径，在时间上将改革开放直到 2050 年的发展划分为三个历史阶段，有利于厘清我国经济增长的主要逻辑，可作为对相关领域研究的补充完善。

2. 完善要素动力测算方法探讨要素动力机制的转变。在基于索罗余值的全要素生产率测算研究中，大多对资本投入、劳动投入、要素份额的测算不够精细，易于导致全要素生产率测算结果的偏差，不能准确反映上述三类要素对经济增长的驱动效果。本研究则在完善相关测算方法的基础上，对改革开放以来我国要素动力的演化进行了详细分析，更好地反映了我国要素动力的实际演化特征。与此同时，还对全要素生产率的增长机制、资本质量提升、资本深化等问题进行了研究，探讨了我国要素动力由量向质的转变。

3. 从效率角度探讨了我国产业发展动力的变化。三次产业生产的增长是经济增长的直接动力，本书在梳理改革开放以来农业、工业、服务业发展变化及其对经济增长影响的基础上，从产业劳动生产率的测算和分解入手，以劳动生产率为核心分析了各产业动力演化的逻辑，并据此探讨了其对经济增长的动力由量向质的转变，这是对过往相关研究的一个有益完善和补充。

4.重新评估了三大需求对经济增长的影响。经济核算中将需求划分为消费、投资、净出口三部分，但这种划分方式没有考虑进口商品对消费和投资的贡献，会导致出口贡献率的低估以及投资等贡献率的高估，部分学者发现了这一问题，但相关研究对进口的分劈或划分过于简单或结果不够稳定，不能很好地反映三大需求对经济增长的真实拉动力。本书则基于计量分析方法对三大需求的贡献率进行了重新估算，较好地反映了我国需求动力的真实演化轨迹。同时，本书还进一步分析了我国需求结构合理化、高级化及其对经济增长的影响。

5.定性定量分析了区域城乡空间动力的经济增长机制。过往研究对经济增长空间动力的探讨大多集中在区域发展层面，本书将空间动力细化为城镇化发展、城乡差距、四大板块增长、区域发展差距四个维度，分别探讨了其在改革开放以来的演化发展，并系统分析了不同动力对经济增长的影响效果，同时从未来发展的角度定量估算了城镇化、城乡差距缩小、区域差距缩小等对经济增长的带动力。

1.6　进一步研究展望

基于四大动力分析框架，我们从相互区别但又彼此关联的不同侧面对中国经济增长和崛起的全过程进行了概览与展望，但是不得不承认，经济增长的现实是复杂的，任何分析框架都难以讲述中国经济增长的所有故事，我们希望尽量反映中国经济增长的主要逻辑，因而在分析过程中难免要舍弃很多细节和分支。当然，这些被舍弃的细节和分支并非不重要，它们恰恰是有待进一步深入研究的问题，只有这些问题得到了令人满意的回答，中国经济增长的故事才能更加丰满。我们认为以下几个相关问题值得后续深入研究。

一是新冠肺炎疫情对经济增长动力的长期影响。2019年底爆发的新冠肺炎疫情长期肆虐全球，对世界经济造成严重冲击和巨大的不确定性，很多学者认为世界经济格局可能因此而改变，对我国经济也将产生长远的影响。在本书初稿完成之际，新冠肺炎疫情尚未发生，有关测算未考虑疫情可能造成的长期影响，具体影响方向和数量值得进一步观察和研究。

二是各类经济增长动力之间的冲突与协同。本书从四大动力框架出发分析了各类经济增长动力，显然，各类经济增长动力之间存在密切的关联。经济平稳运行和持续增长，不仅需要各类动力内部结构持续优化调整，而且也需要各类动力之间的协同发力。限于篇幅，本书对经济增长动力之间的冲突与协同涉足不多，这是一个遗憾。

三是经济增长动力的平稳性研究。40年来我国经济增长的平稳性发生了巨大变化，这说明经济增长动力的转变存在快慢，不同动力结构对于风险和冲击的反应存在差异。本书涉及的时间跨度超过了70年，重点对不同阶段的增长动力特征进行研究，而对经济波动及其影响因素研究不足，有待进一步深入探讨。

四是国际经济竞合与经济增长动力调整的关系。随着中国经济规模的扩大，中国逐渐走近世界经济舞台的中央，国内经济增长对世界经济的影响不断增强，世界经济环境的变化对中国的影响也更加显著。显然，中国与世界的相互作用已远远不限于投资和贸易，从国际经济关系出发，在国际竞争与合作的大背景下讨论中国经济增长动力问题，有望获得更多有价值的洞见。

五是收入分配与经济增长动力的关系。收入分配不仅关系到公平问题，也与经济增长密切相关。平均化的收入分配不利于调动人的积极性，进而会削弱经济增长动力，而不平等的收入分配又会导致供需失衡和社会群体的割裂，同样会削弱经济增长动力。经过40年的发展，我国居民收入差距明显拉大，成为影响经济增长质量的重要问题，对收入分配和经济增长动力开展实证和规范研究意义重大。

第一篇

高速扩张期的动力特征

（1978—2012 年）

第二章 中国经济增长奇迹与改革开放

改革开放以来，我国经济创造了人类发展史上的奇迹。1979—2012年是我国经济高速增长时期，年均增速达到9.9%，34年中有15年实现两位数增长，在此期间，我国从贫穷落后的国家跃升为世界第二大经济体。如此高的增速是如何取得的？从时间节点来看，我国经济增速的加快与改革开放是同步的，那么改革开放在我国经济增长中具体扮演了怎样的角色？改革开放与要素、产业、需求、空间增长动力的释放又是怎样的逻辑关系？这是本章要厘清和回答的问题。

2.1 1978—2012年中国经济高速增长

1978年党的十一届三中全会的召开，标志着党和国家的工作重点转向以经济建设为中心，改革开放的大幕徐徐拉开。随着经济体制改革的推进，我国逐步实现由计划经济体制向市场经济体制转轨，对外开放的大门越开越大，经济发展的动力和活力不断增强，国家综合国力明显提升，人民生活水平大幅提高，经济社会发展取得举世瞩目的辉煌成就。

一、综合国力和国际影响力显著增强

经济基础决定上层建筑，经济实力决定国际地位。1978年以来，我国坚持以经济建设为中心，集中力量发展生产力，国民经济大踏步前进、经济总量连上新台阶，成功从低收入国家迈入中等偏上收入国家行列，综合国力和国际影响力实现历史性跨越。

经济持续高速增长，GDP 总量大幅增加。1978 年，我国国内生产总

值只有3679亿元，世纪之交已突破10万亿元大关，2012年，我国经济总量达到53.9万亿元，占世界经济的比重达到11.4%。按照不变价计算，1979—2012年，我国国内生产总值增长了23.5倍，年均增长9.9%（见图2-1）。**人均国内生产总值成倍增长，跨入中等偏上收入国家行列。**我国人口基数大，发展基础薄弱，人均经济发展水平提升具有更大的价值。1978年，我国人均国内生产总值只有385元，2003年超过万元大关，2012年已攀升至39874元，扣除价格因素，2012年比1978年增长16.3倍，年均增长8.8%。按照世界银行的划分标准，1978年，我国人均国民收入在188个国家和地区中排第175位，处于低收入国家行列，上世纪90年代末进入中等偏下收入国家行列，2010年进入中等偏上收入国家行列。**国际影响力稳步提升，成为世界经济增长重要引擎。**1978年，我国经济总量居全球第11位。上世纪80年代开始，我国经济总量分别超过印度、巴西、加拿大和俄罗斯，1996年达到世界第7位，2000年、2005年、2006年、2007年、2010年又先后超过意大利、法国、英国、德国和日本，稳居世界第二位。从对世界经济增长贡献看，1978—2012年，我国对世界经济增长贡献率为15.9%，仅低于美国，超过排在3—5位的日本、德国和印度的贡献率总和，国际地位不断提升。

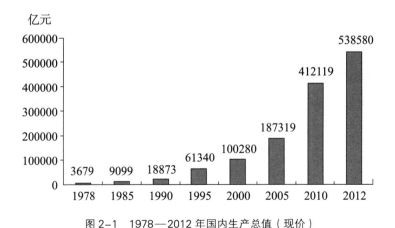

图2-1 1978—2012年国内生产总值（现价）

二、人民生活发生翻天覆地变化

社会主义生产的目的是不断地满足人民群众的物质文化需要，人民生活不断改善是持续推动经济增长的前提。在经济快速发展的同时，我国全体居民共享改革发展成果、生活水平显著提高，人民生活从温饱不足向全面小康加快迈进，脱贫成就举世瞩目、世界上最大保障安全网不断织密兜牢。

居民生活水平明显提高，消费结构不断升级。收入是生活的前提和基础，经济发展带动居民收入增长，同时社会供给能力提高，物质贫乏、供不应求的问题不断消解。城镇居民人均可支配收入由 1978 年的 343 元提高到 2012 年的 24127 元，扣除价格因素，年均增长 7.4%。农村居民人均纯收入由 134 元提高到 8389 元，扣除价格因素，年均增长 7.7%。消费层次不断改善。2012 年，城镇居民恩格尔系数为 36.2%，农村为 39.3%，分别比 1978 年降低 21.3 和 28.4 个百分点。家电、汽车等耐用消费品拥有量大幅增加，居住条件显著改善，"楼上楼下，电灯电话"等生活进入寻常百姓家。**贫困人口大幅减少，为世界扶贫事业做出了杰出贡献**。按现行农村贫困标准衡量，1978 年末农村贫困发生率约 97.5%，以乡村户籍人口作为总体推算，农村贫困人口规模 7.7 亿人；2012 年末农村贫困人口规模首次下降到 1 亿人以下，1978—2012 年我国农村贫困人口共减少 6.7 亿人，占世界减贫人口 3/4 以上，年均减贫人口规模 1975 万人。**社会保障体系建设取得明显效果，公共卫生事业快速发展**。改革开放以来，在城镇，养老、医疗、失业、工伤、生育保险在内的社会保障体系框架基本形成；在农村，逐步建立覆盖全体农民的养老和医疗体系。2012 年，2566 个县（市、区）开展了新型农村合作医疗工作，新型农村合作医疗参合率 98.1%。医疗卫生服务体系建立健全，2012 年末，全国共有卫生机构 95 万个，卫生技术人员 668 万人，分别比 1978 年增长 4.6 倍和 1.7 倍；每千人口执业（助理）医师数为 1.94 人，处于发展中国家中等偏上水平。居民预期寿命由 1981

年的 67.8 岁提高到 2010 年的 74.83 岁。

三、社会发展欣欣向荣

1978—2012 年，我国工农业发展快速推进，基础产业从发展瓶颈转为优势支撑，交通通信等基础设施实现跨越式发展，科技事业和教育事业长足进步，人才要素支撑不断改善，促进了经济快速增长。

工农业基础地位巩固，生产体系不断完善。确保粮食安全，坚守 18 亿亩耕地红线，粮食产量稳步增长，谷物、肉类、花生、茶叶、水果等农产品产量稳居世界第一位。工业化迅速推进，已迅速成为拥有联合国产业分类中全部工业门类的国家，技术水平和竞争力不断增强，超过 200 种工业品产量居世界第一，制造业增加值自 2010 年起稳居世界首位。能源是工业发展的粮食，我国不断提高能源供给效率，大力建设远距离能源供给体系，并不断开发利用清洁能源。2012 年我国能源生产总量达到 35.1 亿吨标准煤，比 1978 年增长 4.6 倍。一系列重大水电工程、货运铁路、管道工程等建成并投入使用。**交通运输发展成就斐然，邮电通信水平全面提升**。"要想富，先修路"，综合运输体系建设扎实推进，陆上、水上、空中、管道等各类交通网络加快完善，运输能力和效率大幅提升。2012 年末，我国铁路营业里程和公路里程分别比 1978 年末增长 0.9 倍和 3.8 倍。高速铁路建设进入快车道，大大提高了运输效率。通达世界、技术先进、业务全面的国家信息通信基础网络覆盖全国，为信息发展奠定了坚实基础。2012 年，电话普及率首次超过 100 部 / 百人，互联网上网人数达到 5.64 亿人。**科技和教育蓬勃发展，人才队伍建设成效突出**。体制改革稳步推进，科技投入不断加大。2012 年研究与试验发展（R&D）经费支出达到 10298 亿元，比 1995 年增长 28.5 倍。一批重大科技成果相继问世。神舟九号载人飞船与天宫一号目标飞行器顺利实现首次空间交会对接，北斗二号卫星导航系统完成区域组网并正式提供运行服务，"蛟龙"号载人深潜器海试成功突破 7000 米。基础教育巩固完善，教育普及程度明显提高，15 岁及以上人口平均受教育年限由 1982 年的 5.3 年提高到 2010 年的 9.1 年，为经济社会发展提供了人才基础。

改革开放以来，我国通过大改革、大开放，实现了大发展，经济增长、人民生活和社会发展出现了前所未有的历史性变化，取得了举世瞩目的历史性成就，创造了人类发展史上的奇迹，为经济长期可持续发展奠定了坚实基础。

2.2 改革开放是经济高速增长的根本动力

中国经济奇迹是怎样创造的？持续 30 多年高增长的动力是什么？这是每一个研究中国经济长期增长问题的专家都着迷的问题。中国经济起飞始于 1978 年的农村改革，人们自然会首先探讨改革开放与经济增长之间的关系。事实上，1978 年以来，我国每一步重大改革都对经济增长产生了显著影响。1978—2012 年间，渐进式改革塑造了我国三次增长浪潮，这种排浪式增长深刻反映了改革开放对我国经济增长的重大影响。以今天中国的发展水平看，很难想象，40 年前中国人吃上有营养的一日三餐都很困难。如果没有改革开放，我们今天的生活会怎样？历史不容假设，但我们可以从其他国家的相关经验，进一步观察制度变革对于中国经济增长的重要性。

一、重大改革推动中国经济排浪式增长

我国的改革开放采取了渐进推进的方式，受此影响，我国经济增长既不是突然启动的，也不是线性演进的，而是在重大改革的推动下，呈现出阶段性的变化特征，这种特征在我们划分的第一阶段（即 1978—2012 年），表现得非常明显。

我国相关改革和经济发展战略的实施主要反映在五年计划（规划）中，使用各个五年计划（规划）期间增速的对比，可以清楚地观察改革与经济增长的关系。如图 2-2 所示，我们将 1976 年以来的经济增长，按每五年计

算年均增速进行比较。1978—2012 年，我国经历了 6 个完整的五年计划（规划），即由"六五"到"十一五"。其中，"六五""八五""十五"是三个明显的加速增长期，而这三个时期均是改革开放取得重大突破的时期。

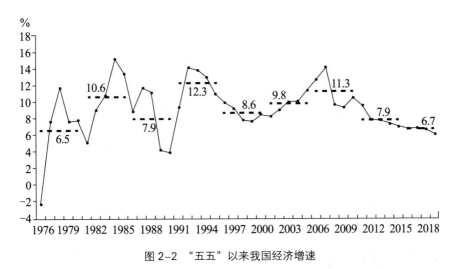

图 2-2 "五五"以来我国经济增速

注：图中横线段及其数值为五年年均增速，其中"十三五"数值为 2016—2019 年年均增速；1978 年及以前数据来自《新中国五十年统计资料汇编》，其他年份数据来自《中国统计摘要 2020》。

"六五"时期（1981—1985 年），我国国内生产总值年均增速达 10.6%，比"五五"时期（1976—1980 年）加快 4.1 个百分点。这是我国改革开放以后实施的第一个五年计划时期。继 1978 年底党的十一届三中全会明确提出"在明年把工作中心转入社会主义现代化建设"①之后，改革开放的一系列标志性事件在短短几年内接连发生。主要事件包括：1979 年与美国正式建交，深圳、珠海、汕头、厦门经济特区正式成立；1982 年中央一号文件正式肯定了包产到户的家庭联产承包责任制，9 月召开的党的十二大提出，要在不断提高经济效益的前提下，力争到 2000 年使全国工农业总产值比 1980 年翻两番；1983 年，在国营企业普遍推行"利改税"制度；1984 年 3 月，人大常委会通过《中华人民共和国专利法》，5 月进一

———————————

① 《中国共产党第十一届中央委员会第三次全体会议公报》。

步开放天津、上海等 14 个沿海港口城市，10 月出台文件，提出积极支持有经营能力和有技术专长的农民进入集镇经营工商业，同月中共十二届三中全会召开，通过了《中共中央关于经济体制改革的决定》，明确了"改革是当前我国形势发展的迫切需要""增强企业活力是经济体制改革的中心环节""发展社会主义商品经济""建立合理的价格体系""实行政企职责分工，正确发挥政府机构管理经济的职能""建立多种形式的经济责任制""积极发展多种经济形式，进一步扩大对外的和国内的经济技术交流"等重大改革原则和举措；1985 年，实现农产品合同定购和市场收购，统购统销制度退出历史舞台，同年邓小平提出："改革是中国的第二次革命。"正是这些密集的改革措施，有力地解放和发展了生产力，推动了改革开放后的第一波经济增长浪潮。

"八五"时期（1991—1995 年），年均经济增速达到了 12.3%，为改革开放以来增长最快的五年，年均增速比上一个五年提高 4.4 个百分点。这一时期国际环境异常复杂严峻，东欧剧变，苏联解体，中国经济也一度出现了较大问题。正是在这种背景下，又是一系列重大改革拯救了中国经济。1990 年，中央通过上海浦东开发开放方案；1992 年 1 月 18 日至 2 月 21 日，邓小平视察南方并发表谈话，明确了加快改革的大方向，提出以"一个中心（指以经济建设为中心）两个基本点（指坚持四项基本原则，坚持改革开放）"为核心内容的"基本路线要管一百年，动摇不得""改革开放胆子要大一些，敢于试验""计划多一点还是市场多一点，不是社会主义与资本主义的本质区别"等影响深远的重要论断，同年 10 月召开党的十四大，通过了报告《加快改革开放和现代化建设步伐，夺取有中国特色社会主义事业的更大胜利》，明确提出我国经济体制改革的目标是建立社会主义市场经济体制；1993 年，中共十四届三中全会通过《中共中央关于建立社会主义市场经济体制若干问题的决定》，提出了社会主义市场经济体制的基本框架，确定了"转换国有企业经营机制，建立现代企业制度""培育和发展市场体系""转变政府职能，建立健全宏观经济调控体系""建立合理的个人收入分配和社会保障制度""深化农村经济体制改革""深化对外经济体制改革，进一步扩大对外开放"等目标和原则；1994年，分税制改革正式实施。改革方向和目标一旦明确，经济增长迅速得到恢复，特别是在1992年邓小平发表南方谈话后，当年经济增速就达到了14.2%，1992—1995年连续4年增速保持在两位数，至1995年，十二大提出的经济总量翻两番的增长目标已提前五年实现。

"十五"时期（2001—2005年），年均经济增速达9.8%，比上一个五年加快1.2个百分点。这一时期经济增长的加快，在短期来看是受亚洲金融危机冲击后经济逐步进入恢复期的表现，但几项关键的改革开放事件起到了显著的助推作用。一是1998年正式启动了全国国有企业"三年改革脱困工作"，"按照'产权清晰、权责明确、政企分开、管理科学'的要求，对国有大中型企业实行规范的公司制改革，使企业成为适应市场的法人实体和竞争主体"，至2000年末，此项改革取得明显成效，大量国有企业实现脱困，这为"十五"时期的经济增长打下了良好的基础。二是1999年提出并于2000年正式实施西部大开发战略，随后几年西部地区经济增速明显加快。三是历经15年的复关和入世谈判终于取得成果，2001年在多哈举行的世界贸易组织第四届部长级会议通过了中国加入世界贸易组织的决议，这成为推动中国扩大开放的重大事件，随后中国对外贸易迅猛发展，"十五"期间，中国进出口总额增长了两倍，总额排名由2000年的第八位迅速提升至第三位，同时中国吸引的外商直接投资也在此期间迅猛增长，有效带动了全国经济增长。

二、如果没有改革会怎样？

改革开放前，我国经济多次出现负增长，经济效率和效益低下，人民生活水平很低，正是因为生活所迫，小岗村的村民才冒着生命危险，按下了"大包干"的红手印。毫不夸张地说，中国的改革开放是被逼出来的。经历了文革十年的动荡，目睹了东欧剧变和苏联的解体，中国共产党已经将推动改革开放和经济增长提升到关乎生死存亡的高度，邓小平在南方谈话中指出，"不坚持社会主义，不改革开放，不发展经济，不改善人民生活，只能是死路一条"。习近平总书记在庆祝改革开放40周年大会上的讲话中指出："40年的实践充分证明，改革开放是党和人民大踏步赶上时代的重要法宝，是坚持和发展中国特色社会主义的必由之路，是决定当代中国命运的关键一招，也是决定实现'两个一百年'奋斗目标、实现中华民族伟大复兴的关键一招。"

如果我们当初没有进行改革开放，今天的中国会怎样？这是个很难回答的问题，但从我们身边的两个邻国身上，可以对这种假设下的结果窥见一斑。几乎是在同一时点，这两个社会主义国家也与中国一样，面临着何去何从的重大抉择，但种种客观和主观因素决定了两国选择了不同的道路，到今天经济发展已产生了天壤之别。一个是朝鲜，在上世纪90年代的内忧外患中，国家安全和稳定受到严重威胁，最终选择以军事为中心，经济建设被摆在了次要地位，制度变革几乎停滞。另一个是越南。经历了长年的战争后，上世纪80年代的越南普遍贫困，越南政府终于决定向中国学习，将工作重心转向经济建设，走上了"革新开放"的道路。1986年，越南共产党的六大提出，"要在更新思维的基础上深入进行生产结构的调整和经济管理体制的改革"，承认商品生产和市场经济的客观存在；1991年，越共七大提出要发展"由国家管理、按市场机制运行的多种成分的商品经济"；2001年越共九大明确提出建设"社会主义定向市场经济体制"[1]。虽然在细节上与中国的改革开放有所区别，但总的来看，越南的革新开放是以中国改革开放为师的，在经济制度上走的是一条与中国较为相似的道路。1986年以后，越南的经济增速明显加快，由1986年的3.6%逐步提升至1995年的9.5%，21世纪以来多数年份增速保持在6%以上，1986—2018年，年

---

[1] 〔越〕范氏周红、莫岳云："试论越南社会主义定向市场经济体制的构建"，《广东省社会主义学院学报》2016年第3期，第89—93页。

均增速达到 6.5%^①（见图 2-3）。如果没有革新开放，这样的成绩是不可能取得的，越南今天的经济面貌可能更接近朝鲜，而不是中国。

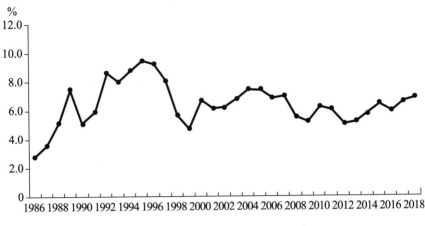

图 2-3　越南革新开放以来的经济增速

注：数据来源为世界银行数据库。

三、如果没有采取渐进式改革会怎样？

1978 年以来，我国采取了渐进的方式推进改革开放，先由农村再到城市，先由试点再到全国，先由局部再到全局。渐进式改革的基本逻辑是"摸着石头过河"，本着"不管黑猫白猫，能捉老鼠的就是好猫"的原则，逐步尝试适合中国国情的经济制度，在此过程中，虽然也走了一些弯路，但总体上看，这种改革方式的社会成本相对较低，一旦出现与预期效果不一致的情况也容易及时调整，在保证经济社会稳定大局的前提下，有效解放和发展了生产力，最终成功摸索出了一条社会主义市场经济道路。

与这种改革相对的是俄罗斯等国采用的"休克疗法"，这种激进的改革方式以西方主流的新古典经济学为理论基础，借鉴了上世纪 80 年代流行的"华盛顿共识"，认为"市场社会主义"不可能成功，不可能两步跨越一道鸿沟，必须采用激进的方式，在尽可能短的时间内实现经济自由化，

---

① 使用世界银行数据库计算。

推动国家体制由社会主义向资本主义跨越式过渡[①]。然而，虽然"休克疗法"在一些小型国家取得了成功，但却让俄罗斯付出了惨痛的代价。1992年，"休克疗法"在刚刚独立的俄罗斯联邦全面铺开，当年国内生产总值下降 14.5%，降幅较之前明显拉大，此后延续 7 年负增长，1997 年勉强实现正增长，而 1998 年又下降 5.3%，1998 年国内生产总值只及 1991 年的60.5%，经济发生了严重倒退；1992—2018 年的 27 年间，俄罗斯经济年均增速只有 0.9%，比同期世界经济增速低 2 个百分点[②]（见图 2-4 ）。"休克疗法"的本质是照搬西方发达市场经济的经验，或者说是照搬"美国模式"，俄罗斯经济因此陷入混乱，是因为这种"疗法"只是从理论出发，而没有考虑到俄罗斯具体的国情，俄罗斯犯了教条主义错误。改革开放前，中国曾一度照搬"苏联模式"，深刻领教了教条主义的危害，幸而在关键的历史转折点，中国没有再犯另一个教条主义错误，而是坚持走渐进式改革道路，否则后果不堪设想。

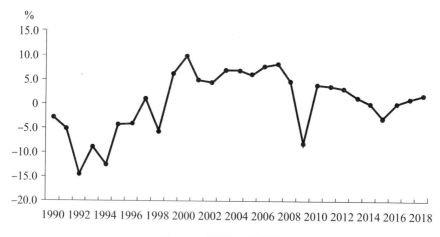

图 2-4　俄罗斯经济增速

注：数据来源为世界银行数据库。

---

① 丁汝俊："罗斯激进经济改革战略——'休克疗法'再评析"，《俄罗斯研究》2005 年第 1 期，第 65—70 页。

② 使用世界银行数据库计算。

四、如果没有坚持不懈推进改革会怎样?

中国的渐进式改革不是一帆风顺的,中间遇到过很多波折,但中国共产党始终秉持着将改革进行到底的决心。2019年,中共十九届四中全会概括了我国国家制度和国家治理体系的十三个显著优势,其中之一就是"坚持改革创新、与时俱进,善于自我完善、自我发展,使社会始终充满生机活力的显著优势"。历史证明了改革开放是中国经济增长的根本动力,未来改革开放仍将是推动中国经济增长的关键。今天,继续坚持和深化改革开放,已经成为中国人民和中国共产党的普遍共识。"坚持改革开放,是我们的强国之路。只有改革开放,才能发展中国、发展社会主义、发展马克思主义"的认识被写入了中国共产党党章。党的十九大再次明确,未来"必须坚定不移把发展作为党执政兴国的第一要务,坚持解放和发展社会生产力,坚持社会主义市场经济改革方向,推动经济持续健康发展"。

改革开放必须长期坚持,深入推进。历史证明,谁坚持改革,谁改革彻底,谁能破除制度上的桎梏或藩篱,谁就能更好地为生产力解放和发展创造更可靠的制度基础和机制保障。在改革方面,我们党、我们国家也与资本主义国家改良式改革进行竞争赛跑。从世界发展史看,改革不仅是中国的专利,资本主义世界的发展史也是一部改革史,资本主义国家的前景也取决于改革的成败。资本主义之所以能够发展到今天,就是因为资本主义进行了一定的改良,一些发达国家还建立起了"福利国家制度",大大缓和了阶级矛盾和社会矛盾。但是,发达资本主义国家仍然存在明显的社会矛盾,改革的呼声从未停止。有研究表明,1914—1945年西方发达国家收入不平等的锐减,主要是因为两次世界大战以及由此引发的经济政治冲击,所谓的"库兹涅茨曲线"只是暂时的现象,上世纪70年代以来,发达国家的收入不平等再次显著增加了[1]。西方发达国家国内的不平等造成了民粹主义泛滥,美国的"占领华尔街"运动和法国的"黄马甲"运动都是社会

---

① 〔法〕托马斯·皮凯蒂:《21世纪资本论》,巴曙松等译,中信出版社2014年版。

经济问题的直接反映。同时，资本主义世界的经济不平等又助推了移民浪潮和逆全球化运动，进一步给发达资本主义国家的经济社会发展带来新阻力[①]。另一方面，"福利国家制度"虽然呼应了普通居民的诉求，但是难以解决"公地悲剧"问题，2008 年爆发于美国的金融危机和随后爆发的欧债危机都与这种难以为继的制度有关[②]。西方发达资本主义国家的政治经济体制不可谓不成熟，但它难以克服私人占有与社会发展固有的矛盾，注定改革只能是"改良"。我国目前仍处于并将长期处于社会主义初级阶段，社会主义市场经济体制还有很多需要完善的方面，并且随着时代的进步，问题和挑战还会不断出现，需要我们不断进行制度创新。唯有坚持改革开放，才能继续推动中国经济保持中高速增长，实现高质量发展。

2.3　社会主义市场经济体制从根本上激发了增长动力

改革开放在本质上是制度的创新，涉及一系列制度细节的建立、完善、更新甚至重构，但是抽象地说，40 年改革开放的最大成果就是找到了一条适合中国国情的社会主义市场经济道路。随着社会主义市场经济体制的逐步建立，要素、产业、需求、空间等不同层面的动力不断被激活，推动经济结构持续升级，发展水平不断提高。因此，改革开放是中国经济增长的根本动力，而要素、产业、需求、空间等不同层面的动力都是以改革开放以及由改革开放促成的社会主义市场经济体制为基础的。概括来看，社会主义市场经济体制从三个重要方面激发了中国各层面经济增长动力。

一、调动了市场主体的积极性和创造性

市场经济体制之所以有效率，是因为各类市场主体的经济利益得到了

---

① 〔美〕M. 阿拉塞维奇、A. 索奇：《不平等简史》，罗海蓉等译，上海社会科学院出版社 2018 年版。

② 〔美〕T. G. 帕尔默：《福利国家之后》，熊越等译，海南出版社 2017 年版。

尊重，因而可以充分调动各个市场主体的积极性和创造性。我们可以从要素、产业、需求、空间等不同层面观察经济增长动力，但各层面经济增长动力的实现都离不开个人或机构具体的经济行动，如果个人和机构按照集中统一的计划行事，汇集而成的增长动力就表现为计划经济特征；反之，如果个人和机构依据市场信号自主决策行事，汇集而成的增长动力就表现为市场经济特征。

以要素动力论，改革开放前，劳动、资金几乎完全依靠国家统一调度，"大锅饭""磨洋工"等低效率问题严重。改革开放后，随着城乡分隔体制的打破，劳动者逐渐拥有了自主支配劳动力的自由，亿万农民工进城打工，参与到经济大潮中，成为亿万个市场主体，实现了我国劳动力要素优势的充分释放；随着所有制和收入分配制度改革的推进，企业、集体、个人等资本所有者的权益得到了尊重，资本市场逐步发展壮大，资本要素的流动加速，有效推动了资本积累；科技体制的改革和技术市场的放开搞活，带动各市场主体加大科技创新力度，市场分工的深化催生了一大批专业从事研究与开发的科技型企业和个人，技术要素积累加快。**以产业动力论**，改革开放前，企业生产什么、生产多少、怎样生产都要听统一指挥，企业缺少自主权，更没有积极性。改革开放后，首先是家庭联产承包责任制的建立，使农户成为自主经营的主体，农民生产积极性大幅提高，农业生产迅速恢复，产量节节攀升，进而国家粮食安全和居民温饱问题得以解决；其次是在国有企业建立现代企业制度，大型工业和服务业企业效率明显提高，夯实了我国产业竞争力提升的基础；最后是所有制改革催生了一个敢于冒险的企业家群体，由早期的乡镇企业到现在的民营企业，支撑了我国产业增长动力的基本盘。**以需求动力论**，改革开放前，绝大部分投资由中央主导，农村居民按照工分领取报酬，城市居民必须使用粮票、肉票、布票等票证才能购买生活物资，短缺经济特征十分明显。改革开放后，企业获得投资自主权，投资规模和效率大幅提升；同时，随着居民生活水平的提高，居民消费持续扩张升级，国内市场规模不断扩大。**以空间动力论**，改革开放前，我国城乡之间联系微弱，经济和社会面貌都呈二元化状态，同时各地区的经济建设也由国家统一计划安排，地方政府的主要任务是执行中央计划指令。改革开放后，城乡之间人员、资金等联系日趋紧密，市场主体的趋利行为推动我国由农民社会向市民社会转型，由此带来了巨大的城镇化增长红利；随着分税制改革的实施，地方政府获得了更多的自主权，在以经济建设为中心的思想指导下，我国还形成了独特的"地方官员晋升锦标赛模式[①]"，使地方政府成为以追求地方经济增长为目标的市场参与者，这种独特的模式极大地调动了地方政府的积极性，有效激发了各地区的增长动力。

二、建立了有效的宏观调控体制

西方经济学者也承认，虽然让市场在资源配置过程中起决定性作用是高效率的，但市场不是万能的，在一些情况下市场也会失灵，这就需要政府的宏观调控进行干预。改革开放以来，我国逐步建立起与市场经济体制相适应的宏观调控体制。相比于西方发达国家的宏观调控体制，我国的宏观调控体制不仅以总量平衡为目标，而且更加注重对于经济结构的调整和干预，形成了有中国特色的宏观调控体制。正如党的十九届四中全会所概括的，"坚持全国一盘棋，调动各方面积极性，集中力量办大事"是我国国家制度和治理体系的优势之一。未来，随着改革的深入推进，我国政府与市场的关系将进一步理顺，政府对经济的直接干预会减少，但宏观调控对于经济增长动力的形成和成长仍将发挥重要的促进作用。

以要素动力论， 1978 年以来，我国在较为严格的调控措施下，逐步放开了劳动力、资金以及土地要素的流动，这在很大程度上是渐进式改革的体现，正是因为没有采取一放了之的简单做法，才确保了过去 40 年中国在

---

① 周黎安："中国地方官员的晋升锦标赛模式研究"，《经济研究》2007 年第 7 期，第 36—50 页。

极其复杂的情况下保持了快速增长，各种要素有序流动而未出现严重的社会矛盾。**以产业动力论**，1998 年，我国实施了第一次大规模的机构改革，按照精简、统一、效能的原则，撤销了电力、煤炭、冶金、机械、电子、化学、纺织、轻工等多个工业管理部门，改变了计划经济时代按部门、行业设置管理部门的工业管理体制，逐步建立了分专业领域的政府机构，在转变政府职能和实现政企分开方面迈出了关键性步伐，基本建立起了适应社会主义市场经济要求的政府行政管理体制框架。与此同时，我国坚持采取积极的产业政策，引导和推动产业升级，有效加速了现代产业的增长。**以需求动力论**，改革开放以来，财政资金是我国投资的重要来源，因此，在控制投资总量和投资方向时，宏观调控特别是财政政策发挥了重要作用。随着我国金融体系的成长壮大，现在货币政策在宏观调控措施中的重要性日益提高，我国需求管理的工具箱日益丰富。另外，我国需求管理措施带有明显的结构调整目标，出口退税、家电下乡等措施均在促进供需结构升级的同时，有效增强了需求增长动力。**以空间动力论**，由于我国城乡差距和区域差距巨大，宏观调控举措经常要划定范围，例如西部大开发、东北振兴和中部崛起等战略均具有一套带有独特地域界限的政策措施，这有利于发挥地方优势，推进精细化管理。同时，改革开放以来我国基础设施快速发展，特别是南水北调、西气东输等跨区域大型基础设施建设成就突出，为我国各地区经济发展提供了有力支撑，这些基础设施的建设多是由政府主导的，也可视为我国宏观调控独特功能的一部分。

三、加快了中国经济融入国际大市场的步伐

20 世纪 70 年代以来贸易自由化、投资自由化、经济全球化不断深入，各国之间经济相互依赖程度提高，国际贸易规则不断强化。社会主义市场经济体制改革为我国经济与国际市场的接轨创造了条件。正是因为有市场化改革为基础，我国才得以抓住了历史机遇，尤其是加入世界贸易组织以来，对外开放的大门越开越大，对全球分工的参与越来越深，从而分享了

全球化发展的红利，有效推动了各层面增长动力的成长和优化。

以要素动力论，在全球化浪潮下，我国加大对世界先进科学技术、资金、人才、企业管理等要素的引进和利用，进而通过学习效应和竞争效应提升了国内要素质量和生产力。随着经济实力的提升，我国与世界的要素利用格局由单纯的"引进来"发展到"走出去"，我国对外投资、工程承包和劳务输出快速增长，成为影响世界经济增长的重要力量，同时也进一步提升了我国各类生产要素的有效利用程度和市场价值水平。**以产业动力论**，随着对外开放层次和水平的不断提高，我国承接国际产业转移的规模逐渐扩大，层次不断提高。相关产业深度融入全球分工，激烈的国际竞争对我国产业的现代化形成了倒逼机制，造就了我国全球门类最为齐全的工业体系，"中国制造"成为世界产业链、供应链中的重要一环，释放出强劲而持久的增长动力。**以需求动力论**，改革开放以来，尤其是加入世界贸易组织之后，依靠劳动力优势，我国加工贸易规模不断加大，制造业产品出口迅速增长，海外需求成为拉动经济增长的重要动力。同时，外商投资的规模和领域不断扩大，成为我国需求增长的重要拉动力量。**以空间动力论**，从1980 年建立了深圳、珠海、汕头、厦门四个经济特区开始，我国逐步开放东部前沿地带，东部地区的优势率先得到发挥。随着对外开放水平的提高，中西部参与全球分工的程度也在加深，从而获得了新的增长动力，特别是随着近年来以"一带一路"为代表的跨国发展倡议实施，为我国欠发达地区扩大对内对外开放、挖掘增长潜力提供了前所未有的重大机遇。

2.4 小结

1978 年以来，我国经济社会发生了翻天覆地的变化，尤其是 1979—2012 年间，我国经济实现了世所罕见的高增长，社会生产力得到了空前的解放和发展，综合国力和国际影响力显著提升，人民生活大幅提高，为新时代的经济持续发展和"两个百年"奋斗目标的实现奠定了基础。

从这一时期经济增速的变化来看，我国经济共经历了三次明显的增长浪潮，呈现出明显的排浪式增长特征，而每次增长浪潮都是由改革开放的重大突破推动的，这说明我国经济增长与改革开放进程高度相关，改革开放是我国经济增长的根本动力。以国际经验对比来看，我国高增长之所以持续了30多年，主要是因为中国共产党做对了三件事：一是开启了改革进程，二是采取了渐进式改革方式，三是将改革开放列入社会主义初级阶段的基本路线，坚持不懈地推动下去。

中国改革开放的最大成就之一是成功建立了社会主义市场经济体制，向世界证明了社会主义与市场经济的结合不仅是可行的，而且是高效的。中国在建立社会主义市场经济体制的过程中，充分调动了市场主体的积极性和创造性，建立了有效的宏观调控体制，并主动融入了国际大市场，从多个方面促进了中国要素、产业、需求、空间增长动力的成长壮大。

第三章　依靠规模扩张的要素动力

从本章开始，我们将分阶段讨论在改革开放环境下，要素、产业、需求和空间动力的成长和贡献。首先讨论经济高速增长时期的要素动力问题。要素投入与积累是分析经济增长动力问题常常首先考虑的研究视角。回顾改革开放以来我国经济增长的发展历程，资本、劳动和技术进步在不同阶段为推动经济增长发挥了重要作用。改革开放之初，国内物质资本不足而剩余劳动力充足，发展劳动密集型产业成为推动经济起步的初始动力；将劳动密集型产业带来的利润用于投资，则带动了资本规模的不断扩张，资本和劳动的双重驱动也成为了我国经济增长的重要动力；与此同时，随着资本引进带来的技术溢出，以及艰苦卓绝的自主研发，技术要素也逐渐成为我国经济增长的又一重要力量。那么，从改革开放到新时代之前（1978—2012 年），我国要素动力的发展演化究竟有何特征，又如何支撑了中国经济的高增长？为此，本章将对高速增长期内资本、劳动、全要素生产率三大要素的发展演变进行梳理，探索中国经济高增长的要素动力机制，并为下阶段要素动力的转变研究奠定基础。

3.1　要素动力：理论与方法

一、要素与经济增长关系的理论梳理

要素对经济增长的影响是一个悠久的经济学课题。早期的古典经济学家就关注了要素在经济增长中的重要作用，亚当·斯密认为劳动力数量的增长会引起经济增长，便是对劳动要素的理论关注，同时认为分工导致劳动技术效率提高进而带动经济增长，则也可以近似看作对技术进步的简单

讨论。李嘉图进一步指出了资本积累的经济意义，也是对资本要素的一个有益探讨。马克思批判性地继承了古典政治经济学理论，指出扩大再生产的基础之一便是通过资本积累进行剩余价值资本化。古典经济学关于要素的探讨成为经济学发展的重要基础。

新古典综合学派进一步发展了增长理论并将要素对经济增长的影响模型化。哈罗德-多马模型（Harrod-Domar model）便重点关注了资本存量变化和资本投入的边际产出对经济增长的作用。基于生产函数的索洛模型的主要结论之一可以表述为，人均产出（Y/L）的增长来源于人均资本存量和技术进步，社会总产出来源于人口增长和外生的技术进步。虽然索洛的技术进步外生假设受到了一定的质疑，但这一模型仍旧是研究经济增长要素动力的一个经典范式。

此后，新经济学派将技术进步内生化建立了内生增长模型，如阿罗的"干中学"理论将技术进步设定为资本函数，表示资本的增加带动了技术水平的进步，并为经济增长提供动力（赵科源，2013）[1]，这种将资本要素与技术创新要素相结合的分析范式也成为现在资本体现式技术进步研究的起点。卢卡斯基于柯布-道格拉斯生产函数（Cobb-Dauglas model）建立的人力资本模型则将外生的技术进步转变为附加于劳动力的人力资本，这也可以看作传统要素协同发展带来的经济增长动力。

对中国经济而言，要素积累对经济增长的意义也是学术界关注的焦点，如刘瑞翔（2013）[2]基于1989—2010年中国省际数据的实证研究显示，中国经济增长主要由要素投入驱动。封永刚等（2017）[3]认为技术进步和要素投入增长作用的变化，推动了中国经济增长的动力转换。但也有不少研

---

[1] 赵科源：《中国经济增长潜力研究》，中共中央党校博士论文，2013。

[2] 刘瑞翔："探寻中国经济增长源泉：要素投入、生产率与环境消耗"，《世界经济》2013年第10期，第123—141页。

[3] 封永刚、蒋雨彤、彭珏："中国经济增长动力分解：有偏技术进步与要素投入增长"，《数量经济技术经济研究》2017年第9期，第40—57页。

究指出要素投入对我国经济增长的贡献具有局限性和阶段性，指出了要素动力转变的必要性和重要意义。如徐枫和王占歧（2015）[①] 指出依赖劳动力、土地等要素投入的增长具有不可持续性；徐鹏杰和杨萍（2019）[②] 的研究表明，要素高投入低效率带来的环境污染问题成为高质量发展的一大障碍。这些研究集中体现了资本、劳动、技术创新等要素在中国经济增长中扮演着重要角色。

二、要素动力的分析范式

随着经济理论的发展，关于要素的探讨也经历了不断发展的过程。威廉·配第关于"土地是财富之母，劳动是财富之父"的描述可以看作二元要素论。亚当·斯密指出无论在什么社会，商品的价格归根结底都分解到劳动、资本和土地三者之中，可以看作三要素论的观点。此后，马歇尔将管理视为第四要素，进一步随着信息等要素的加入，逐渐形成了六要素理论。但无论对要素的认知如何发展，资本和劳动都是普遍承认的影响经济增长最基本的要素动力，而随着索洛采用余值法对技术进步进行测算，以全要素生产率为代表的技术创新（当然技术创新只是全要素生产率的一个主要组成部分）也逐渐被视为拉动经济增长的又一重要因素。以科布－道格拉斯生产函数为具体形式进行经济增长要素动力研究，也成为了相关研究的一个经典范式。这一模型也可以较好地用于分析改革开放以来的中国经济增长。在规模报酬不变假设下，柯布－道格拉斯生产函数形式可设定为：

$$Y = AK^{\alpha}L^{\beta} \quad \text{s.t.} \, \alpha + \beta = 1 \qquad (3.1)$$

其中，Y 是经济产出，L 为劳动投入，K 为资本投入，α 表示资本产出弹性，通常用资本投入在总投入中所占的份额表示，β 为劳动产出弹性，

---

① 徐枫、王占歧："中部 6 省土地要素投入对城市经济增长效率影响研究"，《中国土地科学》2015 年第 10 期，第 6—13 页。

② 徐鹏杰、杨萍："扩大开放、全要素生产率与高质量发展"，《经济体制改革》2019 年第 1 期，第 34—40 页。

通常用劳动份额表示，A 为全要素生产率。本章将基于上述模型展开测算，分别从资本、劳动和全要素生产率三个方面，对我国 1979—2012 年经济增长的要素动力进行分析，此外还将对资本深化、资本体现式技术进步、人力资本等的经济增长效应进行讨论。

三、三大要素的测算方法

（一）资本投入测算。资本存量与资本投入水平具有较强的相关性，且数据的可得性较强，因此常常使用资本存量作为资本投入的代理变量。永续盘存法是资本存量测算最常用的方法，其基本方法可以表示为：

$$K_t = I_t / p_t + (1 - \delta_t) K_{t-1} \qquad (3.2)$$

其中，K_t、I_t、p_t 和 δ_t 分别为 t 期资本存量、按当期价格计算的投资额、定基价格指数和资本折旧率。以往学者在使用过程中对各变量的处理往往不够精细，测算结果可能存在一些偏差，为此我们在一些层面进行了改进，主要包括：一是对资本类型进行较为细致的划分。根据投入产出表将固定资本分为农业资本品、家具体育娱乐设施、金属制品、机械设备、交通设备、电器设备、计算机及通信设备、仪器仪表、建筑物及房地产和无形资产十个大类，通过考虑每类资本的初始资本存量、折旧率、资本形成额和价格指数，分别展开计算。二是改进资本折旧率的估算方法。将折旧率分为固定折旧率与可变折旧率两部分，固定折旧率参照相关学者研究设定为 5.65%（陈昌兵，2014）[①]，设定可变折旧率与经济增速正相关，在增强折旧率算法客观性的同时加强资本投入与经济增长的关联性。三是在基期资本存量确定时，依据 1978 年的国营企业年末固定资产净值数据设定初始资本存量[②]，由于 1978 年主要的经济活动是由国营企业完成，所以这个

---

① 陈昌兵："可变折旧率估计及资本存量测算"，《经济研究》2014 年第 12 期，第 72—85 页。

② 国营企业年末固定资产净值的资本分类与本章并不完全一致，还要利用后来年份的一些固定资产的结构加以调整，所以 1978 年的十大类资本基期存量有一定的推算成分，但考虑到许多年的折旧，对于间隔一定年份之后的资本存量影响不大。

数据是有相当代表性的，与以往研究相比数据来源和计算结果的稳健性有所增强[①]。

（二）劳动投入测算。除了物质资本外，劳动也是促进经济增长的重要基础要素，尤其对于我国而言，改革开放促进大量剩余劳动力转移就业，大大促进了有效劳动供给的增加，对我国经济增长起到了重要作用。在劳动投入测算层面，《OECD 生产率测算手册》推荐的"就业人员数量 × 劳动时间"是西方国家通用的算法。我国劳动时间统计数据基础较薄弱无法直接套用，但我们认为仍应在该方法框架内寻求改进，而不是简单使用就业人员数量，尤其是我国农村劳动力大量转移、就业结构不断优化，测算劳动投入必须考虑劳动时间或劳动强度的变化。从整体上看，劳动力投入的劳动时间与其获得的劳动报酬具有较高的相关性，因此本章使用收入水平作为劳动时间的替代变量，虽然收入水平的变化可能有技术进步因素的影响，但在数据可得性限制下，仍是一个较为合理的替代变量。具体而言，使用农村居民从事农、林、牧、渔业的人均经营纯收入表示农业收入水平，使用城镇居民人均工资性收入与经营净收入合计表示非农产业收入水平，通过相应处理代替劳动时间。这种方法不仅简便，而且充分体现了农业劳动与非农业劳动的真实收入差距，可以较好反映各产业劳动强度，有效克服了劳动时间数据缺失问题。

（三）全要素生产率的测算。全要素生产率（TFP）的测算是学术界研究的热点，测算方法主要有数据包络分析法、随机前沿法、索洛余值法等三大类，而方法众多、数据来源和使用各异，也导致测算结果存在显著差异（田友春等）。一是数据包络分析法（DEA），其特点是不受模型形式和参数设定影响，曼奎斯特指数法、ML 指数法等都是其典型应用（班克

---

① 具体测算方法可参见王维、陈杰和毛盛勇发表于《数量经济技术经济研究》的文章："基于十大分类的中国资本存量重估：1978—2016 年"。

等，1984）[1]。杨（Young）对我国 1979—1998 年的全要素生产率进行了测算，结果显示全要素生产率平均水平仅为 1.4%；徐鹏杰通过测算省级绿色全要素生产率评价了我国地区绿色技术效率；陈超凡的测算结果表明，我国工业绿色全要素生产率明显低于传统全要素生产率。二是随机前沿法（SFA），其优点是可以分析随机因素对于产出的影响。王志刚等的测算结果表明，我国全要素生产率在 1978—2005 年间呈现波动上升态势，且区域间存在显著差异；余泳泽的测算结果显示，1978—2012 年间中国全要素生产率年均增幅为 2.4%，且主要来自规模效率改进和技术进步。三是基于生产函数的索洛余值法，其特点是理论基础扎实、数据可得性强，是全要素生产率测算的经典方法。国内较有代表性的研究是郭庆旺和贾俊雪的研究，测算结果显示 1993 年以前我国全要素生产率波动明显、1993—2004 年则先降后升；蔡跃洲和付一夫的测算结果显示，1978—2014 年全要素生产率对我国经济增长的平均贡献率达 39.4%。全要素生产率测算还有部分其他方法，如魏婧恬等使用 OP 半参数法从企业层面测算了全要素生产率的变化；朱军使用 DSGE 模型对我国全要素生产率的提升路径进行了模拟。

上述方法各有优劣，考虑到数据的可得性、可比性和计算的稳健性，本章选择使用基于柯布-道格拉斯生产函数的索洛余值法测算全要素生产率。将柯布-道格拉斯生产函数求导并稍作变形，即可得到全要素生产率的计算公式：

$$\dot{A} = \dot{Y} - \alpha \times \dot{K} - (1-\alpha) \times \dot{L} \qquad (3.3)$$

$\dot{A}$ 为全要素生产率增长率，$\dot{Y}$ 是经济增长率，$\dot{L}$ 为劳动投入增长率，$\dot{K}$ 为资本投入增长率，α 表示资本份额。资本和劳动投入的测算方法已经进

---

① Banker, R. D., Charnes, A., Cooper, W. W., "Some Models for Estimating Technical and Scale Inefficiencies in Data Envelopment Analysis", *Management Science*, Vol. 30, No. 9, 1984, pp. 1078-1092.

行了说明，此时得出全要素生产率，只需要对资本份额 α 进行确定。要素份额的确定主要有两种方法：一是收入份额法。根据国民经济核算中劳动者报酬占国民收入或国内生产总值的比重确定劳动份额，使用"1-劳动份额"作为资本份额。二是计量法。在规模报酬不变假设下，使用柯布-道格拉斯生产函数构建人均产出与人均资本存量的计量模型，通过回归得到资本份额。《OECD 生产率测算手册》推荐使用收入份额法，但其缺点是工资刚性会导致测算结果与劳动的实际贡献存在偏差，我国市场经济体制不完善，这种误差必然更加明显；计量法则由于存在技术限制，测算结果也可能存在误差或无法体现资本份额变化。本书对计量法进行改进，分别运用自回归（VAR）模型和滚动回归（ROLLING）模型进行回归运算，并综合考虑二者的回归结果动态设定资本份额。自回归模型可以规避模型的内生性问题并考虑变量的时间惯性从而提高测算质量，滚动回归模型可以反映资本份额随时间的变化趋势。在此基于柯布-道格拉斯生产函数，对人均经济产出和人均资本存量两个变量进行回归运算，综合考虑两种模型的回归结果设定资本份额，在有效提高测算质量的同时，合理反映资本份额的动态变化，突破了计量法的技术限制，优化了测算结果。在要素份额确定之后，即可代入公式（3.3）计算全要素生产率。

3.2 不断扩张的资本投入

一、高速增长期资本投入的发展变化

基于上述方法，我们测算了我国 1978—2012 年以固定资本存量衡量的资本投入变化，结果如图 3-1 所示（本节分析中对资本投入和资本存量两个概念不做区分）。总的来看，我国高速增长期资本投入的变化特征可以表述为总量加快增长。从总量看，我国不变价固定资本存量从 1978 年的 5814 亿元增长至 2012 年的 16.1 万亿元，2012 年是 1978 年的 27.7 倍。从增长率看，1979—2012 年资本投入年均增长 10.3%，如果以 1992 年为界

进行前后对比，发现资本投入增速明显加快。1992 年之前，我国虽然已经开始实施改革开放，但经济体制改革的方向尚不明确，建设氛围尚未完全形成；加之国民经济仍在调整恢复，底子较薄，大规模投资建设的资本尚不充足，容易引起通货膨胀，政府被迫先后多次调控压减投资防止经济过热，也在一定程度上抑制了资本投入的较快增加。1979—1992 年我国资本投入年均增速仅为 4.9%。1992 年之后，随着社会主义市场经济建设方向逐步明确，经济经过调整，投资条件和环境整体改善，我国资本积累的速度也明显提升，尽管受政策调整、外部冲击等影响在部分时期出现较大波动 [①]，但整体处于高速增长状态。1993—2012 年的年均增速达到 14.2%，2007 年时的最低增速也达到 8.7%，在 20 年的时间里，我国资本存量增长了 13.2 倍。

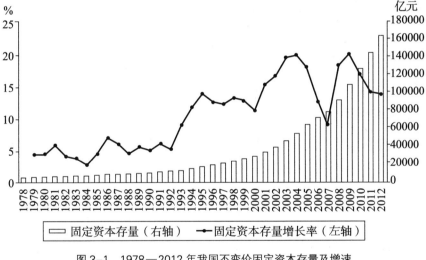

图 3-1　1978—2012 年我国不变价固定资本存量及增速

① 如入世后资本和经常账户双顺差拉动投资过快扩张可能引起经济过热和产能过剩，中央及时调整政策压减国债规模收紧银根，2005—2007 年资本投入增速出现了大幅回调；而金融危机爆发和影响扩散后中央再次将整体紧缩的政策调整为保持经济稳定较快增长、防止物价过快上涨，资本投入增速下滑的态势也随之在 2008 年明显扭转。

二、资本投入对经济增长的贡献

要分析资本投入对经济增长的贡献，可以从两个方面入手，一是资本投入对经济增长的贡献率，二是资本投入区域分布状况影响经济增长的渠道。

（一）资本投入的经济增长贡献率

资本投入对经济增长的贡献率是衡量其对经济增长影响的最重要也是最直观的指标，可以基于生产函数使用公式"资本投入增速 × 资本份额 / GDP 增速 × 100%"计算。资本投入增速的测算结果上文已经进行了介绍，资本份额的计算则基于 3.1 节中所述的方法展开，测算结果显示，我国资本份额平稳下降趋势明显，从改革开放初期的 0.7 左右下降至 2012 年的 0.5 左右，改革开放以来我国经济高速发展，经济体制和产业结构发生重大变革，资本份额应不断下降逐渐向成熟的市场经济体靠拢，本章的测算结果也较好反映了这一趋势。

将相关测算结果带入计算公式，便可以计算资本投入在各年拉动经济增长的点数和对经济增长的贡献率，结果如表 3-1 所示。从整体上看，资本投入对经济增长的贡献率维持在较高水平，随着资本投入增长的加快，对经济增长的影响也有提高趋势。1979—2012 年资本投入年均拉动经济增长 5.8 个百分点，对经济增长的平均贡献率达到 62.9%，这也意味着资本投入对经济增长的贡献率超过劳动和全要素生产率贡献率总和 25.8 个百分点，是当之无愧的经济增长第一动力。需要指出的是，资本投入对经济增长的贡献指的是当年经济生产过程中所投入全部资本的产出，其中有当年投资转化而来的资本，但更多的则是过往投资积累而来的资本，这也就导致了"资本投入"的经济增长贡献率超过 60%，明显大于后文需求动力中"固定资产投资"不足 40% 的年均贡献率。

表 3-1　1979—2012 年资本投入在各时期对经济增长的影响

时期	1979—1985 年	七五时期	八五时期	九五时期	十五时期	2006—2012 年	1979—2012 年
资本投入平均拉动点数	3.1	3.7	5.5	7.0	9.3	6.9	5.8
资本投入平均贡献率	37.3%	56.0%	46.2%	81.6%	95.3%	69.0%	62.9%

从不同阶段看，资本对经济增长的贡献经历了先波动而后稳定上升最后高位回落的变化。**一是 1979—1992 年的大幅波动**。改革开放早期，大多数地方要求继续快速推进工业发展，多次大搞建设加剧国民经济比例关系失调，中央则多次采取收缩调整的应对政策，投资也因政策变化而多次出现大幅起落，对经济增长的贡献率也随之波动明显。**二是 1992—2005 年前后的稳步提高**。小平同志南方谈话之后，市场经济体制建设逐渐起步，各地建设热情和民间资本被调动起来，经济进入活跃期，随着多种所有制企业的快速发展以及基础设施的接续建设，带动资本投入对经济增长的贡献率平稳较快提高，峰值期接近或超过了 100%。其中"十五时期"的贡献率超过 90%，这主要得益于几方面因素的综合作用：① 2003 年十六届三中全会通过了《中共中央关于完善社会主义市场经济体制若干问题的决定》，进一步明确了市场经济改革方向，对各地的建设热情都有带动作用；②上文已经提到，加入世贸组织以后外贸和资金状况的不断改善为国内资本快速积累创造了基础条件；③ 1999 年全面停止福利分房制度后，房地产市场开始蓬勃发展，也是资本投入快速增长的直接驱动力。**三是 2005 年之后的波动回落**。随后在宏观政策调控作用下，投资增速逐渐回落，资本对经济增长的贡献率也回归至正常水平，而国际金融危机爆发后出于稳定经济增长的目的，刺激政策带动投资再次明显回升，资本投入对经济增长的贡献率也迅速回升至 90% 以上的高位，到 2012 年仍高达 70% 以上。但需要指出的是，这种资本的持续高投入也带来了产能过剩、效率下滑、房价攀升等一系列问题。

（二）资本投入的区域分布与经济增长贡献

从上一节整体上的测算和分析可以看出，资本要素的积累在中国高速增长期对维持和促进经济增长起到了至关重要的作用，为进一步讨论这一要素的区域结构变化，我们测算了我国 31 个省（区、市）1979—2012 年的资本存量，并探索其经济增长效应。

本节同样参照上文使用的永续盘存法进行省级资本存量测算。由于省级数据的指标相对较少，因此本节对 I_t 和 p_t 的计算方法均有所调整。对于固定资产投资 I_t，由于省级分类投资数据可得性差，因此使用全社会固定资产投资单一指标表示。对价格指数 p_t，由于固定资产投资价格指数早期数据缺失，因此使用各省历年居民消费价格指数替代，1991—2012 年数据分析显示，两个价格指数的相关性系数超过 0.6，消费价格指数对投资资产价格指数的弹性系数为 1.01，表明居民消费价格指数是一个较好的替代指标。对于折旧率 δ_t，则同样借用上节方法，通过对固定折旧率和地区经济增速加权求和的方式确定。对于基期资本存量，则使用 1979—2012 年各省不变价投资的年均增速倒推出 1949—1977 年的投资额，在忽略 1949 年之前资本存量的基础上，使用永续盘存法估算了 1978 年的资本存量，作为基期数值。基于此，我们使用国家数据和北京福卡斯特信息技术有限公司的 EPS（Easy Professional Superior）数据库的相关数据，测算了我国 31 个省（区、市）1979—2012 年的固定资本存量（1978 年不变价）。同时为了保持分省数据和全国数据的可比性，我们以全国资本存量为标准，对各省历年的测算结果进行了同比例调整。部分年份测算结果如表 3-2 所示。

表 3-2　1979—2012 年各地区固定资本存量

	1979 年（亿元）	1992 年（亿元）	2001 年（亿元）	2007 年（亿元）	2012 年（亿元）	1980—2012 年平均增速（%）
北京	258	394	1070	2213	3317	8.0
天津	225	289	701	1569	3940	9.1
河北	389	576	1921	4132	9147	10.0

	1979 年（亿元）	1992 年（亿元）	2001 年（亿元）	2007 年（亿元）	2012 年（亿元）	1980—2012 年平均增速（%）
山西	248	360	633	1654	3816	8.6
内蒙古	160	218	458	1965	5026	11.0
辽宁	332	704	1461	3887	9496	10.7
吉林	197	253	593	1617	3948	9.5
黑龙江	304	455	868	1597	3560	7.7
上海	337	579	1940	3266	4007	7.8
江苏	220	930	2658	6879	14257	13.5
浙江	240	465	1984	4985	7926	11.2
安徽	129	369	898	2490	6478	12.6
福建	136	264	1016	2168	4840	11.4
江西	78	205	531	1766	4576	13.1
山东	459	1021	2828	8372	16888	11.5
河南	242	602	1749	4589	10690	12.2
湖北	340	453	1365	2638	6091	9.1
湖南	214	346	850	1914	4647	9.8
广东	278	827	2862	5486	9027	11.1
广西	97	187	577	1375	3480	11.5
海南	35	69	196	302	659	9.3
重庆	57	151	472	1474	3479	13.3
四川	228	459	1335	2950	6605	10.7
贵州	111	143	373	892	2018	9.2
云南	159	222	698	1553	3210	9.5
西藏	19	26	70	192	367	9.4
陕西	211	275	611	1620	4175	9.5
甘肃	105	165	392	828	1889	9.1
青海	83	74	137	277	559	6.0

	1979 年 （亿元）	1992 年 （亿元）	2001 年 （亿元）	2007 年 （亿元）	2012 年 （亿元）	1980—2012 年 平均增速（%）
宁夏	45	62	147	371	821	9.2
新疆	137	233	583	1146	2133	8.7
东部	2575	5414	17176	39372	74008	10.7
中部	1252	2335	6026	15051	36298	10.7
西部	1412	2216	5852	14642	33762	10.1
东北	832	1412	2922	7101	17005	9.6

从我国各地区 1979—2012 年的固定资本存量变化可以寻找中国物质资本区域积累增长的发展路径。我们对东、中、西、东北四大板块不变价资本存量占全国的比重这一指标进行了测算，结果如图 3-2 所示。测算结果显示，1992 年之前，除东部地区出现一定上升外，各地资本存量占比变化不大，当时市场经济体制尚未建立，在以计划经济为主体的发展模式下，资本活力相对不高，不存在明显的区域流动等。1992 年则是一个重要的转折点，此后区域资本存量的变化表现出明显的政策效应。小平同志南方谈话后，改革开放带动东部开始率先发展，东南沿海地区市场经济建设如火如荼，东部地区资本存量占比从 1992 年的 47.6% 迅速提高至 1997 年的 53.2%，短短五年内上升幅度达 5.6 个百分点，超过了 1979—1992 年 13 年间的变化幅度，其中，广东一省占比提高的幅度就达到 2.0 个百分点，占全国资本存量的比重一度接近一成。2000 年，西部大开发战略实施，西部地区资本存量占比在长期下降后出现平稳回升，2012 年比 2000 年提高 2.9 个百分点；2004 年，首轮东北振兴启动，东北地区资本存量占比也结束了长期下降的局面，2012 年比 2004 年提高了 2.0 个百分点；2006 年中部崛起战略实施，中部开始成为资本存量占比提高最快的地区，2012 年比 2006 年提高了 3.2 个百分点。在此背景下，东部地区资本存量占比也出现明显下降，全国资本分布再度趋于均衡。

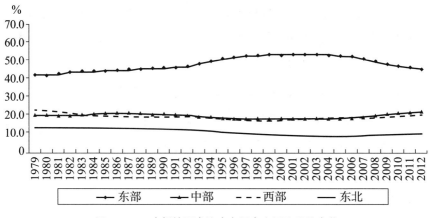

图 3-2　四大板块固定资本存量占全国比重的变化

进一步计算资本投入对区域经济增长的影响可以发现，1980—2012 年资本投入对东部、中部、西部、东北地区经济增长的贡献率差别不大，分别为 55%、57%、53%、55%，表明这一时期资本都是推动各地区经济增长的最核心动力。但从资本投入对经济增长的拉动力看，则存在一定的区域差异，1980—2012 年资本投入对东部、中部、西部、东北地区经济增长的年均拉动点数分别为 6.2、5.9、5.6 和 5.1 个百分点，东部地区明显高于其他地区，这与我国改革开放以来区域经济的发展格局较为一致，在一定程度上表明资本投入的大幅增加对东部地区率先发展起到了积极的促进作用；而新世纪以来，中西部地区资本加快积累，对经济增长的拉动力也升至全国前列，也与这一时期板块间经济增速的变化较为一致。

3.3　流动中的剩余劳动力

一、高速增长期劳动投入的发展变化

参照《OECD 生产率测算手册》的方法并基于第一节所述适应性改进，我们测算了我国 1978—2012 年的劳动投入量，结果如图 3-3 所示 [①]。

---

① 通过对 1990 年前的数据进行平滑修正，消除不可比因素。

结果显示，我国劳动投入总量从 1978 年的 3.6 亿人员当量提升至 2012 年的 9.4 亿人员当量，平均每年增长 2.9%；而同期就业人员数量年均仅增长 1.5%。如果仅观察就业人员数量的变化还可以发现，尽管从整个时期看就业人员数量增长并不很快（从世界范围内看 1.5% 的年均增长仍是高速增长），但从改革开放到 20 世纪 90 年代中期，就业人员数量的增长较为可观，1979—1995 年我国就业人员数量年均增长 2.3%，而同期人口数量年均增速仅为 1.4%，表明改革开放大大激发了劳动市场活力，为经济的腾飞创造了基本条件。

从图中两组数据的对比还可以看出，在 90 年代中期以前，就业人员数量在数值上高于劳动投入量，表明大量劳动力沉积在低效率部门，而 90 年代中期以后，劳动投入量迅速增长并超过就业人员数量，表明有更多的劳动力进入了高效率部门，从而带动了劳动总供给的快速增加。这表明改革开放以来我国劳动投入的增加不仅来源于就业岗位的增多，也与农业就业人口向二、三产业转移密切相关。

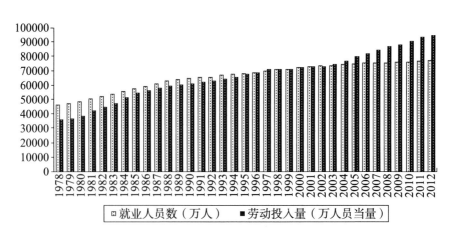

图 3-3　1978—2012 年我国劳动投入量及就业人员数量

二、劳动投入对经济增长的贡献分析

（一）劳动投入的经济增长贡献率

与资本贡献率的测算方法相似，使用公式"（1－资本份额）× 劳动投入量增速 /GDP 增速 ×100%"即可计算历年劳动投入增长对经济增长的贡献率。所得结果如表 3-3 所示。从整体上看，1979—2012 年劳动投入贡献率达到 11.5%，虽然远低于资本投入，但对经济增长的作用不容忽视。与资本相比，劳动投入对经济增长贡献率则相对较小且波动不大。值得关注的是，劳动投入贡献率分别在改革开放初期、1992 年以后、2002 年以后出现三次趋势性上升。十一届三中全会后，家庭联产承包责任制的推行极大提高了农村劳动生产率，农村剩余劳动力充裕和城镇劳动力需求增长带动劳动力流动，都极大促进了全社会劳动投入的增加，1979—1985 年劳动投入对经济增长的年均贡献率超过 20%。1992 年十四大确立以建设社会主义市场经济为目标的改革，促使劳动力进一步实现了市场化流动，逐步打破了劳动力迁徙的制度约束，劳动供给对经济增长的贡献率连续五年上升。从 2001 年起，户籍管理制度改革、入世带动企业用工需求增加、市场导向就业机制的建立等一系列改革红利和利好措施带动劳动力市场活跃度进一步提升，2001—2012 年劳动供给对经济增长的年均贡献率再次回升至 10% 以上。

表 3-3　1979—2012 年我国劳动投入对经济增长的贡献率

时期	1979—1985 年	七五时期	八五时期	九五时期	十五时期	2006—2012 年	1979—2012 年
劳动投入平均拉动点数	1.8	0.8	0.7	0.6	0.9	1.3	1.1
劳动投入平均贡献率	20.2%	11.0%	5.6%	7.1%	8.9%	12.6%	11.5%

（二）劳动要素支撑我国经济增长的动力机制

在高速增长期，劳动投入对经济增长的贡献率虽然在10%左右，但剩余劳动力转移、产业升级带来的劳动要素投入快速提升和全社会劳动投入量的巨大增长是我国改革开放以来经济增长的显著特征，由此带来的人口红利和结构转移红利也是中国经济腾飞的重要驱动。人口红利，是指一个国家的劳动年龄人口占总人口比重较大，抚养率比较低，为经济发展创造了有利的人口条件。陆旸、蔡昉（2016）[1]将"人口红利"描述为特定经济发展阶段所呈现出的特殊人口结构促进经济增长的现象，并认为"人口红利"存在"劳动年龄人口的持续增加"和"人口抚养比持续下降"两个主要特征。而"转移红利"指的则是我国农村沉淀了大量的剩余劳动力，这些劳动力向第二产业和城市转移，并实现了劳动力从低效率部门向高效率部门流动，这也正是上文劳动投入量持续快速增长的重要原因之一。综上，劳动要素驱动经济增长的渠道便可以总结为以下两点：一是庞大规模优势下的劳动力部门配置变化；二是人口年龄结构优势带来的社会高积累和低负担。

从第一个渠道看，对于处于经济起飞早期的经济体而言，发展劳动密集型产业是一个常见的特征，我国劳动力资源极其丰富，且城乡差异明显的二元特征又使得农村沉积了大量的剩余劳动力，随着体制机制变革带动经济活力提高，农村充足而廉价的剩余劳动力为城市劳动力密集型产业发展提供了基础要素支撑，形成了明显的规模效应，因此其作用实质不在于劳动年龄人口的增长，而更在于在巨大人口基数上的大量剩余劳动力被"激活"。改革开放以来我国人口在多维度的结构性变化都有十分相似的变化特征，即人口城镇化率提高、人口向东部集聚、就业向二三产业集中三者发展几乎同步。尤其是进入21世纪以来，随着我国经济开放程度继续提

---

① 陆旸、蔡昉："从人口红利到改革红利：基于中国潜在增长率的模拟"，《世界经济》2016年第1期，第3—23页。

高、市场经济体制更趋完善，上述变化更加明显。2012年，城镇化率、东部人口占比、二三产业就业占比分别比2000年提高了16.4、2.8和15.2个百分点；比1978年分别提高了34.7、4.1和35.7个百分点（见图3-4）。

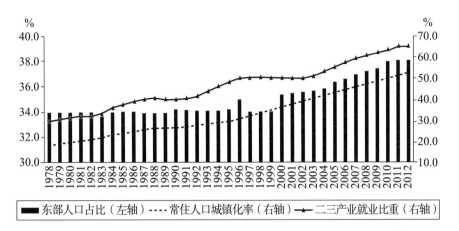

图3-4　改革开放以来人口和就业的结构变化

从第二个渠道即"人口抚养比持续下降"看，改革开放以来我国人口很快实现了人口发展二三阶段的转换，即从人口"高出生率、低死亡率和高增长率"转为"低出生率、低死亡率和低增长率"。这一过程意味着充裕劳动力与低少儿抚养比将带动生产规模扩张和储蓄率的提高，从而为经济的持续快速增长不断积累资本。除了人口发展的固有规律外，80年代开始实行的计划生育政策也进一步加速了出生率下降，加速了上述阶段的转换。上世纪80年代末之前，我国人口出生率和增长率总体保持在较高水平。从80年代末期到2000年前后，我国经历了十多年的人口出生率和增长率的快速下降，2002年人口出生率为12.9‰，比1987年的23.3‰下降了10.5个千分点，人口自然增长率为6.5‰，下降10.2个千分点（见图3-5）。而在这个转换期内，我国少儿抚养比也出现了明显下降，2000年我国少儿抚养比为32.6%，比1987年下降了10.9个百分点。

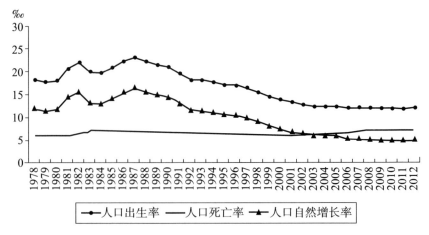

图3-5 改革开放以来人口增长率相关指标的变化情况

为了分析劳动要素对我国经济增长的实际驱动效应，我们构建计量模型进行实证检验，从上面的分析看，我国人口向东部集聚的态势明显，适用于构建空间计量模型：

$$\ln GDP_{it} = \alpha_0 + \alpha_1 \ln GDP_{i(t-1)} + \rho W \times \ln GDP_{it} + \alpha_2 \ln LAB_{it} + \alpha_3 URB_{it} + \\ \alpha_4 LFI_{it} + \alpha_5 LBB_{it} + \alpha_6 \ln K_{it} \times LBB_{it} + \alpha_7 \ln K_{it} + \varepsilon_{it} \qquad (3.4)$$

其中，i 表示省份，t 表示年度，ε_{it} 为随机干扰项。$\ln GDP_{it}$ 为被解释变量，即地区不变价 GDP。$\ln GDP_{i(t-1)}$ 表示被解释变量的滞后一期。ρ 衡量空间相关性，W 为本章使用的 0-1 空间权重矩阵。$\ln LAB_{it}$ 表示地区劳动力总量，使用 15—64 岁年龄人口的对数表示。URB_{it} 表示城镇化，表示地区人口向城镇的流动和集聚。$\ln LFI$ 表示人口流入速度，参照李拓和李斌（2015）[①]的方法，通过公式"（地区常住人口数量 $_t$ – 自然增长率 $_t$ × 常住人口数量 $_{t-1}$）/常住人口数量 $_{t-1}$"计算。上述三个变量用于衡量劳动力基数大和劳动力流动带来的第一个人口红利特征。LBB_{it} 表示地区少儿抚养比，$\ln K_{it} \times LBB_{it}$ 表示少儿抚养比下降带动的资本集聚，用于衡量人口红利的第二个特征。$\ln K_{it}$ 在本模型中作为控制变量。

---

① 李拓、李斌："中国跨地区人口流动的影响因素——基于 286 个城市面板数据的空间计量检验"，《中国人口科学》2015 年第 2 期，第 75—85 页。

受限于数据的可得性，实证使用的是 2002—2012 年 30 个地区的面板数据，数据来自国家数据和 EPS 数据库。变量描述性统计如表 3-4 所示。

表 3-4　变量描述性统计

	Obs	Mean	S. D.	Min	Max
lnGDP	330	7.337	0.992	4.504	9.430
lnLAB	330	10.359	0.768	8.488	11.462
URB	330	0.346	0.257	0.000	0.893
LFI	330	0.028	0.146	-0.607	0.552
LBB	330	0.254	0.075	0.096	0.447
ln$K$	330	7.526	0.912	5.104	9.618

从回归结果看（见表 3-5），ln$GDP_{(t-1)}$、$W \times$ lnGDP 均高度显著为正，尤其是 ln$GDP_{(t-1)}$ 的回归系数达到 0.941，表明我国经济发展具有很强的时间惯性，同时也存在较为明显的空间集聚性。从第一个作用渠道看，lnLAB、URB 和 LFI 的回归结果都显著为正，表明地区劳动力数量的增加、人口向城镇的集聚、地区人口流入，都直接促进了各地区的经济增长。lnLAB 通过了 1% 的显著性检验，且回归系数达到 0.358，表明劳动规模庞大带来了显著的增长动力，劳动力总量每增长 1%，将带动产出增长 0.358%，这一结果很好理解，因为劳动力作为经济发展的基础要素，其数量的增长必然直接形成经济增长的动力。URB 也通过了 5% 的显著性检验，表明劳动力的城乡转移也具有明显的增长效应，城镇作为产业集聚的地区，人口进一步向城市集中则为产业发展提供了充足的劳动力供给和市场消费群体；与此同时，LFI 回归系数为正，表明人口流动也显著促进了经济增长，从区域维度看我国人口存在广泛的从中西部农村及中小城镇向东部大城市流动的趋势，这为东部地区经济的率先发展并带动全国经济增长起到了重要作用，但该变量仅通过了 10% 的显著性检验，也在一定程度上暗示了中西部地区劳动力流失在一定程度上制约了当地经济发展，可能从整体上弱化了

人口流动的经济增长效应。从第二个作用渠道看，LBB 回归结果不显著，$\ln K \times LBB$ 的回归系数达到 0.191，表明少儿抚养比下降 1% 可以通过带动资本积累推动产出增长 0.191%，这印证了少儿抚养比降低通过带动储蓄和资本集聚，进而为经济增长创造动力；但要引起注意的是，这种有政策因素在内的人口红利释放，也造成了后期劳动力减少、老龄化较快加剧的"人口负债"问题。

表 3-5　劳动力流动和人口红利对经济增长的影响

变量	系数	T 值
$\ln GDP_{(t-1)}$	0.941***	61.05
$W \times \ln GDP$	0.005***	8.06
$\ln LAB$	0.358***	8.20
URB	0.009**	2.07
LFI	0.028*	1.82
LBB	−0.283	−0.40
$\ln K \times LBB$	−0.191**	−2.07
$\ln K$	0.683**	2.19
Adj–R^2	0.9993	
Log Likelihood	775.357	

注：***、**、* 分别表示在 1%、5% 和 10% 的水平下显著。

3.4　跌宕起伏的全要素生产率增长率

一、高速增长期的全要素生产率增长率

根据首节的测算方法，可得出基于索洛余值的我国全要素生产率增长率。1978—2012 年的全要素生产率增长率及其对经济增长的贡献率[①]的

[①]　根据贡献率的常规计算方法，本章所述 TFP 增长率对经济增长贡献率 =（TFP 增长率 ÷ GDP 增长率）× 100%。

测算结果如图 3-6 所示。贡献率问题将在下一部分讨论，关于全要素生产率的测算结果显示，1979—2012 年我国全要素生产率增长率的年均值为3.0%。具体而言，2012 年以前全要素生产率增长率曾出现过数个阶段性波动。**一是 80 年代初的快速上升：**十一届三中全会后，我国开始实施改革开放，逐步推行家庭联产承包责任制、允许非公有制经济发展和扩大国营企业自主经营权等经济体制改革，要素市场趋于活跃，全要素生产率增长率在 1984 年一度增至 10.66%。**二是 80 年代末的大幅下行：**1985 起我国开始进行"混合价格体制"改革，出现严重通货膨胀和"抢购风"，1989 年CPI 涨幅超过 18%，经济秩序受到较大影响，生产效率和经济效益下降，1989 年全要素生产率降至 0.11%。**三是 90 年代的前高后低：**党中央国务院的一系列治理整顿措施，特别是 1992 年小平同志南方谈话激发了各地政府和企业生产建设积极性，党的十四大召开正式确定中国经济体制改革的目标是建立社会主义市场经济，改革红利释放带动经济运行效率大幅提升；但"八五"以后基础设施和基础工业投资力度过大，引发物价上涨、产能过剩、产业结构扭曲、社会供需失衡，特别是 1997 年亚洲金融危机冲击较大，这一时期全要素生产率增长率从 1992 年的 10.6% 降至 1997 年的 1.1%。**四是 2008 年国际金融危机前后的快速升降：**我国加入世贸组织参与国际竞争，管理水平、技术能力大幅提高，开放红利不断显现；但也导致 2008 年全球金融危机对我国的影响更加明显，加之国内积累的结构性矛盾，经济下行压力较大，全要素生产率增长率也出现大幅波动，2007 和2009 年分别为 8.6% 和 -0.9%。

从我国全要素生产率历史阶段变化中不难看出，我国全要素生产率表现出十分明显的波动特征，尤其是在上个世纪波动十分剧烈，从对各个阶段的描述中不难看出，早期的波动大多由制度性因素引起。从全要素生产率的理论界定看，制度是引起全要素生产率变化的原因之一，在我国改革开放早期，经济体制的转轨性变革大大释放了经济活力，在大多数时期发挥了促进全要素生产率提升的作用，但机制体制的重大变革，尤其是我国改革过程中很多时候不得不"摸着石头过河"，难免在个别阶段对经济产生较大的负面冲击，这也就解释了改革开放初期我国全要素生产率总体较高但波动也较大的原因。而这种制度红利效应也在我国加入世贸组织以后再次显现，并带动全要素生产率在2007年达到阶段性高点，只可惜这一进程被国际金融危机打断。因此总的来说，改革开放以来至2012年，我国全要素生产率在体制机制改革和外部冲击作用下，形成了在大幅波动中发展的历史格局。当然，技术进步等因素在这一时期对全要素生产率的影响也不容忽视，但如果与2013年后相比的话，改革开放早中期技术进步对全要素生产率增长的贡献率偏低。

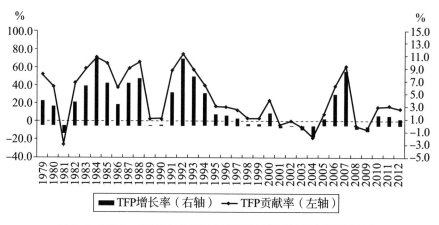

图 3-6　1979—2012 年全要素生产率增长率及其经济增长贡献率

二、全要素生产率对经济增长的贡献及其驱动因素

基于全要素生产率的测算结果，可以进一步分析其与经济增长的关系，其中需要回答的问题有两个，一是全要素生产率对我国的影响有多大？二是全要素生产率作为一个促进经济增长的"黑箱要素"，其内部究竟由哪些推动经济增长的因素构成，其结构又如何？回答第一个问题较为容易，计算其对经济增长的贡献率即可得到；回答第二个问题涉及全要素生产率的分解问题，虽然现有的 DEA 等方法可以实现对全要素生产率的分解，但

并不适用基于时间序列数据的索洛余值算法，必须另寻办法。

关于第一个问题，即全要素生产率对经济增长的贡献率在图 3-6 中已有所显示。1979—2012 年全要素生产率对我国经济增长的平均贡献率为25.6%，仅次于资本投入。但由于我国全要素生产率的历史波动较为明显，因此在不同时期对经济增长的贡献率也有明显差异，从数据看主要出现过三次高峰和四次低谷，三次高峰分别出现在 80 年代中前期、1992 年前后、2006—2007 年，部分年份超过了 60%；四次低谷分别在 80 年代初、80 年代末、1997 年至 21 世纪初、2008—2009 年，这些时期全要素生产率的经济增长贡献率基本在 0 左右徘徊，部分年份甚至为负。从全要素生产率贡献率变化趋势与全要素生产率增长率高度一致可以看出，其背后的形成原因也是类似的。80 年代中期和 1992 年前后的高贡献与体制改革理顺生产关系推动经济平衡有关，2006—2007 年则主要得益于制度的继续完善和对外开放带来的资本流入。四次低谷则与经济调整不到位，价格闯关，以及亚洲金融危机和国际金融危机之后的政策调整有关。

关于第二个问题，从全要素生产率增长的主要驱动因素看，上文分析中已经提到，由于改革开放以后我国经济体制发生了明显变化，经济体制的转轨显著激发了要素活力，从而带动了经济增长，加之在改革开放初期我国经济体量比较小，要素活力的提升易于产生显著的经济增长效应，这也进一步扩大了制度变革带动全要素生产率提升进而带动经济增长的效果。总而言之，在改革开放早中期体制机制改革对我国全要素生产率的影响比较明显。当然，自主研发和技术引进带来的技术进步也是推动全要素生产率增长的一个重要力量，更有利于推动全要素生产率长期稳定增长。但从影响效果看，体制机制改革属于制度冲击，制度红利释放的即时效应明显但影响趋于衰减，因此制度引发的全要素生产率变化可能呈现大幅波动态势；而非革命性的技术创新影响相对平稳，持续性较好，因此技术创新引发的全要素生产率变化可能呈现平稳的趋势性变化。从计算结果看，1979—2012 年我国全要素生产率及其对经济增长的贡献率波动幅度非常大，两者的变异系数分别达到了 1.16 和 1.09，均属于强变异，表明我国这一时期全要素生产率的波动是非常剧烈的。

上述分析似乎表明全要素生产率之所以能拉动高经济增长，与经济体制的变革有着密切的联系，而作为推动全要素生产率增长的另一要素，技术进步也应该发挥了重要作用，但要知道其作用效果究竟如何，还需要进一步分解全要素生产率增长率。但在相关研究中对索洛余值的分解还相对较少，在方法上存在一定困难。为了解决这一问题，我们尝试通过寻找替代变量，基于时间序列数据构建一个简单的线性模型进行回归分析，探索全要素生产率的内部构成。为了简化分析，我们假设全要素生产率只包含制度变革和技术进步两个部分。考虑到我国在改革开放早期政策调整的主要抓手是控制投资规模，投资增速的波动在一定程度上表征了当年政策调整的程度，因此在数据可得性受限的条件下，我们尝试使用固定资产投资增速作为体制机制变革的代理变量；同时考虑到财政收支是政府政策实施的重要工具，因此使用财政收入占 GDP 的比重作为稳健性检验变量。基于数据可得性，我们首先从投入角度研究技术进步，使用财政科技拨款增速作为技术进步的代理变量，并使用国内外三种专利申请受理数的对数（1987 年以前为线性插补的数据）作为稳健性检验变量。基于上述设定的模型形式可以表示为：

$$TFP_t = \alpha_0 + \alpha_1 TEC_t + \alpha_2 GOV_t + \varepsilon_t \qquad (3.5)$$

t 表示时间，TFP 为历年的全要素生产率增长率，TEC 表示当年的技术进步水平，GOV 则表示当年的体制变革程度。ε_t 为随机干扰项。样本为 1982—2012 年全国层面的时间序列数据，原始数据来自 EPS 数据库。虽然这一模型非常简单，但仍可以在一定程度上实现对全要素生产率结构的简单分析。回归结果如表 3-6 所示。

表3-6 技术和制度因素对全要素生产率的影响

变量	原模型		稳健性检验模型	
	系数	T 值	系数	T 值
TEC	−0.05	−0.80	−0.25	−1.25
GOV	0.17***	4.46	0.36**	2.53
R^2	0.61		0.48	
D−W test	1.22		1.25	

注：***、**、*分别表示在1%、5%和10%的水平下显著。

从表 3-6 的回归结果中可以看出，原模型和稳健性检验模型的 R^2 都在 0.45 以上，表明模型在一定程度上囊括了影响全要素生产率变化的因素，由于导致全要素生产率变化原因较多，因此 R^2 并不太高。D−W 检验在 5% 显著性水平的边界值以内，表明模型基本不存在自相关，回归结果具有参考价值。科技进步变量 *TEC* 在原模型中不显著，而在检验模型中高度显著为负，表明在样本时段（1982—2012 年）科技进步还没有成为推动全要素生产率增长的核心动力，这可能与我国这一时期以规模扩张为主的粗放型发展方式有关。但反映体制机制变革的变量 *GOV* 在原模型和检验模型中均通过了 10% 的显著性检验，尤其在原模型中高度显著为正，表明以收放投资为主要抓手的政策变化显著影响了全要素生产率的增长，市场经济体制建设等有利于经济发展和投资增长的改革策略显著提升了全要素生产率，而整顿调整等投资紧缩政策也在一定时期内抑制了全要素生产率的增长。上述实证结果至少表明了从政策和技术对比的角度看，在改革开放前 30 年的时间里，我国全要素生产率主要受到政策因素影响，技术性因素的影响并不明显，即这一时期的全要素生产率变化主要表现为制度型冲击而非技术型冲击。

3.5　三大要素的交互作用

一、三大要素的交替波动演化

为了更清晰地展示资本、劳动力和全要素生产率三大要素在高速增长期的相对变化情况，我们绘制了 1979—2012 年三大要素经济增长贡献率的变化情况，如图 3-7 所示。从图中可以发现，三大要素贡献率的波动都比较明显，从时间维度看大致分为两个阶段，1979—1992 年和 1993—2012 年。

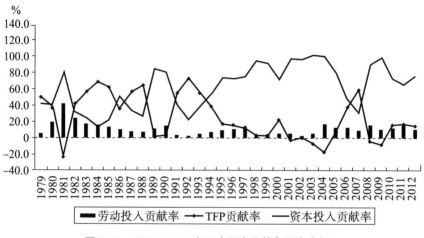

图 3-7　1979—2012 年三大要素贡献率的波动交织

1992 年之前三大要素贡献率呈现周期性或随机性均衡波动状态，趋势变化并不明显。1979—2012 年资本投入、劳动投入和全要素生产率对经济增长的平均贡献率分别为 62.9%、11.5% 和 25.6%，资本投入的贡献率最高，全要素生产率和劳动投入的贡献也不容忽视。这显示了制度和政策不断变化的影响，在国内经济扩张需求旺盛但经济底子薄弱的时代背景下，资本的大量投入可能产生重复建设、诱发通胀等负面效果，其直接反映便是资本投入的经济增长贡献率快速提高，而全要素生产率增长率的经济增长贡献率快速下滑；随之而来的则是中央多次出手整顿干预，这在推动经济平衡的同时也导致了资本扩张速度的大幅放缓，其直接反映便是全要素生产率贡献率的上升和资本投入贡献率的下降；而劳动投入贡献率较高则得益于当时农村经济改造的成功持续释放大量农村剩余劳动力，但这种效果也必然随着劳动力转移的推进而逐步衰减。这种时代背景和政策背景印证了1992年之前资本投入和全要素生产率贡献率交替升降，劳动投入贡献率整体相对较高但有衰减趋势的数据表现。

1992年之后，三大要素贡献率则出现了整体的趋势性变化，1993—2012年资本投入对经济增长的平均贡献率升至76.8%，全要素生产率的贡献率大幅降至13.8%，劳动投入的贡献率微降至10.2%但基本保持稳定。其中最显著的特征是资本投入和全要素生产率的贡献率从相互交叉的"犬牙形"镜像关系变为一升一降的"喇叭形"镜像关系。从一般规律上讲，随着改革的逐步到位和经济关系逐渐理顺，全要素生产率的贡献率应该稳定提高，但从实际情况看，由于调整期的发展引发了一定程度的产能过剩，加之为应对亚洲金融危机和国际金融危机而采取的一系列需求刺激政策，客观上造成了重复建设等问题，反而进一步加剧了产能过剩，导致经济运行效率偏低，对资本投入的依赖性逐渐增强。虽然在这一过程中加入世贸组织等利好在一定时期一定程度上促进了经济平衡和运行效率提升，2004年之后全要素生产率出现了连续的快速回升，但随后的外部冲击则再一次将中国经济带回依靠资本扩张的发展模式，全要素生产率贡献率再次明显走低。在这种情况下，劳动力市场则相对稳定，但受到资本的挤压和劳动力素质相对不高等影响，其贡献率也持续在低位徘徊。

二、要素动力的融合发展

从逻辑上看，三大要素作用于经济增长的路径和机制是相对独立的，但也存在着有机的联系，投入产业、基建、社会等领域的资本最终都与劳动者结合而形成推动经济增长的生产力，即资本不断深化的过程，而其中又往往蕴含着附加于劳动或资本的技术进步过程。如果我们突出全要素生产率的技术进步含义，那么技术进步与资本的结合可以体现为资本体现式技术进步，技术进步与劳动力的结合又可以体现为人力资本的积累。其逻辑类似于王林（2012）所论述的要素投入与全要素生产率的耦合关系，即全要素生产率与要素投入之间的作用并不是单向的，两者呈现出相互影响和相互制约的内在共生特性。

如果我们从中提取出资本体现式技术进步、人力资本、资本深化三个关键词进行分析，还可以进一步探讨三大要素的交互影响机制，即其相互制约的共生关系（虽然资本体现式技术进步、人力资本、资本深化并非都是严格的三大要素的交互耦合形成，但仍在很大程度上代表了要素的融合发展，是探讨要素动力不可忽视的重要变量）。全要素生产率与资本耦合形成资本体现式技术进步及其对经济增长产生的积极意义是学术界较为认可的理论逻辑，但其对其他要素尤其是全要素生产率的影响则存在一定争议，如郑玉歆（2007）[1]指出由于未被度量的要素质量改善（如新设备的使用、劳动技能提高等）带来的对产出的增进作用，往往便以体现型技术进步计入全要素生产率增长当中。但也有不少学者指出新世纪以来，发达国家全要素生产率增长率下降的一个重要原因是资本体现的有偏技术进步取代了全要素生产率代表的希克斯中性技术进步。根据布切金等（2005）[2]的观点，内生经济增长模型中资本的积累和技术进步相互独立，在这样的假设下进行测算，不能捕捉到资本品质变化带来的生产效率提升。因此基于柯布－道格拉斯生产函数测算的全要素生产率增长率只体现了希克斯中性技术进步。但在实际的经济发展过程中，资本和劳动效率并非同步增进，技术进步也常常依附于资本或劳动的投入，也就是实际的技术进步有不少是非中性的或有偏的，这种技术进步不能很好地在全要素生产率中得到体现。

---

[1] 郑玉歆："全要素生产率的再认识——用 TFP 分析经济增长质量存在的若干局限"，《数量经济技术经济研究》2007 年第 9 期，第 4—12 页。

[2] Boucekkine, R., Licandro, O., Minniti, A., "Adoption and Diffusion of Cost Reducing Innovations: Cournot Competition in Duopoly", *Social Science Electronic Publishing*, 2005.

将技术和效率融入劳动投入形成的劳动生产率提升也可能存在同样的作用机制。资本深化则是资本投入和劳动投入的直接融合，根据索洛的模型资本深化是促进经济增长的重要原因，但其对其他要素的作用机制则较为复杂。杨志云和陈在齐（2018）[①]的研究显示，快速的资本积累带来的资本深化是劳动生产率快速提升和资本生产率下降的主要原因；全要素生产率增速与资本深化之间关系则较为复杂。

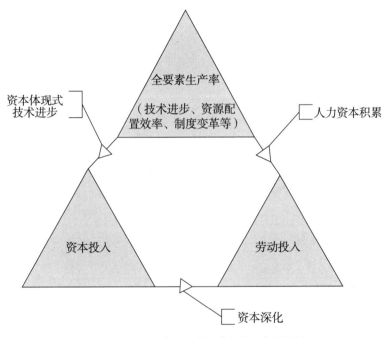

图3-8　三大要素可能的融合与协同作用机制

三、资本深化、资本体现式技术进步和人力资本的测算

上述文献资料和理论分析显示了资本、劳动和全要素生产率三大要素之间的相互影响和演化关系，由此派生出的资本体现式技术进步、人力资本和资本深化等也对经济增长产生着深刻的影响。而要量化测算上述三个

[①] 杨志云、陈再齐："要素生产率、资本深化与经济增长——基于1979—2016年中国经济的增长核算"，《广东社会科学》2018年第5期，第41—51页。

因素对经济增长的影响效果，首先需要分别对其展开测算。

1. 资本深化的测算。资本深化依据其概念即可理解为单位劳动力占有的资本增加，因此资本深化可以直接使用不变价劳均资本存量表示，我国1979—2012年的资本深化水平如图3-9所示。2012年，我国资本深化水平为2.1万元/人，是1978年的16.8倍，1979—2012年年均增速达8.6%。从中可以看出，我国在2012年之前经历了快速的资本深化，在劳动力稳定增长的情况下，资本投入量的快速提升必然带来持续的资本深化，我国每个劳动者占有的资本数量是快速提升的，且这一过程存在明显的加速倾向。

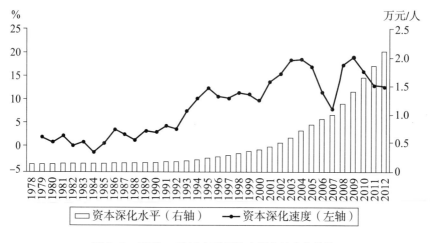

图3-9 1979—2012年我国资本深化的变化趋势

2. 资本体现式技术进步的测算。格林伍德（1997）[1]构建了分析资本体现式技术进步的简单模型，并被国内许多学者采用（宋冬林等，2011[2]；陈欢等，2017[3]），逐渐成为研究资本体现式技术进步的分析范式之一。假设

① Jeremy Greenwood, Zvi Hercowitz and Per Krusell, "Long-Run Implications of Investment-Specific Technological Change", *The American Economic Review*, Vol. 87, No. 3, 2007, pp. 342-362.

② 宋冬林、王林辉、董直庆："资本体现式技术进步及其对经济增长的贡献率（1981—2007）"，《中国社会科学》2011年第2期，第91—106页。

③ 陈欢、王燕、周密："中国制造业资本体现式技术进步及行业差异性研究"，《科学学研究》2017年第2期，第60—72页。

经济体有两个资本生产部门，一个生产建筑类资本品，另一个生产设备类资本品。设备类资本更新较快，新设备的生产率往往高于旧设备，资本体现式技术进步便主要表现为与设备类资本耦合并作用于经济增长；而建筑类资本品更新缓慢，资本本身的质量进步不明显，因此不存在技术进步属性。在这种条件下的生产函数可以表示为：

$$Y_t = f(A_t、K_{st} \quad K_{et} \quad L_t) = A_t K_{st}^{\alpha} K_{et}^{\beta} L_t^{1-\alpha-\beta} \tag{3.6}$$

其中，Y_t、A_t、K_{st}、K_{et}、L_t 分别表示经济产出、全要素生产率体现的希克斯中性技术进步、不体现技术进步的建筑类资本、包含资本体现式技术进步的设备类资本、劳动力投入，α、β、$1-\alpha-\beta$ 分别为三类要素的份额。假设设备类资本和建筑类资本分别以不同的技术水平被生产出来，且生产过程分别满足：

$$\Delta K_{st} = A_{K_{st}} f(K_{st}、K_{et} \quad L_t) \text{ 或 } \Delta K_{et} = A_{K_{et}} f(K_{st}、K_{et} \quad L_t) \tag{3.7}$$

设 P_{st} 和 P_{et} 分别为建筑类资本和设备类资本的价格，那么在生产者利润最大化均衡下二者的边际收益相等，即有：

$$\Delta K_{st} P_{st} = \Delta K_{et} P_{et} \tag{3.8}$$

在相同的生产函数形式下，边际产量之比取决于其生产技术水平之比，上述公式可以转化为：

$$A_{K_{st}} P_{st} = A_{K_{et}} P_{et} \tag{3.9}$$

那么，两类资本技术含量之比就等于其价格的反比，如果我们以建筑资本的技术水平为恒定的 1，那么设备资本体现的技术进步，即资本体现式技术进步水平 Q_t 就可以表示为：

$$Q_t = P_{st} \Big/ P_{et} \tag{3.10}$$

依据这一结论，过往研究大多运用设备类资本和建筑类资本的相对价格测算我国的资本体现式技术进步水平，但设备类资本类型繁多，在总资本中的份额也在持续变化，简单的测算可能加大结果的偏误，而在本章中我们已经将资本划分为十个大类，在这一基础上测算资本体现式技术进步，不仅能够获得更为精确的结果，还可以进一步分析资本体现式技术进步的来源。

如上文所述，这十大类资本分别是农业资本品、家具体育娱乐设施、金属制品、机械设备、交通设备、电器设备、计算机及通信设备、仪器仪表、建筑物及房地产和无形资产。其中，机械设备、交通设备、电器设备、计算机及通信设备、仪器仪表具有明显的设备类资本属性，我们将其视为包含资本体现式技术进步的资本，建筑物及房地产类资本则作为不产生体现式技术进步的建筑类资本。[①] 我们以 1978 年为基期分别计算了上述各类资本 1978—2012 年的累计价格指数[②]。将机械设备、交通设备、电器设备、计算机及通信设备、仪器仪表的价格指数与建筑物及房地产的价格相除，便可以得到各类资本体现的技术进步水平。而后以各类资本不变价资本存量的比例关系为权重，对上述结果进行加权求和，便可以得出我国 1979—2012 年的资本体现式技术进步指数（1978 年均为 1.0）。结果如图 3-10 所示。

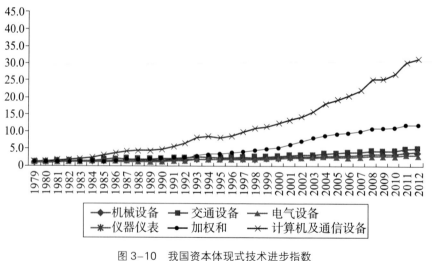

图 3-10　我国资本体现式技术进步指数

---

① 农业资本品、家具体育娱乐设施、金属制品、无形资产不具备明显的技术进步或非技术进步特征，因此不纳入分析范围。

② 各类资本价格指数的来源及测算方法详见王维、陈杰和毛盛勇发表于《数量经济技术经济研究》的文章"基于十大分类的中国资本存量重估：1978—2016 年"。

计算结果显示，我国资本体现式技术进步指数呈现平稳提高态势，从1978 年的 1.0 增长至 2012 年的 12.0，1979—2012 年年均增长 3.4%。分资本类型看，计算机及通信设备体现的技术进步速度明显快于其他资本，2012 年为 31.4，年均增长 10.7%；机械设备体现的技术进步增长相对较慢，但由于这类资本在总资本存量中占比最高，因此对总体资本体现式技术进步的影响最大，2012 年机械设备体现的技术进步水平为 3.1。

3. **人力资本存量测算**。测算人力资本的常用方法有教育指标法、收入法和成本法等。教育指标法是测算人力资本最为常用的方法，其基本思想为：受教育年限不同的人具有不同的人力资本，受教育年限的多少反映了人力资本水平的高低。平均受教育年限则是使用最为广泛的人力资本评价指标。如杜伟等（2014）[1] 基于劳动力平均受教育年限测算我国人力资本水平；毛宇飞和李烨（2016）[2] 以农村各学历程度的人群比例为权重计算加权人均受教育年限，衡量我国农村人力资本水平。蔡兴（2017）则使用基于劳动熟练程度改进的教育指标法进行国际范围的人力资本测算。收入法的基本思路是收入水平可以较为直观地反映人力资本质量，个人预期生命期终生收入的现值越高意味着个体所蕴含的人力资本存量越大，将该收入在一定范围内加总，即可得到一国或地区以货币单位表征的人力资本存量，但受限于数据可得性，该方法在中国的应用还相对较少，较有代表性的成果是李海峥等学者在大量估算基础上对中国及区域人力资本存量进行的测算。成本法则是根据在人力资本培育过程中投入的成本量多少来推测人力资本产出，相关投入主要包括教育、医疗卫生等。焦志明和焦斌龙（2010）[3] 以教育资金、卫生、科研等支出为指标测算我国人力资本存量。

---

① 杜伟、杨志江、夏国平："人力资本推动经济增长的作用机制研究"，《中国软科学》2014 年第 8 期，第 173—183 页。

② 毛宇飞、李烨："互联网与人力资本：现代农业经济增长的新引擎——基于我国省际面板数据的实证研究"，《农村经济》2016 年第 6 期，第 113—118 页。

③ 焦志明、焦斌龙："分工、人力资本与我国农民收入增长"，《当代经济研究》2010 年第 1 期，第 39—42 页。

文献研究大多显示，基于成本法测算的我国人力资本水平快速提升。王少国和潘恩阳（2017）[①]以各级教育经费支出强度衡量人力资本水平，研究显示人力资本尤其是中上级人力资本积累会显著促进经济增长。乔红芳和沈利生（2015）[②]则进一步将劳动力的医疗与娱乐支出计入人力资产成本对上述方法进行改进，结果显示在所涵盖数据范围内（1978—2011 年）中国人力资本存量呈快速增长状态。许岩等（2017）[③]基于永续盘存法使用教育与医疗指数计算人力资本存量，发现我国各地区人力资本的产出弹性均不断提升。

考虑数据的连续性和测算的稳健性，本章参考焦志明和焦斌龙（2010）的方法使用成本法测算了我国 1978—2012 年的人力资本存量。具体而言，基于永续盘存法的思想，将人力资本积累所需要的不变价教育投入、卫生投入、科研投入的存量进行测算汇总，作为我国人力资本的总存量水平。方法可以表示为：

$$H_t = (1-\delta_t)H_{(t-1)} + \sum(I_{it}/P_{it}) \qquad (3.11)$$

其中，H 表示人力资本存量，I/P 表示上述三类不变价投入，δ 为折旧率、P 为投入品的缩减价格指数，这两个指标均参照焦斌龙的估算结果，折旧率确定为 6.67%，价格缩减指数用 GDP 平减指数替代，1978 年的初始资本存量参照其计算结果设定为 1335.4 亿元[④]。基于此，我们测算了我国 1978—2012 年不变价人力资本总存量及单位就业人员的人力资本存量，具

---

① 王少国、潘恩阳："人力资本积累、企业创新与中等收入陷阱"，《中国人口·资源与环境》2017 年第 5 期，第 153—160 页。

② 乔红芳、沈利生："中国人力资本存量的再估算：1978—2011 年"，《上海经济研究》2015 年第 7 期，第 36—45 页。

③ 许岩、曾国平、曹跃群："中国人力资本与物质资本的匹配及其时空演变"，《当代经济科学》2017 年第 2 期，第 21—30 页。

④ 具体的测算和数据处理方法可参加焦斌龙发表于《经济学家》的论文"中国人力资本存量估算：中国人力资本存量估算：1978—2007"，本章具体数据使用和处理方式与之略有不同。

体测算结果见图 3-11。从总量测算结果看，我国不变价人力资本呈持续快速增长态势，2012 年人力资本总存量为 5.97 万亿元，比 1978 年增长 43.7 倍，年均增长 11.8%。从人均量测算结果看，2012 年我国劳均人力资本存量为 7784 元，1979—2012 年年均增长 10.2%。

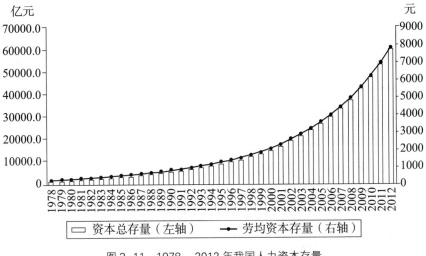

图 3-11　1978—2012 年我国人力资本存量

四、要素融合发展对经济增长的影响

为了进一步分析资本深化、资本体现式技术进步、人力资本对经济增长的影响，我们构建计量经济学模型进行实证研究。在卢卡斯所构建的包含人力资本的生产函数基础上进一步考虑资本体现式技术进步 Q，那么生产函数便可以表示为：

$$Y = AqK^{\alpha}L^{\beta}H^{\gamma} \qquad (3.12)$$

其中，Y 表示经济总产出，A 表示全要素生产率，q 代表资本体现式技术进步，K 表示资本投入量，L 表示劳动投入量，H 表示人力资本存量。等式两边同时除以劳动投入 H 可得：

$$y = Aqk^{\alpha}h^{\gamma} \qquad (3.13)$$

其中，y 代表劳均产出，k 代表劳均资本存量，h 代表劳均人力资本存量。从宏观维度看，经济增长可以分解为劳均产出增长和劳动力数量增长两个部分，相比于劳动力数量的增长，劳均产出增长不仅是经济增长的主要贡献力量（1978—2012 年年均贡献率达 85% 左右），而且还同时反映了经济增长质量的提高，因此使用劳均产出（y）衡量经济增长更具有实际意义，也是相关实证研究常用的处理方法（宋冬林，2010；董直庆，2011等）。基于上述生产函数模型可以进一步构造如下计量经济学模型：

$$\ln y_t = \alpha_0 + \alpha_1 \times \ln k_t + \alpha_2 \times \ln q_t + \alpha_3 \times \ln h_t + \alpha_4 \times \ln A_t + \varepsilon_t \quad (3.14)$$

我们使用 1978—2012 年的时间序列数据进行了回归分析，结果如表3-7 所示。拟合优度 R^2 和调整后的拟合优度 $Adj-R^2$ 都在 0.9 以上，表明模型具有较好的解释力。从变量回归结果看，各变量均通过了 1% 的显著性检验，表明要素融合的三个维度都对经济增长产生了显著影响。其中，资本深化、资本体现式技术进步、人力资本的回归系数分别为 0.165、0.111、0.481，意味着资本深化水平、资本体现式技术进步、劳均人力资本存量分别每提高 1 个百分点，将带动劳均产出增长 0.165、0.111、0.481 个百分点，说明上述三方面因素都显著促进了经济增长。从系数对比还可以看到，一是人力资本对经济增长的影响强于资本深化和资本体现式技术进步，这说明改革开放早中期，我国劳动力素质整体偏低导致人均人力资本存量较低，人力资本的稀缺性甚至高于物质资本的稀缺性，从而产生了人力资本增长对经济增长具有更明显促进作用的效果；二是资本深化的系数与资本体现式技术进步相近，基于上述结果的进一步估算发现，1979—2012 年资本深化对经济增长的贡献率比资本体现式技术进步高 8 个百分点左右，表明这一时期资本深化对经济增长发挥了更大作用。

表 3-7　资本深化经济增长效应的变化

变量	系数	标准误	T 值	P 值
资本深化	0.165[***]	0.030	5.460	0.000
资本体现式技术进步	0.111[***]	0.029	3.800	0.001

变量	系数	标准误	T 值	P 值
人力资本	0.481***	0.052	9.250	0.000
全要素生产率	0.866***	0.086	10.130	0.000
常数项	−1.152***	0.297	−3.870	0.001
拟合优度	$R^2=0.9996$		Adj−R^2=0.9995	

注：***、**、* 分别表示在 1%、5% 和 10% 的水平下显著。

3.6　小结

本章以柯布-道格拉斯生产函数为基础，通过优化资本投入、劳动投入、要素份额等的测算方法，分析了 1979—2012 年我国资本投入、劳动投入和全要素生产率三大要素对经济增长的拉动作用，并进一步探讨了上述三大要素融合发展的经济增长效应。主要有以下发现：

一是资本投入是我国经济增长的第一大动力。改革开放后我国资本存量快速增长，1979—2012 年年均增速达 10.3%，资本投入对经济增长的平均贡献率达到了 62.9%，其中"九五"和"十五"时期达到峰值。同时，资本的区域分布也对我国地区经济增长产生了直接影响，东部地区资本存量占全国的比重一度超过 50%，资本投入对东部地区经济增长的年均拉动点数也高于其他地区。

二是全要素生产率是这一时期我国经济增长的第二动力。基于索洛余值法测算显示，1979—2012 年我国全要素生产率增长率的年均值为 3.0%，且这一时期全要素生产率增长率波动较为明显。进一步的实证研究表明，这一时期我国全要素生产率增长主要来源于制度变革诱发的改革红利，技术进步的作用相对较小。从经济增长贡献率看，1979—2012 年全要素生产率对经济增长的平均贡献率达到了 25.6%。

三是劳动投入也对经济增长产生了重要的积极影响。综合考虑劳动力数量、质量、劳动强度等变化的测算显示，我国劳动投入总量从 1978 年的 3.6 亿人员当量提升至 2012 年的 9.4 亿人员当量，年均增长 2.9%；而同期就业人员数量年均仅增长 1.5%。进一步的实证研究显示，这一时期劳动投入总量的增长主要得益于体制变革下的剩余劳动力转移。从经济增长贡献率看，1979—2012 年劳动投入对经济增长的贡献率达到了 11.5%。

四是三大生产要素融合对经济增长影响扩大。在探讨资本投入、劳动投入和全要素生产率对经济增长直接作用的同时，进一步分析了三大要素相互融合催生的资本深化、资本体现式技术进步、人力资本积累等新要素动力对经济增长的作用机制和影响效果。量化测算和实证分析显示，资本深化、资本体现式技术进步、人力资本存量对经济增长的边际弹性分别达到 0.165、0.111、0.481，对我国经济发展的促进作用都十分明显，尤其是人力资本积累对经济增长具有重要意义。

第四章　以工业为主的产业动力

本章讨论 1978—2012 年间产业动力成长发展问题。产业结构变迁是从供给侧分析经济增长动力变化的重要维度。改革开放以来我国产业结构不断优化升级，农业占比大幅下降，服务业占比明显提高，工业占比先上升后下降，实现了由传统农业国向工业化国家的转变。不同时期三次产业发展对经济增长的贡献呈现不同的特征，对产业动力变迁的分析就是一把解锁中国经济增长的钥匙，有利于我们观察并解释中国是如何实现长期高速增长奇迹的，也对未来如何重塑产业发展优势、进一步培育壮大产业新动能具有重要的指导意义。国内外学者从产业结构变迁视角对经济增长进行了大量的分析研究，本章尝试构建一个产业动力的研究框架，在分析产业结构变化的基础上，进一步探析不同产业内部劳动生产率和劳动投入的变化情况，以期能够洞察产业动力变化的背后逻辑。

4.1　产业动力：理论与方法

一、三次产业发展的一般规律

17 世纪，英国著名经济学家威廉·配第在其《政治算术》一书中，通过对英格兰及其他欧洲国家经济发展不同阶段三次产业的分析，认为"商业收入高于制造业，而制造业收入又高于农业"。英国著名统计学家科林·克拉克在"配第定律"基础上，发现了刻画不同产业间劳动力变化的"配第-克拉克定律"，即随着一个国家（地区）人均收入水平的不断提高，其劳动力就业先由第一产业向第二产业转移，再由第一、第二产业向第三产业转移。配第-克拉克定律揭示了各国（地区）经济增长过程中产业部门结构变化的一般规律。该理论将人均国民收入水平与产业结构变化的时间序列结合起来分析，首次从不同产业劳动力变化视角分析产业结构演进规律，这些规律不仅可以从一个国家（地区）经济发展历史过程中得到检验，也能从同一时期不同发展水平的国家（地区）的产业结构差异中得到印证。

西蒙·库兹涅茨研究了 20 多个国家（地区）劳动力和国民收入在不同产业间的变化规律，认为各国（地区）农业收入占比及其劳动力就业占比均不断下降；工业收入占比总体上升，劳动力就业占比保持相对稳定，或略有上升；服务业收入占比和劳动力就业占比均呈上升态势，劳动力就业占比上升速度明显快于收入占比。从经济发展实践看，农业部门国民收入占比和劳动力就业占比大幅下降的现象，在世界上多数国家工业化、现代化进程中普遍存在。发达国家在工业化进程中，劳动力从低效率的农业部门转移到高效率的工业生产活动中来，促进了经济增长。

霍利斯·钱纳里等对 20 世纪 40—50 年代部分发展中国家经济发展水平、劳动力数量、贸易结构等指标进行了统计分析，认为随着经济发展水平的不断提高，一个国家（地区）产业结构的演变具有"相当的一致性"，被称为"标准产业结构模式"：在准工业化阶段，占统治地位的是农业；在工业化阶段，经济重心则由初级产品生产转向制造业生产，制造业对经济增长的贡献更为重要；在发达经济阶段，服务业成长为国民经济最大产业，对经济增长的贡献居于首位。从就业结构来看，随着经济发展水平提高，农业劳动力就业份额下降，工业就业份额变动较小，工业就业增加明显低于农业就业减少，而服务业就业份额上升，农业劳动力出现向服务业转移。

这些研究表明，产业发展一般是沿着一产、二产、三产的顺序，依次在经济中占据主导地位，在不同时期对经济增长的影响的重要性发生变化。从我国的情况看，1978—2012 年是我国工业化迅速发展时期，这一时期工业占据主导地位，对经济增长贡献巨大，符合产业发展的一般规律。1978—2012 年，我国工业对经济增长的平均贡献高达 49.0%。同时要看到，产业发展不是孤立的，工业发展离不开农业、服务业的发展，工业生产需要农产品作为生产原料，也需要交通运输、流通销售、资金等生产服务业的支持。分析我国经济高速增长期产业动力对经济增长的影响，研究产业动力演化变迁规律及其影响因素，洞察三次产业协调发展对经济增长的影响，对于科学决策、有效发挥产业动力作用具有重要意义。

二、产业动力及其因素分解方法

在国民经济核算中，三次产业对经济增长的影响采用产业贡献率来衡量，即产业贡献率 = 产业增加值增量 / 国内生产总值（GDP）增量。经济增速可以分解推导为如下公式：

$$g^t = \frac{\Delta Y^t}{Y^{t-1}} = \frac{\Delta Y_1^t + \Delta Y_2^t + \Delta Y_3^t}{Y^{t-1}} = \frac{Y_1^{t-1}}{Y^{t-1}} \cdot \frac{\Delta Y_1^t}{Y_1^{t-1}} + \frac{Y_2^{t-1}}{Y^{t-1}} \cdot \frac{\Delta Y_2^t}{Y_2^{t-1}} + \frac{Y_3^{t-1}}{Y^{t-1}} \cdot \frac{\Delta Y_3^t}{Y_3^{t-1}} \quad (4.1)$$

其中，g^t 表示 GDP 增长速度，ΔY^t 为第 t 期 GDP 增量，ΔY_i^t 为第 i 产业增加值第 t 期的增量，Y^{t-1} 和 Y_i^{t-1} 分别表示第 $t-1$ 期 GDP 和第 i 产业增加值。由于 $Y_i^{t-1} \big/ Y^{t-1}$ 是第 $t-1$ 期第 i 产业增加值占国内生产总值的比重，用 w_i^{t-1} 表示，而 $\frac{\Delta Y_i^t}{Y_i^{t-1}}$ 实际上为第 t 期 i 产业增加值增速，用 g_i^t 表示，那么上述公式可以简化为：

$$g^t = w_1^{t-1} g_1^t + w_2^{t-1} g_2^t + w_3^{t-1} g_3^t \quad (4.2)$$

因此，第 i 产业贡献率 = $w_i^{t-1} g_i^t / g^t$。

这种方法可以有效表征产业发展对经济增长的影响，但难以分析要素资源在产业间配置和技术进步因素对产业发展的影响，进而制约对经济增长作用的判断。为此，我们对传统测算方法进行了拓展，提出一种新的测算方法。

首先，将产业的增加值分解为劳动投入 L 和劳动生产率 LP。其中，劳动投入使用年中就业人数衡量（即期初与期末就业人数的平均值），劳动生产率则表示为产业增加值除以年中就业人数，用于衡量单位就业人员的产出，反映产业生产效率。相应地，第 i 产业在 t 时期的增加值可以表示为 $Y_i^t = LP_i^t \cdot L_i^t$。

其次，将第 i 产业增速进行分解；

$$g_i^t = \Delta Y_i^t \Big/ Y_i^{t-1} = Y_i^t \Big/ Y_i^{t-1} - 1 = LP_i^t \cdot L_i^t \Big/ LP_i^{t-1} \cdot L_i^{t-1} - 1 = \frac{LP_i^t}{LP_i^{t-1}} \cdot \frac{L_i^t}{L_i^{t-1}} - 1 \quad （4.3）$$

如果令 $s_{lp,i}^t = \Delta LP_i^t / LP_i^{t-1}$ 表示第 i 产业第 t 期劳动生产率的增速，则 $LP_i^t / LP_i^{t-1} = 1 + s_{lp,i}^t$。同理，$L_i^t / L_i^{t-1} = 1 + s_{l,i}^t$，则公式 4.3 可以表示为：

$$g_i^t = (1 + s_{lp,i}^t) \cdot (1 + s_{l,i}^t) - 1 = s_{lp,i}^t + s_{l,i}^t + s_{lp,i}^t s_{l,i}^t \quad （4.4）$$

再次，将公式 4.4 代入公式 4.2，可以得到：

$$g^t = w_1^{t-1}(s_{lp,1}^t + s_{l,1}^t + s_{lp,1}^t s_{l,1}^t) + w_2^{t-1}(s_{lp,2}^t + s_{l,2}^t + s_{lp,2}^t s_{l,2}^t)g_2^t$$
$$+ w_3^{t-1}(s_{lp,3}^t + s_{l,3}^t + s_{lp,3}^t s_{l,3}^t) \quad （4.5）$$

相应地，第 i 产业劳动生产率对第 i 产业增长的贡献可以表示为 $s_{lp,i}^t / g_i^t$，第 i 产业劳动投入对第 i 产业增长的贡献可以表示为 $s_{l,i}^t / g_i^t$。第 i 产业劳动生产率对经济增长的贡献可以表示为 $w_i^{t-1} s_{lp,i}^t / g^t$，第 i 产业劳动投入对经济增长的贡献可以表示为 $w_i^{t-1} s_{l,i}^t / g^t$。如果不考虑劳动生产率提高与劳动力投入的交互影响，则劳动生产率对经济增长的总贡献为 $\sum_{i=1}^{3} w_i^{t-1} s_{lp,i}^t / g^t$，劳动投入对经济增长的总贡献为 $\sum_{i=1}^{3} w_i^{t-1} s_{l,i}^t / g^t$。

通过上述分解，可以观察劳动力要素资源在不同产业间配置对经济增长的影响，以及产业劳动生产率变化对经济的影响，从而为深入分析产业动力变化规律提供了支持。

4.2 农业基础地位不断巩固

农村基本经营制度和激励机制的革新，极大地解放并发展了农村生产力，主要农产品产量快速增长，解决了长期困扰我国的粮食短缺问题。农业投入不断增加，农业基础设施得到加强，农业科技广泛应用，农业生产结构调整优化，发展质量和效益逐步提升，为顺利推进工业化、城镇化创造了有利条件，为经济社会稳定发展奠定了坚实基础。

一、农业发展取得长足进步

一是农业增加值大幅增加（见图 4-1）。第一产业增加值由 1978 年的 1019 亿元上升到 2012 年的 49085 亿元。粮食生产不断取得突破。全国粮食产量由 1978 年的 3.05 亿吨快速提升至 2012 年的 6.12 亿吨，比 1978 年翻一番，年均增产达 2.1%。

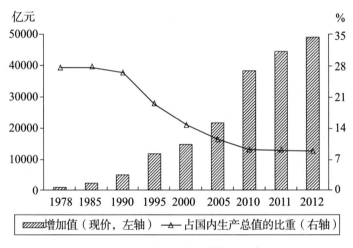

图 4-1　1978—2012 年第一产业增加值及占 GDP 比重

二是主要经济作物产量快速增长（见表 4-1）。1978—2012 年，全国棉花产量由 217 万吨增加至 661 万吨，年均增产 3.3%；油料产量由 522 万吨增加至 3286 万吨，年均增产 5.6%；糖料产量由 2382 万吨增加至 12452 万吨，年均增产 5.0%。自 20 世纪末期以来，我国主要农产品供给特别是粮食，实现了从长期短缺到"总量基本平衡、丰年有余"的历史性转变，为稳定市场和促进城市改革发挥了重要作用。

表 4-1 1978—2012 年主要农产品产量 （单位：万吨）

年份	粮食	棉花	油料	糖料
1978 年	30476.5	216.7	521.8	2381.9
1985 年	37910.8	414.7	1578.4	6046.8
1990 年	44624.3	450.8	1613.2	7214.5
1995 年	46661.8	476.8	2250.3	7940.1
2000 年	46217.5	441.7	2954.8	7635.3
2005 年	48402.2	571.4	3077.1	9451.9
2010 年	55911.3	577.0	3156.8	11303.4
2011 年	58849.3	651.9	3212.5	11663.1
2012 年	61222.6	660.8	3285.6	12451.8

三是农业生产条件明显改善。改革开放初期，农业生产主要依靠人力。随着农业投入的增加，农业机械化水平稳步提高。全国大中型拖拉机由 1978 年的 56 万台增加至 2012 年底的 485 万台；联合收获机由不足 2 万台迅猛增加至 128 万台。随着稻谷和小麦等主要粮食作物机播和机收的广泛运用，我国农业生产条件明显改善，农业劳动生产率得到进一步提升。

四是农业产业结构调整优化（见表 4-2）。以粮食生产为主的种植业经济逐步向农林牧渔全面发展转变。1978 年，全国农业产值占农林牧渔四业产值比重为 80.0%，而林业、畜牧业和渔业占比分别为 3.4%、15.0% 和 1.6%。经过长期发展，农林牧渔业结构不断优化，农业占比明显下降。2012 年，农、林、牧、渔业占四业产值的比重分别为 53.9%、4.1%、31.9% 和 10.1%，从林产品看，2012 年，全国木材产量为 8175 万立方米，比 1978 年增长 58.4%；油茶籽为 173 万吨，增长 2.6 倍。从畜牧产量看，2012 年，全国猪牛羊肉总产量为 6463 万吨，比 1978 年增长 4.4 倍，年均增长 5.4%。从奶类产量看，2012 年，牛奶产量为 3175 万吨，比 1978 年增长 26.8 倍，年均增长 11.0%。从水产品看，2012 年，全国水产品总产量为 5482 万吨，比 1978 年增长 10.8 倍，年均增长 7.5%。

表4-2 1978—2012年农林牧渔业总产值 （单位：亿元）

年份	农林牧渔业总产值	农业	林业	牧业	渔业
1978 年	1397.0	1117.5	48.1	209.3	22.1
1985 年	3619.5	2506.4	188.7	798.3	126.1
1990 年	7662.1	4954.3	330.3	1967.0	410.6
1995 年	20340.9	11884.6	709.9	6045.0	1701.3
2000 年	24915.8	13873.6	936.5	7393.1	2712.6
2005 年	39450.9	19613.4	1425.5	13310.8	4016.1
2010 年	67763.1	35909.1	2575.0	20461.1	6263.4
2011 年	78837.0	40339.6	3092.4	25194.2	7337.4
2012 年	86342.2	44845.7	3407.0	26491.2	8403.9

五是农产品主产区作用增强。粮食主产区稳产增产能力增强。2012年，主产区粮食产量达到47054万吨，比1978年增产1.2倍；占全国粮食总产量的比重由1978年的69.3%提高至76.7%。经济作物生产也不断向优势产区集中。1979—2012年新疆棉花产量年均增产13.3%，2012年达到388万吨；占全国棉花总产量的比重由1978年的2.5%提高至2012年的58.8%。1979—2012年云南、广西、广东三省区糖料总产量年均增长6.1%，2012年达到10760万吨；占全国糖料总产量的比重由1978年的60.1%进一步提高至2012年的86.4%。

二、农业生产由高增长转向稳定发展

改革开放初期，我国农业生产着重要解决粮食产量不足的问题，通过实施家庭联产承包责任制，实现了粮食产量的大幅增长。在继续完善家庭联产承包责任制的基础上，进一步推动粮食、蔬菜、肉类生产和流通，实施"米袋子"和"菜篮子"工程，搞活农产品流通，积极推动乡镇企业发展，有力促进了农村经济的发展。新世纪前后，进一步夯实家庭联产承包责任制的制度基础，完善粮食流通体制，推进农民减负增收，取消农业税，实施粮食直补，鼓励农业生产提质增效，我国农业稳定发展的基础不断巩固。

这一时期，农业发展大致经历了三个阶段。

一是高速增长阶段（1978—1984年）。以安徽省凤阳县小岗村的"大包干"为起始点，家庭联产承包责任制迅速推开，大幅提高了农业生产效率，促进农业快速发展。1984年，第一产业增加值突破2000亿元，扣除价格因素，比1978年增长52.6%，年均增长7.3%；农林牧渔业总产值实际增长56.4%，年均增长7.7%。主要农产品产量大幅增加。粮食总产量由1978年的30477万吨大幅增产至1984年的40731万吨，增长33.6%。其中，稻谷、小麦和玉米产量分别比1978年增长30.2%、63.1%和31.2%，棉花、油料和糖料产量分别增长1.9、1.3和1.0倍。

二是巩固发展阶段（1985—2002年）。农业领域继续巩固家庭联产承包责任制，不断完善农业稳定发展基础，确保粮食供给，为其他改革的顺利推进提供重要保障。在粮食生产领域，加强农业基础设施建设，推广农业技术运用。我国农业机械总动力由1984年的不足2亿千瓦，提高至2002年的5.79亿千瓦，增长1.7倍。在粮食流通领域，持续推进粮食统购统销制度的市场化改革，实施粮食经营和价格"双轨制"，建立国家专项粮食储备制度，实行粮食收购保护价政策，保护农民利益。1995年我国实行"米袋子"省长负责制，1997年颁布了《关于进一步稳定和完善农村土地承包关系的通知》，以正式文件的形式明确了土地承包期限，2002年又以法律条文的形式将其写入《中华人民共和国土地承包法》，进一步稳定和完善了家庭联产承包经营的基础。2002年，农林牧渔业总产值达27391亿元，扣除价格因素，比1984年实际增长174%，年均增长5.7%。其中，牧业和渔业分别年均实际增长9.0%和12.4%，明显高于农业4.0%的年均增速。牧业和渔业的快速增长，使得其在农林牧渔业总产值中的比重明显提升。2002年，牧业和渔业产值占农林牧渔业总产值的比重分别为30.9%和10.8%，分别比1984年提高12.6和8.2个百分点，而同期农业占比则下降

19.5 个百分点。谷物产量平稳增长,经济作物产量大幅提高。2002 年,我国稻谷产量与 1984 年基本相当,小麦产量增产 2.8%,而水果、油料和糖料产量分别增长 606%、143% 和 115%。

三是稳定增长阶段（2003—2012 年）。进入新世纪,党的十六大提出"全面繁荣农村经济",十七大又对"新农村建设"作出重要部署。以减负增收为目标的农业税费改革持续推进,2004 年粮食直接补贴政策在全国范围内实施,2006 年废止了在中国土地上实施了两千多年的农业税,极大地调动了农民种粮积极性,有力保障了我国粮食安全。2012 年,我国农林牧渔业总产值达到 86342 亿元,扣除价格因素,比 2002 年实际增长 63.2%,年均实际增长 5.0%。林牧渔业增速均明显快于农业,农业产值占比继续降低至 51.9%。粮食产量接连迈上新台阶。2012 年,我国粮食产量达到 61223 万吨,连续跨越 5 万吨、6 万吨台阶,实现了 2004 年以来的 9 连增,比 2002 年增加 15517 万吨,年均增产超过 1500 万吨。果蔬、肉类产品产量大幅增长。2012 年,我国水果、蔬菜产量分别比 2002 年增长 218% 和 16.6%,水产品和肉类产品产量分别增长 39.1% 和 35.9%。

三、农业贡献及其变化特征

农业对经济增长的贡献波动下降。我国农业生产总体保持较快增长,但由于工业、服务业增长更快,总体上看,农业对经济增长的贡献趋于回落,贡献率逐步稳定。1979—2012 年,第一产业增加值对经济增长的贡献率由 20.9% 下降至 5.0%,但不同时期第一产业贡献率表现差别巨大。改革开放初期,率先推进的农村改革有效激发了农民生产积极性,农业增长明显加快,对经济增长的贡献率提升,1979—1984 年平均贡献率达到 24.1%,是改革开放以来农业贡献率最高的一段时期。自市场化改革重心由农村转向城市之后,随着城市经济的高速增长,农业贡献率不断下降。2002 年,农业发展对经济增长的贡献率由 1984 年的 25.6% 降为 4.1%,年均下降 1.2 个百分点。1985—2002 年农业增长对经济增长的年平均贡献率仅为9.1%，明显低于改革开放初期水平。党的十六大以来，我国加快推动农村农业建设，尽管农业增长有所加快，但农业贡献率进一步下降。2012年，农业发展对经济增长的贡献率进一步降至5.0%。

劳动生产率提高是推动农业增长的主要因素。1979—2012年，劳动生产率提高对第一产业增长的年平均贡献率达108%，其中1992年以来，由于农业劳动力投入整体上趋于减少，资本投入逐步增加，劳动生产率大幅提高，对第一产业增长的贡献超过100%。从发展变化看，劳动生产率和劳动投入对农业增长的影响呈现阶段性特点（见图4-2）。

一是劳动生产率提高和劳动投入增加共同推动（1979—1991年）。随着农业基本经营制度和激励机制的变革，家庭联产承包经营极大地激发了农民生产积极性，农业生产效益提高也促进农业劳动力投入的增加，共同促进农业增长。1991年，第一产业劳动生产率比1978年提高44.3%，年均提高2.9%；人均粮食产量提高至378公斤/人，增长18.6%。1978—1991年，第一产业就业人数由28829万人增加至39006万人，年均增长2.4%。同期，劳动生产率提高和就业人数增加对第一产业增长的平均贡献率分别为52.8%和48.3%。

二是以劳动生产率提高为主推动（1992—2012年）。农业机械化水平不断提高，农业科技进步作用加大，农业劳动生产率快速提高，而工业化城镇化加快发展，就业人员大量增加，相应地农业劳动力投入持续减少。2012年，第一产业劳动生产率比1991年提高2.4倍，年均增长6.0%；人均粮食产量提高至453公斤/人，增长20.0%。进城务工的收益明显高于务农，大量农民工进城寻找工作机会，农业就业人数减少。1992—2012年，第一产业就业人数由38899万人下降至26184万人，年均下降1.9%。在这样的条件下，农业增长开始主要依靠劳动生产率的提高。1992—2012年，劳动生产率提高对第一产业增长的平均贡献率为142.2%，就业人数下降对第一产业增长的贡献率为-38.6%。

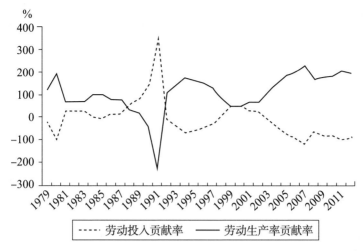

图 4-2　1979—2012 年劳动生产率和劳动投入对第一产业增长贡献率 [①]

4.3　工业为主的产业动力凸显

改革开放以来，我国进入工业化快速发展期。经过 30 多年的时间，工业化由初期发展到中后期，一举成为工业大国，制造业增加值和 200 多种工业产品产量跃居世界第一，拥有联合国工业大类目录中所有工业门类，成为名副其实的"世界工厂"，以工业为主的第二产业迅猛增长，成为驱动我国经济高速增长的动力源泉。

一、工业发展实现历史性跨越

一是工业实力显著增强（见图 4-3）。改革开放初期，我国工业基础薄弱，1978 年工业增加值仅有 1622 亿元。改革开放后，工业经济快速增长，1992 年工业增加值突破 1 万亿元大关，2007 年突破 10 万亿元大关，2012 年突破 20 万亿元，按不变价计算，比 1978 年实际增长 38.2 倍，年均实际增速高达 11.4%。制造业增加值跃居世界第一。2010 年我国制造增加值占

---

① 两项相加不等于 100%，差额为就业人员与劳动生产率变动的乘积对第一产业增长的影响，其他产业也是如此。

全球的比重达到 19.8%，超过美国跃居世界第一。

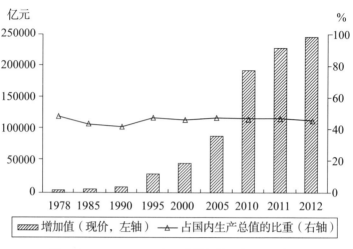

图 4-3　1978—2012 年工业增加值及占 GDP 比重

　　二是工业产品产量大幅提高（见表 4-3）。1978 年，原煤、水泥和粗钢等产品产量分别仅有 6.18 亿吨、0.65 亿吨和 0.32 亿吨。随着工业化的发展，我国在主要工业领域形成了庞大的生产能力。2012 年，原煤、水泥和粗钢产量分别为 39.45 亿吨、22.10 亿吨和 7.24 亿吨，分别比 1978 年增长 5.4、32.9 和 21.8 倍，连续多年稳居世界第一。汽车、电视等消费品产量大幅增加。2012 年，汽车产量为 1841.6 万辆，比 1978 年增长 128 倍，年均增长 15.4%；彩色电视机产量高达 12824 万台。手机、电脑等产品走入寻常百姓家，实现了从无到有的转变。2012 年，我国移动通信手持机产量高达 11.8 亿台，比 2000 年增长 22 倍，年均增长 29.6%；微型计算机产量为 3.2 亿台，增长 46 倍，年均增长 37.9%。

表 4-3　1978—2012 年主要工业产品产量

年份	原煤（亿吨）	水泥（万吨）	粗钢（万吨）	汽车（万辆）	彩色电视机（万台）	手机（万台）	微型计算机（万台）
1978 年	6.18	6524.0	3178.0	14.9	0.4	——	——
1985 年	8.72	14595.0	4679.0	43.7	435.3	——	——

年份	原煤（亿吨）	水泥（万吨）	粗钢（万吨）	汽车（万辆）	彩色电视机（万台）	手机（万台）	微型计算机（万台）
1990 年	10.80	20971.0	6635.0	51.4	1033.0	——	8.2
1995 年	13.61	47560.6	9536.0	145.3	2057.7	——	83.6
2000 年	13.84	59700.0	12850.0	207.0	3936.0	5247.9	672.0
2005 年	23.65	106884.8	35324.0	570.5	8283.2	30354.2	8084.9
2010 年	34.28	188191.2	63723.0	1826.5	11830.0	99827.4	24584.5
2011 年	37.64	209925.9	68528.3	1841.6	12231.3	113257.7	32036.9
2012 年	39.45	220984.1	72388.2	1927.6	12823.5	118154.6	31806.7

三是工业体系逐步健全。自改革开放以来，我国医药、纺织、农副食品等轻工业以及钢铁、煤炭、化工等重工业行业不断发展壮大，航空航天、汽车、通信等重点新兴装备工业从无到有，由弱变强，快速成长。我国工业门类不断完备，初步形成了行业比较齐全、具有一定技术水平的现代工业体系。

四是工业结构优化调整。改革开放初期至 90 年代，我国工业仍主要以传统行业为主导。进入新世纪以来，我国开始加快发展先进装备和高技术制造业，不断向全球制造业价值链中高端奋进。高技术产业增长较快。2012 年，高技术制造业增加值比上年增长 12.2%，增速明显快于规模以上工业。一些新兴产业规模集聚效应逐步形成，新产品增势强劲。2012 年，集成电路产量 779.6 亿块，比上年增长 8.4%。

二、工业发展全面性、协调性提升

改革开放以来，在工业化城镇化的带动下，以及融入全球化的作用下，我国工业实现快速发展，产业体系不断健全，生产能力快速扩张，总体协调性得到改善，发展全面性得到提高。

这一时期，工业发展大致分为三个阶段。

一是调整发展时期（1978—1990 年）。改革开放初期，我国轻重工业结构严重失衡。1978 年，轻、重工业占工业总产值的比重分别为 42.7% 和 57.3%。对此，通过实施重点支持轻纺工业发展的"六个优先"政策，轻重工业比例失调的矛盾得到了一定缓和。1990 年，轻工业占比提高至 49.4%，轻重工业比例严重失衡问题基本解决。同时为解决交通运输、邮电通信、能源原材料等基础设施和基础产业薄弱，制约经济社会发展的问题，持续加大基础设施和基础产业投入力度，支持能源、交通、原材料部门发展，取得积极成效，促进了工业发展。工业增加值由 1978 年的 1621.5 亿元增加至 1990 年的 6904.7 亿元，扣除价格因素，年均实际增长 9.7%。原煤产量由 6.2 亿吨增加至 10.8 亿吨，年均增长 4.7%；粗钢产量由 3178 万吨增加至 6635 万吨，年均增长 6.3%。

二是巩固提高时期（1991—2000 年）。20 世纪 90 年代，为解决工业发展存在的基础产业发展滞后、缺乏带动力强的行业等问题，进一步推动基础产业发展，将机械电子、石油化工、汽车制造和建筑业作为支柱产业重点扶持，我国工业发展"瓶颈"制约得到较大改善，电子及通信、电气机械、家电等重点行业开始崛起。1991—2000 年，工业增加值由 8138.2 亿元增加至 40259.7 亿元，扣除价格因素，年均实际增长 13.8%。能源原材料产品产量大幅增加。发电量由 1991 年的 6776 亿千瓦时增加至 2000 年的 13556 亿千瓦时，年均增长 8.0%；钢材产量由 5153 万吨增加至 13146 万吨，年均增长 11.0%。家电产品快速兴起。2000 年，彩色电视机产量 3936 万台，比 1991 年增长 2.3 倍，年均增长 14.1%；家用电冰箱产量 1279 万台，比 1991 年增长 1.7 倍，年均增长 11.8%。

三是全面发展时期（2001—2012 年）。进入新世纪，在工业化城镇化发展带动下，重工业发展加速，汽车和住房相关行业快速发展，加之 2001 年加入世界贸易组织后，充分利用自身优势参与国际分工，劳动密集型出口加工业快速发展，工业发展活力不断增强。2008 年国际金融危机之后，我国加大对重点产业和战略性新兴产业的发展引导和支持，积极构建国际竞争新优势，工业发展持续迈向中高端。2001—2012 年，工业增加值由 43856 亿元增加至 208906 亿元，扣除价格因素，年均实际增长 11.3%。重化产品快速增加。原煤产量由 2001 年的 14.72 亿吨增加至 2012 年的 39.45 亿吨，年均增长 9.4%；粗钢产量由 15163 万吨增加至 72388 万吨，年均增长 15.3%；乙烯产量由 481 万吨增加至 1487 万吨，年均增长 10.8%。汽车家电产量进一步扩大。2012 年，彩色电视机产量 12824 万台，比 2001 年增长 2.1 倍，年均增长 10.9%；汽车产量 1928 万辆，增长 7.2 倍，年均增长 21.1%。

三、工业贡献及其变化特征

以工业为主的第二产业贡献率明显较高。1979—2012 年，第二产业增加值年均实际增长 11.3%，其中工业增加值年均实际增长 11.4%，年均实际增速明显快于第一产业的 4.5% 和第三产业的 10.8%。尽管第二产业增长对经济增长的贡献总体趋于下降，但除个别年份外均高于 50%，明显高于其他两大产业，是支撑经济增长的主要动力。2012 年，第二产业增长对国内生产总值增长的贡献率为 50.0%，高于第一和第三产业。其中，工业增长贡献率由 1979 年的 52.8% 降至 41.9%。

工业贡献率呈先降后升再波动下降的趋势。改革开放初期，我国经济改革的重心在农村，农业发展对经济增长的贡献上升。由于三次产业的贡献率是个相对指标，农业贡献的显著上升使得工业贡献相对下降。1979—1984 年，工业增长贡献率由 52.8% 下降至 39.8%，下降 13 个百分点，年均下降幅度高达 2.6 个百分点。随着城市改革的深入，工业快速发展，对经济增长的贡献明显上升，由 1984 年的 39.8% 升至 2000 年的 56.9%，年均提高超过 1 个百分点。进入新世纪，工业贡献率有所降低。2001—2012 年工业年平均贡献率为 44.7%，低于 1985—2000 年 54.4% 的平均水平，2012 年降至 41.9%。

工业增长由劳动投入为主驱动转向生产效率提升和劳动投入增加共同

驱动。1979—2012 年，劳动生产率提高对第二产业增长的年平均贡献为54.0%，劳动投入增加的年平均贡献为45.0%。由于劳动投入和生产效率在不同时期的变化，二者对工业增长的影响呈现阶段性特点（见图 4-4）。

一是劳动投入增加为主的推动（1978—1991 年）。改革开放初期，我国工业进入恢复发展时期，特别是随着改革重点由农村转向城市，对企业放权让利，扩大企业自主权，促进了工业企业发展，吸纳就业不断增加，规模扩张明显。1979—1991 年，第二产业就业人数年均增长 6.2%。同时，随着技术、设备引进力度加大，第二产业劳动生产率稳步提升。1979—1991 年，第二产业劳动生产率年均增长 3.6%。同期，劳动投入增加和劳动生产率提升对第二产业增长的平均贡献率分别为 86.8%、12.8%，劳动投入的贡献明显高于劳动生产率提升。

二是劳动生产率提升为主的推动（1992—2003 年）。20 世纪 90 年代，我国工业供给能力大幅增强，工业品市场供求关系出现重大变化，由过去的卖方市场转变为买方市场，客观上要求企业加大产品开发力度，积极提升生产效率。加之受 1998 年亚洲金融危机影响，我国出口市场增长受限，国内竞争压力进一步加大，工业吸纳就业增长减缓，工业增长主要依靠劳动生产率提升。1992—2003 年，第二产业就业人数年均增长 1.1%，比1979—1991 年回落 5.1 个百分点。第二产业劳动生产率明显提升。1992—2003 年，第二产业劳动生产率年均增长 11.5%。同期，劳动投入增加和劳动生产率提升对第二产业增长的平均贡献率分别为 6.4%、92.9%，劳动生产率提升的贡献远高于劳动投入。

三是劳动生产率提升和劳动投入增加共同推动（2004—2012 年）。进入新世纪，随着我国加入世界贸易组织，我国工业企业融入全球，与国外企业同台竞争，外商直接投资大量增加，外资企业增多，带来了先进技术和管理经验，与此同时，随着教育改善和培训增加，劳动力素质不断提高，促进工业升级发展和生产效率提升。2004—2012 年，第二产业劳动生产率年均增长 7.0%。工业生产规模继续扩大，吸纳就业人数增加。2004—2012

年，第二产业就业人数年均增长 4.2%，同期，劳动投入增加和劳动生产率提升对第二产业增长的平均贡献率分别为 36.1%、61.4%。

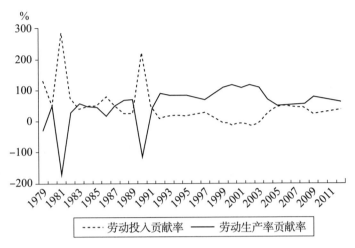

图 4-4　1979—2012 年劳动生产率和劳动投入对第二产业增长贡献率

4.4　服务业支撑作用日益增强

改革开放以来，随着服务业发展政策不断完善，部分服务业市场准入门槛逐步取消和降低，金融、电信、交通、房地产等行业市场化改革稳步推进，服务领域价格管制不断放开，加之工业化快速发展带动相关生产性服务业增长，居民生活水平提高引致生活性服务需求扩张，促使服务业保持较快发展，生产效率大幅提升，对经济增长的支撑作用日益增强。

一、服务业持续快速发展

一是服务业成长为国民经济第一大产业（见图 4-5）。2012 年，我国第三产业增加值由 1978 年的 905 亿元增长至 244852 亿元，扣除价格因素，实际增长 31.9 倍，年均实际增速为 10.8%，高于经济增速，仅低于第二产业增速 0.5 个百分点。第三产业占国民经济的比重持续上升。2012 年，第三产业占比达 45.5%，比 1978 年提高 20.9 个百分点，首次超过第二产业成为国民经济第一大产业。

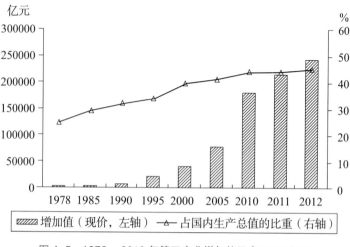

图 4-5　1978—2012 年第三产业增加值及占 GDP 比重

二是服务业供给能力增强，交通运输能力增加。2012 年末，我国铁路营业里程达 9.76 万公里，比 1978 年末增长 88.8%；公路里程 424 万公里，增长 3.8 倍；定期航班航线里程 328 万公里，增长 21 倍。2012 年，全年货物运输总量 410 亿吨，比 1978 年增长 11.8 倍；旅客运输总量 380 亿人次，增长 14.0 倍。邮政通信设施快速发展。2012 年末，我国邮政营业网点达 9.56 万处，比 1978 年末增长 92.7%；全国固定电话用户达到 2.78 亿户。手机和互联网从无到有。2012 年末，互联网上网人数达到 5.64 亿人，互联网普及率提升至 42.1%。

三是服务业体系日趋完善（见表 4-4）。改革开放初期，部分流通部门占服务业比重较高。1978 年，批发和零售业、交通运输仓储和邮政业占第三产业的比重分别为 26.8%、20.1%。随着我国经济发展水平提高，传统服务业保持较快增长的同时，金融、房地产、信息通信等现代服务业发展加速。2012 年金融业增加值比 1978 年实际增长 57.8 倍，年均增长 12.7%，快于同期第三产业年均实际增速 1.9 个百分点，占 GDP 的比重从 1978 年的 2.1% 提高到 6.5%；房地产业增加值年均实际增长 11.2%，快于第三产业 0.4 个百分点，占 GDP 的比重由 2.2% 提高到 5.8%；信息传输、软件和信息技术服务业增加值占比提高至 2012 年的 2.2%。

表 4-4　1978—2012 年主要服务行业增加值及占 GDP 比重　　　（亿元）

		批发和零售业	交通运输仓储和邮政业	住宿和餐饮业	金融业	房地产业	其他
1978 年	增加值	242.3	182.0	44.6	76.5	79.9	265.5
	占　比	6.6%	4.9%	1.2%	2.1%	2.2%	7.2%
1985 年	增加值	802.4	421.8	138.3	293.8	215.2	765.5
	占　比	8.8%	4.6%	1.5%	3.2%	2.4%	8.4%
1990 年	增加值	1268.9	1167.2	301.9	1143.7	662.2	1500.7
	占　比	6.7%	6.2%	1.6%	6.1%	3.5%	8.0%
1995 年	增加值	4778.6	3244.7	1200.1	3209.7	2354.0	5660.0
	占　比	7.8%	5.3%	2.0%	5.2%	3.8%	9.2%
2000 年	增加值	8158.6	6161.9	2146.3	4836.2	4149.1	14090.8
	占　比	8.1%	6.1%	2.1%	4.8%	4.1%	14.1%
2005 年	增加值	13966.2	10668.8	4195.7	7469.5	8516.4	31725.0
	占　比	7.5%	5.7%	2.2%	4.0%	4.5%	16.9%
2010 年	增加值	35904.4	18783.6	7712.0	25680.4	23569.9	68464.3
	占　比	8.7%	4.6%	1.9%	6.2%	5.7%	16.6%
2012 年	增加值	49831.0	23763.2	9536.9	35188.4	31248.3	92629.2
	占　比	9.3%	4.4%	1.8%	6.5%	5.8%	17.2%

四是新兴服务业发展加快。随着我国新型城镇化建设逐步加快，居民收入稳步提高，新兴消费快速兴起，旅游、文化、体育、健康等新兴服务产业快速发展。2012 年，国内游客 29.57 亿人次，比 1994 年增长 4.6 倍；入境游客 13240.53 亿人次，比 1978 年增长 72.2 倍；国内旅游总花费和国际旅游收入分别为 22706 亿元、500.3 亿美元，分别比 1994 年增长

21.2 倍、5.8 倍。2012 年年末，全国有公共图书馆 3076 个、文化馆（站）43876 个、博物馆 3069 个、艺术表演团体 7321 个；全年生产各类电影 893 部，票房总收入达 171 亿元。

二、服务业地位稳步上升

改革开放初期，受认识局限，我国服务业一度发展缓慢。随着改革的深入和重视程度的提高，服务业发展开启市场化、产业化进程。社会主义市场经济体制逐步建立完善，服务领域市场准入不断扩大，加之服务业对外开放启动，促进了服务业的大发展，服务业在国民经济中的占比不断上升。

这一时期，服务业发展大致分为三个阶段。

一是发展起步阶段（1978—1991 年）。改革开放初期，服务业发展仅限于商业、交通等有限行业，规模有限，占国民经济比重比农业还低。1978 年，第三产业占国内生产总值比重仅为 24.7%，比第一产业低 1.1 个百分点，比第二产业低 24.7 个百分点。随着国民经济的恢复发展，服务业虽保持了一定增长，但占国内生产总值比重一直徘徊不前。1985 年，"七五"计划建议中提出发展服务业，服务业统计制度开始建立，服务业作为国民经济的一个重要部门开始得到重视，服务业占比也首次超过了农业。随后服务业保持较快增长，1986、1987 年第三产业增加值分别实际增长 12.3% 和 14.7%，均快于国内生产总值增速。在服务业发展起步阶段，服务业增加值较快增长，占比有所上升。1979—1991 年第三产业增加值年均实际增长 11.1%，第三产业增加值占国内生产总值比重提高至 1991 年的 32.4%。

二是快速发展阶段（1992—2000 年）。20 世纪 90 年代，围绕建立社会主义市场经济体制，服务业发展走上一条"渐进式"变革之路，服务业向市场化转轨稳步推进。1992 年国务院颁布了《关于加快发展第三产业的决定》，明确提出加快发展服务业。同时，居民收入快速增长，催生出新的服务需求，带动服务业加快发展。1992—2000年，批发零售业、住宿餐饮业年均分别实际增长8.5%和12.9%。在服务业快速发展阶段，服务业增长加快，占比进一步上升。1992—2000年第三产业增加值年均实际增长10.4%，占国内生产总值的比重提高至39.8%。

三是全面发展阶段（2001—2012年）。进入新世纪，工业化城镇化发展加速，带动金融业、房地产业等现代服务业较快增长。2001—2012年，金融业、房地产业增加值年均分别实际增长11.9%和10.0%，均保持较快增长。我国加入世界贸易组织，服务业发展迎来新的机遇。按照WTO要求，服务业垄断和壁垒被打破，服务市场逐步开放，外资准入限制放宽。服务业开放加大国内服务业竞争压力，促使企业加快技术和服务创新，效率大幅提升。国务院2007年颁布了《关于加快发展服务业的若干意见》，提出进一步扩大服务业开放。不断扩大的市场规模和日臻完善的公共基础设施为服务业发展提供了有利条件，新技术应用也为服务业发展带来革命性变化，新业态新模式不断涌现。在服务业全面发展阶段，服务业继续保持较快增长，占比首次超过第二产业。2001—2012年，第三产业增加值年均实际增长10.8%，2012年占国内生产总值的比重首次超过第二产业，达到45.5%。

三、服务业贡献及其变化特征

服务业贡献与日俱增。1979—2012年，第三产业增加值对经济增长的贡献率由25.6%上升至45.0%，提高幅度超过70%，年均提高0.59个百分点。改革开放初期，第三产业在很长一段时期并未受到重视，服务业发展相对滞后，对经济增长的贡献偏低。1979—1984年平均贡献率在30%左右。1985年后第三产业发展驶入快车道，对经济增长的贡献率有所提高。1985—1992年第三产业增长对经济增长的平均贡献率为33%左右。之后第三产业在国民经济中的地位和作用日益受到重视，党的十五、十六、十七大报告均明确提出加快发展现代服务业，提高服务业发展水平，第三产业发展进入加速期，推动了经济高速增长。1993—2012 年，第三产业对经济增长的贡献率由 28.0% 提高至 45.0%，平均贡献率高达 40%，明显高于前期 30% 多的平均水平，成为支撑经济增长的重要动力。

服务业增长由劳动投入驱动转向生产效率提升驱动。1979—2012 年，劳动生产率提高对第三产业增长的平均贡献率为 39.5%，劳动投入增加的平均贡献率为 59.5%。由于劳动投入和生产效率在不同时期变化明显，二者对服务业增长的影响也呈现阶段性特点（见图 4-6）。

一是劳动投入增加为主的推动（1979—2000 年）。改革开放初期，鼓励发展传统服务业主要是为了解决就业，个体、私营服务业逐步发展起来，服务业就业人数大量增加，劳动生产率出现下降。随着市场体系不断完善，服务领域限制逐步放宽，价格管制陆续放开，服务业吸纳就业增加，同时竞争压力加大也促使服务企业提高生产效率。1979—2000 年，第三产业就业人数和劳动生产率年均分别增长 6.8%、3.7%。同期，劳动投入增加和劳动生产率提升对第三产业增长的平均贡献率分别为 76.9%、22.6%，劳动投入增加的贡献明显高于劳动生产率提升。

二是劳动生产率提升为主的推动（2001—2012 年）。进入新世纪，服务业对外开放不断推进，国际先进技术与管理的引入，以及市场竞争日趋激烈，尤其是一些资本密集型、效率较高的中高端服务行业快速发展，带动整个服务业生产效率的提升。加之新一代信息技术的广泛应用，对商业零售、交通出行等行业影响巨大，也促进服务效率提高。2001—2012 年，第三产业就业人数年均增长 2.9%，第三产业劳动生产率年均增长 7.7%。同期，劳动投入增加和劳动生产率提升对第二产业增长的平均贡献率分别为 27.6%、70.4%，劳动生产率提升的贡献比前期大幅提高，明显高于劳动投入。

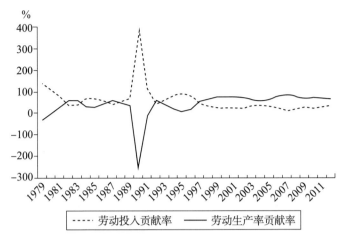

图 4-6　1979—2012 年劳动生产率和劳动投入对第三产业增长贡献率

4.5　产业动力的协同效应

一、产业结构变化的度量

国内外学者对产业结构变动与经济增长的关系进行了诸多研究。产业结构学派认为产业结构的演进是主导产业依次更替的一个动态过程，生产要素从生产率较低的部门向较高部门流动，通过优先发展高效率产业拉动经济增长[①]。落后国家可以利用后发优势，通过相应的产业政策优先发展高效率产业，从而实现经济的高速增长。我国持续推动的产业结构升级发展，是驱动中国经济增长的重要动力[②]。

从产业结构高级化和合理化两个维度来动态地观察一个国家（地区）产业结构的变迁，进而分析其与经济增长的关系，是多数研究者常用的方法。产业结构高级化表示"经济服务化"发展程度，反映的是产业结构由以农业为主的低水平向以服务业为主的更高水平发展的情况。通常，服务

---

① Peneder Michael, "Industrial Structure and Aggregate Growth", *Structural Change & Economic Dynamics*, Vol. 14, No. 4, 2003, pp. 427–448.

② 刘伟、张辉："中国经济增长中的产业结构变迁和技术进步"，《经济研究》2008 年第 11 期，第 5—16 页。

业占比越高意味着经济发展水平越高。一个典型化的事实是，欧美等发达经济体在其工业化后期阶段服务业占比均明显提高，目前其服务业占比保持在 70% 左右。大多学者使用非农产业占比或第三产业占比等指标来衡量产业高级化，但使用非农产业占比指标无法准确捕捉出服务业的发展情况，使用第三产业占比无法反映出第三产业相对于第二产业的发展情况，而使用第三产业比重与第二产业比重之比作为指标变量（IU），能更好地综合度量"经济服务化"程度。产业结构高级化是一个正向指标，即 IU 值越大，代表产业结构高级化水平越高。

产业结构合理化表示不同产业间的耦合质量和协调程度，衡量的是资源在不同效率产业间的配置状况，反映要素资源的有效利用水平。干春晖等（2011）借鉴泰尔指数法构建我国产业结构合理化的指标变量（$\overline{IR}$）[①]，使用不同产业占国民经济的比重作为权数，对不同产业劳动生产率与整个经济体系的全员劳动生产率的偏离程度进行加权求和，计算经济结构偏离均衡状态的程度，公式如下：

$$\overline{IR} = \sum_{i=1}^{3}(\frac{Y_i}{Y})\ln(\frac{Y_i}{L_i} / \frac{Y}{L}) \qquad (4.6)$$

其中，$\overline{IR}$ 表示产业结构偏离度，Y 和 Y_i 分别表示国内生产总值和第 i 产业增加值，L 和 L_i 则分别表示全社会就业人员和第 i 产业就业人员。这里，产业结构偏离度是一个负向指标，$\overline{IR}$ 越接近于 0，产业结构更趋合理化。值得说明的是，$\overline{IR}$ 值为 0，仅是一种均衡状态下的理想情形，即三次产业劳动生产率均相等，但却无法衡量劳动生产率的绝对水平。为更直观反映该指标含义，我们使用 $\overline{IR}$ 指标值的倒数 IR 来表示产业结构合理化指数，此时 IR 为正向指标，即 IR 数值越大，产业结构合理化程度越高。

改革开放以来，我国三次产业结构变化表现为一产比重下降，二产比

---

① 干春晖、郑若谷、余典范："中国产业结构变迁对经济增长和波动的影响"，《经济研究》2011 年第 5 期，第 4—16 页。

重由升转稳，三产比重上升的特点，产业间联系不断加强，产业内部结构持续升级（见图4-7）。

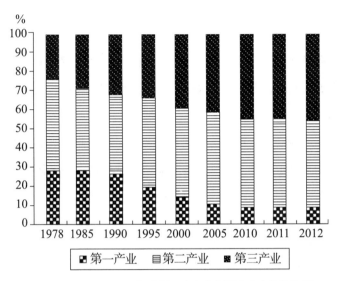

图4-7　1978—2012年我国三次产业占国内生产总值比重

为分析我国产业结构变化特点，使用前述产业高级化和合理化测算方法，计算产业结构高级化和合理化指数，结果图4-8所示。

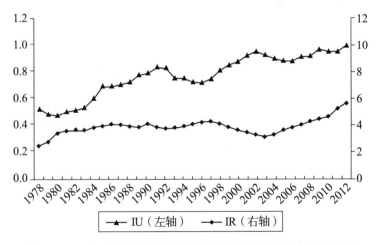

图4-8　1978—2012年我国产业结构高级化和合理化指标变动情况

从测算结果看，改革开放以来，我国产业不断向高级化演进，产业结构合理化总体上趋于改善，但不同阶段 IU 和 IR 值呈现一定的波动性。改革开放初期，我国农村改革的推进促进了农业经济的较快增长，工业内部着重调整轻重工业比例失调矛盾，产业结构趋于合理，IR 值不断增大。但由于当时服务业未受到重视，发展相对缓慢，IU 值出现了下降。随后，在工业化发展的同时，服务业也取得了良好发展，产业发展高级化水平提高。20 世纪 90 年代，我国工业化建设步伐加快，工业发展迅速，服务业发展相对放缓，产业高级化指标数值出现回调，同时产业间效率差异拉大，产业合理化指标数值小幅下降，产业发展协调性变差。进入新世纪，我国产业发展进入新的时期，产业结构高级化水平不断提高，产业间效率差异缩小，合理化程度上升，产业协调性得到改善。

二、我国产业协同效应的测算

在工业化快速推进时期，随着生产要素由低效率部门向高效率部门转移，生产要素配置改善，产业内部升级发展，产业之间的联系更趋协调。为考察产业结构变迁对我国经济增长的影响，构建了产业结构高级化、合理化变量与经济增长的分析模型，具体设定如下：

$$\ln y = \alpha + \beta_1 \ln IU + \beta_2 \ln IR + \beta_3 D + \varepsilon \qquad (4.7)$$

其中，y 表示经济增长，IU、IR 分别是产业结构高级化、合理化指标，D 为控制变量，β_i 为各解释变量的估计参数，ε 为随机误差项。为减少共线性和异方差问题，对各指标进行对数处理。借用弗兰克（2005）[1] 的方法，使用经济增长与产业结构的交叉项来控制其他可能因素的影响，将模型设定为：

$$\ln y = \alpha + \beta_1 \ln IU + \beta_2 \ln IR + \beta_3 (\ln y \times \ln IU) + \beta_4 (\ln y \times \ln IR) + \varepsilon \qquad (4.8)$$

---

[1] Mark W. Frank, "Income Inequality and Economic Growth in the US: A Panel Cointegration Approach", Sam Houston State University Working Paper, 2005.

其中，*y* 使用的是不变价国内生产总值的增速，产业高级化和合理化指标使用前文的 *IU* 和 *IR*，所有数据均来自于《中国统计年鉴》，时间跨度为 1978—2012 年。使用 stata14 软件，对上述模型进行估计和检验，结果见表 4-5。

表 4-5　模型的估计结果

变量	ln*IU*	ln*IR*	ln*y* × ln*IU*	ln*y* × ln*IR*	C	R^2_Adj
估计结果	0.542***	−1.569***	−0.238***	0.693***	2.264	0.9971
	(0.102)	(0.035)	(0.046)	(0.013)	（0.030）	

注：stata14 回归结果整理，其中 *、**、*** 分别代表 10%、5% 和 1% 的显著性水平，括号内数值为标准误。

结果显示，变量系数通过 1% 的显著性检验，模型具有较好的拟合优度。总体来看，产业结构高级化和产业结构合理化均显著影响经济增长。ln*IU* 的系数为正，说明产业结构高级化对经济增长有促进作用；而 ln*IR* 的系数为负，说明产业结构合理化在这个阶段抑制经济增长，主要是由于这一时期工业生产效率快速提升，与农业和服务业生产效率差异拉大，尽管产业结构合理化水平降低，但对经济增长起到积极促进作用。1979—2012 年，我国第二产业劳动生产率年均增长 7.2%，明显高于第一产业 4.8% 和第三产业 5.1% 的年均增速。测算结果中，交叉项系数与各自对应变量的符号相反，说明产业结构高级化和合理化对经济增长的作用不仅取决于产业结构变化本身，还受到其他若干因素的制约，并非可以无限制地推高或拉低经济增长。为考察实证结果的稳健性，使用一些替代指标进行稳健性检验，如使用第二和第三产业增加值占比之和，作为产业高级化 *IU* 的替代指标，检验结果与模型实证结果一致，仅系数的大小存在一定差别，说明上述测算估计结果是可靠的。

三、产业效率提升对经济增长的贡献上升

按照前文的计算方法，使用不同产业占国民经济比重作为权重，计算劳动生产率和劳动投入对经济增长的总贡献。总体来看，1979—2012年，三次产业劳动生产率提升对经济增长的总贡献明显上升，除改革开放初期少数年份外，劳动生产率总贡献显著大于劳动投入总贡献，但不同时期两者表现存在一定差异（见图4-9）。1979—1991年，三次产业劳动生产率对经济增长的总贡献波动较大，总体呈上升趋势，由1979年的8.7%波动上升至1988年56.5%，而劳动投入总贡献则由94.1%下降至41.1%。1992—2003年，三次产业劳动生产率对经济增长的总贡献显著提升，劳动生产率总贡献在本世纪初期一度高达90%，而同期劳动投入总贡献则迅速下降。这一时期，劳动生产率和劳动投入对经济增长的年平均贡献率为82.5%、16.7%。2003—2012年，三次产业劳动投入的总贡献有所提高，由10%左右提高至24.15%，但仍明显低于劳动生产率80%左右的平均总贡献率水平。

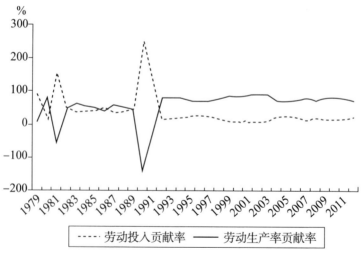

图4-9　1979—2012年劳动生产率和劳动投入贡献率

4.6 小结

本章从产业视角对国民经济增长进行分解，尝试构建经济增长的产业动力分析框架。首先系统回顾 1978—2012 年我国三次产业发展情况，分析了三次产业自身发展对经济增长的贡献。然后在此基础上，使用历年经济增长和劳动就业人员数据，深入探析了劳动力投入和劳动效率提升对不同产业和国民经济增长影响。最后进一步考察了产业升级对经济增长的影响。主要研究发现如下：

一是农业的基础地位不断巩固。改革开放以来，第一产业在国民经济中的比重持续下降，对经济增长的贡献也呈下降趋势。1979—2012 年，第一产业发展对经济增长的年平均贡献率仅为 10.4%。尽管农业占比和贡献率不断下降，但农业生产能力显著提升，基础性地位不断巩固。我国用世界上 9% 不到的耕地养活了全球近 20% 的人口，告别了新中国成立初期粮食短缺的状况，保障了国家粮食安全，为经济起飞和社会稳定奠定了良好的物质基础。从内部贡献看，农业劳动生产率明显提高，对农业发展的贡献显著提升，而就业人员的贡献不断下降，特别是进入 21 世纪以来，农业就业人员对农业增长的贡献持续为负，且扩大趋势明显。随着农业生产效率的提高，大量农业富余劳动力加快向非农部门转移，促进了工业和服务业的发展。

二是工业是驱动经济高速增长的核心动力。以工业为主的第二产业年均保持两位数的高速增长，对经济增长的贡献率除少数年份外均超过 50%，1979—2012 年第二产业年平均贡献率达到 53.5%，成为经济腾飞的发动机、助推器。工业化、城镇化的快速推进，在支撑经济高速增长的同时，也形成了我国以工业为主导的产业结构。从内部贡献看，劳动生产效率的提高和就业人员的增加共同促进了工业的长期高速增长。特别是 21 世纪以来，劳动生产效率的提升对工业发展的贡献保持基本稳定，提升工业劳动生产率是未来工业经济持续较快增长的重要基础。

三是服务业支撑作用日益增强。服务业年均增长速度超过10%，仅次于工业。服务业发展对经济增长的贡献不断上升，由1979年的25.6%提高至2012年的45.0%，年平均贡献达36.1%。服务业在国民经济中的比重明显上升，2012年已超过第二产业，吸纳就业能力不断增强，就业人员数量2011年首次超过农业，服务业日益成长为名副其实的第一大产业。服务业劳动生产效率的提升对服务业增长的贡献总体呈上升态势，明显高于就业人员的贡献。

四是产业结构高级化促进了经济增长。30多年来，我国产业结构不断迈向高级化和合理化，显著影响经济增长。研究发现，1978—2012年，产业结构高级化对经济增长有着正向促进，产业结构合理化则负向影响经济增长，二者对经济增长的影响不仅取决于产业结构变化自身，还受其他因素制约。

五是产业效率提升对经济增长的影响提升。随着市场化改革的深入发展，市场资源配置的作用有效发挥，加之科技发展取得长足进步，我国劳动生产效率显著提升。总体来看，劳动生产率提升对经济增长的总贡献明显高于劳动投入总贡献，着力提升我国三次产业劳动生产效率，有利于推动我国经济持续健康发展。

第五章　以消费和投资为主的需求动力

　　纵观改革开放以来的经济发展历程，随着我国经济由封闭走向开放，需求由内需拉动为主转向内需和外需协同拉动，不同时期消费、投资、进出口"三驾马车"对中国经济增长发挥不同作用，分析需求动力的变化对于解释过去中国经济发展具有重要意义。当前，随着我国经济发展阶段的变化，需求增长放缓、需求结构升级态势明显，为发展带来新的机遇和挑战，如何激发内需，培育强大的国内市场，重塑产需的平衡将是中国经济未来发展需着重解决的问题，分析需求动力的新变化，促进需求动力优化，对于推动中国经济持续健康发展十分必要。沈利生（2009）[1]、刘瑞翔和姜彩楼（2011）[2]、郭克莎和杨阔（2017）[3]等大量国内学者都从需求侧"三驾马车"入手，对中国经济增长的需求动力进行了探索和研究。基于此，本章梳理了需求动力增长理论，讨论了当前需求贡献率分析方法存在的一些不足和缺陷，提出了能够更合理衡量三大需求实际经济贡献的"净贡献法"，分别就三大需求对经济增长的贡献进行分析，同时对需求结构合理化水平进行了测算和评价。

---

① 沈利生："三驾马车的拉动作用评估"，《数量经济技术经济研究》2009 年第 4 期，第 140—152 +162 页。

② 刘瑞翔、姜彩楼："从投入产出视角看中国能耗加速增长现象"，《经济学（季刊）》2011 年第 3 期，第 777—798 页。

③ 郭克莎、杨阔："长期经济增长的需求因素制约——政治经济学视角的增长理论与实践分析"，《经济研究》2017 年第 10 期，第 4—20 页。

5.1 需求动力：理论与方法

一、经济增长需求动力的理论

从理论研究或经济模型的角度看，与基于供给侧的宏观经济增长理论（如新古典理论等）相比，从需求侧关注经济增长动力的学派则算得上"非主流"理论，按照其核心思想的不同，大致可以划分为剑桥方程理论、新卡莱斯基增长理论、斯拉法超级乘数理论等三类（刘伟和黄彪，2019）[①]。

（1）剑桥方程理论。剑桥方程最早由卡尔多、帕西内蒂等学者提出并阐述，理论表明在既定的储蓄率下，收入分配由长期经济增长率作为外生变量而决定，经济增长简单表达为 $g=s_c r$，即经济增长是储蓄率和利润率的函数，其中假设投资率外生。剑桥方程以凯恩斯假设替代萨伊定律，提供了有效需求拉动经济增长的依据，但这一理论的许多假设值得商榷。

（2）新卡莱斯基增长理论。基于对剑桥方程的批判，新卡莱斯基增长理论应运而生，其模型可以表示为：

$$\begin{cases} r = \dfrac{mu}{v} = \dfrac{r_n u}{u_n} \\ g_s = s_c r \\ g_i = \gamma + \gamma_u (u - u_n) \end{cases} \tag{5.1}$$

从模型中可以得出这样一个结论，即投资增长率高于储蓄的增长率时，产品市场供不应求，此时企业会提高产能利用率水平，导致实际利润率上升，储蓄增长率随之上升，这个过程一直持续到均衡状态，实际产能利用率和经济增长率也会回到新卡莱斯基模型决定的均衡值（刘伟和黄彪，2019）。可以说，新卡莱斯基增长理论反映了利润率、产能利用率与资本产出比之间的关系，更加细化了需求侧带动经济增长的路径，但这一理论同样遭到了新古典学派和马克思主义经济学者的批判，认为基于新卡莱斯基

[①] 刘伟、黄彪："从剑桥方程到斯拉法超级乘数——需求拉动型经济增长理论评述"，《中国人民大学学报》2019 年第 5 期，第 75—88 页。

增长理论的均衡产能利用率会在长期偏离正常水平。

（3）斯拉法超级乘数理论。以塞拉诺为代表的一批学者提出了分析需求问题的新思路，他们认为最终需求由三部分组成，即引致性消费（为满足生活资料消费而对生产资料的消费）、引致性投资（经济中的内生变量引起的投资）和自主需求，而经济总量、投资、储蓄、消费的增长率在长期内会趋向于外生的自主性需求增长率，但这一模型认为经济增长率并不由经济的内生因素决定，而是决定于外生的自主性需求，但这并不能很好地解释需求拉动经济增长的方式。

从上述分析中可以看出，从需求侧着手建立的经济模型虽然取得了一定进展，但由于模型本身不完善，实际效果不理想，用来分析经济增长需求动力时，不能给我们提供很好的答案，因此要分析中国中长期需求动力的发展和转换，有必要从国民经济核算恒等式出发，对消费、投资、进出口这三驾马车进行研究。

二、三大需求对经济增长贡献率的估算逻辑

要分析消费、投资、进出口三大需求对经济增长的影响，最直接也最简单的方法便是测算各类需求对经济增长贡献率，依据的主要方法则是传统的核算方程，即支出法国内生产总值（GDP）等式：

$$Y = (C+G) + I + (X-M) \tag{5.2}$$

上式中 Y 代表不变价支出法国内生产总值，C 代表不变价居民最终消费支出，G 代表不变价政府消费支出，$C+G$ 便可以表示社会总的消费支出，I 代表不变价资本形成总额，X 代表不变价出口，M 代表不变价进口。对上式两边同时取差分，便可以代表前后两期 GDP 和各类需求成分的变化，即

$$\Delta Y = \Delta(C+G) + \Delta I + \Delta(X-M) \tag{5.3}$$

等式右边各项与经济增量 ΔY 的比，便可以表示三大需求对经济增长的贡献率。但这种测算方法存在一个前提假设，即所有的进口都认为是出

口的中间加工品，$\Delta(X-M)/\Delta Y$ 代表了外需对经济增长的贡献水平。然而在现实的经济运行中，这一假设显然是不合常理的，从核算的角度看，进口产品会被用于再出口、国内居民和政府消费、资本形成、中间加工四大目的，而中间加工所生产的最终产品又会被用于出口、消费和投资，也就是说进口产品最终被分解进入消费、投资和出口三大领域，那么将进口全部计入出口的减项显然是不合理的，会明显低估出口对经济增长的拉动作用（见图 5-1）。

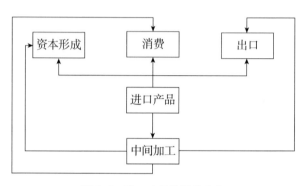

图 5-1　进口产品的最终去向

根据进口产品的最终去向，可以进一步将其细分为 M_C、M_I 和 M_X 三大部分，分别表示最终用于国内消费、资本形成和出口的进口项，即有恒等式

$$M = M_C + M_I + M_X \tag{5.4}$$

进一步将其差分项分劈归属对应的需求，便可以得到三大需求对经济增长的真实贡献率，分别为：

$$\begin{cases} \text{消费贡献率} = \dfrac{\Delta(C+G) - \Delta M_C}{\Delta Y} \times 100\% \\[2mm] \text{投资贡献率} = \dfrac{\Delta I - \Delta M_I}{\Delta Y} \times 100\% \\[2mm] \text{出口贡献率} = \dfrac{\Delta X - \Delta M_X}{\Delta Y} \times 100\% \end{cases} \tag{5.5}$$

这一方法更为准确地反映了三大需求对经济增长的拉动。但这一方法也存在较明显的短板，即数据的获取较为困难，尤其是将进口最终使用分劈为消费、投资和出口三大部分难度较大。具体而言，要测算上述贡献率需要解决两个问题：一是各项不变价数据的测算，以及如何将不变价净出口拆分为进口和出口；二是如何将不变价进口拆分为三大部分，这是本章具体估算需求贡献率的重点和难点。

三、需求对经济增长贡献率的估算方法

对于上述第一个问题，由于国家统计局并未公布支出法不变价相关数据，与外需相关的核算数据为净出口项，为了得到所需各项数据，我们进行了如下估算：一是根据公布的最终消费支出、资本形成和净出口对经济增长的拉动点数和贡献率，估算以 1982 年为基期[1]的 1982—2012 年的不变价支出法 GDP、资本形成额和净出口额；二是根据国际收支平衡表经常项目中，借贷双方货物和服务金额以及年均人民币汇率，计算各年以人民币计价的进口总额和出口总额，由于获取进出口价格的缩减指数较为困难，使用贸易条件指数又无法包含服务贸易，因此本章选择使用 GDP 缩减指数将各年出口额转化为以 1982 年为基期的不变价出口额，并使用不变价出口额与不变价净出口额的差计算各年不变价进口额，由此就获得了估算所需的各项基础数据。

关于第二个问题，对进口额进行分劈的常见方法有三类，一是根据国家统计局公布进口商品分类表，根据各类商品的使用去向进行归类。如将进口设备计入固定资产投资、将石油等原材料计入消费等，这一方法虽有一定根据但缺点明显，一方面如机电、电子等产品很难明确归入某一使用类别，另一方面仅根据商品的主要用途进行归类，如将石油全部计入消费也是不合理的。二是根据海关提供的进口商品贸易方式数据进行分劈，如将加工贸易计入出口，将一般贸易计入消费等（尹敬东，2007）[2]。这种方

---

① 由于国际收入平衡表数据仅可追溯至 1982 年，因此本章的测算以 1982 年为基期。

② 尹敬东："外贸对经济增长的贡献：中国经济增长奇迹的需求解析"，《数量经济技术经济研究》2007 年第 10 期，第 81—90 页。

式的缺点同样也很明显，主要是仅能区分内需和外需，无法区分用于投资和消费的进口项，且划分方式过于简单，如将一般贸易全部计入消费也较不合理。三是基于国家统计局公布的投入产出表，估算得出非竞争性投入产出表，而后对各项进行分劈（刘瑞翔和安同良，2011[①]；任泽平和张宝军，2011[②]），相比于前两种方法，基于投入产出表的分劈方法理论依据较强、数据划分较细，较为合理。但如果利用国家统计局公布的支出法相关数据对这一方面的部分研究结果进行反向测算可以发现，不同时期进口三项的分劈比例差异极大，个别时候甚至会出现分劈比例为负值的情况，表明其方法的稳健性存在缺陷。

上述分析表明，现行的分劈方法都存在一些不足，为此本章尝试使用计量经济分析方法对进口进行分劈，并命名为"净贡献法"。简而言之，净贡献法即通过构造消费与进口、投资和进口、出口和进口的结构方程，以其回归系数作为分劈的比例依据，这一方法的逻辑在于，进口在哪一类需求中的使用增加，往往说明该需求增长快，因此回归系数与分劈比例存在正相关关系。基于此，我们使用1982—2012年的时间序列数据构造如下简单的结构方程：

$$\begin{cases} (C+G)_t = \alpha_0 + \alpha_1 M_t + \varepsilon_t \\ I_t = \beta_0 + \beta_1 M_t + \varepsilon_t \\ X_t = \gamma_0 + \gamma_1 M_t + \varepsilon_t \end{cases} \tag{5.6}$$

比较计算 M_t 在各模型中的系数的相对大小，便可以作为进口在三大需求中的分劈比例。考虑到各个时期分劈比例应有所不同，也为了验证模型的有效性，我们根据进出口与 GDP 的相对关系，将数据分为 1982—2000年、2001—2012年两个时段分别进行回归，结果显示加入 WTO 以后，进

---

① 刘瑞翔、安同良："中国经济增长的动力来源与转换展望——基于最终需求角度的分析"，《经济研究》2011年第7期，第30—41+64页。

② 任泽平、张宝军："从内外需关系看中国经济增长的双轮驱动模式——基于非竞争型投入产出模型的实证研究"，《重庆理工大学学报（社会科学）》2011年第3期，第1—11页。

口对出口的影响系数显著加大，其中 2001—2008 年系数增幅最大，这与我国 2001 年以后加工贸易迅速发展的情况一致。在得出上述分劈比例后，便可以估算出 1982—2012 年用于消费、投资和出口的进口额，从而补齐了估算三大需求贡献率的数据短板。当然，本章所使用的方法也较为简单，理论支撑相对不足，但从所得到的最终结果看，三大需求的贡献率与我国经济发展变化的脉络较为一致，说明本章所使用的方法具有合理性和稳定性。

在此基础上对贡献率的计算公式进行进一步推导，还可以得出各类需求对经济增长历年的拉动点数：

$$y = \frac{\overline{C}}{Y} \times \overline{c} + \frac{\overline{I}}{Y} \times \overline{i} + \frac{\overline{X}}{Y} \times \overline{x} \tag{5.7}$$

其中，y 表示经济增长率，Y 表示经济总量，$\overline{C}$、$\overline{I}$、$\overline{X}$ 分别表示基于上述方法调整后的消费、投资和出口，$\overline{c}$、$\overline{i}$、$\overline{x}$ 则为对应的需求增速。那么，上述公式的含义可以解释为，调整后三大需求对经济增长的拉动点数，等于调整后该需求占 GDP 的比重与其实际增速的乘积。由此便可得出，在分劈了进口额后，消费、投资和出口对历年经济增长的拉动点数。

5.2 强劲增长的投资动力

1978—2012 年，随着我国工业化和城镇化的推进，以及对外开放不断扩大，制造业投资快速增长，基础设施投资明显加强，房地产投资异军突起，我国投资整体上表现出强劲增势。1979—2012 年，我国资本形成总额由 1520 亿元增长至 255240 亿元，增长了 167 倍，年均增长 17.1%。其中，固定资本形成总额由 1194 亿元增长至 244601 亿元，年均增长 17.8%。改革开放初期投资增长出现多次较大变化，建设冲动与政策调控交替发力是投资起伏波动的重要影响因素；随后的经济治理和整顿调整，加之亚洲金融危机的外部冲击，引发了 90 年代投资增长的高位回落；全球化、城镇化加快推进，新世纪以来投资增长较快、波动减小。据此，可以将我国改革开放至2012年的投资变化划分为三个阶段：分别是1978—1991年的大幅波动期、1992—2002年的高位回落期以及2003—2012年的较快增长期（见图5-2）。

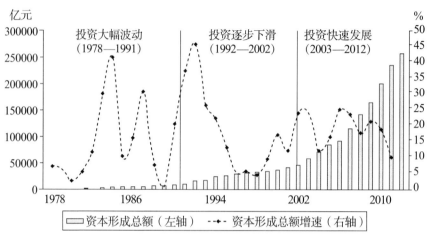

图 5-2   资本形成总额及其增长

一、投资发展的阶段性特征

（一）投资增长大幅波动阶段（1978—1991年）。 改革开放之初，我国经济发展底子薄、产业发展不平衡、整体水平较低，亟须投资建设。随着工作重点转移到以经济建设为中心，各地建设积极性大大激发，加之计划经济下企业存在"预算软约束"问题，全国各地大规模投资之风兴起；但带有一定盲目性的大规模建设加重了国民经济比例失调，中央被迫多次采用收缩政策予以调整压低建设规模，这种投资冲动与紧缩政策的交替，也就导致了投资增速的大幅波动。上世纪80年代末期，我国经历了较为严重的"经济过热"和通货膨胀，国家被迫实行大力度紧缩政策，压减建设、收紧银根，导致投资大幅收缩。这一时期我国投资发展有如下特点。

一是投资增速较快。1979—1991年，资本形成总额由1520亿元增长至7893亿元，增长了4.2倍，年均增长15.4%；其中固定资本形成总额由

1194 亿元增长至 5795 亿元，增长了 3.8 倍，年均增长 14.8%。二是基础产业和基础设施领域投资得到加强。1979—1989 年，基础产业和基础设施基本建设累计完成投资 5479 亿元，年均增长 10.7%。其中共安排能源、基础原材料工业和交通运输等基础设施项目 261 个，计划总投资 2927 亿元，占全部重点建设项目的 94.2%。三是投资资金渠道开始拓展（见图 5-3）。1991 年，全社会固定资产投资中，国家预算内资金占比为 6.8%，比 1981 年降低 21.3 个百分点；国内贷款占比为 23.5%，提高 11.8 个百分点；利用外资占比为 5.7%，提高 1.9 个百分点。

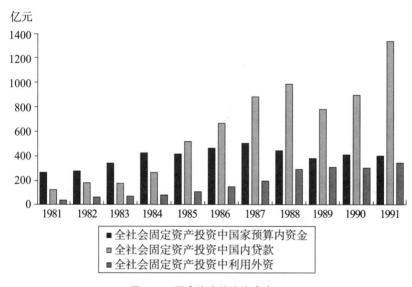

图 5-3　固定资产投资资金来源

（二）投资增长高位回落阶段（1992—2002 年）。 1992 年，小平同志南方谈话极大激发了各地建设的积极性，我国迎来新一轮的投资高潮，90 年代初期资本形成总额增速一度超过 40%，为改革开放以来的历史峰值。但这同时也导致了经济过热的倾向，中央随后进行整顿，出台紧缩性政策控制社会总需求，使投资增长逐步回落。90 年代后期，受亚洲金融危机冲击，国内经济发展遇到较多困难，我国投资增速进一步回落。面对困难，中央积极扩大内需，着力加大基础设施投入，我国投资逐步企稳。这一时期投资增速虽然经历高位回落的变化，但随着社会主义市场经济逐步建立完善，传统计划经济下高度集中的投资模式逐渐改变，初步形成了投资主体多元化、资金来源多渠道、投资方式多样化、建设实施市场化的格局。这一时期我国投资发展有如下特点：

一是投资增长整体较快。1992—2002 年，资本形成总额由 10834 亿元增长至 45130 亿元，年均增长 19.0%；其中固定资本形成总额由 8461 亿元增长至 43797 亿元，年均增长 22.4%，其中 2000—2002 年，投资年均增长 13.3%，比 1992 年回落 31.1 个百分点。二是投资主体多元化进一步发展。（见图 5-4）2002 年，国有经济和集体经济投资占全部固定资产投资的比重为 57.2%，比 1992 年降低了 27.7 个百分点；股份制、外商投资和港澳台等其他经济投资占全部固定资产投资的比重为 32.7%，比 1993 年提高了 22.4 个百分点。三是基础设施和基础产业投资明显加大。1998 年金融危机后，国家启动内需实施积极的财政政策，1998—2002 年共发行 6600 亿元特别国债用于基础产业和基础设施投资，五年间基础产业和基础设施投资 73380 亿元，年均增长 13.1%，比同期全社会投资快 2.2 个百分点。2000 年，国有经济工业固定资产投资中，电力、煤气及水的生产和供应业投资占比为 51.6%，比 1992 年提高了 29.2 个百分点。

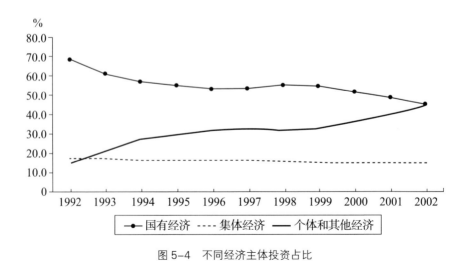

图 5-4　不同经济主体投资占比

（三）投资较快增长阶段（2003—2012 年）。十六届三中全会通过了《中共中央关于完善社会主义市场经济体制若干问题的决定》，进一步明确了市场经济改革方向，提出要深化投资体制改革，实现投资主体多元化，投资改革沿着明确企业主体投资地位进行，极大促进了各地建设热情，以私营企业为主体的民间投资更趋活跃。此后中央进一步出台一系列促进民营经济发展的利好政策，民间投资的发展环境得到了明显改善，而东北振兴、西部大开发等区域发展政策的实施推进，也为投资较快增长创造了条件，这一时期我国投资增长有如下特点（见图 5-5）。

一是投资较快增长。2003—2012 年，资本形成总额由 55837 亿元增长到 255240 亿元，年均增长 21.2%，比 1992—2002 年加快 2.2 个百分点。其中固定资本形成总额由 53964 亿元增长到 244601 亿元，年均增长 21.1%。二是民间投资成为投资主要力量。2012 年，国有和集体投资占全社会固定资产投资比重为 28.9%，比 2003 年降低了 24.5 个百分点；有限责任公司投资占比为 27.4%，比 2006 年提高 3.5 个百分点；私营企业投资占比为 24.4%，比 2006 年提高 6.9 个百分点。2012 年，民间固定资产投资同比名义增长 24.8%，占全部固定资产投资比重达到 61.4%。三是制造业投资蓬勃发展。制造业加快融入全球产业链，以及在积极支持制造业发展政策等共同作用下，制造业投资迎来大发展。2012 年，全社会固定资产投资中制造业投资占比为 33.2%，比 2003 年提高 6.8 个百分点，年均增长 26.8%。四是房地产投资异军突起。随着 90 年代末城镇住房制度改革的逐步推进，以商品房开发为主的房地产投资持续火热，在房地产市场的投资逐利也进一步带动了房地产投资。2004—2012 年，房地产投资年均名义增长 28.7%。2012 年，全社会固定资产投资中房地产业投资占比为 26.5%，比 2003 年提高了 2.8 个百分点。

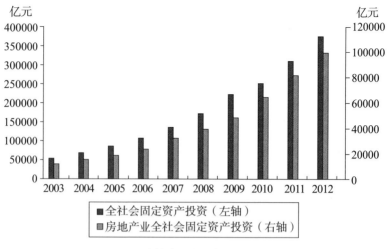

图 5-5　全社会投资和房地产投资变化

二、投资对经济增长贡献率分析

根据首节所述的估算数据和测算方法，计算我国 1983—2012 年的投资需求对经济增长的贡献率，并和基于核算数据公布的结果进行了对比，结果如图 5-6 所示。从投资增长看，2012 年不变价资本形成总额比 1982 年增长了 25.1 倍，年均增长 11.5%，明显高于同期 10.2% 的经济增速，资本形成占 GDP 的比重长期高于 1/3，这两个指标都体现了在这一时期投资对经济增长的重要拉动作用。而从扣除了进口部分的实际投资看，1983—2012 年年均增长 10.4%，低于全部投资增速，占 GDP 的比重则在 28%—37%，表明这一时期我国投资中进口产品使用较多，生产效率较高的进口设备增加是推动我国投资增长的重要驱动力。从实际投资的贡献率看，1983—2012 年，投资对这一时期经济增长的贡献率为 37.2%，而基于核算法的结果则为 48.4%。从上述结果中可以得到：一是投资的贡献率超过 1/3，是这一时期拉动经济增长的重要需求动力；二是投资的贡献率受到政策调整的影响，产生了较大波动，如 1990 年为避免经济过热而采取的"硬着陆"政策导致了投资贡献率下滑至 −80% 以下；而 90 年中期以后，贡献率平稳上升，从 1995 年前后的 30% 左右升至 2010 年前后的 50% 左右。

净贡献法测算结果与核算法结果的对比（见图 5-6）还表明，净贡献法考虑了进口商品的流向——用于国内消费、国内投资或者出口商品加工，而核算法将进口品仅归于外贸环节，没有考虑国内消费和投资中包含的进口产品，明显高估了其对经济增长的贡献率，特别是从投资来看，高估的幅度在 10 个百分点左右；尤其是 2001 年以后，我国加大对外开放引入大量进口产品用于国内投资，核算法贡献率与净贡献法的差距扩大到 13 个百分点以上。

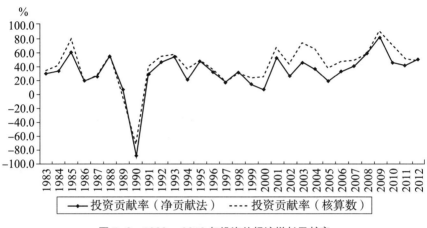

图 5-6　1983—2012 年投资的经济增长贡献率

进一步测算投资需求历年拉动经济增长的百分点数，结果如图 5-7 所示。从中可以看出，投资对经济增长的拉动力相对其贡献率而言更为平稳，尤其是从 90 年代中后期开始，投资对经济增长的拉动力基本稳定在 1—5 个百分点的区间内，表明投资成为拉动我国经济平稳较快增长的重要力量。从净贡献法与核算法的对比看，也体现出整体趋势一致，但 2001 年以后差距有所扩大的特征。

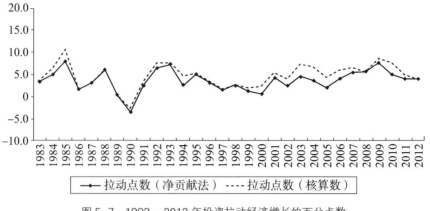

图 5-7 1983—2012 年投资拉动经济增长的百分点数

5.3 稳步扩张的消费动力

改革开放以来，随着居民收入的持续增长，消费能力不断增强，加之市场供给日渐丰富，社会保障逐步完善，消费环境优化，消费规模持续扩大。虽然在投资快速增长的背景下，消费的占比和贡献率波动下降，但其仍是拉动经济增长主要的需求动力。1979—2012 年，最终消费由 2578 亿元增长至 271113 亿元，增长了 104 倍，年均增长 15.7%。根据变化特点大体可以分为三个阶段，分别为高速增长、高位回落和稳定增长阶段（见图 5-8）。

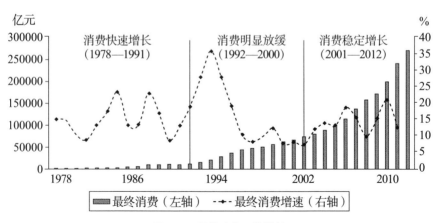

图 5-8 最终消费及其增长

一、消费需求发展阶段性特征

（一）消费快速增长阶段（1978—1991 年）。改革开放前，居民收入水平低下，消费能力不足，改革开放以后随着推行家庭联产承包责任制、增加城镇职工工资、扩大企业经营自主权等一系列政策措施，居民收入快速增长，同时市场供给逐步增加，消费快速增长。但这一时期的"价格闯关"等改革，也诱发了阶段性的抢购和通货膨胀，社会消费也随之发生较为明显的波动。这一时期，我国消费发展有如下特点。

一是消费需求快速扩张。1979—1991 年，最终消费由 2578 亿元增长至 13614 亿元，增长了 4.3 倍，年均增长 16.3%。其中，居民消费由 2014 亿元增长至 10545 亿元，增长了 4.2 倍，年均增长 16.1%；政府消费由 564 亿元增长至 7893 亿元，增长了 4.4 倍，年均增长 16.8%。二是城乡居民消费支出大幅增加。城镇居民人均消费支出从 1979 年的 362 元增长到 1991 年的 1454 元，年均增长 13.7%。农村居民人均消费支出从 1979 年的 135 元增加到 1991 年的 620 元，年均增长 15.0%。三是温饱型消费特征明显。居民食品消费占比较高。1991 年，全国居民恩格尔系数为 55.9%，比 1978 年降低 8 个百分点，但仍高于 50%。其中，城镇居民为 53.8%，农村居民为 57.6%（见图 5-9）。从城乡看，1991 年农村居民消费总量占全部消费比重的一半以上。

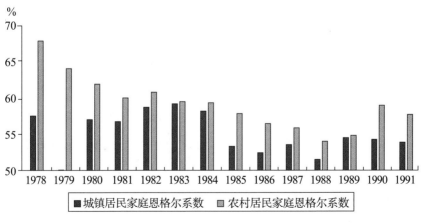

图 5-9　城乡居民恩格尔系数

（二）居民消费增长高位回落（1992—2000 年）。上世纪 90 年代初期，经济高速增长带来了消费膨胀，但在调整紧缩政策的影响下，经济增速回落，居民收入增长放缓，消费增速随之回落，1998 年在亚洲金融危机冲击下，就业难度增加，居民消费能力不足，影响消费增长，加之改革打破了原有的住房、医疗、养老和就业等福利制度，新的保障体系还未完全建立，居民预防性储蓄需求增加，也在一定程度上限制了消费潜力释放。这一时期，我国消费发展主要特点如下（可参见图 5-10）。

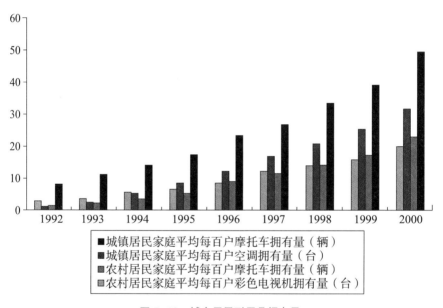

■城镇居民家庭平均每百户摩托车拥有量（辆）
■城镇居民家庭平均每百户空调拥有量（台）
■农村居民家庭平均每百户摩托车拥有量（辆）
■农村居民家庭平均每百户彩色电视机拥有量（台）

图 5-10　城乡居民耐用品拥有量

一是消费增速虽有放缓但整体较快。1992—2000 年，最终消费由16225 亿元增长至 63668 亿元，年均增长 21.3%。其中，居民消费年均增长 20.5%；政府消费年均增长 23.6%。其中 2000 年最终消费增长 12.4%，比 1992 年回落 6.7 个百分点。二是居民消费由温饱型逐步转向发展型。2000 年，城镇和农村居民恩格尔系数分别为 39.4% 和 49.1%，比 1992 年降低 13.6 和 18.5 个百分点。家用电器大量走入家庭。1991 年底，城镇居民平均每百户拥有冰箱 48.7 台，洗衣机 80.6 台，彩色电视机 68.4 台，到 2000 年底分别增加至 80.1 台、90.5 台和 116.6 台；农村居民平均每百户拥有冰箱 1.6 台，洗衣机 11 台，彩色电视机 6.4 台，到 2000 年底分别增加至 12.3 台、28.6 台和 48.7 台。三是城镇居民消费成为主力军。2001 年，城镇居民消费占全部居民消费比重为 64.2%，比 1992 年上升了 15.2 个百分点。

（三）消费稳定增长阶段（2001—2012 年）。 进入新世纪后，随着经济持续高速增长、城镇化持续推进以及加入 WTO 以后进口商品消费的快速增加，消费出现较快增长，随着我国居民收入水平提高，便捷出行、改善居住条件等住行类商品需求明显增加，带动消费需求呈现排浪式增长。这一时期我国消费发展有如下特点（见图 5-11）。

一是消费总量继续较快扩张。2001—2012 年，最终消费由 68547 亿元增长至 271113 亿元，增长了 3 倍，年均增长 14.1%，保持两位数的快速增长。二是住行类商品消费高速增长。2012 年，全国居民恩格尔系数为 33%，比 2001 年降低了 8 个百分点；城镇居民消费中，居住和交通通信类支出占比达 23.6%，比 2001 年提高 4.7 个百分点，农村居民提高 7.1 个百分点。2012 年，城镇居民家庭平均每百户拥有汽车 21.5 辆，比 2001 年增加 20.9 辆；农村居民家庭平均每百户拥有摩托车 62.2 辆，比 2001 年增加 37.5 辆，人均住房面积 37.1 平方米，比 2001 年增加 11.4 平方米。三是信息通信、旅游等相关商品和服务消费快速增长。2012 年，城镇居民家庭平均每百户拥有移动电话 212.6 部，比 2001 年增加 178.7 部；计算机 87 台，比 2001 年增加 73.7 台。农村居民家庭平均每百户拥有移动电话 197.8 部，比 2001 年增加 189.7 部；计算机 21.4 台，比 2001 年增加 20.7 台。2012 年，国内游客共 29.6 亿人次，是 2001 年的 3.8 倍；国内旅游总花费 22706 亿元，是 2001 年的 6.4 倍。

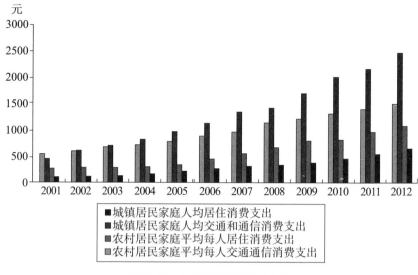

元

图 5-11　城乡居民家庭消费支出

二、消费的经济增长贡献率分析

我们运用净贡献法估算了 1983—2012 年最终消费需求对经济增长的贡献率，并与按照核算方法公布的测算结果进行对比，结果如图 5-12 所示。从最终消费支出看，2012 年比 1982 年增长了 14.1 倍，年均增长 9.5%，消费支出占 GDP 的比重较高，对经济增长的贡献较高，1982—2012 年不变价最终消费支出占支出法 GDP 的比重均高于 50%，1993 年之前高于 60%。从扣除进口后的消费支出看，1983—2012 年年均增长 8.7%，占 GDP 的比重有所降低，2010 年前后一度降至 40% 以下。进一步测算扣除进口的消费支出对经济增长的贡献率，结果显示 1983—2012 年消费支出（包括居民部门和政府部门）对经济增长的贡献率为 39.2%，低于核算法的消费支出贡献率 13 个百分点。测算结果显示了消费贡献率前高后低的波动下降特征，21 世纪之前，国内消费对经济增长的贡献率接近 50%；但 2001—2012 年则降至 35% 左右，降幅明显。虽然消费贡献率波动下降，但整体仍达到 39.2%，略高于投资贡献，仍是拉动国民经济增长的第一需求动力。

与上一节的投资相比可以看出，净贡献法消费贡献率与核算法的差异性程度明显大于投资，投资两组数据的相关性系数达到 0.95，而消费则仅为 0.70，表明改革开放以来尤其是加入 WTO 后，我国消费者对进口商品的消费增长快，核算法会显著高估消费的贡献率。我国加入 WTO 后，2002—2012 年净贡献法测算的消费支出对经济增长的贡献率为 33.8%，核算法的结果则为 49.4%，差距高达 15.6 个百分点。国际金融危机之后 2009—2010 年期间，我国出台了大规模投资刺激政策，消费的贡献率理应出现阶段性下降，但核算法的结果并未显示这一特征，净贡献法估算结果明显捕捉到了这一现象。具体见图 5-12。

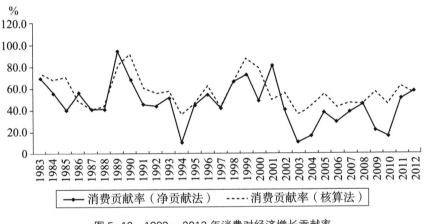

图 5-12　1983—2012 年消费对经济增长贡献率

进一步计算消费拉动经济增长的百分点数，结果如图 5-13 所示，可以看出消费对经济增长拉动力下降的总体趋势。2001 年之前，两种测算方法的结果显示，消费对经济增长的平均拉动力分别在 5 和 6 个百分点左右；2000 年之后则分别降至 3.5 和 5 个百分点左右，降幅均较明显。观察 2001 年之后的情况还可以发现，核算法下消费的贡献率基本保持稳定，而净贡献法结果则产生了较大的波动。这是因为居民消费能力的变化是较为平稳的，如果将全部消费均计入消费需求计算对经济的拉动力，其结果必然是相对平稳的；但消费拉动国内生产还是拉动国外生产对一国经济发展的作用却截然不同，随着加入 WTO 和对外开放水平的不断提升，我国消费者对进口商品的购买明显增加，导致国内实际消费的降低，以及随着对进口商品的周期性消费而对国内消费产生波动性挤出[①]，这必然导致内需消费对经济增长的拉动力出现周期性或阶段性的波动，净贡献法估算结果很好体现了这一特征。

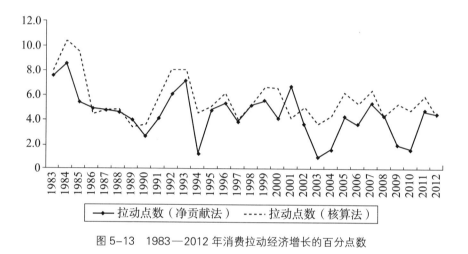

图 5-13　1983—2012 年消费拉动经济增长的百分点数

5.4　异军突起的出口动力

改革开放以来，随着引进外资增加，我国进出口贸易飞速发展，尤其是加入 WTO 后，我国凭借低成本优势，在国际市场快速扩张，有力拉动了国内经济增长。1978—2012 年，我国货物出口额从 98 亿美元增加至20487 亿美元，年均增长 17.9%。这一时期，我国进出口结构发生深刻变化，出口由初级低端产品为主转为以工业制成品为主，进口商品由设备为主转向能源原材料为主。在外贸发展过程中，加工贸易曾扮演着重要角色。

---

① 比如新款电子产品、新高端设备出现时相应消费的需求便明显增加，国际政治经济环境变化也会对我国进口政策和进口能力产生波动影响，这都会进一步导致对国内商品消费的挤出。

以加入 WTO 为分界点，出口大致可分为两个阶段，见图 5-14。

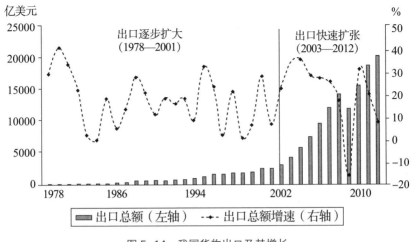

图 5-14　我国货物出口及其增长

一、出口需求发展的阶段性特征

（一）出口逐步扩大阶段（1978—2001 年）。 1979 年以后，我国外贸体制的改革在探索中推进，增加对外贸易口岸、下放外贸经营权、探索促进工贸结合途径、鼓励出口等一系列政策推动我国出口稳步增长，随后实行的人民币汇率并轨、外汇管理体制改革等也为外贸的发展创造了良好的条件和环境。来料加工、来样加工、来件装配和补偿贸易"三来一补"对外贸增长发挥了重要作用。这一阶段我国出口具有如下特点。

一是货物出口稳步扩张。1978—2001 年，我国货物出口总额从 75.9 亿美元增长至 2661 亿美元，增长了 26.3 倍，年均增长 16.7%。二是劳动密集型商品出口为主。2000 年，我国货物商品出口中，劳动密集型产品出口占比为 54%，比 1985 年提高 32 个百分点。三是加工贸易快速发展。2001 年，我国货物商品出口中，加工贸易占比为 55.4%，比 1981 年提高了 50.3 个百分点，占比平均每年提高 2.5 个百分点。四是工业制成品出口逐渐占据主导地位（见图 5-15）。改革开放初期，我国出口商品中初级产品占比较高。1980 年，初级产品占比为 50.3%，工业制成品占比为 49.7%。2001

年，工业制成品占比大幅提升，达到90.1%，比1980年提高了40.4个百分点，占据出口品的主要地位。

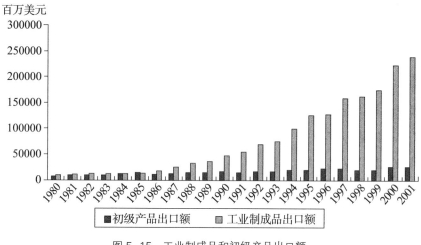

图5-15　工业制成品和初级产品出口额

（二）出口快速扩张阶段（2002—2012年）。 加入WTO后，我国对外开放水平明显提升，有效推动我国产业升级、劳动生产率提高，增强了出口商品竞争力，虽然2008年全球金融危机对我国出口造成了一定影响，但总体来看我国出口规模扩大，结构实现优化。这一阶段我国出口具有如下特点。

一是货物出口高速增长。2007年，我国货物出口额突破1万亿美元大关，2009年成为全球货物贸易第一大国，2012年货物出口额突破2万亿美元大关。2012年，我国商品出口额为20487亿美元，是2002年的5.3倍，年均增长22.6%，比1978—2001年加快5.9个百分点。二是资本密集型商品出口占比上升。2010年，我国货物出口商品中，资本密集型商品占比为54%，比2000年提高21个百分点；劳动密集型产品占比为41%，比2000年降低13个百分点。三是机电产品出口快速增长。2002—2012年，我国机电产品出口额从1571亿美元增长至11794亿美元，年均增长25.8%；高技术产品出口额从679亿美元增长至6012亿美元，年均增长29.2%。四是一般贸易出口占比上升。2012年，我国货物出口中，一般贸易占比为48.2%，比2002年提高了6.4个百分点；加工贸易占比为42.1%，比2002年降低了13.2个百分点（见图5-16）。

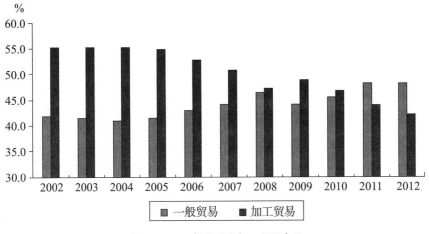

图5-16　一般贸易和加工贸易占比

二、出口需求对经济增长的贡献

在测算出口贡献率时，核算法使用不变价出口额减去不变价进口总额的差，即不变价净出口额进行计算，而这一数据的结果显示我国净出口从2009年开始迅速下降，2011年已经降为负值，如果据此分析外需的作用，国际金融危机以后不仅其对经济增长的贡献率为负，甚至直接导致我国经济体量的下滑；但使用净贡献法测算，我国实际出口（不变价出口额－用于出口的不变价进口）呈持续增长态势，1983—2012年年均增长14.3%，国际金融危机以来虽然出现了增速换挡，但占GDP的比重维持在25%左右。利用所得基础数据，我们测算了1983—2012年出口对经济增长的贡献率，结果如图5-17所示。结果显示，1983—2012年实际出口对我国经济增长的贡献率达到23.5%，尤其是加入世贸以后这种作用进一步凸显，2002—2012年升至25.6%，其中2002—2007年，我国出口快速发展，对经济增长贡献率达到了40%以上，超过消费和投资，成为这一时期拉动经济增长的第一动力。

从净贡献法测算结果与核算法的对比看，我们认为净贡献法的结果更能反映出口在国民经济中的实际作用，将全部进口作为出口的投入品不能真实衡量外需对经济增长的作用。如2002—2012年，核算法净出口的经济增长贡献率为-2.8%，表明加入WTO以来外需对我国经济增长整体表现为负拉动，显然不能反映实际情况（见图5-17）。

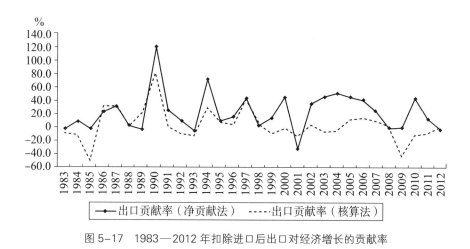

图5-17　1983—2012年扣除进口后出口对经济增长的贡献率

再从拉动经济增长的百分点数看，图5-18与图5-17中曲线的趋势基本相同，对其变化不再赘述。主要的区别在于2002年以后外需发展的"黄金六年"间，实际出口对经济增长的拉动力整体处于上升趋势，从2002年的3.4个百分点迅速提升至2006年的5.4个百分点，2007年虽然有所下降但仍高于2002年的水平。表明随着我国开放程度不断提高，出口对经济增长的拉动力不断增强。

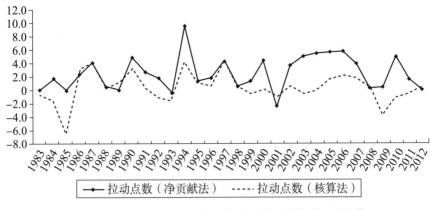

图 5-18　1983—2012 年实际出口拉动经济增长的百分点数

5.5　需求结构的演变及其对经济增长的影响

上面几节分别剖析了投资、消费、出口三大需求对经济增长的影响，但三大需求并非相互独立，而是相互结合成为推动经济增长的有机整体，如出口带来的企业利润增长扩大企业投资实力，也促进居民收入增加，从而扩大消费。投资带动的资本形成和产业发展又进一步扩大了出口的产品规模和层次，消费需求的快速增长也客观要求增加投资以提高产品的生产能力。三大需求相互影响、相互促进，在动态发展中不断演变，而最能反映三大需求间交织演变关系的变量便是需求结构。本节以需求结构的合理化和高级化为核心评价指标，对我国需求结构的发展变化，及其对经济增长的影响进行分析。

一、需求结构合理化的测算

从上述分析中可以看出，要分析一国的需求动力状况，不仅要关注三大需求各自的发展，也必须对需求结构展开分析，那么如何判断需求结构是否合理？还需要设计具体的分析方法以展开定量研究。相关研究思路大多集中于消费与投资的比例关系上，一般来说消费占比越高就越能满足国内居民的消费需要、有助于提高民众生活水平，但这一比例越高越好吗？恐怕也不尽然。比如在经济发展起步阶段，很多国家都经历过投资占比上升的情况，主要是由于经济起步期，市场供给不足突出，加大投资增加供给是满足市场需求的必然选择。因此，需求结构应该与一国的经济发展阶段相适应才有助于经济增长，这样的需求结构才能称为合理的结构。纪明和刘志彪（2014）[①] 使用消费需求和净出口需求与投资需求之比衡量需求结构，并指出这一比例存在最优值。即假设产出在最终需求与储蓄之间进行完全分解，且储蓄完全转化为投资时，在经济均衡状态下需求结构存在最优解为：

$$DR^* = \frac{\rho + \theta g}{\alpha(\delta + n + g)} - 1 \tag{5.8}$$

其中，DR^* 表示需求结构合理水平，即经济实现稳态时的需求结构。其中，ρ 表示居民主观上认为时间成本的贴现率，θ 表示住户部门对风险的厌恶系数，g 为技术进步率，α 为柯布－道格拉斯生产函数中的资本产出弹性（资本份额），δ 为资本折旧率，n 为劳动增长率。

借鉴法布里坎特（1942）[②] 提出的结构偏离度测算方法，进一步改进可以得出实际需求结构和最优结构的偏离程度，以表示实际需求结构的合理化水平。相应有需求结构合理化指数 DRF 为：

$$DRF = \ln \frac{1}{\left| \frac{DR_t - DR^*}{DR^*} \right|} \quad (\text{若} \quad DR_t \neq DR^*) \tag{5.9}$$

纪明和刘志彪（2014）的计算中参照相关学者的研究及模拟测算结果，将 ρ 确定为 0.4、θ 确定为 0.25、g 确定为 0.12、α 确定为 0.75、δ 确定

[①] 纪明、刘志彪："中国需求结构演进对经济增长及经济波动的影响"，《经济科学》2014年第 1 期，第 12—24 页。

[②] Solomon Fabricant, "Appendix H: Alternative Measures of Change in Wage Earners per Unit of Product", in *Employment in Manufacturing, 1899–1939: An Analysis of Its Relation to the Volume of Production,* NBER, 1942, pp. 341-346.

为 0.08、n 确定为 0.008，这也就意味着在其研究时段内我国合理需求结构的均衡水平是不变的[①]，但我们认为中国经济在改革开放以来发生了巨大的变化，稳态需求结构恒定不变是不合常理的，且设定中国技术进步的年均速度达到 12%，也明显偏高。因此我们作出如下改进，对于较难用数据测算的系数 ρ 和 θ 参照上述结果设定为 0.4 和 0.25，对于资本产出弹性 α 和技术进步率 g 则使用本书中基于科布－道格拉斯生产函数测算的资本产出弹性和全要素生产率增长率进行动态赋值，资本折旧率 δ 同样进行动态设定，n 也参照第三章的方法进行动态设定。主要参数都随时间动态变化保证了需求结构的均衡值能反映不同时期经济发展应有的需求结构状态。基于上述方法即可计算得出 1982—2012 年中国的 DRF 值。需要说明的是，关于历年 DR_t 的计算基于净贡献法估算数据而非核算法数据展开，同时考虑到需求结构的合理改变应该是平稳连续的，因此我们在计算出历年的 DR^* 后，对所得结果进行了滤波处理，以其趋势作为真实的需求结构均衡值，以更加符合经济运行的实际。

如果我们将需求结构达到均衡水平 70% 界定为需求处于合理状态，那么从计算结果中可以得出两个主要结论：一是我国需求的合理度水平总体处于下降趋势，尤其是 2008 年国际金融危机以后，DRF 值已降至 70% 的合理水平值以下，其主要原因是金融危机迫使我国加大投资稳定经济，导致需求结构向消费、出口转化的过程被中断，因此合理水平持续下降；二是政策调整对需求结构优化的影响明显，如 80 年代末期的大规模投资导致了经济过热，DRF 值也迅速下降接近合理值，但 1990 年以后的投资收缩扭转了这一趋势，而国际金融危机后的大规模投资刺激计划再次导致了过度投资引起需求合理度的连续下降，这同时也表明我们的测算结果较好地体现了我国需求结构的历史变化。相比之下，纪明和刘志彪（2014）的测算结果则显示中国在 2000 年之前需求结构整体都处于较高的合理水平，加

---

① 原文测算结果为 1970—2010 年中国的 DR^*=1.76。

入 WTO 以来则出现了连续快速下降，这与中国经济发展的现实逻辑并不完全相符。

二、需求结构高级化的测算

Kaldor 和 Saupe（1966）[①]、纪明和刘志彪（2014）等国内外学者都认为，从提高居民生活质量的经济发展本质目标看，最终消费比例的提高无疑是需求结构高级化的表现，因此需求结构的高级化水平可以简单地使用核算方法中的不变价最终消费支出（包括进口消费）占不变价支出法 GDP 的比例表示，这一指标的变化如图 5-19 所示。从计算结果中可以看出，我国消费率呈现波动下行的态势，贯穿于近 40 年的整个发展进程中，国际金融危机以来基本稳定在 52% 左右的历史低位。如果考虑名义消费率的话，降幅将进一步扩大，仅为 50% 左右。从前面的测算结果看，2008 年国际金融危机进一步降低了我国需求结构合理化水平。因此，我国在改革开放至进入新时代之前，三大需求总体平稳增长，消费、出口逐步崛起，但因国际金融危机影响，导致 2012 年前后需求结构高级化水平下降。

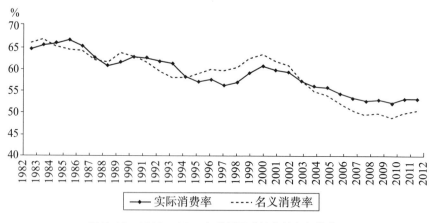

图 5-19　1982—2012 年我国需求结构的高级化水平

① Donald R. Kaldor, William E. Saupe, "Estimates and Projections of an Income-Efficient Commercial-Farm Industry in the North Central States", *Journal of Farm Economics*, Vol. 48, No. 3, 1966, pp. 578-596.

三、需求结构演化对经济增长影响

为了进一步量化我国需求结构变动对经济增长的影响，我们使用1982—2012年的相关数据构建了如下时间序列模型：

$$\ln Y_t = \alpha_0 + \alpha_1 DRF_t + \alpha_2 \frac{C}{Y_t} + \varepsilon_t \tag{5.10}$$

其中，$\ln Y_t$ 为不变价 GDP 的对数值，表示经济增长；DRF_t 为需求结构合理化水平；$\frac{C}{Y_t}$ 为不变价需求结构高级化水平；α_0 为常数项，ε_t 为随机干扰项。拟合方程如式（5.11）所示：

$$\ln Y_t = 21.1 + 0.09 \times DRF_t - 19.3 \times \frac{C}{Y_t} + \varepsilon_t$$
$$(23.05) \quad (0.47) \qquad (-10.79) \; Adj \, R^2 = 0.98 \tag{5.11}$$

从中可以看出，需求结构的合理化与经济增长的关系不显著，而需求结构高级化显著抑制了经济增长，说明一方面我国仍处于需要大量投资建设发展经济的阶段，另一方面投资本身存在的乘数效应影响亦较明显。但这种单一的回归结果很难用于分析其背后的作用机制，为了进一步探讨上述影响是否存在阶段性变化，我们对上述模型进行了以 10 年为窗口的ROLLING 回归。结果仍然显示，需求结构合理化在大多数时段对经济增长影响不显著，需求结构的高级化主要表现为负向影响经济增长，这与全时段的回归结果总体是一致的。具体到需求结构合理化变量 DRF，只在 80年代中后期促进了经济增长，这与当时投资增长带动的需求规模合理化提高有关；而在金融危机以后则表现出负向影响，这体现了当时过度投资导致需求合理化水平偏低，从而对经济增长产生了抑制作用。从需求结构高级化变量 C/Y 的结果看，在大多数时期都明显抑制了经济增长，这表明对我国早期发展而言，消费率提升会挤占资本积累，从而对经济增长产生不利影响。在 90 年代末至 21 世纪初期，我国出现了消费率提高促进经济增长的短期现象，这可能与 90 年代后期住房、医疗、教育等领域的集中改革带动政府和居民部门消费迅速增长有关。

5.6　小结

通过梳理改革开放以来我国投资、消费、进出口三大需求的发展变化，基于改进算法测算了三大需求对经济增长的影响，分析了我国需求结构的变化，可以发现，1978—2012 年，我国投资、消费、进出口"三驾马车"对经济增长拉动作用增强。总体来看，投资与消费是拉动经济的主动力，出口拉动的阶段性影响突出。本章主要发现有：

一是消费是拉动经济的第一动力。尽管消费增长在 1978—2012 年间有所放缓，对经济增长的贡献减弱，但从整个时期看，依然是拉动经济的第一动力。1983—2012 年对经济增长的贡献率为 39.2%。

二是投资拉动作用总体增强。工业化城镇化快速发展带动投资增长加快，对经济增长贡献上升。2001—2012 年，投资贡献率为 41.0%，比 1983—2000 年高 13.8 个百分点。从整个时期看，投资贡献率略低于消费，1983—2012 年投资贡献率为 37.2%。

三是出口拉动力在加入 WTO 后大幅上升。改革开放以来，我国出口持续增加，尤其是加入 WTO 后，全球化红利带来出口爆发式增长，对经济增长拉动加大。2001—2007 年，出口贡献率超过 40%，高于消费和投资。从整个时期看，出口贡献率低于消费和投资，1983—2012 年出口贡献率为 23.5%。

四是我国消费率与经济增长存在负向关系。从整体上看，需求结构合理性对经济增长影响不显著；2008 年国际金融危机之前，我国需求结构整体上处于较为合理的水平，但金融危机以后我国需求结构合理性逐年下降，表现出不利于经济增长的作用效果。从需求结构高级化看，其对经济增长存在抑制作用，表明对于我国而言，加大投资扩大再生产是经济发展的主要动力，需求结构过早向消费转型可能减弱需求扩张的经济增长效应。

第六章　非均衡发展的空间动力

我国地大物博，空间广阔，地区发展条件差异巨大，本章将研究区域发展及空间动力成长问题。改革是按照先农村后城市、先沿海后内地的方式推进的，极化效应、辐射带动效应和后发优势并存，共同塑造了我国经济增长的非均衡空间动力格局。1978—2012年，我国总体上突出效率优先原则，挖掘了城市优势和沿海地区优势。要素、产业和需求向城镇集中产生规模经济和集聚经济，成为经济增长的重要动力源，同时以广东为代表的东南沿海迅速崛起，成为重要增长极。以城镇化和优势地区率先发展推动经济增长，符合经济发展的一般规律，然而，由于我国的改革开放是以渐进的方式展开的，因而与一般国际经验相比，我国城镇化和区域发展也具有独特性，突出表现为要素向城镇的集中采取了先易后难的渐进城镇化道路，区域优势的开发利用则按照梯度开发的设想，突出了外向型经济优势区位的带动力。具有中国特色的非均衡发展战略释放出强劲的空间增长动力，同时也产生了一些独特的经济现象和社会问题。

6.1　空间动力演变的战略实践

一、从城镇户籍松绑到重视小城镇发展

改革开放以来，对城镇化影响最大的政策变化是户籍制度的逐步松绑，但对于政策应引导人口迁往大中城市还是小城镇，则经历了长期的争论和探索。

改革开放前，我国实施严格的户籍管理制度，严控人口迁移，特别是严格限制农业户籍向非农业户籍的转换。改革开放后，随着城镇人才需求

的增长，农转非政策逐渐趋于宽松。1980 年，公安部、粮食部和国家人事局颁布了《关于解决部分专业技术干部的农村家属迁往城镇由国家供应粮食问题的规定》。1984 年，中共中央发布《关于一九八四年农村工作的通知》，提出"各省、自治区、直辖市可选若干集镇进行试点，允许务工、经商、办服务业的农民自理口粮到集镇落户"；同年国务院发布《关于农民进入集镇落户问题的通知》，要求积极支持有经营能力和有技术专长的农民进入集镇经营工商业，并放宽其落户政策，发给"自理口粮户口本"，按照非农业人口统计。1993 年，国务院发布《关于加快粮食流通体制改革的通知》，取消城镇口粮定量供应制度。2001 年，国务院批转公安部《关于推进小城镇户籍管理制度改革的意见》，意见提出，凡是在县级市市区、县人民政府驻地镇及其他建制镇有合法固定的住所、稳定的职业或生活来源的人员及与其共同居住生活的直系亲属，均可根据本人意愿办理城镇常住户口。2003 年，党的十六届三中全会通过《中共中央关于完善社会主义市场经济体制若干问题的决定》，决定提出，要依法保障进城务工人员的权益，在城市有稳定职业和住所的农业人口，可按当地规定在就业地或居住地登记户籍，并依法享有当地居民应有的权利，承担应尽的义务。2006 年，国务院发布《关于解决农民工问题的若干意见》，意见提出，要逐步建立城乡统一的劳动力市场和公平竞争的就业制度，保障农民工合法权益的政策体系和执法监督机制，惠及农民工的城乡公共服务体制和制度。2011 年，《国务院办公厅关于积极稳妥推进户籍管理制度改革的通知》，提出分类明确户口迁移政策的措施，户籍限制进一步放宽。

观察户籍制度松绑的过程可以发现，我国首先由集镇开始试点放开落户，随后逐步扩大到小城镇和中等城市，这与我国长期以来对于城市规模的合理结构和人口迁移的合理方向的认识有关。早在 1978 年，第三次全国城市工作会议召开后形成的《关于加强城市建设工作的意见》，就提出了控制大城市规模、发展中小城镇的城市工作基本思路。1980 年 10 月，国家建委召开全国城市规划工作会议，明确提出了控制大城市规模、合理发展中等城市、积极发展小城市的方针。1989年末，《中华人民共和国城市规划法》经人大批准通过，其中规定"国家实行严格控制大城市规模、合理发展中等城市和小城市的方针，促进生产力和人口的合理布局"，对城市规模的控制政策第一次以法律形式确定下来。此后，随着经济发展水平的提高，特别是一些超大城市人口规模的规划目标一再被突破，我国对城市规模的控制政策也在逐渐调整。2000年通过的《十五计划纲要》不再强调控制大城市规模，而是提出，"走符合我国国情、大中小城市和小城镇协调发展的多样化城镇化道路，逐步形成合理的城镇体系"。2005年，党的十六届五中全会通过的《中共中央关于制定国民经济和社会发展第十一个五年规划的建议》，首次在中央文件中使用了城市群的概念，提出在坚持大中小城市和小城镇协调发展的同时，促进城市群发展。2010年，党的十七届五中全会通过的《中共中央关于制定国民经济和社会发展第十二个五年规划的建议》，进一步明确：以大城市为依托，以中小城市为重点，逐步形成辐射作用大的城市群，促进大中小城市和小城镇协调发展。

二、从突出沿海优势到区域发展总体战略的形成

改革开放后，我国生产力布局由过去注重公平的平衡发展战略转向更加强调效率的非均衡发展战略。1979年，中共中央、国务院批准广东、福建两省率先实施对外开放，东南沿海地区成为全国对外开放的窗口。《国民经济和社会发展第六个五年计划》明确提出，要充分发挥沿海地区的特长，带动内地经济进一步发展。《国民经济和社会发展第七个五年计划》提出，要加速东部沿海地带的发展，同时把能源、原材料建设的重点放在中部，并积极做好进一步开发西部地带的准备。1988年，邓小平提出了"两个大局"思想，要求：沿海地区加快对外开放，使这个拥有两亿人口的广大地带较快地先发展起来，从而带动内地更好地发展，内地要顾全这个大局；反过来，发展到一定的时候，又要求沿海拿出更多力量来帮助内地发展，这也是个大局，那时沿海也要服从这个大局。

随着东部地区的快速发展和区域差距的拉大，我国逐渐加大了对内地的帮扶力度。1995年通过的《中共中央关于制定国民经济和社会发展"九五"计划和2010年远景目标的建议》，提出要坚持区域协调发展，逐步缩小地区发展差距。1999年，党的十五届四中全会提出要实施西部大开发战略，2000年10月国务院发布《关于实施西部大开发若干政策措施的通知》，标志着西部大开发战略正式实施。2003年，中共中央、国务院发布《关于实施东北地区等老工业基地振兴战略的若干意见》。2006年，中共中央、国务院发布《关于促进中部地区崛起的若干意见》。至此，一个涵盖我国所有地区的区域发展总体战略浮出水面，四大板块成为此后考察区域发展态势的重要视角。2006年通过的《十一五规划纲要》明确提出，要坚持实施推进西部大开发，振兴东北地区等老工业基地，促进中部地区崛起，鼓励东部地区率先发展的区域发展总体战略。

除了区域发展总体战略以外，进入新世纪以来，我国在区域政策的精细化上也做出了重大创新，其中主体功能区的建设尤为突出，成为对不同地区的发展进行分类指导、推动区域协调发展的重要举措。《十一五规划纲要》提出，要根据资源环境承载能力、现有开发密度和发展潜力，统筹考虑未来我国人口分布、经济布局、国土利用和城镇化格局，将国土空间划分为优化开发、重点开发、限制开发和禁止开发四类主体功能区，按照主体功能定位调整完善区域政策和绩效评价。2010年6月，《全国主体功能区规划》获国务院常务会议通过，标志着主体功能区建设进入全面实施阶段。

6.2　渐进城镇化成为重要动力

一、城镇化快速推进

1949年，我国城镇化率只有10.64%，是个典型的农业社会。改革开放前，我国城镇化进程十分缓慢，甚至在部分年份发生了倒退。1978年城镇化率也仅为 17.92%，1950—1978 年的 29 年间仅提高了 7.27 个百分点，平均提高速度每年只有 0.25 个百分点。

改革开放后，城镇化明显加快。1979—2012 年的 34 年间，城镇化率提高了 34.65 个百分点，平均提高速度达每年 1.02 个百分点，为改革开放前的 4.1 倍。从城镇化进程来看，这段时间又可明显分为两个阶段。一是恢复性推进期。改革开放后，特别是上世纪 80 年代，虽然对农民进城务工的限制有所松绑，但由于改革目标尚不十分明确，在城镇化问题上仍采取严格限制的措施，城镇化的各方面制度建设都处于摸着石头过河的阶段。1979—1995 年的 17 年间，城镇化率提高了 11.13 个百分点，平均每年提高 0.65 个百分点，1995 年达到 29.04%。二是高速推进期。1993 年，党的十四届三中全会明确了建立社会主义市场经济体制的改革方向，劳动就业机制逐渐向市场化靠拢，随着各项制度的建立和改善，劳动力流动性明显增强。同时，1996 年城镇化已突破 30%，按照市场经济的国际一般经验，城镇化变化曲线呈斜放的"S"型，其中 30%—70% 的区间斜率较大，即一旦突破 30%，城镇化进程将明显提速。因此，1996—2012 年的 17 年间，我国城镇化率提高了 23.53 个百分点，平均每年提高 1.38 个百分点，提高速度是 1979—1995 年的 2.1 倍，是改革开放前的 5.5 倍（见图 6-1）。

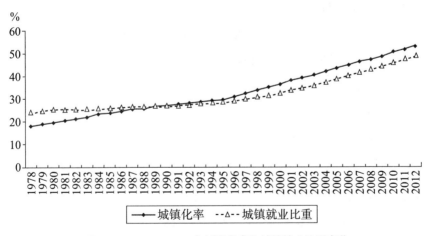

图 6-1　1978—2012 年城镇化率和城镇就业比重变化

相应地，城镇就业比重提高速度也在上世纪 90 年代中期明显加快。1953—1978 年的 26 年间，城镇就业比重提高了 11.70 个百分点，平均每年提高 0.45 个百分点；1979—2012 年的 34 年间，城镇就业比重提高了 24.68 个百分点，平均每年提高 0.73 个百分点，提高速度为改革开放前的 1.61 倍。具体来看，城镇就业比重提高速度加快主要发生在 1995 年以后。1979—1995 年的 17 年间，城镇就业比重仅提高了 4.28 个百分点，平均每年提高 0.25 个百分点。1996—2012 年的 17 年间，城镇就业比重提高了 20.40 个百分点，平均每年提高 1.20 个百分点，提高速度是 1979—1995 年的 4.8 倍，是改革开放前的 2.7 倍（见图 6-1）。

二、城镇生产要素快速低成本集聚

城镇化对于经济增长的贡献，主要在于要素、产业、需求集中带来的规模效应和集聚效应。然而，由于农村物资的短缺和城市工业的落后，以及制度上的限制，我国工业化是在缺乏城镇化支撑的情况下起步的。改革开放前，农村地区就开始兴办社队企业，1984 年，中央将社队企业更名为乡镇企业，并指出"乡镇企业已成为国民经济的一支重要力量，是国营企业的重要补充"。按照《中华人民共和国乡镇企业法》（1996 年）的定义，乡镇企业是指农村集体经济组织或农民投资为主，在乡镇（包括所辖村）举办的承担支援农村义务的各类企业。2002 年，乡镇企业就业人员总量达 1.3 亿人，占乡村就业人员比重达 27.6%；乡镇企业增加值达 3.2 万亿元，占国民生产总值的 26.6%。超前于城镇化的工业发展，虽然在规模效应和集聚效应上造成了一定损失，但走出了一条独特的低成本工业化道路，有效加速了我国工业化进程，很多乡镇企业现在已脱胎换骨，成长为现代化企业，为我国产业竞争力的提升做出了贡献；另外，工业化的超前发展也造就了众多产业发达的小城镇，为农村城镇化做出了贡献。

与工业化的低成本道路类似，我国也走出了一条独特的渐进城镇化道路，表现在土地的使用、人口的空间集中以及公共服务供给能力提升等城镇化的各方面步伐并非完全一致，而是有先有后、先易后难，低成本增长是其突出特征。

（一）土地集中快于人口集中

改革开放后，我国大陆很多制度向香港学习，城镇开发几乎照搬了香港模式，由政府主导土地的流转，因此，土地出让成为城市政府的重要收入来源，甚至成为部分城市的主要财政收入来源。同时，土地开发可以迅速拉大城市框架，加速招商引资进程，进而推动城市经济增长。在以经济增长成绩为重点内容的政绩考核体制下，加快土地由乡村集体向城市的流转，成为城市政府的必然选择。相比之下，如果增加城市人口，往往需要追加更多的公共服务供给，给城市财政造成压力，在劳动力资源较为丰富的情况下，城市政府缺乏扩大城市人口规模的动力，因而大多借助户籍门槛等措施对外来人口迁入采取较为严格的限制。这样，城市一边快速集中周边土地，一边限制人口迁入，在获取土地收益的同时并未完全承担人口相应增长带来的成本，导致土地城镇化快于人口城镇化。城市建设相关数据[1]表明，上世纪 90 年代以来，城市土地增速明显快于人口增长。相比于1990 年，2012 年全国城市人口增长了 29.8%，而城市建成区面积增长了2.54 倍，城市建设用地面积增长了 2.94 倍。相比于 2000 年，2012 年全国城市人口仅增长了 8.8%，而年度征用土地面积增长了 3.83 倍。从可得的年度数据来看，城镇人口增速持续低于城镇土地增速，2012 年，城市人口比上年增长 3.2%，增速比城市建成区面积增速慢 1.3 个百分点，比城市年度征用土地面积增速慢 12.9 个百分点（见表 6-1）。

分区域来看，西部地区土地集中快于人口集中的现象最为突出。2009—2012 年[2]，东部、中部、西部和东北地区城市人口分别年均增长2.7%、3.7%、4.3% 和 2.1%，西部城市人口增长更快，但同期西部城市土

---

[1]　相关统计由住房和城乡建设部负责开展，其执行范围为全国所有设市城市。城市人口数由城区面积与城市人口密度相乘计算得到。

[2]　由于数据缺失，东部数据未计上海。

地集中速度也是最快的，东部、中部、西部、东北地区城市建成区面积分别年均增长 4.6%、5.6%、7.4% 和 3.8%，两者相比，四大板块城市土地集中均快于人口集中，但西部的增速差最大。西部地区城市建成区面积年均增速快于城市人口年均增速 3.0 个百分点，而其他三大板块的增速差均在 2 个百分点以内，其中东北的增速差约为西部的 50%（见表 6-2）。

表 6-1　2009—2012 年我国城市人口与土地增速

年份	城市人口（%）	建成区面积（%）	征用土地面积（%）
2009 年	1.7	5.0	11.9
2010 年	4.8	5.1	9.1
2011 年	3.6	8.9	12.2
2012 年	3.2	4.5	17.4
均值	3.3	5.9	12.6

表 6-2　2009—2012 年分区域城市人口与土地年均增速

区域	城市人口（%）	城市建成区面积（%）	增速差（百分点）
东部	2.7	4.6	1.9
中部	3.7	5.6	1.9
西部	4.3	7.4	3.0
东北	2.1	3.8	1.6

人口集中与土地集中速度差的区域差异，主要是由我国特殊的土地供应方式决定的。我国实行土地国有和集体所有制度，城市土地供应总量由中央政府通过土地利用总体规划控制，用地指标具体分配给各省级地区，由于城市土地开发是产业发展的基础和财政收入的重要来源，所以分配给某地区更多的用地指标，成为中央对该地区予以特殊支持的重要手段。西部地区经济发展水平较低，发展条件相对较差，中央历来重视西部的发展，因而西部获得了相对较多的城市用地指标。然而，西部地区人口稀少，城

市发展相对缓慢，这就造成城市土地集中快于人口集中的程度比其他地区更为明显。

总之，城市土地扩张快于城市人口增长，是我国所有地区城镇化的突出特征，只是西部更为明显。土地的超前集中，在一定程度上造成了资源的浪费，并因大规模的征地拆迁产生了一些社会矛盾，但仅从经济增长角度考虑，无疑是将土地开发的成本压缩到了极限，有效推动了城镇化的快速发展和城镇经济的迅猛增长，同时，由土地溢价产生的巨额财政收入也为地方政府开拓了收入来源，为地方政府消除征地过程中的社会矛盾，并为市民和新市民提供更完善的公共服务创造了条件。

（二）人口集中快于公共服务发展

超前于人口集中的土地集中，节约了土地开发的成本，同样，我国人口集中过程也采取了低成本的方式，表现为人口集中速度快于公共服务供给速度。换句话说，在城镇公共服务并不充足的情况下，人口快速向城镇集中，城镇经济获得了由人口集中引致的劳动力供给增多、需求总量和密度提升等规模效应和集聚效应，但并未完全承担起人口增多所需要的公共服务供给义务，从而压缩了经济增长的成本。

城镇人口集中快于公共服务发展，突出表现为庞大的农民工群体的出现，其中很大一部分农民工在城镇务工，但并未充分享受城镇公共服务。按照农民工统计调查制度的有关定义，农民工是指户籍仍在农村，在本地从事非农产业或外出从业 6 个月及以上的劳动者。据统计，2012 年，我国农民工总数已达 2.6 亿人，比 2008 年增长了 16.5%；占全国就业总量的 34.2%，比 2008 年提高 4.4 个百分点；占全国非农产业就业总量的 51.6%，比 2008 年提高 2.2 个百分点[①]。早期农民工调查并未识别农民工就业地区为城镇还是农村，2015 年国家统计局建立了农民工市民化监测调查制度，并

[①] 国家统计局：2012 年全国农民工监测调查报告，http://www.stats.gov.cn/tjsj/zxfb/201305/t20130527_12978.html。

从 2016 年起开始公布进城农民工数量。按照定义，所谓进城农民工，是指居住在城镇地域内的农民工，城镇地域依据《统计上划分城乡的规定》划分，与计算人口城镇化率的地域范围相一致。2016—2018 年的三年间，进城农民工占外出农民工的比重分别为 80.2%、79.8%、78.2%，据此，我们假设 2008—2012 年进城农民工占外出农民总数的 80%，进而可推算进城农民工数量。2012 年，全国外出农民工总量达 1.6 亿人，按 80% 计算，进城农民工应在 1 亿人以上，约 1.3 亿，占农民工总量的 49.8%，比 2008 年增长 16.3%，增速比城镇就业快 0.8 个百分点，占城镇就业总量的比重达 35.2%，比 2008 年提高 0.2 个百分点（见表 6-3）。可见，全国农民工约半数在城镇就业，城镇就业劳动力的三分之一强来自农民工。

表6-3　2008—2012 年进城农民工规模估算结果

年份	外出农民工（万人）	进城农民工（估算，万人）	城镇就业人员（万人）	进城农民工占城镇就业比重（%）
2008 年	14041	11233	32103	35.0
2009 年	14533	11626	33322	34.9
2010 年	15335	12268	34687	35.4
2011 年	15863	12690	35914	35.3
2012 年	16336	13069	37102	35.2

农民工为城镇经济建设做出了不可替代的贡献，但是由于户口仍在农村，仍以农民的身份从事非农产业生产，除了需要额外承担迁移产生的生活成本和心理成本以外，还无法享受居住地普通市民可以享受的公共服务。因为城镇公共服务主要按户籍配置，现实中城镇交通、供水、供电等基础设施建设关系到城镇经济的正常运转，在城镇物质基础设施，特别是与生产相关的基础设施规划和建设过程中，一般会充分考虑包括农民工在内的人口规模增长，但对于住房、医疗、子女教育等与居民生活密切相关的基础设施领域，往往被视为可以压缩的成本开支，未能充分考虑新增外

来人口的需求。因此，户籍制度成为城镇低成本利用外来劳动力的重要手段。农民工调查显示，2012 年外出务工的农民工中，举家外出农民工只占 20.4%，多数农民工选择将子女、老人留在家乡，独自外出务工；有 10.4% 的外出农民工居住在工地或工棚，6.1% 居住在生产经营场所，19.7% 与他人合租住房；农民工雇主或单位中，不提供住宿也没有住房补贴的占 41.3%，为农民工缴纳养老保险的比例只有 14.3%，缴纳工伤保险的比例只有 24.0%，缴纳医疗保险的比例只有 16.9%，缴纳失业保险的比例只有 8.4%，缴纳生育保险的比例只有 6.1%。

总之，人口集中快于公共服务发展，也是渐进式低成本城镇化的重要特征之一。这种城镇化方式让外来人口或新市民承担了较多的城镇化成本，产生了一些社会问题，但也正是由于农民工群体仍然保留了附着在农村户口上的土地承包权和农村宅基地使用权，解决了外出务工人员的一部分后顾之忧，家乡的农田和宅基地具有一定的替代社会保障的功能，使农民工能够在缺乏公共服务支撑的情况下长期在城镇工作，从这个角度看，农民工群体的出现也体现了中国渐进式改革为城镇化和经济增长创造的独特红利。

6.3　东南沿海：改革试验场和主要增长极

一、东南沿海地区经济总量比重明显上升

改革开放前，我国实施均衡布局战略，注重内陆地区的开发，特别是在"三线"建设时期，工业布局采取了"靠山、分散、隐蔽"的原则，在内陆地区造就了一批工业城市，全国经济总量分布也趋于分散[①]。改革开放后产业布局更加注重效率，尊重各地区的区位优势和比较优势。东部地区，特别是东部沿海地区，由于靠近海外市场，人口密集度较高，基础设施条

---

① 魏后凯：《中国区域经济发展》，经济科学出版社 2019 年版。

件较好，成为改革开放的前沿地带，经济增长率先加速，获得了先发优势。

1978 年，东部、中部、西部、东北四大板块地区生产总值占全国的比重（按当年价格计算，下同）分别为 43.6%、21.6%、20.9%、14.0%。到2012 年，四大板块经济比重分别变为 51.3%、20.2%、19.8%、8.8%，与1978 年相比，东部比重提高 7.8 个百分点，其他三大板块比重均有所下降，中部和西部分别下降 1.4 个和 1.1 个百分点，东北下降幅度最大，达 5.2 个百分点（见表 6-4）。

表 6-4　1978—2012 年地区经济总量占全国的比重变化

区域	1978 年（%）	2012 年（%）	变化（百分点）
东部	43.6	51.3	7.8
#京津冀鲁	17.3	18.6	1.4
#江浙沪	18.6	18.9	0.3
#东南沿海	7.7	13.8	6.1
中部	21.6	20.2	−1.4
西部	20.9	19.8	−1.1
东北	14.0	8.8	−5.2

东部地区比重变化较大，为了更清楚地观察东部地区内部的变化，我们将东部 10 省市按照相邻原则细分为三个区域：（1）京津冀鲁，包括北京、天津、河北、山东四省市；（2）江浙沪，包括江苏、浙江、上海三省市；（3）东南沿海，包括福建、广东、海南三省。

1978 年，京津冀鲁和江浙沪区域经济总量占全国比重分别为 17.3% 和18.6%，东南沿海比重相对较小，只有 7.7%。2012 年，三大区域占全国比重分别为 18.6%、18.9% 和 13.8%，比重均有所提高，但东南沿海地区提高幅度明显较大，达 6.1 个百分点，占东部地区提高总幅度的 78.4%，其比重与京津冀鲁和江浙沪的比重差距明显缩小（见表 6-4）。

分省（区、市）来看，如果将各地区按地区生产总值由高到低排序并观察名次，则 1978—2012 年间，东部 10 省市中名次提高最多的是福建、浙江和广东，分别由 1978 年的第 23 位、第 12 位和第 5 位提升至 2012 年的第 12 位、第 4 位和第 1 位，前进幅度分别为 11 位、8 位和 4 位。从占全国比重看，1978—2012 年间，广东、浙江、江苏、山东、福建五省在全国 31 个省（区、市）中提高幅度最大，分别提高 4.6 个、2.5 个、2.2 个和 1.5 个百分点，值得注意的是，五省全部为东部省份；上海、黑龙江、辽宁、四川、甘肃五省市下降幅度最大，五省市分别下降 4.3 个、2.7 个、2.3 个、2.2 个和 0.9 个百分点，其中除上海位于东部以外，其他四省均处于东北和西部（见图 6-2）。因此，1978—2012 年经济布局的变化可概括为：由上海、东北和西部向东南及江浙集中。

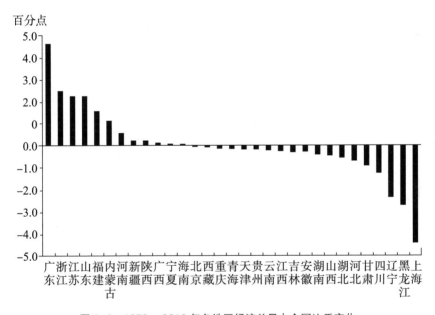

图 6-2　1978—2012 年各地区经济总量占全国比重变化

二、东南沿海对全国经济增长的贡献明显提高

改革开放以来，东南沿海经济地位的提升还体现在对全国经济增长的贡献率明显提升，成为重要的经济增长极。

使用当年价计算各地区经济对全国经济增长的贡献率，然后将某段时间内的年度贡献率取均值，该值可以代表这段时间该地区对全国经济增长的总体贡献率；比较不同时间段贡献率均值，可以观察该地区对全国经济增长重要性的变化。为了比较改革开放前后及改革开放后各时段发生的变化，我们将改革开放前的时间段（依据数据可得性）设定为1952—1978年，改革开放后的时间段设定为1979—2012年，改革开放后的时间段又细分为三个时间段，依次为1979—1990年、1991—2000年、2001—2012年，相关数据见表6-5。

表6-5　1952年以来各区域在不同阶段对全国经济增长的贡献率均值（%）

区域	1952—1978	1979—2012	1979—1990	1991—2000	2001—2012
东部	42.6	51.2	45.7	55.5	53.2
＃京津冀鲁	16.5	18.5	17.3	18.9	19.3
＃江浙沪	19.4	18.7	16.4	20.4	19.7
＃东南沿海	6.7	14.0	11.9	16.2	14.2
中部	17.4	20.2	22.7	18.0	19.5
西部	21.8	18.8	20.0	17.0	19.1
东北	18.2	9.8	11.6	9.5	8.1

改革开放前（1952—1978年），东部、中部、西部、东北四大板块对经济增长的贡献率均值分别为42.6%、17.4%、21.8%和18.2%，其中，东部板块内的京津冀鲁、江浙沪、东南沿海三区域贡献率均值分别为16.5%、19.4%和6.7%，显然，东南沿海贡献率较低。改革开放后（1979—2012年），东部、中部、西部、东北四大板块对经济增长的贡献率均值分别变为51.2%、20.2%、18.8%、9.8%，相比于改革开放前，东部和中部贡献率均值分别提高8.7个和2.8个百分点，西部和东北分别下降3.0个和8.4个百分点，最突出的变化是东部贡献率的明显提高和东北贡献率的明显下降，以及中部贡献率的小幅上升和西部贡献率的小幅下降；东部板块内的

京津冀鲁、江浙沪、东南沿海三区域贡献率均值分别为18.5%、18.7%和14.0%，相比于改革开放前，京津冀鲁和东南沿海贡献率分别提高2.0个和7.3个百分点，江浙沪略微下降0.7个百分点，显然，最突出的变化是东南沿海贡献率的明显提高。

观察改革开放后的三个阶段变化发现，东部及东南沿海在上世纪90年代对全国经济增长的贡献率最高。上世纪80年代（1979—1990年），东部、中部、西部、东北四大板块对经济增长的贡献率均值分别为45.7%、22.7%、20.0%和11.6%；90年代（1991—2000年），四大板块贡献率均值分别变为55.5%、18.0%、17.0%和9.5%，相比于80年代，东部贡献率均值提高9.8个百分点，而中部、西部、东北贡献率均值分别下降4.7个、3.0个和2.1个百分点，经济增长对东部的依赖程度明显上升；新世纪初（2001—2012年），四大板块贡献率均值分别变为53.2%、19.5%、19.1%和8.1%，相比于上世纪90年代，东部贡献率均值下降2.2个百分点，中部和西部贡献率均值分别提高1.5个和2.1个百分点，东北贡献率均值则进一步下降1.4个百分点。从东部板块内部看，上世纪80年代，京津冀鲁、江浙沪、东南沿海三大区域对全国经济增长的贡献率均值分别为17.3%、16.4%和11.9%；90年代，三大区域贡献率均值分别为18.9%、20.4%和16.2%，均比80年代有所提高，分别提高1.5个、3.9个和4.3个百分点，东南沿海提高幅度最大；新世纪初，三大区域贡献率均值分别变为19.3%、19.7%和14.2%，相比于上世纪90年代，京津冀鲁贡献率均值提高0.5个百分点，江浙沪和东南沿海贡献率均值分别下降0.7个和2.1个百分点，东南沿海贡献率有所下降，东部的北方省份（京津冀鲁）贡献率有所提高。

6.4　区域分工垂直化

改革开放以来，随着东部地区特别是东南沿海地区非农产业的快速发展，全国区域分工格局发生了重大变化，东部地区工业和服务业在全国的地位上升，特别是服务业在全国的地位上升明显，而农业在全国的地位有所下降，西部和北部一些省份农业的相对重要性提升，全国以东部为龙头的三次产业垂直分工趋势明显。

一、东部地区更加专注于发展工业和服务业

（一）东部地区工业和服务业比重上升

2012 年与 1978 年相比，东部工业增加值占全国的比重有所上升，其中东南沿海比重上升明显，而东北比重下降幅度较大。1978 年，全国工业增加值东部、中部、西部、东北四大板块占比分别为 48.6%、16.6%、16.6% 和 18.2%，2012 年四大板块占比分别为 50.4%、21.5%、19.1% 和 9.0%，与 1978 年相比，东部、中部、西部占比分别提高 1.8 个、4.9 个、2.6 个百分点，东北占比则下降 9.2 个百分点。从东部板块内部看，1978 年，京津冀鲁、江浙沪、东南沿海三区域工业增加值占全国比重分别为 19.4%、22.8% 和 6.3%，2012 年分别变为 17.9%、18.5% 和 14.0%，京津冀鲁和江浙沪比重分别下降 1.5 个和 4.3 个百分点，东南沿海则大幅提高 7.6 个百分点（见表 6-6）。

表 6-6　1978—2012 年地区工业增加值占全国的比重变化

区域	1978 年（%）	2012 年（%）	变化（百分点）
东部	48.6	50.4	1.8
#京津冀鲁	19.4	17.9	−1.5
#江浙沪	22.8	18.5	−4.3
#东南沿海	6.3	14.0	7.6
中部	16.6	21.5	4.9
西部	16.6	19.1	2.6
东北	18.2	9.0	−9.2

2012 年与 1978 年相比，东部第三产业增加值占全国的比重明显上升，其中东南沿海比重上升幅度最大，中部、西部、东北比重均有所下降。1978 年，东部、中部、西部、东北四大板块第三产业增加值占全国的比重分别为 45.7%、20.9%、21.8% 和 11.6%，2012 年比重分别为 57.1%、17.1%、17.8% 和 8.0%，东部提高 11.4 个百分点，而中部、西部、东北分别下降 3.8 个、4.0 个和 3.5 个百分点。从东部板块内部看，1978 年，京津冀鲁、江浙沪、东南沿海三区域第三产业增加值占全国的比重分别为 17.5%、18.7% 和 9.4%，2012 年三区域比重分别为 20.6%、21.5% 和 14.9%，分别提高 3.1 个、2.8 个和 5.5 个百分点，东南沿海提高幅度最大（见表 6-7）。

表 6-7　1978—2012 年地区第三产业增加值占全国的比重变化

区域	1978 年（%）	2012 年（%）	变化（百分点）
东部	45.7	57.1	11.4
＃京津冀鲁	17.5	20.6	3.1
＃江浙沪	18.7	21.5	2.8
＃东南沿海	9.4	14.9	5.5
中部	20.9	17.1	−3.8
西部	21.8	17.8	−4.0
东北	11.6	8.0	−3.5

（二）东部地区对全国工业和服务业增长贡献率提高

对工业增加值增长的地区贡献率分解结果表明，改革开放以来，东部贡献率明显提高，其中东南沿海地区贡献率提高幅度最大，但新世纪初期东部三区域贡献率均有所回落。

改革开放前（1952—1978 年），东部、中部、西部、东北工业增加值对全国工业增长的贡献率均值分别为 44.6%、29.0%、13.2% 和 13.2%，其中东部的京津冀鲁、江浙沪、东南沿海三区域贡献率均值分别为 22.4%、

20.0% 和 2.1%。改革开放后（1979—2012 年），四大板块贡献率均值分别变为 54.2%、19.7%、16.3% 和 9.8%，与改革开放前相比，东部贡献率提高 9.7 个百分点，西部贡献率小幅提高 3.1 个百分点，中部和东北贡献率分别下降 9.4 个和 3.4 个百分点；东部板块内的京津冀鲁、江浙沪、东南沿海三区域贡献率均值分别为 18.5%、21.5% 和 14.2%，京津冀鲁贡献率下降 3.9 个百分点，江浙沪贡献率提高 1.5 个百分点，东南沿海贡献率则大幅提高 12.1 个百分点（见表 6-8）。

表 6-8　1952 年以来各区域在不同阶段对全国工业增长的年均贡献率（%）

区域	1952—1978	1979—2012	1979—1990	1991—2000	2001—2012
东部	44.6	54.2	51.3	59.4	52.8
#京津冀鲁	22.4	18.5	17.6	19.5	18.6
#江浙沪	20.0	21.5	22.3	23.0	19.5
#东南沿海	2.1	14.2	11.4	16.9	14.7
中部	29.0	19.7	20.8	16.5	21.1
西部	13.2	16.3	16.6	13.5	18.4
东北	13.2	9.8	11.3	10.5	7.6

具体观察改革开放后的三个时间段，上世纪 80 年代（1979—1990 年），东部、中部、西部、东北工业增加值对全国工业增长的贡献率均值分别为 51.3%、20.8%、16.6% 和 11.3%。上世纪 90 年代（1991—2000 年），四大板块贡献率均值分别为 59.4%、16.5%、13.5% 和 10.5%，相比于 80 年代，东部贡献率进一步提高 8.1 个百分点，其他板块贡献均有所下降。新世纪初期（2001—2012 年），四大板块贡献率均值分别为 52.8%、21.1%、18.4% 和 7.6%，与上世纪 90 年代相比，东部贡献率下降 6.6 个百分点，东北贡献率进一步下降 2.9 个百分点，中部和西部则分别提高 4.6 个和 4.8 个百分点。从东部板块内部来看，上世纪 90 年代京津冀鲁、江浙沪、东南沿海三区域工业增加值对全国增长的贡献率均值均比 80 年代有所提高，分

别提高 1.9 个、0.7 个和 5.5 个百分点,进入新世纪初期,三区域贡献率均值则均有所下降,分别比上世纪 90 年代下降 0.8 个、3.6 个和 2.2 个百分点(见表 6-8)。

对第三产业增加值增长的地区贡献率分解结果表明,改革开放以来,东部贡献率明显提高,其中东南沿海地区贡献率提高幅度最大,新世纪初期东南沿海贡献率有所回落,京津冀鲁和江浙沪贡献率则进一步提高。

改革开放前(1952—1978 年),东部、中部、西部、东北第三产业增加值对全国第三产业增长的贡献率均值分别为 41.0%、25.0%、20.4% 和 13.6%,其中东部的京津冀鲁、江浙沪、东南沿海三区域贡献率均值分别为 20.3%、18.0% 和 2.6%。改革开放后(1979—2012 年),四大板块贡献率均值分别变为 53.7%、18.4%、18.4% 和 9.5%,与改革开放前相比,东部贡献率提高 12.7 个百分点,中部、西部和东北贡献率则分别下降 6.6 个、2.0 个和 4.1 个百分点;东部板块内的京津冀鲁、江浙沪、东南沿海三区域贡献率均值分别为 19.4%、19.1% 和 15.1%,京津冀鲁和江浙沪贡献率变化不大,前者下降 0.9 个百分点,后者提高 1.1 个百分点,东南沿海贡献率则大幅提高 12.5 个百分点(见表 6-9)。

表 6-9 1952 年以来各区域在不同阶段对全国第三产业增长的年均贡献率(%)

区域	1952—1978	1979—2012	1979—1990	1991—2000	2001—2012
东部	41.0	53.7	47.3	55.9	58.2
#京津冀鲁	20.3	19.4	18.4	18.8	20.9
#江浙沪	18.0	19.1	15.1	20.5	22.0
#东南沿海	2.6	15.1	13.8	16.6	15.2
中部	25.0	18.4	20.6	18.0	16.6
西部	20.4	18.4	20.5	17.0	17.5
东北	13.6	9.5	11.6	9.2	7.7

具体观察改革开放后的三个时间段，上世纪80年代（1979—1990年），东部、中部、西部、东北第三产业增加值对全国第三产业增长的贡献率均值分别为47.3%、20.6%、20.5%和9.5%。上世纪90年代（1991—2000年），四大板块贡献率均值分别为55.9%、18.0%、17.0%和9.2%，与80年代相比，东部贡献率进一步提高8.5个百分点，中部、西部和东北贡献率分别下降2.6个、3.6个和2.4个百分点。新世纪初期（2001—2012年），四大板块贡献率均值分别为58.2%、16.6%、17.5%和7.7%，与上世纪90年代相比，东部贡献率进一步提高2.3个百分点，中部和东北贡献率分别进一步下降1.3个和1.5个百分点，西部贡献率则小幅回升0.5个百分点。从东部板块内部来看，上世纪90年京津冀鲁、江浙沪、东南沿海三区域工业增加值对全国增长的贡献率均值均比80年代有所提高，分别提高0.4个、5.4个和2.8个百分点，进入新世纪初期，京津冀鲁和江浙沪贡献率均值分别比上世纪90年代提高2.1个和1.6个百分点，东南沿海贡献率均值则下降1.4个百分点（见表6-9）。

二、西部和北部省份相对偏重于农业发展

（一）西部和北部省份农业占全国比重上升

与工业和服务业向东部尤其是东南沿海集中的趋势相反，改革开放后农业区域分布的变化是向西部和北部集中。

2012年与1978年相比，东部第一产业增加值占全国的比重变化不大，调整主要发生在其他三大板块，其中中部比重明显下降，东北比重明显提高。1978年，东部、中部、西部、东北四大板块第一产业增加值占全国的比重分别为34.9%、29.1%、26.5%和9.6%，2012年比重分别为35.0%、26.8%、27.4%和10.8%，与1978年相比，东部比重小幅提高0.2个百分点，中部比重下降2.3个百分点，西部和东北比重则分别提高1.9和1.2个百分点（见表6-10）。

表6-10　1978—2012年四大板块第一产业增加值占全国的比重变化

区域	1978年（%）	2012年（%）	变化（百分点）
东部	34.9	35.0	0.2
中部	29.1	26.8	−2.3
西部	26.5	27.4	0.9
东北	9.6	10.8	1.2

　　分省级地区来看，新疆、广西等地区第一产业占全国比重明显提高，四川、浙江等地区比重明显下降。2012年与1978年相比，第一产业增加值占全国比重提高最多的是新疆、广西、福建、河北、辽宁、内蒙古六地区，分别提高1.1个、1.1个、1.0个、0.9个、0.9个、0.9个百分点，除福建以外，其他全部位于西部或东北；比重下降最多的是四川、浙江、安徽、上海、江西五地区，分别下降1.8个、1.5个、1.2个、0.8个和0.7个百分点，除四川以外，其他全部位于东部或中部（见图6-3）。

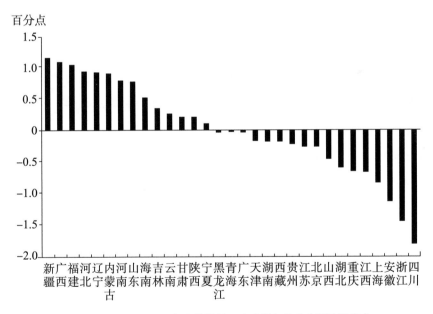

图6-3　1978—2012年各地区第一产业增加值占全国比重变化

（二）西部和北部省份对全国农业增长贡献率提高

从各地区不同产业对全国的贡献率来看，改革开放前，我国农业与非农产业在地区上表现为此消彼长的关系，即非农产业增长贡献率较高的地区，农业增长贡献率则较低，农业与非农产业在地区上分工较为明显。1952—1978年，东部和东北第一产业增加值（按当年价计算）增速为负，对全国第一产业的贡献率均值分别为−39.2%和−32.3%，中部和西部贡献率均值则分别为107.2%和64.3%，说明东部和东北在非农产业快速发展的同时，农业生产规模总体上下降，全国农业生产的增长主要依靠中部和西部。改革开放后，农业生产积极性得到大幅提高，尤其是东部和东北农业生产得以大幅恢复。1979—2012年，东部、中部、西部、东北对全国第一产业增加值增长的贡献率均值分别为36.5%、26.5%、26.8%和10.2%（见表6-11）。

具体观察改革开放后的三个时间段发现，东部地区农业对全国农业增长的贡献率在上世纪80年代迅速恢复，但此后逐渐下降，中部贡献率在新世纪以来有所下降，西部和东北贡献率则有所提高。上世纪80年代（1979—1990年），东部、中部、西部、东北四大板块第一产业增加值对全国第一产业增长的贡献率均值分别为39.3%、26.8%、24.9%和9.0%。上世纪90年代（1991—2000年），四大板块贡献率均值分别为35.3%、27.8%、27.8%和9.1%，与80年代相比，东部贡献率均值下降4.0个百分点，中部、西部和东北贡献率均值则分别提高1.0个、2.9个和0.1个百分点。新世纪初期（2001—2012年），四大板块贡献率均值分别为34.8%、25.1%、27.8%和12.4%，与上世纪90年代相比，东部贡献率均值进一步下降0.6个百分点，中部下降2.7个百分点，西部保持稳定，东北则大幅提高3.3个百分点（见表6-11）。

从东部板块内部区域来看，新世纪初期与上世纪 80 年代相比，变化最大的东南沿海，其第一产业对全国第一产业增长贡献率均值下降 3.7 个百分点，其次是江浙沪，下降 1.8 个百分点，京津冀贡献率均值则提高了0.9 个百分点（见表 6-11）。

表 6-11　1952 年以来各区域在不同阶段对全国第一产业增长的年均贡献率（%）

区域	1952—1978	1979—2012	1979—1990	1991—2000	2001—2012
东部	−39.2	36.5	39.3	35.3	34.8
＃京津冀鲁	−3.2	15.9	15.6	15.6	16.5
＃江浙沪	−28.7	10.1	11.0	9.9	9.2
＃东南沿海	−7.4	10.5	12.7	9.8	9.0
中部	107.2	26.5	26.8	27.8	25.1
西部	64.3	26.8	24.9	27.8	27.8
东北	−32.3	10.2	9.0	9.1	12.4

6.5　先扩后缩的城乡区域差距

一、城乡居民收入差距从 2010 年开始逐渐缩小

改革开放以来，我国城乡差距随改革进程而变化，具体来说，当重大改革措施侧重于解决三农问题时，农村居民收入增速相对加快，城乡差距趋于缩小，当重大改革措施侧重于解决城市问题时，城市居民收入增速相对加快，城乡差距趋于扩大。从总的趋势看，城乡差距呈先扩大后缩小的走势（见图 6-4），体现了我国城乡改革措施由效率优先向兼顾效率与公平的转变。

我国宏大的改革进程首先在农村拉启了大幕，1978—1983 年，由基层普通农民自发创立的家庭联产承包责任制，在农村地区迅速推广普及，极大地解放和发展了农村生产力，农民收入迅速提高。这一时期，城乡居

民收入比（城镇居民家庭人均可支配收入/农村居民家庭人均纯收入）由1978年的2.57迅速下降至1983年的1.82，五年内降幅达29.1%。

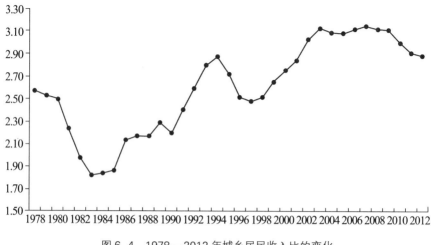

图6-4　1978—2012年城乡居民收入比的变化

1984年，改革的重点转向城市，国有企业生产效率的提高有效推动了城市居民收入的增长，相应地，城乡居民收入比由1983年的1.82上升至1994年的2.86。此后，随着1993年开始加大小城镇建设力度，以及小城镇户籍制度的松绑，农业劳动力转移有所加快，带动农村居民收入较快增长，1994—1997年，城乡差距小幅缩小，1997年城乡居民收入比缩小至2.47。然而，从1998年开始，在市场的作用下，城乡差距继续拉大，2003年城乡居民收入比升至3.12。

新世纪以来，我国高度重视城乡统筹发展，解决"三农"问题成为重要政策目标。2004年以来，中央一号文件均以农业、农村、农民为主题，成为每年的惯例，2006年更是全面取消延续千年的农业税，城乡间劳动力、土地等资源的流转机制逐步建立和完善。这些措施在数据上直接反映为城乡差距的稳定和缩小。2004—2009年，城乡居民收入差距基本保持稳定，2010—2012年，城乡居民收入比平均每年下降0.1个百分点左右，2012年降至2.88。

二、区域发展差距从 2004 年开始逐渐缩小

改革开放至 2012 年，按照省级地区人均地区生产总值（或地区生产总值和地区常住人口数）计算，区域发展差距的变化可划分为三个阶段（见图 6-5）。

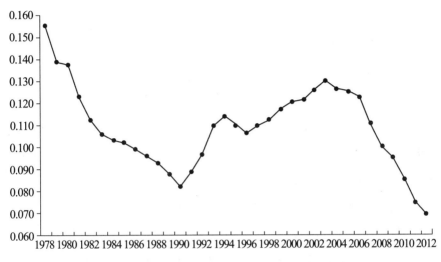

图 6-5　1978—2012 年人均地区生产总值泰尔指数变化

第一阶段为 1978—1990 年。改革开放带动各地区比较优势的发挥，人均地区生产总值的泰尔指数由 0.155 降至 0.082，降幅达 47.1%。

第二阶段为 1991—2003 年。进入上世纪 90 年代，随着东南沿海的发展加快和社会主义市场经济的建立，区域差距有所扩大，2003 年泰尔指数扩大至 0.130，比 1990 年扩大 58.4%。

第三阶段为 2004—2012 年。统筹区域发展被纳入国家战略重点，西部开发、东北振兴、中部崛起等区域协调战略相继实施和生效，区域差距进入快速下降通道。2012 年，人均地区生产总值的泰尔指数降至 0.069，比 2003 年降低 46.7%。

6.6　小结

改革开放以来，我国城镇化快速推进，但城镇化的具体过程是曲折的，走出了一条独具特色的先易后难的渐进城镇化道路，主要表现在两个方面：一是城镇土地集中快于人口集中，二是城镇人口集中快于公共服务发展。渐进城镇化选取最易集中、见效最快的要素为突破口，以最低成本迅速搭建起城镇化的基本框架，有效发挥了规模经济和集聚经济效应，为经济增长做出了巨大贡献。

同时，区域发展战略由追求均衡布局转向突出效率优先，东南沿海成为改革试验场和主要增长极，东部尤其是东南沿海地区在全国分工格局中的工业和服务业生产地位明显上升，西部和北部部分省份的农业地位则明显上升，全国区域分工趋于垂直化。

效率优先的发展格局造成改革开放后很长一段时期，城乡、区域差距明显攀升，但进入 21 世纪以来，城乡区域差距的扩大逐渐得到有效控制，城乡差距从 2010 年开始逐渐缩小，区域差距从 2004 年开始逐渐缩小。

第二篇

新时代的动力转换
（2013—2020年）

第七章　新时代到来与经济发展条件变化

经过 30 多年高速发展，我国经济实现了从量的积累到质的飞跃。党的十八大以来，我国经济发展进入新阶段，呈现增速换挡、结构优化、动力转换的新常态。一方面经济规模稳居世界第二，人均收入水平大幅提高，进入中等偏上收入国家行列，产业结构出现历史性变化，第三产业比重首次超过第二产业；另一方面，资源环境约束增强，原有粗放增长模式难以为继，潜在增长率出现回落，经济增速进入换挡期；与此同时，国内外风险挑战增多，结构性矛盾突出，经济转型发展任务艰巨。面对国内外环境条件发生的深刻变化，党和政府坚持实事求是、稳中求进，科学认识经济发展规律，及时总结社会主要矛盾发生的历史性变化，积极推动经济转型升级，促进经济迈向高质量发展。

7.1　经济发展进入新阶段

一、我国发展环境和条件的深刻变化

随着我国经济规模的扩大，原本以规模扩张为主的发展模式难以为继，我国人口数量红利出现了历史性转折，劳动力资源约束增强，资源能源消耗过高，不断增长的高排放对环境副作用日益突出，再加上 2008 年国际金融危机后，世界经济和贸易减速等外部条件变化，我国经济发展环境和条件出现了转折性变化。

（一）劳动年龄人口出现下降，劳动力数量红利减弱

改革开放之初，农村劳动力加速向外转移，劳动年龄人口总量不断扩大，大量廉价的劳动力为经济增长提供了源源不断的动力，而从 2010 年

开始，我国劳动年龄人口相对比重和绝对量先后出现持续下降，人口老龄化加速，适龄劳动力供给减少，劳动力成本持续上涨，劳动力出现数量红利减弱趋势，蔡昉（2013）[①]等对此进行了深入研究。**劳动年龄人口数量下降**。2010 年开始，我国 16—59 岁劳动年龄人口占比首次出现下降，当年占全部人口比重为 68.7%，比上年下降 0.1 个百分点，至 2019 年已下降到 64.0%，比 2009 年累计下降 4.4 个百分点。从总量看，2012 年我国 16—59 岁劳动年龄人口数量出现首次下降，当年净减少 205 万人，之后持续下降，2012—2019 年共减少 4432 万人。**农村劳动力向非农产业转移步伐减缓**。农村富余劳动力向城镇和非农产业的转移为我国非农经济发展提供了低成本劳动力，但随着农村剩余劳动力供给的减少，向非农产业转移趋缓。2010—2012 年，我国农民工总量分别增长 5.4%、4.4% 和 3.9%，增速开始出现回落态势，2013—2019 年以来增幅回落更加明显，农民工总量年均增长 1.5%，其中 2019 年仅增长 0.7%。**人工成本快速上涨**。随着我国经济发展和收入分配的改善，劳动工资水平不断提高。2005 年以来，受劳动力供求形势变化影响，工资水平增长明显。2005—2012 年，我国城镇非私营单位就业人员平均工资年均名义增长 14.4%，累计上涨 1.56 倍。从国际范围看，2005—2012 年，美国制造业劳动力成本累计上涨 21.7%，德国上涨 21.4%，墨西哥上涨 21.1%。2013 年以后，我国工资水平继续上涨，2013—2019 年城镇非私营单位就业人员平均工资年均名义增长 11.7%，劳动力低成本优势逐渐减弱。

（二）资源约束明显增强，高投入模式难以为继

经济规模扩大，资源消耗上升，与国内资源有限矛盾日益突出。**资源消耗规模十分巨大**。我国人均资源拥有量偏低，但资源消耗量大。2014 年，我国人均可再生淡水资源拥有量、人均耕地面积分别为世界平均水平的 34.8% 和 44.9%，2019 年，我国 GDP 占世界总产出份额为 16.4%，但

[①] 蔡昉："认识中国经济的短期和长期视角"，《经济学动态》2013 年第 5 期，第 6—11 页。

我国的能源消耗却非常大。根据英国 BP 石油公司数据,2019 年,我国消耗的煤炭、一次能源消费总量分别占世界消耗总量的 51.7%、24.3% 左右。**主要能源、矿产资源的对外依存度持续攀升。**一些不可再生资源稀缺性不断提高,主要能源原材料国内供给缺口较大,严重依赖进口。2017年,我国石油进口量 4.9 亿吨,占总可供给量的 83.6%。参见表 7-1。由于国际市场重要原材料供给多由少数几家公司垄断,再加上市场炒作,相关产品价格出现异常波动,大幅提升了我国产业发展风险。**土地资源日益紧张。**随着工业化城市化发展,工业、住宅和商业服务等各类用地需求激增,2009—2012 年,国有建设用地供应面积分别增长 54.4%、19.6%、37.2%、19.9%。土地成本直线上升,拍卖价格大幅上涨,重点城市地价稳步上升。以 2010 年为基期,2019 年,综合地价指数为 310,相当于上涨 2.1 倍。

表 7-1　2019 年世界主要国家经济总量和能源消耗占比

	GDP 占世界份额(%)	消耗煤炭占世界份额(%)	消耗石油占世界份额(%)	一次能源消耗总量占世界份额(%)
中国	16.4	51.7	14.5	24.3
美国	24.4	7.2	19.2	16.2
日本	5.8	3.1	3.9	3.2
德国	4.4	1.5	2.4	2.3

注:GDP 相关数据来源为世界银行数据库;能源相关数据来源为 *BP Statistical Review of World Energy* 2020。

(三)环境污染问题日渐突出,高排放高污染亟待改变

粗放式生产方式条件下,高排放高污染与环境容量之间的矛盾日渐突出,2012 年以来,环境承载力难以负重,各类环境问题高发。空气、淡水、海水、土壤污染严重。根据《2012 年环保公报》,按照《环境空气质量标准》(GB3095—2012)地级以上城市达标比例仅为 40.9%;环保重点城市达标比例仅为 23.9%;酸雨程度严重,监测的 466 个市(县)中,出

现酸雨的市（县）215 个，占 46.1%；酸雨频率在 25% 以上的 133 个，占 28.5%。全国 198 个地市级行政区地下水水质监测中，水质呈较差级的监测点 1999 个，占 40.5%；水质呈极差级的监测点 826 个，占 16.8%。全国近岸海域水质级别为一般，主要超标物为无机氮和活性磷酸盐，按照监测点位计算，近岸海域三、四类海水比例为 12.0%，劣四类海水比例为 18.6%。

（四）全球化遭遇逆流，外部环境压力加大

在国际金融危机冲击下，世界经济和贸易增长疲软，贸易保护主义、单边主义抬头，全球经济治理体系面临重构，世界经贸关系、贸易规则出现新的调整。**世界贸易投资下降**。2008 年金融危机以来，国际经济持续调整，世界经济和贸易增长疲软，国际投资下降。2013—2019 年，世界经济平均增长 2.7%，比 2000—2012 年回落 0.25 个百分点。世界贸易出口和进口出现下降，从绝对额看，2017 年出口和进口额均不及 2012 年水平；2016—2018 年全球外商直接投资连续三年下降。**我国出口占世界贸易比重从峰值回落**。作为全球第二大经济体，我国对外经济合作等难以独善其身。加入 WTO 后我国利用了十几年的全球化红利，出口占世界比重迅速提升，2007 年已超过日本 1986 年 9.9% 的高峰水平，国际金融危机后，我国出口占比继续提升到 2010 年 12.6% 的历史高点。但自此之后，我国出口占比有所回落。**我国面临的贸易保护和国际竞争增多**。发达国家和发展中国家对我国外贸双重挤压明显，贸易反倾销等各类贸易保护措施增加，加大了出口难度。国际金融危机后，发达国家采取"再工业化"等措施，利用成熟的市场条件和低利率等吸引制造业回流，一些发展中国家加大开放力度，利用低劳动力成本优势吸引国际投资，增加出口，对我国的外向型经济造成了新的竞争。**美国执意挑起贸易摩擦，加剧发展困难**。2018 年开始，美国正式挑起了针对我国的贸易摩擦，在一年多的时间内，在关税、技术、人才等各方面采取了全面打压。

二、经济潜在增长率下降

潜在经济增长率是指一国（或地区）经济所生产的最大产品和劳务总量的增长率，或者说一国（或地区）在各种资源得到最优和充分配置条件下，所能达到的最大经济增长率。这里讲的资源包括自然资源，也包括人力资源、技术和管理，还包括制度安排和经济政策。经过 30 多年的高速发展，我国各类资源要素增长能力回落，相应地潜在经济增长率水平下降。

一些专家学者从要素投入的变化分析了未来增长潜力。谢保嵩等（2013）[1] 构建了要素弹性可变的生产函数，预测中国未来一段时期增长率为 7%—7.5%；吴国培等（2015）[2] 基于生产函数法，利用状态空间模型测算了 2016—2020 年间中国平均增长率约为 7%；郭庆旺等（2004）[3] 研究指出，长期以来中国经济增长呈现出粗放型增长模式，增长主要由大量资本、能源、原材料以及劳动力投入推动，而技术进步或全要素生产率（TFP）增长对经济增长的贡献比较低，仅为 3.6%。**还有一些从统计学的角度利用线性趋势法、HP 滤波法和卡尔曼滤波法等来估计历史潜在增长率，并对未来进行趋势外推。**张五六（2015）[4] 强调了经济增长方式的时变特征；在产出缺口的研究中，于洪菲等（2013）[5] 也研究了潜在产出及其决定因素。**有些研究则着重考虑了经济结构的变化，**比如袁富华（2010）[6] 分析预测了

---

① 谢保嵩、雷进贤："基于生产函数法的中国潜在产出及经济增长前景研究"，《金融监管研究》2013 年第 12 期，第 53—76 页。

② 吴国培、王伟斌、张习宁："新常态下的中国经济增长潜力分析"，《金融研究》2015 年第 8 期，第 50—67 页。

③ 郭庆旺、贾俊雪："中国潜在产出与产出缺口的估算"，《经济研究》2004 年第 5 期，第 31—39 页。

④ 张五六："中国经济增长方式转变特征测度——贝叶斯时变参数状态空间模型"，《统计与信息论坛》2015 年第 6 期，第 20—27 页。

⑤ 于洪菲、田依民："中国 1978—2011 年潜在产出和产出缺口的再估算——基于不同生产函数方法"，《财经科学》2013 年第 5 期。

⑥ 袁富华："低碳经济约束下的中国潜在经济增长"，《经济研究》2010 年第 8 期，第 80—90 页。

低碳经济约束下的中国潜在经济增长率为 8% 以下；中国经济增长前沿课题组等（2012）[①]透过城市化视角，估计 2016—2020 年中国潜在经济增长率为 5.7%—6.6%。

为研究我国潜在增长率的变化，我们使用 HP 滤波法、劳动生产率法、生产函数法三种方法，对我国潜在经济增长率进行了测算，三种方法结果均显示：2013 年以来，中国经济潜在增长率出现明显下降，2016—2019 年经济潜在增长率处于 5.5%—7.2%。

（一）基于 HP 滤波的测算

HP 滤波法是一种相对简单、应用普遍的方法，其基本原理是从时间序列的原始数据中分解出周期成分和波动成分，通过设定经验参数测定长期趋势。一般认为，一个经济增长的时间序列由长期趋势和短期波动组成，短期波动是时间序列对长期趋势的偏离程度，长期趋势即为潜在经济增长率。这种方法剔除了经济增长的短期波动，是对经济增速周期变化的直接观察，反映了经济运行的长期趋势，属于典型的"数据挖掘"方法。

我们对 1978—2019 年以来经济增长率进行 HP 滤波，得到潜在增长率趋势，其中长期趋势是潜在 GDP 增速，短期波动是周期性因素，结果如图 7-1。

测算结果表明，改革开放以来我国潜在经济增长率维持在 6%—10.6%的区间。按照"谷-峰-谷"的划分方法，改革开放以来我国潜在经济增长率的长期趋势可以分为四个阶段：第一个阶段是 1978—1989 年，跨度为 12 年，潜在经济增长率的区间在 7.8%—10.3%；第二个阶段是 1990—1999 年，跨度为 10 年，潜在经济增长率的区间在 9.6%—10.3%；第三个阶段 2000—2011 年，跨度为 12 年，潜在经济增长率的区间在 9.4%—10.7%；第四个阶段是 2012 年以来，经济增速波动下行，潜在经济增长

---

① 中国经济增长前沿课题组，张平、刘霞辉等："中国经济长期增长路径、效率与潜在增长水平"，《经济研究》2012 年第 11 期，第 4—17 页。

率的区间在 6.0%—8.4%，其中 2016—2019 年我国经济潜在增长率在
6.0%—7.2%，与前三个阶段不同，此次经济增速下行中的短期波动因素减
弱，经济潜在增长率明显下降是经济增长速度下降的主要原因。

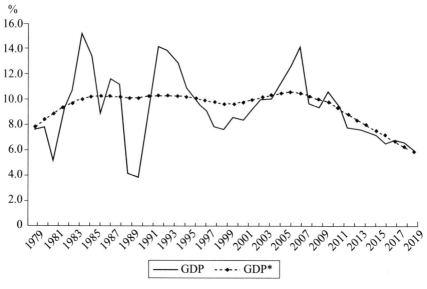

图 7-1　HP 滤波后我国潜在经济增长率

（二）基于劳动生产率的测算

在发展方式一定的前提下，经济增长速度主要由各种生产要素的供给
决定，其中劳动力要素的波动性是最小的，根据劳动生产率数据测算潜在
经济增长率相对可靠。劳动生产率测算考虑了劳动力数量和劳动力质量，
以及劳动的技术进步因素对经济增长的决定作用，具有较强的经济学理论
基础。

首先，我们使用按 1978 年不变价格计算的国内生产总值数据与当
年就业人员数相除，计算得出历年按可比价格计算的全国平均劳动生产
率，结果如图 7-2 所示，全国平均劳动生产率变化呈现出速度逐渐加快
的态势。

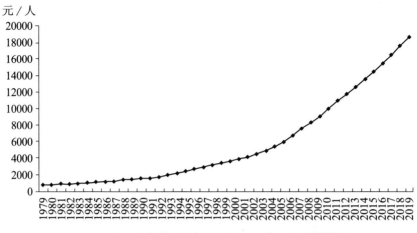

图 7-2　全国平均劳动生产率（按 1978 年不变价格计算）

我们使用 HP 滤波分解出的平均劳动生产率的长期趋势，与相应年份就业人数相乘，可得到不变价国内生产总值的长期趋势，以此测算历年潜在经济增长率，测算结果如图 7-3。

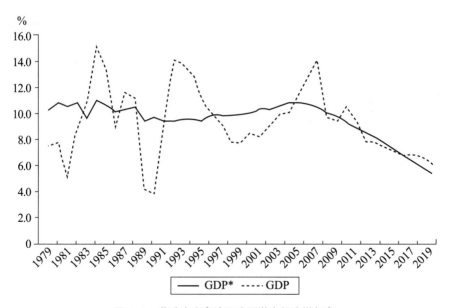

图 7-3　劳动生产率法下我国潜在经济增长率

测算结果显示：改革开放以来我国潜在经济增长率维持在 5.5%——

11.1% 的区间。从潜在经济增长率变化看，与 HP 滤波结果基本一致：第一个阶段是 1978—1989 年，潜在经济增长率的区间在 9.6%—11.1%；第二个阶段是 1990—1999 年，潜在经济增长率的区间在 9.4%—10.0%；第三个阶段是 2000—2011 年，潜在经济增长率的区间在 9.1%—11.0%；第四个阶段是 2012 年以来，经济增速波动下行，经济潜在增长率在 5.5%—8.2%，其中 2016—2019 年潜在经济增长率在 5.5%—6.9%。

（三）基于生产函数的测算

生产函数代表了产出与要素投入之间的关系，这种方法全面考虑了要素投入对经济增长的贡献度，而不是仅仅依赖于变量间的统计关系，具有明确的经济理论基础，而且提供了具体经济增长模式的基本分析框架，能够适应不同经济增长模式，涵盖经济结构演变等经济增长动力特征，估测结果具有较为丰富的政策含义。

首先，在规模报酬不变假设下，C–D 生产函数形式可设定为：

$$Y = A_0 e^{\lambda t} K^{\alpha} L^{\beta}，其中，\quad \alpha + \beta = 1 \tag{7.1}$$

其中，Y 是经济产出，L 为劳动投入，K 为资本投入，α 表示资本产出弹性，通常用资本投入在总投入中所占的份额表示，β 为劳动产出弹性，通常用劳动份额表示，A 为全要素生产率。

对上述 C–D 生产函数等式两边先取对数：

$$\ln Y = \ln A_0 + \lambda t + \alpha \ln K + \beta \ln L \tag{7.2}$$

再做全微分：

$$\frac{\Delta Y}{Y} = \lambda + \alpha \frac{\Delta K}{K} + \beta \frac{\Delta L}{L} \tag{7.3}$$

然后用各要素增长率代换：

$$y = \lambda + \alpha k + \beta l \tag{7.4}$$

根据各要素潜在增长水平计算潜在经济增长率公式则可表示为：

$$y^* = \lambda^* + \alpha k^* + (1-\alpha) l^* \tag{7.5}$$

在本书对要素动力的测算中，我们根据改革开放以来的经济发展、相关统计数据，使用计量模型，对资本投入、劳动投入、全要素生产率等进行了详细的测算，并测算了资本产出弹性和劳动产出弹性，在相关测算结果的基础上，使用 HP 滤波得出各生产要素潜在增长水平；然后用上述公式（7.5）测算经济潜在增长率。测算的潜在生产率和周期波动因素如图7-4。

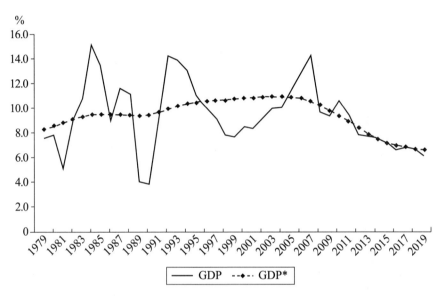

图 7-4　生产要素法下我国潜在经济增长率

测算结果表明，改革开放以来我国潜在经济增长率在 6.6%—10.9% 的区间。2012 年以来，经济潜在增长率明显下降是经济增长速度下降的主要原因。2000—2008 年，我国经济潜在增长率保持在 10% 以上；2009—2012 年，潜在增长率下降到 8% 左右；2013 年首次下降到 8% 以下，并持续回落；2016—2019 年，我国经济潜在增长率在 6.6%—6.9% 的区间。

综合上述三种测算结果，我国 2013 年以来潜在经济增速出现下降，"十三五"以来三种方法测算的潜在生产率均值为 6.5%。结果说明，不考虑经济周期因素，中国经济已发展到新的阶段，经济潜在增长率出现下降，经济由高速增长向中高速增长换挡。经济结构演化的一般规律决定了资本的高速积累和劳动力持续增加难以为继，未来保持中高速的增长率必然要更多地依靠技术创新和人力资本快速积累。

三、经济增长由高速向中高速换挡

改革开放以来，作为追赶型经济体，我国实现了长达34年的高速增长，但从经济发展的长期规律看，随着经济规模的扩大、发展水平的提高，潜在增长率下行，经济增速回落，是经济结构性变化所决定的，符合发展一般规律。2008—2012年我国GDP年平均增长9.4%，2013—2017年，年均增长7.2%，2018年、2019年分别继续回落至6.7%和6.1%。

一是投资对经济增长拉动力下降。消费需求总体稳定，投资增长较快是追赶型经济体的典型特征，但经过30多年的城镇化和工业化快速推进，我国大规模基础设施建设的任务基本完成，投资增速趋于回落。**投资增长率回落。**2003—2012年，我国投资增速持续保持20%以上，对各类要素的需求持续高涨，2012年我国投资总额达到37.5万亿元，2013年以来，随着我国基础设施水平的提高，投资增速也趋于回落。2015年，全社会固定资产投资增速首次回落至10%以下，并持续走低。2013—2019年，全社会固定资产投资年均增长8.5%，比2003—2012年回落13.9个百分点。在东部和部分中部省份公路密度已经接近或达到发达国家的水平。**投资效率明显下降。**随着我国经济规模扩大，边际效益递减规律更趋明显，资本回报率有所下降影响资本增速。从投资效益看，由于长期以来我国投资存在低水平重复建设，且2008年金融危机4万亿元投资计划部分加剧了产能过剩矛盾，单位投资带来的GDP、税收等均出现回落。

二是服务业主导作用增强。改革开放以来，我国产业发展动力沿着一产、二产、三产的顺序逐步壮大，1979—2012年，第二产业年均增长11.3%，比第三产业快0.5个百分点，带动经济快速增长。随着工业化进入中后期，我国工业增速放缓，对经济增长的贡献下降。2013—2019年，第二产业年均增速回落至 6.3%，比 1979—2012 年回落 5 个百分点；与此同时，服务业发展势头向好，增长快于第二产业，2013—2019 年，第三产业年均增长 8.1%，比第二产业平均增速高 1.8 个百分点。**服务业成为国民经济第一大产业**。2012 年以来，第三产业在国民经济中的比重超过第二产业，2015 年占比超过 50%，对经济增速的影响明显加大。但由于我国服务业以劳动生产率水平较低的传统服务业为主，技术进步缓慢，生产效率提升受到制约，难以实现高增长，也会导致经济由高增长回落。

三是经济增速换挡符合国际经验。第二次世界大战后，日本、德国和亚洲四小龙等地区均依靠后发优势不断进行追赶，经历了一段时间高速增长后均出现了增速的回落，这种回落是普遍和符合经济发展规律的，当前中国经济发展也符合这个趋势。1974—1992 年日本年均经济增长 3.7%，比 1956—1973 年的高速增长期低 5.5 个百分点，1961—1970 年德国经济年均增长 4.4%，比 1951—1960 年低 3.8 个百分点，韩国、新加坡等国家也呈现出同样的特点。具体见表 7-2。

表 7-2　部分追赶型国家或地区增速对比

	高速增长期及年均增速	中低速增长期及年均增速
日本	1956—1973 年，9.2%	1974—1991 年，3.7%
德国	1951—1960 年，8.2%	1961—1970 年，4.4%
韩国	1966—1979 年，9.1%	1980—1997 年，7.6%
新加坡	1965—1984 年，10.2%	1985—2000 年，7.1%
中国台湾	1960—1986 年，9.5%	1987—2000 年，6.8%

四是增速换挡期经济运行保持在合理区间。2012 年以来我国经济增速出现回落，是一个向潜在增长率收敛的过程。这个阶段，我国经济增速稳中趋缓，通胀水平温和，就业市场良好，社会环境稳定，经济结构不断调整优化，处于合理增长区间。**一是就业充分，社会保持稳定**。2013 年以来，就业市场稳定，每年新增就业人口持续保持在 1300 万人以上，城镇调

查失业率保持在 5.0% 左右。从经济发展特点来看，随着第三产业成长为国民经济第一大产业，其本身就业弹性比第二产业要高，同样的经济增速下对就业拉动能力大。据测算，2012—2015 年间，GDP 每增长 1 个百分点，可以带动非农就业增加 200 万人，比 2009—2011 年间多增加约 65 万人，这是我国经济增速放缓但就业仍保持总体稳定的根本原因。**二是物价温和，供需基本平衡。**经济增长高于潜在增长率将带来物价的上涨，2011—2012年，尽管经济保持了较高增长，但居民消费价格指数（CPI）达到 6% 以上，说明当时的经济增速高于潜在增长率，而 2013 年以来，随着经济增速的回落，物价持续处于温和上涨区间。2013—2019 年，我国居民消费价格涨幅保持在 1.4%—2.6% 的水平，有利于推进经济结构调整、动能转换。**三是经济结构改善，质量效益提高。**服务业对经济增长贡献不断提高。2013—2019 年，第三产业对经济增长平均贡献率为 56.4%，成为拉动经济增长的第一大动力。工业生产能力逐步向中高端迈进。2013—2018 年，高技术产业、装备制造业增加值年均分别增长 11.7% 和 9.5%。消费对经济增长的基础性作用不断增强。投资增速逐步回落，2019 年资本形成总额对经济增长贡献率为 31.2%，最终消费支出贡献率为 57.8%，消费潜力不断得到发挥，居民消费升级态势明显。生态环保和绿色生产生活方式得到加强。2019 年，全国 337 个地级以上城市空气质量优良天数比例为 82%，保持向好势头。

7.2 经济转型面临较多挑战

经过前期的高速增长，我国经济社会发展积累了不少矛盾和问题，2012 年 11 月份，党的十八大报告明确指出"我国发展中不平衡、不协调、不可持续的问题突出，科技创新能力不强，城乡区域发展差距和居民收入分配差距依然较大，社会矛盾明显增多"；党的十九大报告中进一步总结我国社会主要矛盾转化为"人民日益增长的美好生活需要和不平衡不充分的发展之间的矛盾"。总的来看，这个阶段，我国经济发展中不平衡不充分的问题突出，经济转型发展面临较多困难挑战。

一、产业发展大而不强，产能过剩矛盾突出

随着经济快速发展，我国逐步形成全世界最齐全的制造业体系，但总体上集中于中低端，传统行业产能过剩矛盾突出，不利于经济持续发展。**产业发展层次低**。我国制造业总体产品附加值低，企业在国际市场上的竞争力还不够强，一些关键技术、核心部件、高端材料仍然主要依靠进口，国内集成电路市场自给率不足 20%。服务业总体发展不充分，现代化水平不高，在生活性服务业方面，教育、文化等产业优质服务供给仍然远远不能满足需求。在生产性服务业方面，与现代产业链和制造业发展要求仍然有差距，产品进出口相关的国际物流、保险等服务贸易主要以进口为主；供应链、结算体系等现代化服务水平仍有待提升。2015 年中国高端服务（含旅游、知识产权、金融保险和通信信息服务）出口占比为 34.6%，比美国低近 30 个百分点。**传统行业产能过剩**。在经济快速增长期，我国钢铁、水泥、电解铝等原材料行业产能快速膨胀。2008 年国际金融危机以来，国内需求增速放缓，国内出现产能普遍过剩的问题，并逐渐从相对过剩转向普遍过剩、绝对过剩，特别是钢铁、水泥等传统行业产品出现了恶性竞争的不利局面。2012 年底，我国钢铁、水泥、电解铝、平板玻璃、船舶产能利用率分别仅为 72%、73.7%、71.9%、73.1% 和 75%，明显低于正常水平。市场供过于求矛盾突出，主要行业产品价格出现持续回落，行业利润大幅下滑，企业普遍经营困难。与此同时，这些行业仍在新建、扩建产能。据中国钢铁工业协会统计，2012 年在粗钢产能严重过剩的情况下，全国又新投产 38 台炼钢转炉，新增粗钢产能约 4500 万吨。

二、供需衔接不匹配，制约消费拉动力提升

随着我国居民收入水平提高，升级类消费快速发展，而国内高品质商品和服务供给不足，制约消费潜力释放，导致消费外流。**优质消费供给能**

力不足。随着进入中等偏上收入国家，居民不但在教育、医疗、养老、文体等方面的服务消费需求大幅增加，对商品消费需求也从生活型转向享受型，更加追求高品质，但服务供给水平不能满足消费需求，一些行业仍然有较多的行政准入限制，部分服务业投资不足。大量高端消费需求外溢。每年出口旅游购物额创新高，据统计，2012 年全球奢侈品市场的增长，有一半以上是由中国消费者所贡献的。**消费率水平较低**。消费升级发展对国内经济拉动不足，2013—2019 年，最终消费支出占我国 GDP 比重为 54.0%，而 1960 年以来，主要大型经济体消费率均持续保持在 60% 以上的水平，2012 年，美、英、日消费率分别为 85.3%、83.5% 和 78.9%。我国经济发展阶段变化要求提高消费对经济的拉动力，降低对投资的依赖，尤其是要跟上居民消费升级的需求，提高国内供给体系对需求变化的适应能力，这些方面调整转变还存在不少难题。

三、区域差距仍然较大，中西部和农村地区发展水平偏低

中西部地区发展落后于东部。虽然一系列重大区域发展战略实施，促进了地区协调发展，但总体上看，中西部地区发展水平依然偏低。2012 年，中部、西部地区人均 GDP 分别为 32427 元和 31357 元，分别仅为东部地区的 56.2% 和 54.4%。2019 年，中部、西部地区人均可支配收入分别为 26025 元和 23986 元，分别仅为东部地区的 66.0% 和 60.8%。**南北差距有所拉大**。2012 年以来，南北出现差距拉大的特点，逐渐超越东中西本身的发展差距，成为新的区域发展特点[①]。2013 年以来，北方经济年均增速比南方低 1.5 个百分点左右，而且呈现增速差距不断扩大的态势，2019 年，

---

① 见课题组研究"我国经济发展南北差距扩大的原因分析"，已发表于《管理世界》，2018 年第 9 期。从经济地理视角进行南北划分，与传统的地理南北划分有所不同。北部地区有 13 个省区市，分别是黑龙江、吉林、辽宁、内蒙古、河北、北京、天津、山西、陕西、宁夏、甘肃、新疆、青海，其余 18 个省区市（不包含香港、澳门和台湾）为南部地区。

北方 GDP 占全国 GDP 比重为 22.7%，不足南方的三分之一；从人均水平看，北方人均 GDP 在 2015 年已被南方反超，城乡居民收入与南方差距拉大。**东北地区发展难度增大**。东北地区由于资源依赖度高，产业结构单一，在经济增速换挡过程中，相对全国经济增速回落幅度较大，企业效益下滑，部分地区基层财政收支困难，甚至出现人口大量流出现象，对本地的经济社会产生了较大影响。辽宁、吉林、黑龙江 GDP 和人均 GDP 水平在全国的排位均出现较大幅度下滑；2019 年东北地区投资下降 3%。**城乡之间差距依然明显**。2012 年，全国城镇居民家庭人均可支配收入是农村居民家庭人均纯收入的 3.1 倍，2019 年下降到 2.64 倍，但差距依然较大；2019 年，全国城镇居民家庭人均消费支出是农村居民家庭人均消费支出的 2.1 倍。

四、企业成本居高不下，实体经济发展困难

受人工成本刚性上涨、成本负担较重、税费等影响，企业盈利难问题突出，小微企业发展困难尤为明显。与此同时，制造业企业融资难融资贵问题突出，加大了经营压力。**人工成本刚性上涨**。受劳动力供求形势变化影响，工资水平增长明显，劳动工资水平不断提高，再加上社保、公积金等刚性支出，企业在人力成本上的负担持续上涨。2013—2019 年，我国城镇非私营单位就业人员平均工资年均名义增长 7.6%，累计上涨 67%。**综合成本费用提升**。2019 年，规模以上工业企业每百元营业收入中的成本为 84.08 元，比上年增加 0.18 元；每百元营业收入中的费用为 8.97 元，比上年增加 0.27 元。融资难融资贵突出，尤其是中小微企业，从银行获得贷款难度大，民间借贷利率高，增加企业融资费用。**企业盈利困难**。经济换挡和结构转型下，部分企业转型困难，库存水平较高，再加上税费、物流、人力成本等压力，盈利能力下降，企业亏损面扩大。2019 年底，规模以上工业企业亏损面达 15.9%，比 2012 年底提高 4 个百分点。

五、债务水平快速上升，潜在金融风险加大

企业负债率高企。在应对国际金融危机期间，部分产能过剩行业在整体需求不足的情况下加杠杆，资产负债率提升较快，风险不断累积。2019年末，规模以上工业企业资产负债率为56.6%，持续处于55%以上的水平；应收票据及应收账款平均回收期为53.7天，比上年末增加2.0天。**地方债问题凸显**。我国政府的广义债务负担率较高，存在大量或有债务，包括间接负债和隐性负债。部分地区的财政压力大，债务还本付息的能力低。根据审计署审计，2013年，有9个省会城市本级政府负有偿还责任的债务率已超过100%，最高达189%，债务偿还过度依赖土地收入；与此同时，一些地方仍然存在变相融资问题，隐蔽性强、筹资成本高，蕴含新的风险隐患。**我国宏观杠杆率不断提高**。2008年金融危机后，我国宏观杠杆率迅速提升，根据国际清算银行数据，2012年达到191.9%，比2008年提高52.9个百分点。2019年，我国宏观杠杆率为258.7%，美国、欧元区、印度分别为254.2%、262.3%、125.5%。我国宏观杠杆率在国际上已处于较高水平，一旦经济运行受到不利冲击，可能会引发债务连锁反应，影响经济金融稳定。

六、社会矛盾进入凸显期，民生保障压力加大

2010年开始，我国进入中等偏上收入国家行列。从国际经验看，不少国家在这一阶段由于经济调整不力，社会矛盾多发，导致经济长期停滞。我国目前也面临不少问题。**收入水平差距较大**。2012年我国基尼系数为0.474，高于0.4的国际警戒线，之后几年虽有下降，但仍未根本扭转基尼系数偏高的问题。持续的收入差距尤其是财富差距易引发各类社会矛盾，不利于经济社会稳定发展。我国社会低收入群体比重较高，尚未形成纺锤形收入群体结构，不同群体利益分化，社会稳定基础仍需加强。**基本公共服务不完善**。我国社会保障体系基本建立，但保障水平偏低，教育

医疗等公共服务不均衡，表现在尽管建立了覆盖 14 亿人口的全民基本医疗保障网，但补助标准较低，医疗服务短板较多；普惠性教育资源不足，有"乡村弱""城镇挤"等教育不平衡问题；社会养老待遇偏低，不同群体差距较大，随着老龄化加快，问题将更加凸显；农民工、城市低收入群体住房保障压力较大。**脱贫攻坚任务重**。2012 年底，按照现行农村贫困标准计算，有 9899 万人处于贫困线以下，贫困发生率为 10.2%，经过几年脱贫攻坚的艰苦努力，2019 年，我国贫困发生率降至 0.6%，贫困人口降至 551 万人。但必须看到，我国人口基数大，贫困人口或低收入群体数量较多，这部分群体收入波动幅度较大，生活质量较低，返贫压力较大。

7.3　加快转型升级促进增长动力转换

面对新形势，在看到困难挑战的同时，也要看到我国仍处于重要战略机遇期，抓住我国经济转型发展的有利条件，坚持以供给侧结构性改革为主线，积极转换增长动力，促进中国经济从高速增长向高质量发展转变，推动经济行稳致远。

一、我国发展仍处重要战略机遇期

我国经济长期向好基本面没有变，迈向高质量发展潜力巨大，只要抓住机遇，我国发展的深度和广度将得到大幅拓展，发展质量和水平将明显提升。

（一）发展基础雄厚。改革开放以来，我国经济发展取得了巨大成就，经济保持了稳定增长的良好局面，要素供给质量显著提升，发展基础好于历史上任何时期。物质基础更加厚实。我国粮食产量连续 5 年保持在 65000 万吨以上，确保了国家粮食安全。现代工业体系门类齐全。200 多种工业产品产量世界第一，部分产业达到或接近国际先进水平，是世界第一制造大国。基础设施日益完善。高铁营运里程超过 2.9 万公里，占世界总量的三分之二以上；移动网络覆盖向纵深延伸，2019 年底，4G 用户总数达到 12.8 亿户，光纤接入（FTTH/0）端口达到 8.36 亿个。人力资源丰富。我国劳动年龄人口约 9 亿人，规模大于主要发达经济体之和；受过高等教育和专业技能培训的高素质人才超过 1.7 亿人，每年大学毕业生 800 多万人，为推动高质量发展、培育经济发展新高地提供了有力的智力支撑。

（二）**市场空间广阔**。2019 年，中国大陆总人口达到 14 亿人，中等收入群体规模世界最大，拥有全球最具成长性的消费市场。2019 年，最终消费支出对经济增长的贡献率为 57.8%，比资本形成总额高 26.6 个百分点；同时，消费发展进入新阶段，居民消费能力快速提升，消费升级态势更加明显，中高端消费需求不断释放，服务消费较为活跃。投资空间仍然较大。我国基础设施人均资本存量只有发达国家的 20% 至 30%。同时，我国产业转移和梯度发展潜力仍然较大，新型城镇化建设前景广阔。

（三）**创新发展态势良好**。近年来，我国大力推动"大众创业、万众创新"，激发市场动力活力，为经济增长和就业带来新的增长点。新产业新业态加快发展。互联网、大数据、人工智能与实体经济融合向深度发展，数字经济、网络经济、平台经济、共享经济等蓬勃兴起；网上零售额较快增长，2019 年达到 10.6 万亿元，比 2014 年增长 2.8 倍，年均增长 30.7%。科研创新势头增强。世界知识产权组织数据显示，2019 年我国第一次超过美国成为国际专利申请量最多的国家；全球世界创新指数排名中，我国上升到 14 位，位于发展中国家首位；2019 年，R&D 经费支出占 GDP 比重为 2.19%；研发人员总量持续稳居世界第一位。当前世界正在迎来科技创新浪潮，以信息技术为引领的一系列新技术新产业成为重要经济增长点，对于我国总体实力的提升将是巨大机遇。

（四）**改革红利持续释放**。党的十八大以来，全面深化改革扎实推进，供给侧结构性改革成效显著，乡村振兴和新型城镇化发展战略深入实施，未来改革红利将继续带动有效投资增加和消费需求扩张，进一步激发市场活力和经济内生动力。近年来，我国深化"放管服"改革，打造市场化、法治化、国际化营商环境。2019年，世界银行《2020年全球营商环境报告》显示，我国营商环境排名跃升至第31位，比上年上升15位。国企国资、科技、价格、投融资等重点领域改革向纵深推进，坚持"两个毫不动摇"，支持民营经济发展。我国通胀水平稳定，财政赤字率较低，外汇储备充足，宏观政策手段较多，操作空间较大。

二、主动作为，推动增长动力转换

国际经验表明，根据经济发展条件变化，及时推动经济转型升级，是推动经济长期健康发展的根本所在。经济转型得越早、越快、越主动，发展成效就越明显，发展质量就越高，发展后劲就越足；经济转型不力，错失转型良机，就有可能陷入经济停滞。"二战"后，日本、韩国等国家成功从追赶型经济体进入高收入国家行列，这些国家进入转型期后，及时根据要素条件、技术能力和需求环境的变化，对发展模式、经济结构等做出相应的调整，取得了较好的经济绩效。

深入挖掘人口质量红利，提高技术进步率。加快从要素驱动向创新驱动转变，深入推动"大众创业、万众创新"，充分利用我国高素质的人口质量红利，提高教育和科研水平，通过改革继续激发人的主观能动性，发扬"工匠精神"，提高劳动生产率，促进经济从粗放式增长向集约式增长转变，提高技术进步对经济增长的贡献。

提升三次产业协同水平，推动产业升级发展。推动我国向现代工业社会、信息化社会转变，继续巩固农业基础，提高农业经营管理现代化水平；进一步推进经济向工业化中后期转型，在巩固传统工业和基础工业基础上，大力发展高技术产业、装备制造业，拓展产业链供应链，提高制造业的竞争力；大力推动服务业发展，逐步取消和降低部分服务业市场准入门槛，促进拓展生活性服务范围、提高服务质量，促进咨询、管理、金融、研发等生产性服务业与实体经济融合发展，跟上最新技术进步的步伐，实现弯道超车。

提高内需对经济增长的拉动力，扩大高水平对外开放。 内需是经济稳定增长的基础，我国具有广阔的消费空间，中西部地区也具有较大的投资空间。要将消费作为经济发展的主动力，促进消费对经济增长贡献率稳步提升，通过扩大优质消费供给，发挥消费升级潜力；继续发挥有效投资作用，优化投资结构，提高投资的回报率；继续扩大高水平对外开放，促进外贸质量提升。

打造区域发展新格局，推动空间均衡发展。 增强发达地区的引领带动作用，发挥欠发达地区的后发优势。统筹推进西部大开发、东北全面振兴、中部地区崛起和东部率先发展，增强中心城市辐射带动力。以京津冀协同发展、长江经济带发展、粤港澳大湾区建设等重大区域发展战略为抓手，促进资源空间配置效率稳步提高，提高区域经济增长极增长带引领力，建立不同区域间要素有序自由流动、主体功能约束有效、基本公共服务均等、资源环境可承载的区域协调发展新格局，推动区域经济结构持续优化升级。

7.4　小结

2013—2020 年，我国经济进入了增速换挡、结构优化、动力转换的新阶段，党的十九大明确指出中国特色社会主义进入新时代，经济发展面临新的机遇和挑战，适应发展新要求，需要持续推进增长动力转换，推动经济高质量发展。本章的主要观点有：

一是我国经济潜在增长率出现趋势性下滑，经济增速进入换挡期。 近年来，随着我国经济规模的扩大，原本以规模扩张为主的发展模式难以为继，我国人口数量红利出现了历史性转折，劳动力资源约束增强，资源能源消耗过高，不断增长的高排放对环境的副作用日益突出，再加上 2008 年国际金融危机后，世界经济和贸易减速等外部条件变化，我国经济发展条件和环境深刻变化，潜在增长率下降，经济增速进入换挡期。通过三种模型测算，2013年以来，中国经济潜在增长率出现明显下降，2016—2019年经济潜在增长率处于5.5%—7.2%。潜在增长率下降是要素约束增强的必然结果，也是经济发展阶段变化的正常反映，符合国际经济发展规律，通过就业、物价、经济结构等多指标判断，2013年以来我国经济运行保持在合理区间。

二是我国经济发展不平衡、不协调、不可持续的问题突出，经济转型面临较多困难和挑战。 随着经济进入增速换挡期，经济内部结构性矛盾突出，包括产业发展大而不强，产能过剩矛盾突出，产业发展层次较低；供需衔接不匹配，制约消费拉动力提升，优质消费供给不足；区域差距仍然较大，中西部和农村地区发展水平低，南北差距有所拉大，东北地区发展难度增加；企业成本居高不下，实体经济发展困难，企业成本费用负担重，盈利困难；债务水平快速上升，企业和地方债等金融风险明显上升，宏观杠杆率不断提高，潜在金融风险加大；社会矛盾进入凸显期，收入分配差距较大，基本公共服务不完善，贫困和低收入群体较多，社会民生仍面临较多难题。

三是主动作为抓住发展机遇，促进动力转换。 我国发展仍处于重要战略机遇期，是世界最大发展中国家，经过改革开放积累了厚实的发展基础，仍具有广阔的发展空间，创新发展态势良好，深化改革也将激发新的活力。当前世界面临百年未有之大变局，既有机遇也有挑战，我国要通过要素、产业、需求、空间动力转型，实现高质量发展。

第八章　要素动力由大量投入向创新驱动转换

从第三章的分析可以看出，在经济高速增长期，资本与劳动等传统要素的高投入和较快积累，尤其是固定资本存量的快速增长，对我国经济持续高速增长起到了至关重要的作用，为我国经济起飞奠定了较为扎实的基础。但要素扩张带来的低效率、高污染、结构失衡等也表明粗放式发展具有明显弊端，要素高投入带动了中国经济起飞，但不能成为维系中国经济持续健康稳定运行的有效动力，中国经济必须实现要素动力的转换。本章的核心内容在于分析三大要素从"量"向"质"的转变过程，以及其对经济增长推动力的发展变化。

8.1　新时代呼唤创新

随着历史车轮的不断推进，我们所处的世情国情也发生着深刻变化，经济持续快速发展使我国成为世界第二大经济体，全球对中国经济的关注空前提高，与此同时国内发展面临的不平衡、不充分问题突出，结构调整和转型压力不断加大，这都要求我们的发展方式要更加优化，实现发展动力新的转变。党的十八大报告明确提出实施创新驱动发展战略，十九大报告指出创新是引领发展的第一动力，是建设现代化经济体系的战略支撑。习近平总书记多次强调"实施创新驱动发展战略，是加快转变经济发展方式、提高我国综合国力和国际竞争力的必然要求和战略举措"。那么从要素动力角度看，从传统要素的规模扩张向创新要素的质量效率转变就成为新时代发展的必然举措。

从理论层面看，关于创新与经济发展方式转变问题近年来成为学术界关注的焦点。康乃馨和张新宁（2018）[1]以习近平新时代科技创新思想研究为出发点指出，"科技作为第一动力"是我国由"高速度"发展向"高质量"发展模式转变的核心。陶长琪和彭永樟（2018）[2]将经济增长方式划分为"要素驱动型""制度依赖型""技术依赖型"和"创新驱动型"四种，实现从要素向创新的转变是新时代中国经济动力转变的核心路径。赵红光（2018）[3]也指出，新时代实施创新驱动发展战略必须从"促进科技与经济结合"转化为"提高科技有效供给"，提高创新质量效率。马一德（2018）[4]同样认为建设现代化经济体系关键在于构建新时代技术创新体系。李翔（2019）[5]的实证研究还对创新发展的机制进行了分析，认为新时代要实现创新发展必须以产业升级为主要抓手。

从我国经济发展实践看，长期以来要素积累也诱发了一系列问题，诸如高能耗和高污染，低质量和低效率，而解决这些问题和核心和关键也在于实现要素动力的创新转换。整体来看，依靠传统要素规模积累导致了两个较为突出的问题：一是能源效率低污染严重，二是资本产出率和劳动生产率低。从能源消耗和污染排放看，虽然党的十八大以来，尤其是随着污染防治攻坚战取得积极成果，我国能耗强度继续下降，在节能降耗方面取得了积极成果，但从绝对能耗强度看，我国与发达国家的差距仍然较大，污染物的排放水平依然很高；从要素投入产出效率看，虽然随着高质量发展持续推进，我国经济效率不断提高，但单位要素的产出效率与发达国家

---

① 康乃馨、张新宁："科技创新引发经济学的深刻变革——经济学界对科技创新理论研究的历史述评"，《当代经济研究》2018 年第 6 期，第 67—74 页。

② 陶长琪、彭永樟："从要素驱动到创新驱动：制度质量视角下的经济增长动力转换与路径选择"，《数量经济技术经济研究》2018 年第 7 期，第 4—22 页。

③ 赵红光："新时代实施创新驱动发展战略的几点思考"，《科学社会主义》2018 年第 2 期，第 67—73 页。

④ 马一德："建设现代化经济体系关键是构建新时代技术创新体系"，《红旗文稿》2018 年第 4 期，第 23—25 页。

⑤ 李翔："科技创新、产业结构升级与经济增长"，《科研管理》2019 年第 3 期，第 84—94 页。

的差距仍然明显，例如 2019 年，我国劳动生产率仍不足美国的 15%，同时也刚刚达到世界平均水平 60% 的"及格线"。

这些历史积累和遗留问题突出体现了依靠传统要素扩张的弊端，那么在新时代我国要素动力究竟发生了何种变化？为了回答这一核心问题，本章将从全要素生产率这一反映创新要素的核心指标入手，分析我国要素动力在新时代的总体转换态势；同时进一步探讨资本和劳动这两大传统要素在新时代发生的变化，以全面探析我国要素动力向创新转变的实现机制与效果。

8.2　全要素生产率与创新驱动

一、新时代全要素生产率的变化特征

全要素生产率（TFP）是反映要素动力从规模向创新转变的最核心变量，因此本章的分析也从全要素生产率开始。进入新时代以来，随着我国研发投入和科技水平的稳定较快提升，全要素生产率增长率也持续保持稳定增长，没有发生明显的波动。2013—2019 年间，全要素生产率增长率平均值达到 2.2% 左右，且波动范围处于 0.8%—3.0% 的较小区间内；与国际金融危机以来的数据相比出现了明显回升，比 2008—2012 年的平均值高1.7 个百分点左右。相比于全要素生产率增长率的绝对水平，其对经济增长的贡献率则更能体现我国从传统要素动力向创新要素动力的时代性转变。2013—2019 年全要素生产率增长率对经济增长的平均贡献率约为 32%，比1979—2012 年的均值高约 6 个百分点左右。且 2013—2019 年间，全要素生产率增长率总体呈现连续提高的态势，这种稳定增长在改革开放以来从未出现过，历史上最长的连续增长也不过三年左右。从与传统要素动力尤其是固定资本形成的对比看，这种时代性变化则更为明显。1979—2012 年资本投入对经济增长的贡献率整体呈波动提高态势，与之相对全要素生产率的贡献率则呈下行态势，依靠传统要素积累推动经济增长的态势十分明

显。2012年，资本要素投入对经济增长的贡献率比1979年上升33.1个百分点，全要素生产率贡献率则下降38个百分点。但2012年之后两者的发展态势出现逆转，全要素生产率贡献率持续提高，资本要素的贡献率连续下降（见图8-1）。

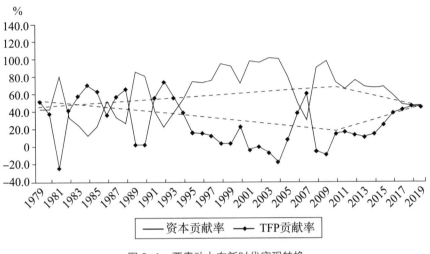

图8-1　要素动力在新时代实现转换

二、新时代全要素生产率动力的转变

如果进一步挖掘全要素生产率促进经济增长的机制，可以更为明显地发现创新要素快速成长，并成为经济增长的核心要素动力。我们仍将全要素生产率的增长分为主要受制度变革影响的制度型全要素生产率和主要受技术进步影响的创新型全要素生产率两类。除了第三章已经阐述过二者在波动程度上的区别外，两类全要素生产率与经济增长的关系也应该是不同的。制度型全要素生产率的贡献率与经济增长具有同步特征：在不存在明显技术进步的情况下，制度的变革是推动要素合理配置、提高经济运行效率的关键，此时制度的合理变革将成为带动经济上行的重要动力，其对经济增长的贡献率也就随之提高；而当制度红利消失或政策不完善，经济也会因失去继续上行的政策红利而进入下行期，此时传统要素的数量投入成为支撑经济增长的主要因素，全要素生产率的贡献率也就随之下降。但创新型全要素生产率的经济增长贡献率则往往与经济增长具有镜像特征：在不存在突破性技术革命和重大制度变革的情况下，全要素生产率主要由稳定的技术进步带动，而持续且较为稳定的技术进步对经济增长的拉动点数也不会发生太大变化，那么在经济上行期其对经济增长的贡献率便会趋于下降，反之在经济下行压力加大时其贡献率则会逐渐上升。

观察我国改革开放以来全要素生产率贡献率与经济增长率的关系便可以发现，2012 年以前二者的同步关系非常明显，而 2012 年以后则表现为镜像相关。1979—2012 年全要素生产率贡献率与 GDP 增长率的相关性系数达到 0.64，属于强正相关。而 2013 年以来，我国经济增速呈趋势性下行，全要素生产率的贡献率则持续提高，全要素生产率贡献率与 GDP 增长率的相关性系数为 -0.91，属于强负相关。具体见图 8-2。相关指标在不同时期的变化与上文的理论描述相匹配，验证了创新在新时代正逐渐成为推动我国经济增长的主要要素，我国要素动力正发生由传统要素积累向创新驱动的巨大转变。

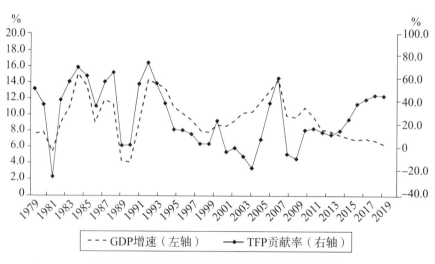

图 8-2 经济增速和全要素生产率贡献率的相关关系

从相关指标也可以看出这种变化与技术水平的进步明显相关，基于数据可得性，我们将 1995—2019 年分为时间跨度大致相等的三个阶段，分析了我国科技投入（人均研究和试验发展经费支出额）和科技成果（每万人专利授权量）的变化情况。结果显示与前期相比，2012 年之后上述两个指标都发生了质的变化：2012—2019 年我国人均 R&D 支出的年均值达到 1222 元，分别是 1995—2003 年、2004—2011 年两个时段的 18.5 和 3.2 倍；每万人专利授权量的平均值为 12.9 项，分别是 1995—2003 年、2004—2011 年两个时段的 3.6 和 17.4 倍（见图 8-3）。这有力证明了新时代我国创新要素动力的迅速崛起。

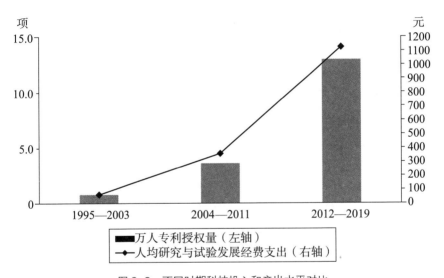

图 8-3　不同时期科技投入和产出水平对比

为了进一步使用定量的方法验证上述判断，我们对第三章使用过的计量模型进行了再检验，用于判断新时代全要素生产率增长的驱动因素是否真的发生了变化。所用的模型仍为：

$$TFP_t = \alpha_0 + \alpha_1 TEC_t + \alpha_2 GOV_t + \varepsilon_t \qquad （8.1）$$

与第三章一致，t 表示时间，全要素生产率为历年的全要素生产率增长率，TEC 表示当年的技术进步水平，GOV 则表示当年的体制变革程度。ε_t 为随机干扰项。仍然使用固定资产投资增速作为体制机制变革的代理变量，财政收入占 GDP 的比重作为稳健性检验变量。使用财政科技拨款增速表示技术进步，使用国内外三种专利申请受理数的对数作为稳健性检验变量。所不同在于样本范围由 1982—2012 年变为 2000—2019 年 [①]，我们可以通过观察回归结果的变化，判断全要素生产率动力的转变。回归结果如表 8-1 所示。

从表 8-1 的回归结果中可以看出，在检验结果仍较稳健的情况下，回归结果与上一章相比发生了明显的变化。在原模型中，反映科技进步的变量 TEC 由负的不显著变为正的显著，明确显示了技术因素开始显著正向作用于全要素生产率增长，考虑到数据范围为 2000—2019 年，如果仅考虑近年的情况，这种趋势必然更加明显；相比之下，制度因素 GOV 对全要素生产率的影响则变得不再显著，表明制度拉动全要素生产率增长减弱。稳健性检验模型的回归结果虽然都不显著，但从回归系数和 T 值的趋势看，技术取代制度成为带动全要素生产率增长的首要因素这一趋势也是较为明显的 [②]。

表 8-1　技术和制度因素对全要素生产率影响的变化

变量	原模型		稳健性检验模型	
	2000—2019（新数据回归）	1982—2012（第三章的结果）	2000—2019（新数据回归）	1982—2012（第三章的结果）
TEC	0.18*（1.99）	−0.05（−0.80）	−0.15（−0.36）	−0.25（−1.25）
GOV	−0.10（−1.12）	0.17***（4.46）	0.21（0.60）	0.36**（2.53）
R^2	0.37	0.61	0.35	0.48
D—W test	1.55	1.22	1.42	1.25

注：***、**、* 分别表示在 1%、5% 和 10% 的水平下显著。

---

① 由于 2012—2019 年仅有 8 年的数据，不足以支撑时间序列回归，因此我们将数据范围回溯至 2000 年。

② 我们使用 2012—2019 年的数据尝试进行了回归，两模型均得到了 TEC 显著为正的回归结果。

8.3 资本要素提质发展

第三章的测算结果表明，改革开放早中期虽然我国资本体现式技术进步得到较快提升，但资本对经济增长的驱动仍然以规模扩张为主。那么在新时代以来资本对经济增长的影响是否发生了变化？为了回答这一问题，我们将继续从资本投入水平和资本体现式技术进步水平两方面展开分析。

一、资本投入在新时代的变化特征

根据第三章所述的测算方法我们计算了 2012—2019 年我国不变价资本存量水平及其对经济增长的贡献率，结果如图 8-4 所示。数据显示，虽然固定资本存量仍保持了稳定增加，不变价总量从 2012 年的 16.1 万亿元增加至 2019 年的 30 万亿左右，但资本投入的增速和对经济增长的贡献率则出现了逐渐下降的趋势。2019 年，我国资本存量增速及对经济增长的贡献率分别为 6.9% 和 43.2%，分别比 2012 年回落 6.4 和 33.1 个百分点。

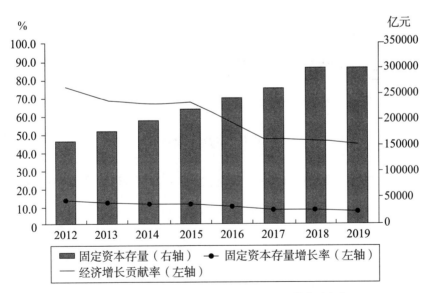

图 8-4　新时代我国资本存量及经济增长贡献率的变化

资本投入对经济增长贡献率的下降固然有要素动力从资本向全要素生产率转变的原因，但这不一定意味着资本在经济增长中的重要性下降，其贡献率仍达到 40% 以上，另一个原因则是我国资本的质量也在发生悄然的提升。根据发展经济学的一般理论，资本对经济增长的边际贡献会随着资本存量的上升而逐渐减小，这一趋势在我国整体表现的非常明显，但近年来这种递减的趋势似乎并没有延续，而是收敛在了某一水平甚至略有回升，有学者将其解释为资本体现式技术进步带来的资本质量提升，而这也是本节将要关注的核心概念。从金融危机后的情况看，2014—2019 年，资本投入的平均边际经济产出为 0.4 元，比 2009—2014 年的平均水平提高了约 0.3 元（见图 8-5）。

图 8-5　我国要素投入边际产出的变化

二、资本体现式技术进步及其对经济增长的影响

在本节中，我们将继续测算新时代以来我国资本体现式技术进步的发展变化，并分析其对经济增长的影响。我们首先进一步测算了 2013—2019 年的资本体现式技术进步水平，结果如图 8-6 所示，为了便于比较，我们列出了 1979 年以来的全部计算结果。计算结果显示，新时代我国资本体现式技术进步指数仍呈现平稳提高的态势，2019 年我国资本体现式技术进步指数达到 15.8，2013—2019 年年均增长 4.0%，虽然资本体现式技术进步的增速与上一时期相比有一定幅度回落，但考虑到改革开放早期我国资

本发展的起点低，随着资本发展水平不断提升，资本体现式技术进步增速回落也是必然的和正常的。分资本类型看，2019 年，机械设备类、交通设备类、电气设备类、计算机及通信设备类、仪器仪表类资本体现式技术进步指数分别达到 3.6、6.0、4.2、41.3 和 4.9，分别比 2012 年提高了 17.2%、18.7%、24.5%、31.4% 和 20.1%。如果我们进一步使用资本体现式技术进步指数的增速与资本存量增速的比这一指标（资本的技术进步弹性）衡量我国资本质量的变化，可以发现新时代以来我国资本质量的提升速度出现了明显的回升态势。2019 年，资本的技术进步弹性为 0.77，比 2012 年大幅回升 0.74 个百分点，并达到了 2005 年以来的最高值。

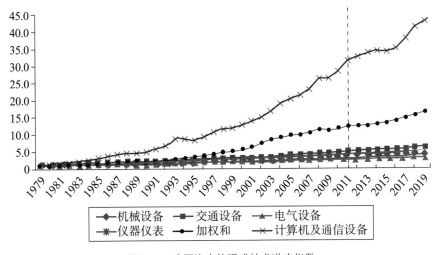

图 8-6　我国资本体现式技术进步指数

总的来看，进入新时代以来各类资本的技术进步水平都延续了前期平稳较快增长的态势，但在新时代经济增速逐渐放缓的背景下，资本体现式技术进步在经济增长中所扮演的角色是否发生了变化？是否进一步带动了要素动力从传统要素积累向创新的转变？为了进一步分析新时代资本体现式技术进步对经济增长影响的变化，我们构建了经济增长（用劳均不变价 GDP 表示）和资本体现式技术进步水平的一元回归模型，并使用 ROLLING 模型进行回归，影响系数的变化表示了资本体现式技术进步在不同时期对经济增长的影响程度，所得结果绘制为图8-7。从回归结果中可以看出，影响系数前低后高的态势非常明显，尤其是以新时代以来数据为主要样本的回归结果总体稳定在较高水平，这一结果表明虽然资本体现式技术进步的增速有所回落，但其对经济增长的积极作用则高于改革开放早中期，这再一次印证了新时代以来我国资本质量稳步提升对经济增长产生了积极的拉动作用。

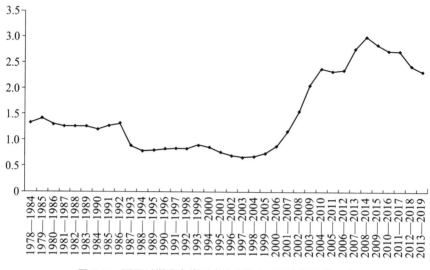

图 8-7　不同时期资本体现式技术进步对经济增长的影响

8.4　从人口红利到人才红利

劳动是促进经济增长的重要因素，充足的劳动力为我国经济起飞提供了重要支撑，但是随着我国人民生活水平的提高和产业结构的升级发展，劳动力的成本优势逐渐丧失，对高素质高技能人才的需求则更趋旺盛，那么中国劳动要素是否发生了变化，尤其在新时代我国是否逐步实现了由人口红利向人才红利的转变？这是分析劳动要素变化必须思考的问题。从理论角度看，在人口红利阶段，依靠低廉的劳动力成本，可以大力发展劳动密集型产业；而在人才红利阶段，劳动对经济增长的影响则主要体现在劳动力质量层面，能衡量这种由量到质转变的最有效指标便是人力资本。

一、新时代我国劳动投入的变化

基于第三章所述的方法，我们测算了我国 2013—2019 年的劳动投入量，相关数据如图 8-8 所示。从中可以看出，虽然劳动投入量仍然保持增长，但增速有明显放缓的趋势，2013—2019 年我国劳动投入量年均增长1.5% 左右，其中 2015—2019 年进一步回落至 1% 以下，与 1979—2012年 2.9% 的平均增速相比，回落幅度非常明显。我国劳动投入量的减少，一方面是由于劳动力跨产业大规模流动的趋势逐渐收敛，另一方面随着劳动年龄人口的减少，就业人员数量也随之出现下降，制约了劳动投入的增长。2019 年，我国三次产业就业人员总量为 77471 万人。劳动力和劳动投入的放缓也导致了劳动投入的经济增长贡献率下降，逐渐稳定在 10% 左右的较低水平。但我国劳动投入贡献率下降并不代表劳动对经济增长的重要性被削弱，随着我国人力资本的不断积累，劳动要素也正逐渐从规模型向效率型转变，人力资本的变化便是我国劳动要素发展变化的重要指标。

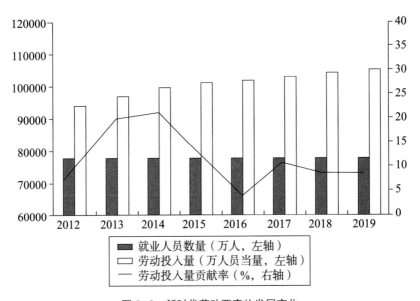

图 8-8　新时代劳动要素的发展变化

二、人力资本积累带动人才红利释放

（一）基于劳动投入量测算劳动质量效率

从上述劳动投入的变化可以看出，2012年以后劳动投入的增长明显放缓，但这是否就必然代表着劳动要素对经济增长的贡献或重要性下降了？答案是否定的。因为对于劳动投入而言，其对经济增长的影响取决于两个关键属性，一是数量的多少，二是质量的高低。第三章中相关章节以及上一节的测算分析已经表明了我国劳动投入数量增长不断放缓的现状，因此要探讨我国劳动要素在新时代发生的动力转换，核心在于分析劳动要素的质量问题。

从本章关于劳动投入的测算方法可以看出，劳动投入量和就业人员数量的区别就在于从行业收入和就业结构的角度重新设定了各行业劳动投入的权重，劳动投入量实际代表了经济运行过程中实际投入的有效劳动总量，因此如果将这一指标与就业人员数量相除，就粗略地反映了单位劳动者的实际劳动投入，这本身就是劳动质量变化的表现。

为此，我们计算了1978—2019年我国劳动投入总量与就业人员数量的比值，将其定义为劳动投入质量效率指数，用来表示单位劳动力的实际劳动供给能力，用以反映劳动质量。我们以2012年为界将所得结果分为两个时段进行对比分析，结果如图8-9所示。从中可以明显看出，我国劳动投入质量效率的变化存在明显的阶段性特征，这一变化大致发生在2005年前后。在前一个时期，除了改革开放初期的五六年里，在制度红利推动下农村富余劳动力转移大大提升了劳动质量外，整体来看改革开放至21世纪初期，我国单位劳动者劳动投入质量效率并没有明显提升。2003年，劳动投入的质量效率指数为1.00，仅比1984年提高了0.08，几乎没有增长，即使与1978年相比，也仅提高了0.24，年均提高不足0.01，年均增长率仅有1.1%。但是在2004年以后，劳动投入的质量效率则呈持续稳定快速提高的态势。2019年，劳动投入的质量效率指数为1.35，比2003年提高了0.34，年均提高 0.02 以上，年均增长率达到 1.8%。2012 年以后，这一指数继续保持了每年 0.02 个点左右的快速增长。这种变化在一定程度上证实了我国正从人口红利向人才红利转变。

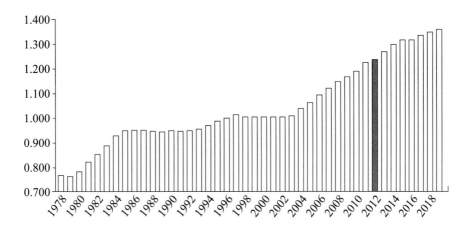

图 8-9　改革开放以来我国劳动投入质量效率的变化

（二）人力资本快速积累

上述指标反映了我国近年来劳动投入质量的变化特征，但由于该指标受劳动力跨区域跨行业转移等因素的影响，并不能完全代表单个劳动者的人力资本水平，要进一步探讨我国人才红利的发展以及其对经济增长的影响，还需要对人力资本水平进行测算分析。我们进一步将第三章测算的人力资本数据延长至 2019 年，结果见图 8-10。从总量测算结果看，新时代以来我国不变价人力资本仍然呈持续快速增长态势，2019 年人力资本总存量增长至 12.6 万亿元，2013—2019 年年均增长 11.2%，与上一时期（1979—2012 年）增速基本持平，表明新时代以来我国人力资本的积累并没有因为经济增长的放缓而出现明显回落。从人均量测算结果看，2019 年我国劳均人力资本存量为 1.6 万元，2013—2019 年年均增长 11%，增速比上一时期加快 0.8 个百分点。上述计算结果有两点值得关注：一是劳均人力资本存量增速加快，表明我国劳动力素质在新时代呈加速提升态势；二是传统要素动力衰减导致经济增速逐渐放缓的背景下，人力资本存量仍保持了稳定增长。

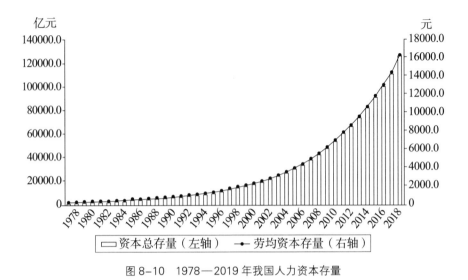

图 8-10　1978—2019 年我国人力资本存量

（三）人力资本对经济增长的影响

　　为了进一步探索人力资本在新时代对经济增长的影响是否出现了明显变化，我们再次构建了人力资本总存量与不变价人均 GDP 的单变量对数模型，并使用滚动回归模型进行了回归，各窗口的回归结果均高度显著，表明人力资本的积累始终是促进经济增长的重要渠道，但进一步观察回归系数的变化则可以发现，早期回归系数的波动较大且系数整体较小，在不包含 2012 年以后数据的各窗口中，最大系数也不足 3.3，这一方面表明以人力资本为代表的人才红利尚未成为稳定经济增长的重要力量，同时也表明人力资本对经济增长的促进作用相对不大。但从最后 9 个时期，即包含 2012 年以后数据的各窗口期回归结果看，人力资本对经济增长的影响系数持续稳定增大，2011—2019 年窗口期升至历史最高的 4.6，这表明以人力资本为代表的人才红利在新时代迅速形成，并且对经济增长的促进作用越来越明显（见图 8-11）。

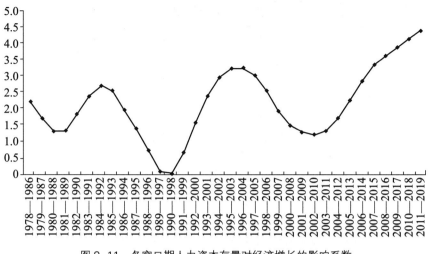

图 8-11　各窗口期人力资本存量对经济增长的影响系数

8.5　新时代要素动力协同发展

一、三大要素动力在两个阶段贡献率的对比

在上述分析和测算的基础上，我们进一步总结了 1979—2012 和 2013—2019 两个时段资本存量、劳动、全要素生产率对经济增长的贡献率，如表 8-2 所示。从结果中看，劳动投入的贡献几乎没有改变，表明劳动效率和质量的提升在一定程度上弥补了劳动力数量增长放缓的负面影响。最大的变化在于固定资本存量增长的贡献率下降了 7.6 个百分点，而全要素生产率的增长贡献率上升了 7.1 个百分点。考虑到我国改革开放早期政策红利集中释放带来的全要素生产率高增长，在这一水平上全要素生产率贡献率的提高表明了我国要素动力正在向创新转变。如果对比 2004—2011 年和 2012—2019 年前后两个 8 年可以发现，全要素生产率的贡献率大幅提高了 16 个百分点左右，进一步体现了要素动力在新时代的变化。

表 8-2　不同时期我国要素动力结构的变化

	1979—2012 年（%）	2013—2019 年（%）	相对变化（百分点）
固定资本存量增长贡献率的年均值	62.9	55.3	−7.6
劳动投入量增长贡献率的年均值	11.3	11.8	0.5
全要素生产率贡献率的年均值	25.8	32.9	7.1

注：最后一列为 2013—2019 年的贡献率与 1979—2012 年贡献率的差。

二、要素动力融合发展进一步深化

第三章曾经指出，资本、劳动和全要素生产率三大要素之间存在相互影响和演化关系，由此派生出的资本体现式技术进步、人力资本和资本深化等也对经济增长产生着深刻的影响，为了进一步研究新时代以来上述三个融合结果对经济增长影响的变化，我们同样基于计量经济学模型进行实证研究。

前面章节已经测算了资本体现式技术进步、人力资本在 2013—2019 年间的发展变化，为此，还需要测算新时代以来我国资本深化的发展状况，结果如图 8-12 所示。从绝对水平看，我国资本深化的水平仍在加深，2019 年劳均不变价资本存量升至 4.2 万元左右，分别是 1978 和 2012 年的 33 倍和 2 倍。但从增速看则与前期发展态势截然不同，2013—2019 年资本深化的速度呈逐渐下降态势，而高速增长期则表现为攀升态势。2013—2019 年，资本深化的年均增为 9.4%，速度从 2012 年的 12% 左右回落至 2019 年的 7% 左右，但增速的波动性则明显小于高速增长期。

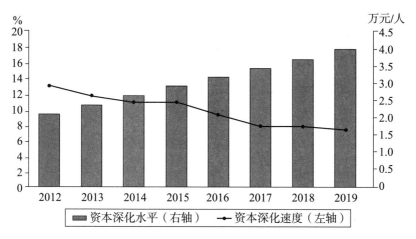

图 8-12　2012—2019 年我国资本深化的变化趋势

在上述测算基础上，我们仍沿用第三章的模型，实证检验资本深化、资本体现式技术进步、人力资本在新时代对经济增长的影响效果：

$$\ln y_t = \alpha_0 + \alpha_1 \times \ln k_t + \alpha_2 \times \ln q_t + \alpha_3 \times \ln h_t + \alpha_4 \times \ln A_t + \varepsilon_t \qquad (8.2)$$

需要指出的是，由于 2013—2019 年时间段过短不能满足时间序列回归需要，为此我们使用延长数据段的方法进行对比分析，即使用 1978—2019 年的数据进行回归，通过观察影响系数与第三章结果（1978—2012 年）的变化，判断上述三个变量对新时代经济增长的影响，结果如表 8-3 所示。从资本相关变量的回归结果对比看，资本体现式技术进步的回归系数从 0.111 大幅增加至 0.272，意味着资本体现式技术进步水平每提高 1%，对劳均产出增长的拉动效果从 0.1 个百分点增加至将近 0.3 个百分点；资本深化的 T 值从 5.5 大幅下降至 2.5、显著性水平也有所降低，且回归系数已经低于资本体现式技术进步。这一结果的变化表明，新时代以来资本对我国经济增长的驱动机制发生了显著变化，正逐渐从数量驱动型向质量驱动型转变。与此同时，人力资本对经济增长影响较大，表明加快提升我国人力资本仍是未来努力的重要方向。

表 8-3　资本深化经济增长效应的变化

变量	回归结果（1979—2019 年）		参照组（1978—2012 年）	
	系数	T 值	T 值	P 值
资本深化	0.132**	2.460	0.165***	5.460
资本体现式技术进步	0.272***	8.020	0.111***	3.800
人力资本	0.405***	4.290	0.481***	9.250
全要素生产率	0.757***	4.970	0.866***	10.130
常数项	0.050	0.110	−1.152***	−3.870
拟合优度	Adj-R^2=0.9989		Adj-R^2=0.9995	

注：***、**、* 分别表示在 1%、5% 和 10% 的水平下显著。

8.6　小结

本章以资本存量增长向资本体现式技术进步转变，人口红利向人才红利转变，制度拉动的全要素生产率向技术进步驱动的全要素生产率转变这"三大转变"为主题，分析了 2012 年以后资本、劳动和全要素生产率对我国经济增长作用的变化。主要得出以下结论：

一是全要素生产率对经济增长的拉动力明显提升。2013—2019 年全要素生产率增长率对经济增长的平均贡献率约为 32%，比 1979—2012 年的均值高 6 个百分点左右。进一步分析还表明，这一时期技术进步已经成为驱动我国全要素生产率增长的首要原因。

二是资本投入依然是经济增长的第一动力。虽然资本投入的贡献率在 2012 年以后持续下降，但 2019 年仍达到 43.2%，当前还是拉动我国经济增长最重要的动力。进一步研究表明，我国资本存量增速回落但资本质量明显提升，2019 年资本体现式技术进步指数达到 15.8，比 2012 年提高了 32%，且对经济增长的积极作用不断提升。

三是劳动投入对经济增长的贡献率已降至 10% 左右，但我国劳动力质量明显提升，2019 年我国人力资本总存量增长至 13 万亿元左右，2013—2019 年年均增长 11%，人力资本对经济增长的拉动力达到了历史最高水平。

四是三大要素动力的融合发展继续深化，尤其是资本投入质量提升带来的资本体现式技术进步成为新时代我国要素动力变化的一大特点，表明资本驱动我国经济增长的机制正从数量型向质量型转变。

第九章　产业动力由工业向服务业转换

经过改革开放 30 多年持续高速增长后，我国经济进入转型发展新阶段，发展的内外部环境深刻变化，产业动力呈现新的特点。农业现代化水平进一步提高，农林牧渔全面发展，生产效率持续提升，对经济增长贡献基本稳定；工业化进入中后期，工业由过去的高增长向平稳增长转换，对经济增长的贡献趋于下降；服务业发展势头强劲，现代服务业蓬勃兴起，占国民经济比重持续提高，对经济增长的贡献上升。这一时期，我国经济增长的产业动力呈现由工业为主向服务业为主转变的趋势，产业间协同发展进一步改善，对经济增长的贡献提高。

9.1　农业发展质量稳步提升

2013 年以来，我国农村改革继续深化，农业生产关系进一步完善，国家坚持"多予少取放活"的方针，出台实施一系列强农惠农政策，持续加大农业支持力度，有效促进了农业的规模化经营和生产效率的提升，农业保持稳定发展，综合生产能力不断提高，有力支撑了经济社会大局稳定。面对农业由总量不足转变为结构性不足，以及传统生产经营方式存在的问题，通过大力实施质量兴农、绿色兴农，农业发展由增产为主向提质为主转变。

一、农业生产稳中提质

一是农业增加值稳定增长。2019 年，第一产业增加值为 70467 亿元，扣除价格因素，比 2012 年实际增长 28.5%，年均实际增长 3.6%；农林牧渔业总产值为 123968 亿元，扣除价格因素，实际增长 29.3%，年均实际增长 3.7%，其中农、林、牧、渔业总产值年均分别实际增长 4.6%、6.7%、1.1%、3.5%。具体见图 9-1。

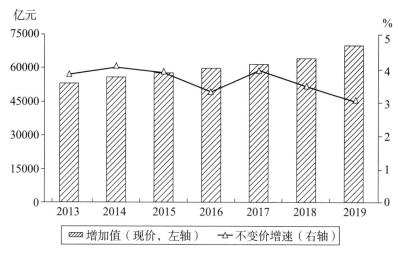

图 9-1 2013—2019 年第一产业增加值及其增速

二是综合生产能力显著增强。粮食产量再上新台阶。我国粮食总产量自 2012 年首次突破 6 亿吨后继续稳步增加，2015 年突破 6.5 亿吨，2019 年达到 66384 万吨，比 2012 年增长 8.4%，粮食产量连续 5 年稳定在 65000 万吨以上。棉油糖等经济作物产量保持稳定。2019 年，棉花、油料、糖料产量分别为 589 万吨、3493 万吨、12169 万吨，继续保持在较高水平。我国粮食生产保持稳定，经济作物产品供给充裕，为满足群众多样化的农产品需求提供了重要保障。具体见表 9-1。

表 9-1 2013—2019 年主要农产品产量　　　　　　　　（单位：万吨）

年份	粮食	棉花	油料	糖料
2013 年	63048.2	628.2	3287.4	12555.0
2014 年	63964.8	629.9	3371.9	12088.7
2015 年	66060.3	590.7	3390.5	11215.2

年份	粮食	棉花	油料	糖料
2016 年	66043.5	534.3	3400.0	11176.0
2017 年	66160.7	565.3	3475.2	11378.8
2018 年	65789.2	610.3	3433.4	11937.4
2019 年	66384.3	588.9	3493.0	12169.1

三是农业生产结构优化。农林牧渔业结构持续优化。2019 年，农、林、渔业产值占农林牧渔业总产值的比重分别为 53.3%、4.7%、10.1%，分别比 2012 年提高 1.4、0.7、0.4 个百分点；畜牧业占比下降 4.0 个百分点（见表 9-2）。2019 年，木材产量 9028 万立方米，比 2012 年增长 10.4%；水产品产量 6480 万吨，增长 17.8%。农业种植由单一的以粮食作物种植为主不断转向粮经饲协调发展，非优势产区籽粒玉米和低质低效区水稻面积调减，大豆面积和粮改饲面积增加，经济附加值较高的经济作物和特色作物生产快速增加，粮经饲协调发展态势逐步形成。

表 9-2　2013—2019 年农林牧渔业总产值　　　（单位：亿元）

年份	农林牧渔业总产值	农业	林业	牧业	渔业
2013 年	93173.7	48943.9	3847.4	27572.4	9254.5
2014 年	97822.5	51851.1	4190.0	27963.4	9877.5
2015 年	101893.5	54205.3	4358.4	28649.3	10339.1
2016 年	106478.7	55659.9	4635.9	30461.2	10892.9
2017 年	109331.7	58059.8	4980.6	29361.2	11577.1
2018 年	113579.5	61452.6	5432.6	28697.4	12131.5
2019 年	123967.9	66066.5	5775.7	33064.3	12572.4

四是生产布局继续优化。积极支持优势产区和特色农产品发展，粮食

主产区增产作用持续发挥。2019 年，主产区粮食产量合计达到 52371 万吨，比 2012 年增加 5317 万吨；约占全国粮食总产量的 78.9%，提高 2.0 个百分点。新疆地区的棉花生产和广西、云南、广东的糖料作物集中度进一步上升。2019 年，新疆棉花产量占全国的比重达 84.9%，比 2012 年提高 26.1 个百分点；云南、广西和广东三省区糖料产量合计占全国比重进一步提高至 86.2%。此外，烟草、蔬菜、水果、茶叶等农产品生产向优势区域集中的态势也比较明显。

五是绿色优质农产品增加。农药和化肥使用量显著减少。2019 年，我国农用化肥施用量比 2015 年高峰时期下降超过 10 个百分点；2018 年，农药使用量比 2012 年下降 16.7%。主要农作物良种使用范围扩大。2019 年，我国主要农作物良种覆盖率持续稳定在 96% 以上。农产品质量稳步提升。2019 年，主要农产品监测合格率高达 97.4%。农业生产安全形势改善，农产品质量提升，对于满足居民日益增长的高质量农产品需求发挥了重要作用。

二、农业稳中提质的影响因素

我国农业保持稳定增长，发展质量不断提升，是一系列惠农支农政策作用的结果，也有农业供给侧结构性改革持续推进的作用，还有科技投入不断加大、生产条件持续改善的影响。

一是支农惠农政策效果显现。把解决好"三农"问题作为重中之重，坚持"农业农村优先发展"总方针，农村基本经营制度不断巩固和完善，一系列强农惠农富农政策出台实施，取消"农业税"，实施农业直接补贴，有效激发了农民生产积极性。乡村振兴战略稳步实施，农业供给侧结构性改革持续推进，农村一二三产业融合发展加快，农村经济活力得到增强。

二是农业机械化和科技增产效果明显。农业科技创新及成果转化加快，农业机械化程度提高，农业物质技术装备水平大幅改善。2019 年，我国农业机械总动力达到 10.3 亿千瓦，水稻、小麦等粮食作物的耕种收综合机械化率高达 80% 以上。科技兴农效果不断显现，粮食单产继续提升。良种化水平明显提高，主要农作物良种覆盖率稳定在 96% 以上，畜禽品种良种化、国产化比例也在逐年提升。我国粮食单产由 2012 年的 357 公斤 / 亩提高至 2019 年的 381 公斤 / 亩。2019 年，我国农业科技进步贡献率达到 59.2%，比 2012 年明显提高。

三是农业基础设施持续改善。农田水利建设不断加强。2019 年末，全国高标准农田累计超过 7.2 亿亩。2019 年，全国耕地灌溉面积 6760 万公顷，比 2012 年增加 456 万公顷，年均增加超过 65 万公顷。目前，我国农田有效灌溉面积占比超过 52%，设施农业超过 5500 万亩。农业水利的改善和农田改良的实施，为稳定农业生产、提升质量创造了良好条件。

三、农业贡献的主要特点

农业对经济增长的贡献总体稳定。2013—2019 年，我国农业发展对经济增长的年平均贡献率为 4.2%，略低于新世纪以来 4.4% 的平均水平。从历年看，2013—2019 年，农业贡献率保持在 3.8%—4.6%，而 2001—2012 年农业贡献率在 2.7%—7.3% 波动，波动幅度明显降低。农业贡献率波动性降低，不仅与农业自身保持稳定增长有关，也与国际金融危机后工业增长波动性降低、对经济增长贡献趋稳有关。

农业劳动生产率提升成为推动农业增长的重要动力。尽管从这个阶段看，农业劳动生产率对农业发展的贡献有所波动，呈先下降再上升的态势，由 2013 年的 232.3% 下降至 2017 年的 160.3%，再回升至 2019 年的 214.3%。但从历史对比看，劳动生产率的平均贡献率明显提高。2013—2019 年，农业劳动生产率提升对农业增长的平均贡献高达 214.3%，比 1992—2012 年 142.2% 的平均贡献率水平进一步提高；而劳动投入的平均贡献率则为 −105.6%，远低于前期 −38.6% 的平均水平，对农业经济增长的贡献继续减弱（见图 9–2）。农业劳动生产率贡献提升，除了农业科技贡献提升和基础设施改善等因素外，还包括：

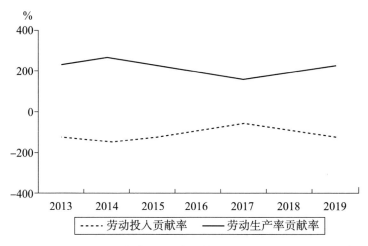

图 9-2　2013—2019 年劳动生产率和劳动投入对第一产业增长贡献率

一是农村土地承包制度改革深入推进。土地所有权、承包权和经营权的"三权分置"稳步实施，坚持"依法、自愿、有偿"原则，鼓励农民依法流转承包地，为农业的适度规模经营创造有利条件。2018 年，全国耕地流转面积约为 2012 年的 2 倍。农村土地经营权流转有力促进了蔬菜、花卉、瓜果种植、畜禽水产养殖和特色种养等规模化经营，促进了农业生产的专业化、组织化以及社会化发展，推动了农业生产效率的提升。

二是新型经营主体和服务主体增加。农业合作社、农业龙头企业等新型经营主体较快增长。2018 年，农业产业化龙头企业约 8.7 万家，家庭农场和农民合作社分别达到 60 万个、217 万个。此外，农民工、退役军人、农业科技人员等新型职业农民大量涌现，助力农业产业化经营，提升了生产效率。

9.2　工业发展向中高端迈进

2012 年以来，随着我国工业化进程进入中后期阶段，加之世界经济复苏乏力，工业增长逐渐减缓，同时在市场力量和政府引导共同作用下，工业发展由规模速度型向质量效益型加快转变，产业发展持续迈向中高端，依然是经济增长的重要支撑力量。

一、工业生产缓中有进

2013—2019 年，我国工业增长总体上稳中趋缓，结构调整持续推进，新旧动能有序转换，发展的质量和效益明显提升。

一是工业生产稳中趋缓。2019 年，我国第二产业增加值达 386165 亿元，扣除价格因素，比上年实际增长 5.7%，增速比 2012 年回落 2.7 个百分点。其中工业增长 5.7%，回落 2.4 个百分点。从累计看，2013—2019年，第二产业实际累计增长 53.8%，年均实际增长 6.3%，其中工业年均实际增长 6.3%，明显低于 1979—2012 年工业两位数的年均增速水平（见图 9-3 ）。部分长期高增长行业放缓明显。黑色金属冶炼和压延加工业经过前期 10% 以上的高速增长后大幅放缓，2017 年仅增长 0.3%；汽车制造业增速由前些年的两位数大幅回落至 2019 年的 1.8%。

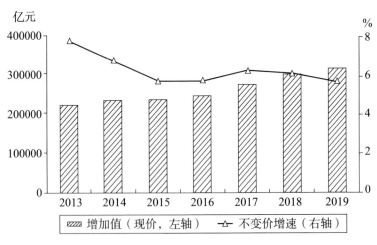

图 9-3　2013—2019 年工业增加值及其增速

二是工业结构优化升级。装备制造业和高技术产业发展较快。2019年，我国装备制造业和高技术制造业增加值分别比上年实际增长 6.7% 和8.8%，均明显快于规模以上工业增速；占规上工业的比重分别达到 32.5%

和 14.4%，分别比 2012 年提高 4.3 和 5.0 个百分点（见表 9-3）。部分传统行业积极去产能，取得明显成效。2019 年，煤炭开采和洗选业产能利用率为 70.6%，比 2016 年提高 11.1 个百分点；黑色金属冶炼和压延加工业为80.0%，提高 8.3 个百分点。加强新技术、新工艺、新设备以及新材料的应用，制造业转型升级步伐加快。2013—2019 年，我国制造业技术改造投资年均增速超过两位数，明显高于同期全部制造业投资。

表 9-3 2013—2019 年装备制造业和高技术制造业增加值增速

年　份	高技术制造业	装备制造业	年　份	高技术制造业	装备制造业
2013 年	11.8%	——	2017 年	13.4%	11.3%
2014 年	12.3%	10.5%	2018 年	11.7%	8.1%
2015 年	10.2%	6.8%	2019 年	8.8%	6.7%
2016 年	10.8%	9.5%			

三是工业发展新动能增强。新产业增势良好。2019 年，工业战略性新兴产业增加值比上年增长 8.4%，快于规模以上工业增速 2.7 个百分点。新一代信息技术产业增加值占工业战略性新兴产业的比重已超过 1/4。新产品产量快速增长。2019 年，充电桩、3D 打印设备、城市轨道车辆、高温合金等新材料新能源领域新兴产品增速达到 32.6%—155.2%，智能手表、智能手环等智能化消费产品产量分别增长 101.7%、36.8%。

四是工业发展质量明显提升。我国制造业网络化智能化水平提高。工信部数据显示，截至 2019 年 6 月，开展网络化协同的制造业企业比例达到 35.3%。工业互联网应用扩大，截至 2019 年 7 月底，国内重点工业互联网平台平均连接的设备数量达 65 万台。工业产品质量不断提高。2019 年，全年制造业产品质量合格率高达 93.86%。拥有自主知识产权的中国高铁动车组成功走出国门，移动通信、语音识别、第三代核电等重要领域跻身世界前列，高档数控机床、C919 大型客机、集成电路制造等领域正迎头追赶世界先进水平。

二、工业生产趋缓和升级加快的影响因素

我国工业生产缓中有进，既有工业化发展阶段变化的影响，也有外部冲击下原有发展模式矛盾凸显的因素，还有供给侧结构性改革推动的作用。

一是工业化发展进入中后期的影响。改革开放以来，我国工业保持长期高速增长，工业化进程加快推进，目前已经进入工业化中后期阶段。随着工业发展达到较大规模，在没有重大技术进步的情况下，要素投入边际产出将明显减少，工业生产必然趋于放缓。还要看到，在工业化初期阶段，我国可以利用后发优势，通过吸收转化国外先进技术加快自身发展，但进入中后期，更多地需要通过自主创新获取技术，技术更新的速度必然减缓，也客观上影响了我国工业的发展速度。

二是外部需求的拉动作用减弱。2008年国际金融危机以来，世界经济艰难复苏，年均增长3%左右，比国际金融危机前2004—2007年年均增速低1.2个百分点左右，其中部分与我国贸易关系紧密的发达国家经济增长放缓明显，制约我国出口需求。1979—2008年，我国货物贸易出口额（以人民币计价）年均增长23%，受国际金融危机冲击影响，2009—2012年年均增速回落至6.5%，2013—2019年进一步减缓至4.2%。进出口下滑特别是出口增速放缓，对我国出口加工业影响明显。同时，发达国家再工业化和发展中国家低成本竞争加剧，也影响外需对我国工业的拉动。

三是工业生产面临约束增强。过去，我国工业的高速发展主要依靠的是劳动、资本等要素的高投入，发展方式比较粗放。而近年来，劳动力、土地等要素制约不断强化，成本上升压力加大，工业生产面临转型。2019年，我国15—59岁适龄劳动年龄人口为9.11亿人，比2012年减少约2600万人，劳动力成本刚性上涨。同时，部分行业发展受技术、人才、环保等因素制约严重，企业生产经营困难加剧，工业生产下行压力加大。

四是供给侧结构性改革稳步推进。坚决淘汰落后产能，积极培育发展新动能，有力促进了工业转型升级发展。2016—2018年，我国累计压减粗

钢产能 1.5 亿吨以上，退出煤炭落后产能 8.1 亿吨，提前完成了十三五规划目标任务。出台实施《中国制造 2025》等一系列鼓励和支持战略性新兴产业发展的政策，推动工业发展向中高端迈进。2013—2019 年，高技术制造业和战略性新兴制造业持续保持较快增长，年均增速均明显快于全部规上工业。

五是创新驱动发展战略深入实施。近年来，我国科技投入持续增加，研发投入强度接近发达国家平均水平，其中工业企业研发投入力度明显增强（见表 9-4）。2018 年，全国规模以上工业企业研发投入 12955 亿元，比2012 年增长 80.0%。世界知识产权组织等机构数据显示，2019 年，我国创新指数排名再创新高，跃居全球第 14 位，比 2013 年明显提高。我国创新能力的不断提升为工业转型升级发展注入澎湃动力。

表 9-4　2013—2018 年规模以上工业企业研发投入及其增速

年　份	研发投入 （亿元）	比上年增长 （%）	年　份	研发投入 （亿元）	比上年增长 （%）
2013 年	8318.4	15.5	2016 年	10944.7	9.3
2014 年	9254.3	11.3	2017 年	12013.0	9.8
2015 年	10013.9	8.2	2018 年	12954.8	7.8

六是消费升级需求带动力增强。随着居民收入的不断提高，居民消费升级态势明显，消费结构由过去的基本生存型向发展享受型转变，对工业消费品的品质要求不断提高。汽车消费中代表升级方向的运动型多用途乘用车以及新能源汽车销售表现强劲，占全部汽车消费的比重明显提高，智能家居、智能机器人、家用无人机等高科技产品受到更多人的追捧。市场需求的变化促使企业加大投入，不断提升产品品质，加快升级发展步伐。

三、工业贡献的特点

第二产业贡献率有所下降，但仍然是产业动力的重要力量。2019 年，第二产业对经济增长的贡献为 36.8%，比 2012 年下降 13.2 个百分点，年均降低 1.9 个百分点。2012 年第二产业贡献率高出第三产业 5 个百分点，2015 年第二产业贡献率被第三产业超过，之后持续低于第三产业，2019 年第二产业贡献率比第三产业低 22.6 个百分点。随着我国工业化进入中后期阶段，经济服务化倾向明显，服务业增速持续快于工业，工业贡献率下降，但工业仍是支撑经济保持中高速发展的重要动力。

劳动生产率对工业增长的贡献显著提升。2019 年，第二产业劳动生产率比 2012 年提高 64.9%，劳动生产率的提升对第二产业发展的贡献高达 122.7%，是 2012 年的 2 倍。从年均贡献看，2013—2019 年，劳动生产率对第二产业增长的年平均贡献率为 119.0%，明显高于前期 2004—2012 年 61.4% 的平均贡献水平（见图 9-4）。工业劳动生产率明显提升的主要原因是：

一是工业化信息化融合发展加快。2013 年以来，积极抢抓新一轮科技革命机遇，通过持续加大基础研究财政投入、引导企业加大技术创新力度等方式，大力发展以大数据、云计算、人工智能、5G 等为代表的现代信息技术，用"互联网 +""数字 +""智能 +"赋能制造业，促进了工业劳动生产率的提升。工信部数据显示，截至 2019 年 6 月，我国企业数字化研发设计工具普及率和关键工序数控化率分别达到 69.3% 和 49.5%。

二是生产性服务业配套更趋完善。通过产业分工、融合和集聚等途径，生产性服务业可以从技术支持、资金支持、市场支持和组织支持等方面促进工业发展。近年来，我国生产性服务业较快发展，对工业生产效率提升发挥重要作用。2019 年，我国信息传输、软件和信息技术服务业增加值比上年增长 18.7%，租赁和商务服务业增长 8.7%，交通运输、仓储和邮政业增长 7.1%，均明显快于全部服务业增速。制造业和服务业融合发展，有利于提高制造业生产效率。

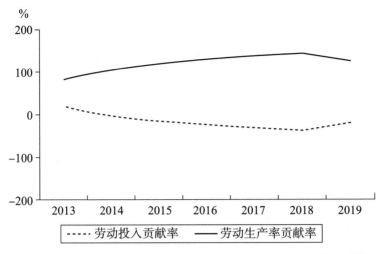

%

图9-4 2013—2019年劳动生产率和劳动投入对第二产业的增长贡献率

9.3 服务业占据半壁江山

经济发展到一定阶段后，商品市场需求扩张步伐减缓，而服务需求保持较快增长，服务业在国民经济中的地位不断上升。2013年以来，随着我国进入工业化中后期，市场服务需求稳步上升，服务业发展进入快车道，服务业规模不断扩大，内部结构持续优化，服务体系日趋完善，发展质量明显提升。

一、服务业发展势头良好

一是服务业第一大产业地位进一步巩固，服务业继续保持较快增长。服务业增加值由2012年的244852亿元增长到2019年的534233亿元，扣除价格因素，年均实际增长8.1%。其中，交通运输业、批发和零售业、房地产业增加值分别年均实际增长7.1%、7.9%、5.0%。服务业占国内生产总值的比重继续提高，2015年占据国民经济半壁江山，2019年上升至53.9%，比2012年提高8.4个百分点（见图9-5）。

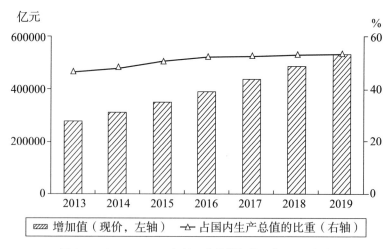

图 9-5　2013—2019 年第三产业增加值及占 GDP 比重

二是服务业结构不断优化，传统服务行业不断完善。2019 年年末，高铁营业总里程超过 3.5 万公里，比 2012 年增长 2.7 倍，高铁营业里程超过世界高铁总里程的三分之二，居世界第一；高速公路总里程 14.3 万公里，增长 25.8%，总里程居世界第一；定期航班航线总条数达 4945 条，港口拥有生产用码头泊位达 23919 个，万吨级及以上泊位增至 2444 个。多式联运、冷链物流等加快发展，智慧交通、绿色出行、高效物流快速兴起。新兴服务业加快发展。2019 年，共享经济市场交易额约 3.3 万亿元，比上年增长 11.6%，提供共享经济服务的服务者人数约 7800 万人，共享经济平台企业员工数约 623 万人。2019 年年末，快递业务总量 635 亿件，完成快递业务收入 7498 亿元，分别比 2012 年增长 10.2、6.1 倍。

三是现代服务业快速发展，通信业高速增长。2019 年，电信业务总量为 10.68 万亿元，比 2012 年增长 7.2 倍，年均增长 35.1%。我国电话网络规模、光纤传输网络规模均列全球第一。2019 年，全国移动电话用户高达 16.0 亿户，固定互联网光纤宽带接入用户达 4.2 亿户；全年移动互联网接入流量消费达 1220 亿 GB，是 2014 年的 59.2 倍，年均增速高达 126%。金融业规模壮大。2013—2019 年，金融业增加值年均实际增长 8.4%，在国民经济中的占比进一步提高至 7.8%（见表 9-5）。

表 9-5　2013—2019 年主要服务行业增加值及占 GDP 比重　（单位：亿元）

		批发和零售业	交通运输仓储和邮政业	住宿和餐饮业	金融业	房地产业	其他
2013 年	增加值	56289	26043	10228	41293	35340	105847
	占　比	9.5%	4.4%	1.7%	7.0%	6.0%	17.9%
2014 年	增加值	63170	28534	11229	46853	38086	119619
	占　比	9.8%	4.4%	1.7%	7.3%	5.9%	18.6%
2015 年	增加值	67720	30520	12306	56300	42574	136857
	占　比	9.8%	4.4%	1.8%	8.2%	6.2%	19.9%
2016 年	增加值	73725	33029	13608	59964	49969	156744
	占　比	9.9%	4.4%	1.8%	8.0%	6.7%	21.0%
2017 年	增加值	81157	37122	15056	64844	57086	179086
	占　比	9.8%	4.5%	1.8%	7.8%	6.9%	21.5%
2018 年	增加值	88904	40337	16521	70610	64623	204145
	占　比	9.7%	4.4%	1.8%	7.7%	7.0%	22.2%
2019 年	增加值	95846	42802	18040	77077	69631	225889
	占　比	9.7%	4.3%	1.8%	7.8%	7.0%	22.8%

四是服务业对外开放加快，服务贸易快速增长。2013—2019 年，我国服务进出口总额（以美元计）年均增长 7.6%，年均增速高于同期货物进出口总额 5.2 个百分点。服务进出口总额占对外贸易总额的比重由 2012 年的 11.1% 提高至 2019 年的 14.6%。服务业对外开放力度进一步加大，日益成为吸引外资的重要领域。2018 年，我国实际使用外商直接投资金额 1383 亿美元，其中服务业占比达到 68.1%。

二、服务业快速发展的影响因素

2013—2019 年，我国服务业快速发展有着深刻的社会经济背景，同时支持服务业发展的政策举措不断推出，也有力促进了服务业发展。

一是工业化带动生产性服务业增长。2013 年以来，我国经济进入转型发展的新时期。我国工业化尚未完成，工业发展向分工细化、创新引领转变，相应的研发、设计、营销等服务需求快速增长，交通运输、现代物流、金融服务、信息服务、商务服务进入快速发展期。2013—2019 年，金融业、租赁和商务服务业、信息传输软件和信息技术服务业增加值分别年均名义增长 11.8%、16.6%、15.5%，年均增速均明显快于第三产业。近些年，规模以上生产性服务业企业营业收入均保持两位数以上的快速增长。

二是居民消费升级促进生活性服务业发展。随着居民收入水平的提高，居民消费结构由生产型向发展享受型转变，对教育娱乐、医疗保健、文化旅游等服务性需求快速上升。2019 年，全国居民恩格尔系数为 28.2%，比 2012 年下降 4.8 个百分点；全国居民人均消费支出中，教育文化娱乐、医疗保健支出占比分别为 11.7%、8.8%，比 2013 年上升 1.1、1.9 个百分点。生活性服务需求的扩大带动相关服务业快速发展。2018 年，文化及相关产业增加值占国内生产总值的比重为 4.48%，体育产业增加值比重为 1.1%，占比均明显提升。2019 年，国内旅游 60.06 亿人次，比 2012 年增长 103；实现旅游收入 57251 亿元，增长 152%。

三是社会事业发展对服务业带动增强。坚持以人民为中心的发展思想，政府推进基本公共服务均等化力度加大，基本民生领域财政支出大幅增加。2019 年，教育、社会保障和就业、医疗卫生支出分别比 2012 年增长 64.4%、135.0% 和 131.8%。相关行业保持较快发展。2019 年，我国共有医疗卫生机构 100.8 万个，医疗卫生机构床位达到 880.7 万张，分别比 2012 年增加 5.7 万个、308.2 万张。此外，随着人口老龄化的发展，家政、养老和病患陪护等服务行业也呈快速发展态势。2016—2018 年，规模以上健康服务业企业营业收入年均增长 13.3%，养老服务业企业年均增长高达 28.1%。

四是新技术广泛应用推动新兴服务业快速兴起。云计算、物联网、大数据等新技术广泛应用，催生了大量的新产业、新业态、新模式，在线医疗、网上教育等新服务层出不穷，电子商务、数字家庭、智慧城市、互联网金融等新的服务业态快速兴起，在线购物、在线订票、网络游戏、电子支付日益普遍，深刻改变了人们的生产和生活方式。2019 年末，互联网上网人数达 9.0 亿人，移动电话普及率达 114 部 / 百人。我国网上零售额 2015—2019 年年均增速高达 26.2%，实物商品网上零售额占社会消费品零售总额的比重提高至 2019 年的 20.7%。

五是商事制度改革效应不断显现。"放管服"改革优化了营商环境，服务业市场准入进一步放宽，服务业发展环境不断改善，新的服务企业快速增加。2018 年，全国工商新登记注册企业中，80% 左右为服务业企业；服务业企业税收收入比上年增长 10.5%，占全部税收收入的比重达到 56.8%。

三、服务业贡献的特点

服务业贡献持续扩大，超过第二产业成为经济增长主动力。2012 年以来，我国服务业保持较快增长，对经济增长的贡献稳步上升。2019 年，第三产业对经济增长的贡献率为 59.4%，比 2012 年上升 14.4 个百分点，年均上升超过 2 个百分点；第三产业贡献率自 2012 年起超过工业，2014 年又超过了第二产业，服务业已经成为产业动力的主体。

劳动生产率的提高和劳动投入的增加共同推动服务业发展。2013—2019 年，劳动生产率提高对第三产业增长的年平均贡献率为 48.4%，劳动投入增加的年平均贡献率为 49.8%，二者共同推动服务业较快增长。动态看，劳动生产率对服务业增长的贡献先下降后上升。2012 年劳动生产率的贡献率为 66.7%，2014 年下降至 21.8%，随后稳步回升至 2019 年的 60.6%。而劳动投入增加的贡献则相反，由 2012 年的 31.6% 上升至 2014 年的 76.8%，随后波动下降至 2019 年的 37.9%。出现上述变化与服务业吸纳就业总量和结构变化有关，也与服务业生产效率变化有关（见图 9-6）。

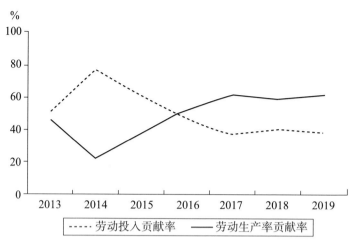

图 9-6　2013—2019 年劳动生产率和劳动投入对第三产业增长贡献率

一是服务业吸纳就业减缓。2012—2014 年，传统加工制造行业产能过剩问题突出，生产经营困难，而服务业在政策支持下保持较快发展，吸纳就业大量增加。2013—2014 年服务业就业人数年均增长 5.3%，快于全部就业人数增速 4.9 个百分点。2015—2019 年，经济下行压力不断加大，服务业吸纳就业增长出现放缓，服务业就业人数年均增长 3.6%，年均增速比 2013—2014 年低 1.7 个百分点。尽管服务业就业增长减缓，但产出增长保持总体稳定，相应地劳动生产率得到一定提升。2015—2019 年，第三产业增加值年均增长 8.0%，明显快于国内生产总值增速。

二是服务业劳动投入结构发生变化。从行业看，2013—2014 年就业人数增长较快的主要是住宿餐饮、批发零售等传统服务业，这些行业生产效率总体偏低，对服务业产出贡献有限，从而制约服务业整体效率的提高。2013—2014 年，住宿餐饮、批发零售业就业人员年均增长均保持在两位数，明显快于全部服务业就业增长。同期，住宿餐饮业增加值年均增长 4.8%，低于国内生产总值增速。2015—2019 年，住宿餐饮、批发零售业就业人员增速减缓，而租赁和商务服务业等现代服务业就业人数较快增长，产出贡献增加。2015—2019 年，租赁和商务服务业增加值年均名义增长 16.6%，快于同期国内生产总值名义增速。

三是新兴服务业快速成长。近年来，随着政府对战略性新兴产业扶持力度的加大，以及市场营商环境的持续改善，一些效率较高的新兴服务业发展势头较好，也带动了服务业生产效率的提高。2019年，我国战略性新兴服务业企业营业收入同比增长12.7%，增速明显快于全部规模以上服务业企业。近些年来，与互联网、软件和信息技术相关的服务业企业营业收入均能保持20%以上的快速增长。

9.4　新时代产业动力组合

2013年以来，我国产业结构持续朝着高级化合理化的方向演进。服务业不断壮大，无论是从总量规模还是就业吸纳能力看，服务业已成长为国民经济第一大产业，我国产业结构正在由"二三一"加快向"三二一"转变，产业发展的现代化水平明显提高（见图9-7）。

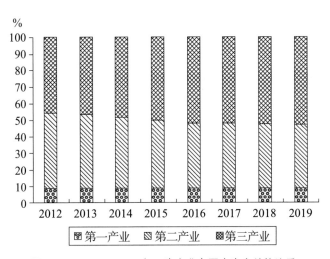

图9-7　2012—2019年三次产业占国内生产总值比重

一、产业结构高级化和合理化水平继续提升

采用第四章的测算方法，计算2010—2019年我国产业结构高级化

和合理化指标数值，指标变化情况见图 9-8。结果显示，我国产业结构高级化和合理化发展趋势相似。2012 年以来，我国第三产业占比持续上升，产业高级化指标 IU 值继续增大，由 2012 年的 1.0 稳步提高至 2019 年的 1.38，七年提高 0.38，而 2001—2012 年的十二年间才提高 0.13，这表明 2013 年以来我国经济服务化倾向明显。这是因为要素、资源、环境等约束不断强化，过去高投入式的粗放发展方式难以为继，传统动能衰弱，工业增长明显放缓。而以互联网、计算机技术为代表的现代信息网络技术蓬勃发展，带动了相关服务行业加快发展。

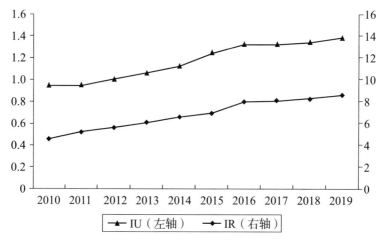

图 9-8　2010—2019 年我国产业结构合理化和高级化指标变动情况

与此同时，我国产业结构合理化程度同步提高，IR 值由 2012 年的 5.6 提高至 2019 年的 8.6，提高幅度超过 50%。IR 值的不断提高，意味着我国产业间效率差异缩小，要素资源在不同产业之间的分配改善，从而带动我国产业发展更趋合理。2013 年以来，我国进入转型发展新阶段，产业发展政策优化调整，供给侧结构性改革出台实施，"三去一降一补"重点任务扎实推进，过剩和低效产能被淘汰，传统产业改造提升，新兴产业发展加快，促进了产业健康发展。从农业看，随着农村土地流转政策的出台，传统的以家庭为单位的生产组织方式被打破，规模化经营不断发展，加之农业科技广泛运用，农业生产效率得到提升。从工业看，现代信息网络技术深入发展，为"互联网＋制造业"发展创造了良好条件，工业生产的自动化、智能化水平提高，促进了工业效率的提升。从服务业看，交通运输、批发零售、住宿餐饮等传统服务业改造提升步伐加快，现代服务业蓬勃发展，整体效率改善。总体来看，供给侧结构性改革持续推进，促进了产业升级发展，提高了产业发展协调性，我国产业发展的高级化和合理化水平不断提升。

二、新时期我国产业协同效应的测算

本节沿用第四章的分析方法，使用 1978—2019 年我国 GDP 不变价增速、产业结构合理化指标、产业结构高级化指标数据，对我国产业结构变迁与经济增长的关系进行实证分析。

由于 2013—2019 年数据样本有限，为测算该时期我国产业结构变迁与经济增长的关系，首先分别测算 1978—2012 年和 1978—2019 年我国经济结构变迁对经济增长的影响，通过对比两段时期各估计参数的变化，来初步判断 2013—2019 年产业结构变迁对经济增长的影响。同时为验证变化影响的可靠性，进一步测算 1978—1998 年和 1999—2019 年经济结构变迁对经济增长的影响，估计结果见表 9-6。

表 9-6　不同时期的估计结果

| 变量 | 模型 1 | 模型 2 | 模型 3 | 模型 4 |
	1978—2012 年	1978—2019 年	1978—1998 年	1999—2019 年
$\ln IU$	0.542***	0.943***	0.538***	2.484***
	(0.102)	(0.122)	(0.121)	(0.207)
$\ln IR$	−1.569***	−1.370***	−1.633***	−1.412***
	(0.035)	(0.028)	(0.060)	(0.031)

变量	模型 1	模型 2	模型 3	模型 4
	1978—2012 年	1978—2019 年	1978—1998 年	1999—2019 年
$\ln y \cdot \ln IU$	-0.238^{***}	-0.421^{***}	-0.225^{***}	-1.122^{***}
	(0.046)	（0.055）	（0.058）	（0.111）
$\ln y \cdot \ln IR$	0.693^{***}	0.639^{***}	0.696^{***}	0.639^{***}
	(0.013)	（0.015）	（0.017）	（0.011）
C	2.264	2.166	2.352	2.215
R^2_Adj	0.9971	0.9938	0.9978	0.9985

注：*、**、*** 分别代表 10%、5% 和 1% 的显著性水平，括号内数值为标准误。

估计结果显示，模型估计参数均能通过 1% 的显著性检验，且拟合优度较高，模型具有较好的解释能力。通过 1978—2012 年与 1978—2019 年两个不同时期模型估计结果的对比分析，可以得到以下结论：

一是 1978—2019 年产业高级化指标系数为正，且比 1978—2012 年变大，意味着产业高级化对经济增长的促进作用增强。考虑到样本的时间变化，可以认为系数变大的贡献主要来自 2013—2019 年，即服务业占比继续提高，工业占比下降，产业高级化趋势更加明显，促进了经济增长。2013—2019 年，服务业增加值年均增长 8.1%，快于第二产业 2.4 个百分点，成为推动经济增长的第一动力。当前，我国服务业占比仍明显低于发达国家 70% 左右的平均水平，推动服务业发展，对促进经济平稳较快增长仍具现实意义。

二是 1978—2019 年产业合理化指标系数为负，但比 1978—2012 年有所变大，意味着产业合理化对经济增长仍具有负向作用，但抑制作用明显减弱。同样，这种抑制作用的减弱来自 2013—2019 年的变化。这表明，在工业化中后期阶段，我国服务业效率有所提升，产业间协调性改善，促进了全社会生产率的提升，有利于推动经济增长。产业合理化对经济增长的抑制作用仍然存在，这是因为尽管服务业劳动效率有所改善，但仍与工业存在一定差距。这意味着相对于工业，如果服务业规模扩张较快，可能导致经济增长放缓。未来，发展服务业的着力点在于提升服务业劳动效率，使得劳动力从第一产业向第三产业转移的过程中，全社会劳动生产率能够得到明显提升，进而促进经济发展。

为验证上述结论，进一步将1978—2019年分成时间段相等的两个样本，即1978—1998年、1999—2019年。比较模型3和4的系数，也能得出相似的判断，即进入工业化中后期阶段，产业结构高级化对经济增长的作用提升，产业结构合理化对经济增长的抑制作用明显减弱。这表明，在促进产业高级化发展的同时，更要注重产业协调、融合发展，不断提高农业和服务业劳动生产效率。

三、产业效率提升对经济增长贡献进一步上升

从劳动生产率和劳动投入对经济增长的总贡献看，我国三次产业劳动生产率提升对经济增长的贡献明显上升。2019年，我国三次产业劳动生产率对经济增长的总贡献高达97.5%，比2012年提高22.6个百分点；劳动投入总贡献为8.7%，下降21.3个百分点。动态看，2013—2019年我国三次产业劳动生产率年平均总贡献为91.7%，比2004—2012年上升13.9个百分点（见图9-9）。

分产业看，工业劳动生产率的总贡献最大，服务业次之，农业最小。2013—2019年，第二产业劳动生产率的年平均总贡献率为50.7%，第三产业为24.2%，第一产业为16.9%，这符合三次产业生产效率的特点。动态看，工业和服务业劳动生产率提升的总贡献率趋于上升，工业劳动生产率的总贡献由2012年的38.7%波动上升至2019年的48.6%，服务业由20.6%上升至32.1%，而农业则呈下降趋势，由19.2%下降至16.8%。与前期（2004—2012年）相比，2013—2019年，工业劳动生产率的年平均贡献率比前期提高21.4个百分点，农业和服务业则分别降低1.4、6.1个百分

点。2013—2019年，产业效率的提升主要由工业劳动生产率提升所致，服务业劳动生产率提升较慢，对产业效率总贡献呈下降趋势，值得高度重视。

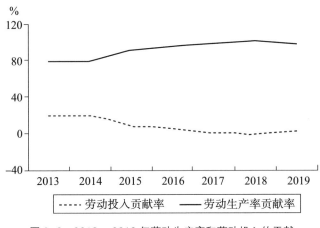

图 9-9　2013—2019年劳动生产率和劳动投入的贡献

9.5　小结

本章沿用第四章的分析框架，探寻新时期我国产业动力的变化情况。首先，全面梳理总结2013—2019年我国三次产业发展的主要特点，深入剖析三次产业发展变化的影响因素。其次，分析我国三次产业发展对经济增长的贡献、三次产业及不同产业内部劳动生产率和劳动投入的贡献。最后，对新时期我国产业结构变迁与经济增长的关系进行实证分析。本章的主要研究发现如下。

一是农业生产稳中提质。2013年以来，我国农业发展总体稳定，农业增加值年均增速明显低于工业和服务业，对经济增长的贡献在4.1%—4.8%区间小幅波动。尽管农业占比继续下降，但我国农业生产能力显著增强，粮食产量连续多年稳定在65000万吨以上。与此同时，农林牧渔业全面发展，农业生产结构和区域布局继续优化，产品质量不断提升，有力保障了我国的粮食安全，农业基础性地位进一步巩固。从内部贡献看，劳动生产率提升对农业增长的平均贡献率明显提高，2013—2019年达到

214.3%，成为推动农业增长的重要动力。

二是工业发展缓中有进。2013—2019 年，我国工业增长放缓，贡献降低。2019 年，工业增加值比上年增长 5.7%，明显低于前期 10% 以上的增速；第二产业对经济增长的贡献率为 36.8%，比 2012 年下降 13.2 个百分点。与此同时，随着供给侧结构性改革的持续深化，以及创新驱动发展战略和制造强国战略的稳步推进，工业结构继续优化，新产业新产品快速增长，发展质量提升。随着现代信息网络技术的运用，以及服务业和制造业的融合发展，2013—2019 年劳动生产率提升对第二产业增长的平均贡献率高达 119%，明显高于前期水平。

三是服务业已经成为经济增长的重要产业动力。2013—2019 年，我国服务业增加值年均实际增长 8.1%，增速在三次产业中位居首位；对经济增长的贡献与日俱增，持续超过第二产业成为经济增长的重要引擎。服务业在规模持续扩大的同时，结构不断优化，传统服务业日趋完善，现代服务业加快发展，对外开放步伐明显加快。劳动生产率提高和劳动投入增加共同推动服务业发展。2013—2019 年，二者对服务业增长的平均贡献率分别为 48.4% 和 49.8%。与发达国家相比，我国服务业劳动生产率仍明显偏低，持续提升服务业劳动生产率是促进服务业发展的重要途径。

四是产业协调发展贡献提高。2013 年以来服务业占比明显提高，2019 年达到 53.9%。我国服务业已经成长为国民经济第一大产业，产业结构高级化趋势明显，第三产业增加值与第二产业的比值由 2012 年的 1.0 提高至 2019 年的 1.38。与此同时，随着产业间效率差异有所缩小，产业结构更趋合理化，产业结构合理化指标数值由 2012 年的 5.6 提高至 2019 年的 8.6。测算表明，产业结构高级化对经济增长的促进作用有所提高；随着农业和服务业劳动生产效率的提升，产业结构合理化对经济增长的抑制作用明显弱化。未来，在促进产业结构高级化发展的同时，应更加注重产业协调、融合发展，不断提高农业和服务业劳动生产效率。

五是产业效率提升作用上升。进入新常态以来，供给侧结构性改革深入推进，营商环境持续优化，高水平对外开放加快打造，我国劳动生产效率明显提升，对经济增长的贡献显著增强。2019 年，三次产业劳动生产率对经济增长的总贡献高达 91.7%，比 2012 年提高 22.6 个百分点；劳动投入总贡献为 8.7%，降低 21.3 个百分点。从产业内部看，工业效率提升是产业效率总贡献提高的主要来源，服务业效率的贡献与前期相比有所下降。从未来看，着力提升劳动生产效率，特别是服务业劳动效率，是推动我国经济持续健康高质量发展的有效途径。

第十章　需求动力由投资向消费转换

第五章的分析表明，1978—2012 年，投资、消费、进出口三驾马车为我国经济较快增长提供了充足的需求动力。但从三大需求的发展历程及动力效果看，我国需求动力的发展也面临着不少困难与挑战，这对新时代需求动力的转换提出了新要求。一是 1998 年亚洲金融危机、2008 年国际金融危机、中美经贸摩擦加剧等冲击表明，过度依赖外需会加大经济风险，提高内需拉动力是稳定经济增长的必要选择。二是需求结构的测算也表明，我国需求结构合理化和高级化水平有所降低，集中表现在内需动力过于偏重投资而消费动力不足，这就要求我们必须形成强大国内市场，打造以消费为核心的需求动力体系。三是从消费本身看，我国居民消费需求升级态势明显，已经完成了从温饱生存消费向生活商品消费的转变，未来将进一步向享受型消费转变，如何调整优化供给，使社会生产满足居民不断升级的消费需求，是切实发挥消费拉动力的关键。基于此，本章以 2013 年以来我国三大需求的发展变化及其对经济增长拉动力的转换为主题，分析新时代我国需求动力发展转变的新特征。

10.1　消费主动力进一步增强

一、新时代消费需求的新特征

2013 年以来，我国居民收入水平明显提高，消费升级进展较快，多样化需求不断涌现，消费对经济增长的拉动作用增强。与此同时，消费升级步伐明显加快，消费层次、消费品质、消费形态、消费方式等方面出现新变化。新时代以来我国消费需求的变化主要表现出以下特点。

一是最终消费率回升。我国最终消费从 2012 年的 275444 亿元增长至 2019 年的 551495 亿元，增长了 100.2%；2013—2019 年年均增长 12.3%（见图 10-1）。其中，居民消费年均增长 12.5%，政府消费年均增 11.8%。消费在经济中的比重持续上升，居民消费占比明显提高。2019 年，我国最终消费率达到 55.4%，比 2012 年提高 4.3 个百分点。其中，居民消费支出占比为 38.8%，提高 3.4 个百分点；政府消费支出占比 16.6%，提高 0.9 个百分点。

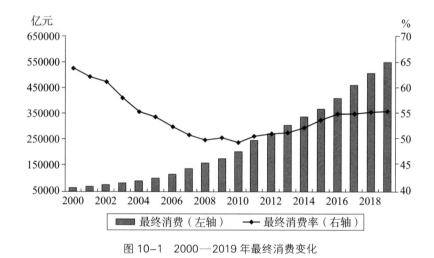

图 10-1　2000—2019 年最终消费变化

二是商品消费升级发展。居民消费不再拘泥于"吃穿住"，升级类消费品继续较快增长，2019 年限额以上单位化妆品类和通信器材类商品零售额比上年分别增长 12.6% 和 8.5%，增速分别比上年加快 3.0 和 1.4 个百分点；体育娱乐用品类商品增长 8.0%。汽车消费升级换代。2019 年，运动型多用途乘用车（SUV）约占全部乘用车销量的 44.3%，比 2012 年提高了 31.8 个百分点。2019 年，新能源乘用车销量 120.6 万辆，销量持续保持在一百万辆以上；新能源乘用车占全部乘用车销量的 4.7%，比上年提高 0.3 个百分点。

三是服务消费快速兴起。信息消费快速增长。2019 年，我国月户均移动互联网流量消费 7.69GB，比 2012 年增长 75 倍，2013—2019 年年均增长 105%。休闲旅游、电影影视等消费亮点纷呈。2019 年，我国旅游总收入为 6.6 万亿元，比 2012 年增长 154.8%，2013—2019 年年均增长 16.8%。2019 年，国内旅游人数为 60.06 亿人次，比 2013 年增长 84.1%。2018 年，我国电影票房收入达到 643 亿元，是 2012 年的 5.96 倍，2013—2018 年年均增长 34.7%。文教娱乐、医疗服务消费增多。2019 年，居民人均消费支出中，教育文化和娱乐消费支出占比为 11.7%，比 2013 年提高 1.1 个百分点；医疗保健消费支出占比为 8.8%，比 2013 年提高 1.9 个百分点。

四是消费新动能成长壮大。网络消费保持高速增长。2019 年，全国网上零售额 106324 亿元，比上年增长 16.5%。其中，实物商品网上零售额 85239 亿元，增长 19.5%。2019 年实物商品网上零售额增速快于同期社会消费品零售总额 11.5 个百分点，占社会消费品零售总额比重为 20.7%，与 2012 年相比明显提高（见图 10-2）。体验式消费明显增多，融合了零售、餐饮、休闲养生、娱乐、文化、教育等多种服务功能的新商业模式井喷式发展。2016 年，全国商业综合体全年总客流量为 96.6 亿人次，比上年增长 28%。2016 年底，全国共有商业综合体 1231 家，其中 2014 至 2016 年期间新开业商业综合体合计 506 家，占总数的 41.1%。2018 年，全国商业综合体中商户实现销售额（包括零售业商户销售额、餐饮业和其他服务业商户营业额）6308 亿元，增长 13.8%。

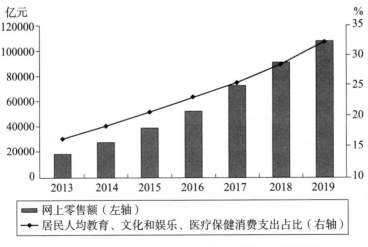

图 10-2　2013—2019 年居民消费支出结构和网上零售额

二、新时代消费需求升级发展的驱动因素

十八大以来，我国居民消费进入了全新的升级发展阶段，消费较快增长既与我国居民就业稳定、收入增长较快、分配机制完善有关，也与我国供给能力提高、消费环境改善有关。

一是居民收入较快增长。居民收入增速与经济增速基本保持同步，收入持续提高有利于促进居民消费增长和升级。2019 年，居民人均可支配收入实际增长 5.8%，与经济增长基本保持同步（见图 10-3）。城乡居民收入来源多样化。2019 年，农村居民收入中，家庭经营收入占比为 36.0%，比2013 年降低了 5.8 个百分点；工资性收入占比为 41.1%，提高了 2.4 个百分点。城镇居民收入中，工资性收入占比为 60.4%，比 2013 年降低了 2.4 个百分点，财产性净收入占比为 10.4%，提高了 0.7 个百分点。

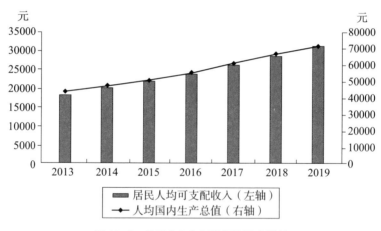

图 10-3　居民收入与经济保持同步增长

二是收入分配结构改善。2013—2019 年，我国住户部门收入占可支配收入比重上升，政府和企业部门收入占比下降。此外，近年来上调个人所得税起征点，增加住房、医疗、教育等专项附加扣除，减轻了广大工薪阶层税费负担。

三是高品质消费品供给增加。近年来，我国进入产业转型升级发展阶段，制造业"大而不强"的状况有所改善，产品品质明显提高。2018 年，

与居民衣食住行相关产品 55 类合格率超过 90%，其中婴儿用塑料奶瓶、压力锅等 14 类商品合格率为 100%。智能马桶盖、纸尿裤等海外代购热门消费品合格率明显提升，2018 年我国智能马桶抽查不合格率从 2015 年的 40% 降低至 2018 年的 5.7%，产量同比提高 39.6%，国内销量同比提高 45.1%，出口量同比提升 3.6%。电子产品质量改善。2018 年电子产品抽检不合格率为 15.9%，比 2015 年下降了 4.8 个百分点。从供给水平来看，汽车、手机、电脑供给量充足。2018 年，汽车产量 2783 万辆，移动通信手持机 18 亿台，微型计算机设备 3.2 亿台左右，而相对价格相较十年前下降不少，早已成为人们居家生活的标配品。

四是现代服务业迅速发展。近年来，服务业发展体制更加健全，交通运输、现代物流、邮政快递、金融服务等现代服务业快速发展。2019 年，全国铁路完成旅客发送量 36.6 亿人，同比增长 8.4%；全国铁路完成货物发送量 43.9 亿吨，同比增长 7.2%。2018 年，高速铁路客运量 20.5 亿人，占铁路客运量比重为 60.9%，比 2013 年提高 35.8 个百分点。邮政快递业迅速发展。2013—2019 年，邮政业务总量年均增长 41.3%，快递业服务企业业务量年均增长 49.5%。2019 年，人均快递使用量达 45.4 件，同比增长 35.7%，稳居世界第一。现代金融服务业支撑作用不断发挥，第三方支付逐渐成熟。现代旅游行业发展升级，从传统的观光旅游到现代的体验式旅游、个性化定制旅游服务逐渐增多，工业博物馆、展示体验馆等旅游产品蓬勃发展，融入当地生活的民宿等新兴业态快速发展。

五是消费新模式层出不穷。互联网、大数据、云计算、人工智能等先进技术应用极大地改变了消费业态，"互联网+"的模式与各行各业迅速融合，形成了一批前所未有的全新产业，网上购物、网络服务、在线教育正在成为年轻一代的消费新宠，新兴消费模式蓬勃发展。2019 年，我国共享经济交易规模 32828 亿元，同比增长 11.6%，其中生活服务、生产能力、知识技能交易规模居前三。融合互联网的网约车、共享住宿、在线外卖等新兴消费模式不断发展壮大。2019 年，网约出租车占出租车客运总量的比重为37.1%，比2016年提高了10.5个百分点；共享住宿收入占住宿业客房收入比重为7.3%，提高了3.8个百分点；在线外卖占餐饮收入比重为12.4%，提高了7.9个百分点。"互联网＋教育"的在线教育新模式快速普及。2018年末，我国在线教育用户规模达2.01亿人，比2017年末增加4605万人，增长29.7%；其中手机在线教育用户规模达1.94亿人，比2017年末增加7526万人，增长63.3%。

三、新时代消费对经济增长的拉动作用

根据我们的估算方法，2019年我国扣除进口后消费总额比2012年增长了82%，2013—2019年年均增速为9.0%，比1983—2012年回落0.5个百分点。从贡献率看，2013—2019年，消费对经济增长的贡献率为55.7%，比1982—2012年大幅提高了16.5个百分点。其中，2015—2019年这一时段的贡献率更是超过了60%，表明消费作为我国经济增长的第一大动力地位不断得到巩固（见图10-4）。

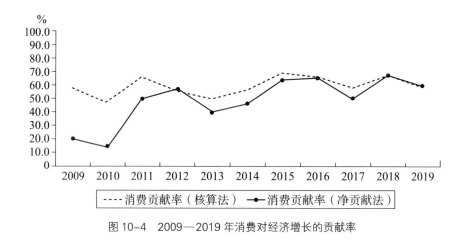

图10-4　2009—2019年消费对经济增长的贡献率

如果对比基于改进估算的净贡献法和核算法的结果还可以发现，2012年以后两条曲线表现出高度一致的变化态势，且数值差距很小。从2013—2019年情况看，两条曲线的相关系数达到了0.88，而在1982—2012年其

相关性水平仅在 0.7 左右。2013—2019 年，核算法得出的消费贡献率为
60.5%，与净贡献法的 55.7% 仅相差 4.8 个百分点，而在 1982—2012 年间
这一差距则超过了 15 个百分点。这一结果表明，进入新时代以来消费不仅
挑起了拉动经济增长的大梁，而且对国内商品和服务生产拉动较多，表明
建设强大国内市场在新时代开始取得初步成效。

进一步观察消费拉动经济增长的点数，2013—2019 年间稳定在 3—
4.5 个百分点的较小波动区间，同时存在略微上升的趋势，2019 年消费拉
动经济增长 3.6 个百分点，比 2013 年高 0.5 个百分点（见图 10-5）。消费
动力稳中有升与经济进入新常态后增速逐年回落的趋势相反，说明消费不
仅是拉动经济增长的主引擎，也是稳定经济增长的压舱石。

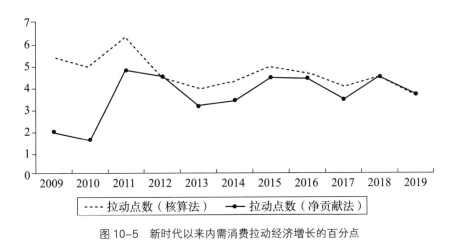

图 10-5　新时代以来内需消费拉动经济增长的百分点

10.2　投资依然是拉动增长的重要动力

一、新时代投资需求结构改善

2013 年以来，我国投资从两位数的高增长回落至个位数增长，但投资
结构不断优化，在补短板、强弱项、惠民生、育动能方面发挥了关键作用。
主要表现出以下几个特征：

一是投资增速稳中趋缓。我国资本形成总额从 2012 年的 248960 亿

元增长至 2019 年的 428628 亿元，增长了 72.2%；2013—2019 年年均增长 9.5%。其中，固定资本形成总额从 238301 亿元增长至 422019 亿元，年均增长 10.0%。投资在经济中的比重有所降低。2019 年，我国投资率为 43.1%，比 2012 年降低 3.1 个百分点。其中，固定资本形成总额占比为 42.4%，降低 0.6 个百分点。

二是三大投资结构优化。装备制造业投资占比提升，高技术服务业投资快速成长。2019 年，装备制造业投资增长 4.3%，增速比全部制造业投资快 1.2 个百分点，占制造业投资比重超过四成。2013—2018 年，高技术产业投资年均增长 16.9%，增速比全社会投资快 6.2 个百分点。其中，高技术制造业投资年均增长 15%，增速比全部制造业投资快 5.4 个百分点；高技术服务业投资年均增长 20.3%，增速比全部服务业投资快 8.2 个百分点。2019 年，高技术产业投资同比增长 17.3%，产业发展继续加快壮大。基础设施投资向"新基建"发展。新时代以来基础建设投资水平不断提高，交通运输建设和装备水平世界领跑，形成了铁路为骨干，公路、水运、航空和管道多种运输方式组成的综合交通运输网络；同时，信息产业基础设施建设规模逐年加大，2013 年中央出台了"宽带中国"战略及实施方案，截至 2019 年年末，全国接入网络基本实现光纤化，光缆线路总长度达 4750 万公里，移动通信基站总数达 841 万个，其中 4G 基站 544 万个，2019 年 5G 网络建设全面启动，多个城市已实现 5G 网络的重点市区室内外连续覆盖。房地产投资向住房工程发力。2013—2019 年，房地产住宅投资年均增长 11.9%，现代化的具有独立卫生间、厨房、淋浴、供暖、供气、供水设备等的成套住宅迅速增长，有效满足了人们的住房需求。

三是短板领域投资快速增长。公共设施领域投资持续增加，生态环保相关投资快速增长。2012—2017 年，全社会固定资产投资中水利、环境和公共设施管理业投资占比从 7.9% 上升至 12.8%，提高了 4.9 个百分点。2013—2018 年，生态保护和环境治理业投资年均增长 31.4%，核电、风电、太阳能发电等新能源投资年均增长 13.8%，快于全部电力生产投资增速 7 个百分点。利农、富农等扶贫攻坚开发相关投资持续增长。2018 年，涉农领域投资增长 19.8%，增速比全部投资高 13.9 个百分点。贫困地区农村水、电、路、网等基础设施和公共服务建设投资力度不断极大，"四通"基础设施条件不断完善。2017 年年末，贫困地区通电话的自然村占比为 98.5%，比 2012 年提高 5.2 个百分点；通有线电视信号的自然村占比为 86.5%，提高了 17.5 个百分点；通宽带的自然村占比为 71.0%，提高了 32.7 个百分点；通电的自然村几乎全面覆盖。

四是新兴领域投资方兴未艾。信息化网络建设步伐加快。2019 年，投资建成 4G 基站超过 800 万个。文化旅游投资持续繁荣。2013—2018 年，全国文化及相关领域服务业投资年均增长 18.1%，其中文化艺术业投资年均增长 10.5%；全国公园和旅游景区管理业投资年均增速高达 27.8%。健康养老投资快速兴起。2013—2016 年，健康服务业（含体育、健康及养老）投资年均增长 20.3%，2016 年末建成提供住宿的养老服务结构 2.8 万个，提供养老床位 680 万张，比 2012 年增长 63%。

二、新时代投资发展的驱动因素

一是供给侧结构性改革深入推进。2015 年年底，中央经济工作会议提出了以去产能、去库存、去杠杆、降成本、补短板为主要内容的供给侧结构性改革；2016 年"十三五"规划纲要提出要优化现代化产业体系，国家转型升级发展的战略目标部署落实，有效推动相关产业投资力度加大。2017 年，水利、环境和公共设施管理业国家预算资金投资占全部国家投资预算资金的比重达 34.1%，比 2012 年提高了 6.6 个百分点。2017 年，制造业改建和技术改造投资占全部改建和技术改造投资比重为 65.7%，比 2014 年提高了 6.2 个百分点。

二是产业升级发展趋势明显。长期投资高增长引发了产能过剩问题，尤其是钢铁、煤炭、水泥、电解铝、平板玻璃为主的工业产能过剩较为严重。2016 年年初，相关工业产能利用率降至 70% 左右，其中粗钢产能利用率自 2010 年到达峰值后一直处于下降状态，到 2015 年已经跌落至 67% 的水平，处于严重的产能过剩状态。在这种情况下，企业改造升级投资加大。2018 年，制造业投资增长 14.9%，明显快于同期全部投资增长，占制造业投资比重上升至 48.5%。

三是新兴产业发展带动。随着信息技术的广泛应用，信息产业发展向好。2019 年，信息传输、软件和信息技术服务业、租赁和商务服务业生产指数增速分别快于全国服务业生产指数 13.5 和 2.3 个百分点，合计对服务业生产指数增长的贡献率达 34.4%，拉动指数增长 2.4 个百分点。新业态助推投资发展。2019 年是 5G 商用元年，全国开通 5G 基站 12.6 万个，带动相关服务收入增长。2019 年 1—11 月份，规模以上互联网和相关服务、软件和信息技术服务业营业收入同比分别增长 25.7% 和 16.6%。重点服务业营业收入快速增长。2019 年 1—11 月份，战略性新兴服务业、科技服务业和高技术服务业营业收入同比分别增长 12.4%、12.0% 和 12.0%，新产业的蓬勃发展带动了相关领域投资增长。

四是基础设施和房地产投资需求拉动。经济发展对基础设施和房地产建设需求旺盛。2019 年年末，全国铁路营运里程达 13.98 万公里，其中高铁营运里程 3.5 万公里；公路总里程达 501 万公里，其中高速公路总里程达 15.0 万公里；境内运输机场 238 个，航线里程达 948 万公里；沿海主要港口货物吞吐量 92 万亿吨，多年居世界第一；交通运输建设和装备水平实现从跟跑到领跑的变化，高速铁路、特大桥隧、离岸深水港、大型机场等工程建造技术迈入世界先进或领先行列，且仍保持发展势头。房地产住宅开发投资规模快速增长，房屋竣工面积逐年增加，多主体供给、多渠道保障、租购并举的住房制度正在建立。2019 年，住宅商品房销售面积 17.2 亿平方米，是 2013 年的 1.3 倍；棚户区改造同步开展，2014—2018 年全国城镇棚户区住房改造开工 2912 万套；2016—2018 年改造农村地区建档立卡贫困户危房 457 万座。

三、新时代投资需求对经济增长的拉动作用

进入 21 世纪以后，对我国经济发展影响最大的因素是 2008 年全球金融危机，这对我国投资也产生了重大影响。根据我们使用净贡献法进行的改进估算，2009—2018 年我国不变价资本形成总额增长了 1.6 倍，年均增长 9.0%；其中，2013—2019 年增速降至 6.7%，与 1982—2012 年两位数的年均增速相比，出现了明显的回落。从贡献率看，2012 年以来，投资贡献率出现了明显回落，2013—2019 年投资对经济增长的年均贡献率为 36.3%，明显低于 2009 年 70% 左右的阶段高点。从投资贡献率的变化看，整体上表现出逐渐下降趋势。2019 年投资需求的贡献率为 21.8%，比 2013 年回落了 27.3 个百分点。

从改进的净贡献法与传统的核算法测算结果对比看，两者的具体数值和变化趋势基本一致，但在 2017 年以后，净贡献法的结果出现了更明显的下降，表明进口产品用于资本形成比重有所上升（见图 10-6）。

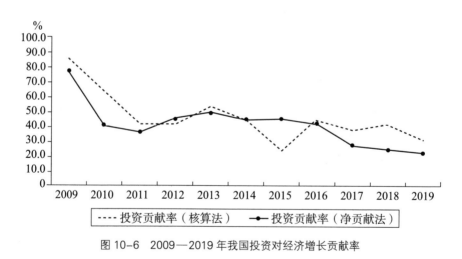

图 10-6　2009—2019 年我国投资对经济增长贡献率

同时，我们也计算了投资拉动经济增长的点数，从图 10-7 中的曲线看，在投资刺激政策效应逐渐被消化以后，投资拉动经济增长的能力也出现了明显的回落。2013—2019 年，投资对经济增长的拉动点数回落至 4 个

百分点以下，2019 年仅为 1.3 个百分点。相比于贡献率的波动，拉动点数的变化幅度进一步缩小（见图 10-7）。

图 10-7　2009—2019 年我国投资拉动经济增长的百分点

10.3　出口拉动作用出现新变化

一、新时代出口结构改善

2013 年以来，面对国际金融危机后续影响和错综复杂的外部形势，我国坚持深化改革、扩大开放，推动"一带一路"国际合作，加快实施自由贸易区战略，着力优化营商环境，我国货物贸易发展总体稳定，服务贸易迅速发展，贸易结构持续改善。出口发展主要表现出以下几个主要特征：

一是出口增长减缓。我国货物出口总额从 2012 年的 20487 亿美元增长至 2019 年的 24990 亿美元，2013—2019 年年均增长 3.4%；服务贸易出口总额从 2012 年的 2016 亿美元增长至 2019 年的 2836 亿美元，年均增长 5.9%。2012 年开始，我国出口额增速回落到个位数增长区间，2018 年货物出口额同比增长 9.9%，增速比 2010 年放缓了 10.4 个百分点，2019 年受中美经贸摩擦和世界经济放缓影响，货物出口额由同比增长转为下降 1%。出口依存度持续降低。2019 年，我国货物出口占国内生产总值的比重为 17.3%，比 2012 年降低 6.6 个百分点。

二是出口结构持续改善。高附加值和自主知识产权产品和技术含量较高的机电产品出口占比稳步提高。2019 年，我国货物出口贸易中，高新技术产品出口 7310 亿美元，占全部货物出口比重为 29.3%，占比接近 3 成；机电产品出口 14588 亿美元，占全部货物出口比重为 58.4%，比 2012 年提高了 0.8 个百分点。新兴服务出口发展迅速。2019 年，我国服务出口占货物和服务出口比重为 11.4%，比 2012 年提高了 2.9 个百分点。保险服务、金融服务、计算机和信息服务、知识产权等知识型密集服务快速发展。2018 年，知识密集型服务出口 449.6 亿美元，占全部服务出口比重为 22.1%，比 2012 年提高 11.2 个百分点。

三是出口方式持续调优。2013 年以来，来料加工、进料加工等加工贸易占比下降，一般贸易占比上升。2019 年，我国一般贸易出口 14430 亿美元，占出口总额的 57.8%，比 2012 年提高 9.5 个百分点；加工贸易出口 7354 亿美元，占出口总额的 29.4%，比 2012 年降低 12.7 个百分点。

四是贸易伙伴更趋多元。"一带一路"建设稳步推进，我国与沿线国家贸易关系日趋紧密。2019 年，我国贸易伙伴数量发展到 230 多个，我国与"一带一路"沿线国家货物贸易进出口额达 1.34 万亿美元，同比增长 5.9%，占外贸总值比重的 29.3%。其中，中国对沿线国家出口额达 7623 亿美元，同比增长 8.5%。

二、出口变动的驱动因素

一是国际经贸环境变化。2012 年以后，世界主要经济体经济增长出现明显分化，加之地缘政治危机和突发事件对一些国家经济发展造成严重干扰，对全球商品市场价格形成较大冲击，而贸易保护主义抬头进一步阻碍了世界经济复苏进程，导致外部需求增长持续疲弱，影响我国出口增长。2019 年，世界经济增长 2.4%，比 2010 年降低了 1.9 个百分点；全球贸易量下降 0.1%，上年为增长 3.0%。尽管出口增速有所放缓，但我国出口总量仍保持在较高水平，2008 年以来稳居世界第一。

二是工业转型升级发展。近年来，我国深入实施创新驱动发展战略和制造强国战略，加快传统产业改造提升步伐，工业向中高端水平持续迈进，工业产品国际竞争力明显提升。制造业规模持续扩大，转型升级发展步伐加快，高端制造业快速发展。2019 年，我国制造业增加值份额接近 30%，稳居世界第一制造业大国。2019 年，高技术制造业、装备制造业增加值占规模以上工业增加值比重分别为 14.4% 和 32.5%，比 2012 年分别上升了 5.0 和 4.3 个百分点。

三是自贸区战略取得积极成效。更高水平的对外开放战略不断贯彻落实，自由贸易区战略取得积极成效，外贸发展方式不断创新，营造了良好的贸易环境和制度体系。2013 年之后 6 年间，国务院集中复制推广的自贸试验区改革试点经验共五批、合计 106 项，累计 202 项制度创新并复制推广。涉及贸易便利化 64 项，包括国际贸易"单一窗口""海关通关一体化"等。2019 年，中国营商环境排名跃升至 31 位，自贸试验区建设近 7 年时间，累计提升了 65 位。截至 2018 年年底，除海南外的 11 个自贸试验区新设外资企业数占全国比重达 15.54%、进出口总额占全国比重为 12.12%。

四是区域经济合作持续深化。我国区域经济合作关系不断加深，外贸市场持续拓宽。目前，我国已签署 17 个自贸协定，涉及 25 个国家和地区，遍及亚洲、欧洲、大洋洲等，零关税覆盖的产品范围超过 90%，涵盖了近 40% 的对外贸易额。2017 年，我国与自贸区伙伴的贸易额（不含港澳台）占货物贸易总额的 25.8%，更多的自贸协定谈判正有序推进。《区域全面经济伙伴关系协定》（RCEP）涵盖全球一半以上人口，经济和贸易规模占全球的 30%，相关谈判取得新进展将给出口发展带来更大的机遇。

三、新时代出口经济拉动力的变化

2019 年，扣除进口消耗之后的不变价出口总额比 2012 年增长了 22.0%，2013—2019 年年均增速为 2.9%；2013—2019 年，出口对经济增长的贡献率为 8.0%，其中 2017—2019 年平均值达到 17.0%。这表明虽然在世界经贸增长减速、中美经贸摩擦升级的背景下出口对经济增长的拉动作用减弱，但也不可忽视。

如果使用核算法进行简单计算，则会得出不同的结论，核算法计算结果显示，2013—2019 年我国净出口对经济增长的平均贡献率仅为 0.1%（见图 10-8）。上述结果的对比表明，虽然近年来我国出口遭遇了较多挑战，但实际上外需仍保持了增长，我国外贸状况也并未恶化到抑制经济增长的状况，对此需要有客观的认识。

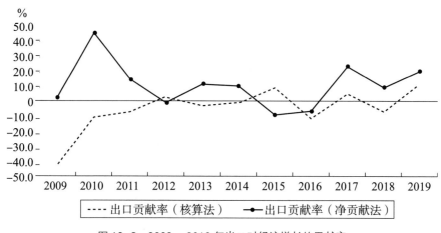

图 10-8　2009—2019 年出口对经济增长的贡献率

拉动点数的情况与贡献率基本一致，从改进估算的净贡献法结果看，除了 2015 和 2016 年之外，出口仍然对经济增长有 1 个百分点左右的拉动力，且在 2017 年回升至 1.6 个百分点的较高水平，但受世界经贸增长减速尤其是中美经贸摩擦的影响，2019 年回落至 1.2 个百分点（见图 10-9）。

从实际情况看，中美经贸摩擦对我国外贸出口的影响仍在持续，出口增长放缓拉低了经济增长速度。2019 年我国商品出口同比仅增长 0.47%，比上年回落 9.42 个百分点；对美出口额下降 12.49%，上年为增长 11.32%；对美出口商品占比为 16.8%，比上年下降了 2.5%。2019 年我国 GDP 同比增长 6.1%，比上年回落 0.6 个百分点。

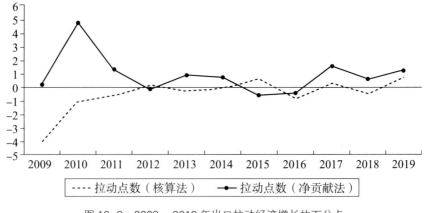

图 10-9　2009—2019 年出口拉动经济增长的百分点

10.4　需求结构不断升级

一、需求结构的进一步演化

在第五章中，我们使用需求结构合理化和高级化两个指标分析了我国三大需求的协同发展水平，在此我们仍使用这两个指标继续观察 2013 年以来我国需求结构的发展变化。首先，使用同样方法计算了 2013—2019 我国需求结构的合理化水平，结果如图 10-10 所示。从结果中可以发现三个特征：一是我国需求结构不够合理，2013—2019 年需求结构合理化指数的均值仅为 0.55，表明需求结构仍较为不合理。二是需求结构进一步恶化，从数据的变化趋势看，我国的 DRF 延续了国际金融危机以来的下行态势，2016 年比 2012 年下降了 0.14 点。三是近年来需求结构出现改善迹象，2019 我国 DRF 值为 0.53，比 2016 年回升了 0.02，且连续 3 年回升。

测算 2012 年以来我国需求结构的高级化水平，结果如图 10-11 所示。从中可以看出，2014 年以来我国需求结构的高级化水平一改此前波动下行的态势，出现稳步上行。2019 年，实际最终消费率达到 55.3%，比 2012 年提高了 2.4 百分点。如果计算名义消费率的话，这一升幅将进一步扩大至 4.3 百分点。

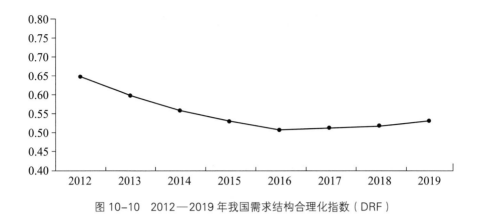

图 10-10　2012—2019 年我国需求结构合理化指数（DRF）

导致合理化指数下降而高级化指数上升的原因有两方面。一是我国在这一时期投资效率总体水平不高，产能过剩的问题突出，投资边际产出相对较低，导致合理化指数降低到了较低水平，但随着供给侧结构性改革和产业结构升级发展等深入落实推进，合理化指数 2016 年起开始呈现上升趋势。二是新时代我国不断扩大内需，深挖开拓国内市场，消费占比持续上升，拉动高级化指数同步上升。

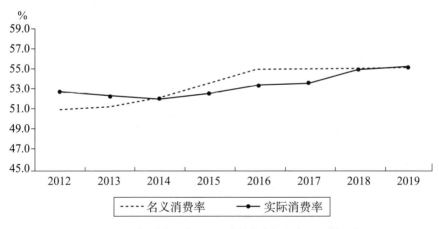

图 10-11　新时代以来我国需求结构高级化水平不断提升

二、需求结构升级助推经济增长

为了进一步探讨需求结构对经济增长的影响效果在新时代的变化，我们仍然采用第五章中构建的时间序列模型进行实证检验。

$$\ln Y_t = \alpha_0 + \alpha_1 DRF_t + \alpha_2 \frac{C}{Y}_t + \varepsilon_t \qquad (10.1)$$

其中，$\ln Y_t$ 表示经济增长，DRF_t 为需求结构合理化水平；$\frac{C}{Y}_t$ 为历年的不变价需求结构高级化水平；α_0 为常数项，ε_t 为随机干扰项。考虑到新时代的样本点过少，不足以进行时间序列分析，我们使用 1982—2019 年整个时期的数据进行回归，通过与第五章回归结果的对比观察需求结构对经济增长影响的变化，结果如表 10-1 所示。

表 10-1　需求结构对经济增长影响的变化

变量	1982—2012 年		1982—2019 年	
	回归系数	T 值	回归系数	T 值
DRF	0.09	0.47	0.13	0.72
C/Y	−19.3***	−10.79	−14.1***	−8.09
CONS	21.1***	23.05	20.4***	17.75
Adj-R^2	0.98		0.97	

注：*** 代表回归系数在 1% 的水平上显著。

首先从常数项的回归结果看，1982—2018 年全样本模型的系数为21.1，与 1982—2012 年的 20.4 基本保持一致，这在一定程度上说明延长时间段并没有使模型的内在结构发生明显改变，那么关键变量回归系数的变化就可以用来分析其对经济增长影响效果是否在 2012 年以后发生了明显改变。从 DRF 的回归结果看，无论系数还是 T 值都几乎没有改变，这在一定程度上表示了 2012 年以来需求结构的合理化没有显著影响经济增长。但从需求结构高级化变量 C/Y 的回归结果看，负向影响系数从 19.3 大幅下降至 14.1，且 T 值从 −10.79 提高到 −8.09，这种变化是非常明显的，因此我们有理由相信在 2012 年以来需求结构的升级正成为推动经济增长的有效动力，结合消费需求对经济增长的贡献率测算结果看，扩大国内市场促进有效消费应该成为拉动经济稳定增长的关键，这也在一定程度上解释了我国需求结构合理化水平在近年出现回升的原因，表明中国经济的需求动力正在转向以消费为主。

10.5 小结

2013年以来，我国消费拉动力进一步增强，对经济增长的贡献率超过投资和出口的总和，成为需求动力的核心。本章的研究主要有以下几点发现：

一是消费对经济增长的贡献率超过 50%。居民收入水平持续提升、消费需求不断升级，持续推高消费对经济增长的贡献率。2013—2019年，消费对经济增长的贡献率为 55.7%，成为经济增长需求动力的最主要构成，且从发展趋势看消费的贡献率仍在提升。

二是投资贡献率有所下降。随着投资增速持续放缓，其对经济增长的贡献率也逐渐下降。2013—2019年，投资的经济增长贡献率为 36.3%，明显低于 2009年 70%左右的阶段高点，2019年投资需求的贡献率进一步降至 21.8%。

三是出口贡献率降至低位。随着我国发展阶段的改变，以及受国际经贸增长放缓、大国博弈加剧等因素影响，出口对我国经济增长的贡献率下降。2013—2019年出口对经济增长的贡献率为 8.0%，与 1979—2012年 20%以上的贡献率水平相比降幅较大。

四是需求结构合理化水平有所回升，高级化水平稳步提高。测算结果显示，2016年以后我国需求结构合理化水平下降的趋势得到扭转，2019年比 2016年略有回升；2019年，需求结构高级化水平比 2012年提高 2.4个百分点。实证结果还表明，需求结构的升级在这一阶段开始成为推动我国经济增长的有效动力。

第十一章　空间动力由非均衡发展向协同发展转换

党的十八大以来，我国空间动力格局发展了明显变化，城镇化在继续推进的同时，土地集中的速度有所放缓，多极大城市化特征突出，大城市的发展更加重视人口的集聚，甚至发生各中心城市争抢人口的现象。全国经济增长的主要动力也不再单独依靠东部地区，中部与东部的区域分工趋于水平化。城市及城市群之间、区域之间协同互补性的增强，推动了城乡差距的持续缩小，并使区域差距总体上保持稳定。

11.1　十八大以来空间发展战略的创新

一、城镇化发展战略的转变

进入新世纪以来，我国对于城镇建设的指导方针由控制大城市规模、合理发展中等城市、积极发展小城市，转变为促进大中小城市和小城镇协调发展，并突出强调城市群的作用。党的十八大以来，这种方针得到了进一步落实，措施也进一步具体化。

适应城镇规模建设方针的调整，重新规定了城市等级的划分标准。过去，出于对大城市规模的控制和对小城市发展的支持，我国对城市等级的划分标准表现出层级少和标准低的特征，党的十八大之前，虽然划分标准经历多次变迁，但这种特征始终维持。例如，1989 年发布的《中华人民共和国城市规划法》规定，我国城市按人口规模划分为三个等级，其中 50 万人以上的即被划为大城市，20 万人以上 50 万人以下的划为中等城市，20万人以下的划为小城市，这种划分方案一直沿用到十八大之前。新世纪以来，很多地级城市人口已经突破 50 万人，这种划分标准显然已不能与城市规模的实际状况相适应。2014 年,《国务院关于调整城市规模划分标准的通知》大幅增加了城市等级层级,并提高了城市规模标准:将 1000 万人以上的城市划为超大城市;将 500 万人以上 1000 万人以下的城市划为特大城市;将 100 万人以上 500 万人以下的城市划为大城市,其中 300 万人以上 500 万人以下的划为 I 型大城市,100 万人以上 300 万人以下的划为 II 型大城市;将 50 万人以上 100 万人以下的城市划为中等城市;将 50 万人以下的城市划为小城市,其中 20 万人以上 50 万人以下的划为 I 型小城市,20 万人以下的划为 II 型小城市。

对于城市群建设,方针做出了详细的规划。城镇化的本质是人口在空间上的集中,如果我们突破单个城镇的观察,可以发现城镇化的过程中,人口一般是向若干个彼此靠近的城镇集中的,这些彼此靠近的城镇就构成了城市群,因此,城市群的发展是城镇化发展到一定阶段的必然结果。早在 2010 年印发的《全国主体功能区规划》中,我国就提出了构建"两横三纵"为主体的城市化战略格局。2014 年发布的《国家新型城镇化规划(2014—2020 年)》再次确认了"两横三纵"城市化战略,并明确提出要优化提升东部地区城市群、培育发展中西部地区城市群、建立城市群发展协调机制、促进各类城市协调发展。2016 年通过的《十三五规划纲要》进一步明确提出规划建设 19 个城市群,同时"促进以拉萨为中心、以喀什为中心的城市圈发展",即"19+2"的城镇化战略格局。为了有效指导城市群的建设,2018 年中共中央、国务院发布《关于建立更加有效的区域协调发展新机制的意见》,提出建立以中心城市引领城市群发展、城市群带动区域发展的新模式。

二、区域发展战略的精细化

党的十八大以来,我国在区域发展总体战略的基础上,进一步对重点地区并基于特定目的提出了具有针对性的发展战略,形成了更为全面更为精细化的区域发展战略体系。

2013 年，习近平主席提出"丝绸之路经济带"和"21世纪海上丝绸之路"合作倡议，简称"一带一路"倡议。"一带一路"建设以开放合作、和谐包容、市场运作、互利共赢为原则，推进沿线国家和地区政策沟通、设施联通、贸易畅通、资金融通、民心相通。虽然"一带一路"倡议及其建设涉及较多的国际经贸内容，但其基本目的之一是通过促进我国各地区与全球经济的联系，推动国内地区间以及国内与国际的一体化发展，这为加强国内区域经济融合、改善落后地区区位优势、推动国内产业走出去等多方面的发展创造了有利条件。

2015 年，中共中央、国务院印发《京津冀协同发展规划纲要》。京津冀协同发展战略以有序疏解北京非首都功能、解决北京"大城市病"为基本出发点，探索一种人口密集地区优化开发的模式。2018 年年底，《河北雄安新区总体规划（2018—2035 年）》获国务院批复。2019 年 1 月，《中共中央国务院关于支持河北雄安新区全面深化改革和扩大开放的指导意见》发布。2018 年，位于通州的北京城市副中心行政办公区正式启用。

2016 年，中共中央、国务院印发《长江经济带发展规划纲要》。长江经济带是对于我国生态保护和经济发展具有重要影响的地区。长江经济带发展坚持生态优先、绿色发展的战略定位，确立"一轴、两翼、三极、多点"的发展新格局，力争实现长江经济带生态效益、经济效益、社会效益的统一。

2019 年 2 月，《粤港澳大湾区发展规划纲要》正式印发。同年 12 月，《长江三角洲区域一体化发展规划纲要》正式印发。截至本书成稿，黄河流域生态保护和高质量发展有关战略也在加紧研究和部署中。

11.2 新时代城镇化发展的主要特征

一、城市经济增长方式发生转变

（一）城镇化速度有所放缓

2011 年，我国城镇化率历史性地突破了 50%，达到 51.27%，此后，我国城镇化进程总体上仍保持较高推进速度，但与上一阶段相比有所放缓。2018 年，城镇化率达到 59.58%，比 2012 年提高 7.01 个百分点，2013—2018 年年均提高 1.17 个百分点。这一速度低于 1996—2012 年的年均 1.38 个百分点的速度，也低于 2000—2012 年的年均 1.36 个百分点的速度，但仍保持在年均 1 个百分点以上，在全球来看为较高速度。从年度增速看，2010 年城镇化率提高幅度达 1.61 个百分点，为改革开放以来最高增速，2011 年放缓至 1.32 个百分点，2018 年则进一步放缓至 1.06 个百分点（见图 11-1）。

图 11-1　2012—2018 年城镇化率和城镇就业比重变化

　　与城镇化率的提高速度变化有所不同，城镇就业比重的提高速度并未明显放缓。2018 年，我国城镇就业比重达到 55.96%，比 2012 年提高 7.59 个百分点，2013—2018 年年均提高 1.27 个百分点，提高速度比 1996—2012 年进一步加快 0.07 个百分点。但是，从年度变化来看，城镇就业比重从 2011 年开始有小幅放缓趋势。2010 年城镇就业比重比上年提高 1.63 个百分点，为改革开放以来最高增速，2011 年放缓至 1.42 个百分点，2018 年进一步放缓至 1.27 个百分点（其中 2014 年和 2016 年均为 1.21 个百分点的较低增速）（见图 11-1）。

总体上看，这一时期城镇就业比重提高速度持续大于城镇化率提高速度，这主要是由产业结构的变化决定的。新时代背景下，第三产业已成为国民经济和众多城市经济的主体，而服务业大多是劳动密集的，对劳动力的吸纳能力明显大于工业，因而服务业增长的就业弹性要明显大于工业，服务业比重的提高必然推高城市经济的就业弹性。

（二）人口增长对城市经济增长的重要性凸显

党的十八大以来，我国城市经济增长方式发生了显著变化，城市土地集中速度明显放缓，而人口集中速度保持稳定，相对于土地城镇化，人口城镇化拉动经济增长的作用更加突出。城市建设相关数据[①]表明，相比于2012年，2017年我国城市人口增长16.4%，增长幅度仍小于城市建成区面积23.4%的增长幅度，但城市征用土地面积减少了10.5%，与过去形成鲜明对比，说明城市土地约束日益加强，以土地外延式扩张为主要特征的城市经济粗放增长方式正在逐渐被修正。从年度增长率看，2013—2017年，城市人口增速均值为3.1%，比2009—2012年略微放缓0.2个百分点；城市建成区面积增速均值为4.3%，放缓1.6个百分点，放缓幅度为城市人口增速放缓幅度的8倍；城市征用土地面积增速均值由过去12.6%的高值转为−1.2%，其中，2013年和2014年连续两年大幅负增长，分别比上年减少15.3%和19.4%（见表6-1和表11-1）。

分区域看，西部地区土地集中快于人口集中的现象仍然是最为突出的，但从土地集中快于人口集中的幅度来看，除东北地区小幅扩大以外，西部、中部和东部均大幅缩小。2013—2017年[②]，东部地区城市人口年均增长3.4%，增速比2009—2012年加快0.7个百分点，而建成区面积年均增长4.2%，放缓0.4个百分点，比城市人口增长快0.7个百分点，增速差缩小1.2个百分点；中部地区城市人口和建成区面积分别年均增长3.3%和4.0%，分别放缓0.4个和1.6个百分点，增速差为0.8个百分点，缩小1.2

---

① 相关统计口径和指标计算方法见第六章脚注。

② 由于数据缺失，东部数据未计上海。

个百分点；西部地区城市人口和建成区面积分别年均增长 4.3% 和 6.3%，前者持平，后者放缓 1.0 个百分点，两者增速差为 2.0 个百分点，仍为四大板块中最大差值，但比前期缩小 1.0 个百分点；东北地区城市人口和建成区面积分别年均增长 0.3% 和 2.0%，分别放缓 1.8 个和 1.7 个百分点，增速差为 1.7 个百分点，比前期扩大 0.1 个百分点（见表 6-2 和表 11-2）。

表 11-1　2013—2017 年我国城市人口与土地增速

年份	城市人口（%）	建成区面积（%）	征用土地面积（%）
2013 年	2.6	5.0	−15.3
2014 年	2.8	4.0	−19.4
2015 年	3.3	4.7	4.9
2016 年	3.7	4.3	10.7
2017 年	3.0	3.5	12.9
均值	3.1	4.3	−1.2

表 11-2　2013—2017 年分区域城市人口与土地年均增速

区域	城市人口（%）	城市建成区面积（%）	增速差（百分点）
东部	3.4	4.2	0.7
中部	3.3	4.0	0.8
西部	4.3	6.3	2.0
东北	0.3	2.0	1.7

（三）农民工市民化水平明显提高

党的十八大以来，农民工市民化进程有所加快。2018 年，全国农民工总量为 28836 万人，比 2012 年增长 9.8%，2013—2018 年年均增长 1.6%，但相比于 2009—2013 年年均 3.9% 的增长速度，农民工总量增长放缓了 2.3 个百分点。2018 年，进城农民工人数为 13506 万人，比上年减少 204

万人，但仍比 2012 年增加 437 万人^①。进城农民工是农民工市民化相关政策措施的主要作用对象，随着市民化进程的推进，越来越多的农民工获得城镇户籍，在统计上将由农民工范畴转而被划入城镇本地户籍人员，因此，如果市民化速度比农民工进城速度更快，则城镇就业中的农民工（即进城农民工）的比重将逐渐降低。统计及推算数据表明，2011 年以来，进城农民工占城镇就业的比重逐年持续下降，其中 2011 年和 2012 年分别下降 0.03 个和 0.11 个百分点，2013—2017 年分别下降 0.48、0.52、0.81、0.63、0.50 个百分点，2018 年下降 1.18 个百分点，显然，2013 年以来下降幅度明显加大，并且有不断加大的趋势，说明农民工市民化的政策力度和政策效果更加明显，城镇内部的劳动力市场二元结构在逐渐瓦解，城镇公共服务的欠账正在被逐步补齐（见表 6-3 和表 11-3）。

表 11-3　2012—2018 年进城农民工规模

年份	进城农民工 （万人）	城镇就业人员 （万人）	进城农民工占城镇就业 比重（%）
2012 年	13069	37102	35.2
2013 年	13288	38240	34.7
2014 年	13457	39310	34.2
2015 年	13507	40410	33.4
2016 年	13585	41428	32.8
2017 年	13710	42462	32.3
2018 年	13506	43419	31.1

注：2012—2015 年进城农民工规模为推算数据，推算方法见第六章，2016—2018 年进城农民工规模为统计数据。

---

① 2015 年及更早的进城农民工人数为推算数，推算方法见第六章。

二、大城市化带来新增长动力

(一)大城市比重明显提高

在城镇化持续推进、城市经济增长方式逐步转变的过程中,城镇体系的规模结构也在变化,党的十八大以来,一个突出的变化就是大城市数量增加,在城镇体系结构中的比重提高,可称之为"大城市化"。2018年年末,全国地级以上城市中,城市市辖区人口为100万以上的城市为161个,比2012年增加34个,而100万人以下的城市为136个,比2012年减少26个。2018年年末,100万人以上的城市数量占地级以上城市总数的45.2%,比重比2012年末提高10.3个百分点,相应地100万人以下的地级市比重下降10.3个百分点。同样截取6年,2012年末,100万人口以上的地级城市比重仅比2006年末提高3.0个百分点(见图11-2)。因此,从数量比重看,2013—2018年,大城市(及以上)的城市数量占比提高速度比2007—2012年明显加快。

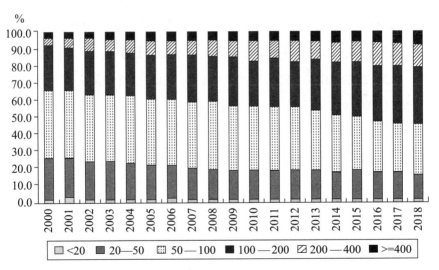

图 11-2 地级以上城市不同人口规模(万人)城市数量比重

（二）人口倾向于向大城市集中

城市经济研究中，一般使用齐普夫法则（Zipf's law）[1]规律来量化描述城市规模等级体系结构特征，该法则可表述为：

$$Rank_i = \frac{C}{POP_i^b}$$

或取对数形式：

$$\ln Rank_i = \ln C - b\ln POP_i$$

其中，$Rank_i$ 为 i 城市的人口规模在城市体系中的位次，POP_i 为 i 城市的人口规模，C 和 b 为常数，其中 b 为帕累托值。一般来说，b 值在 1 上下。如果 $b=1$，城市体系按照规则的金字塔结构分布，且第二大城市规模为首位城市的 1/2，第三大城市规模为首位城市的 1/3，依次类推。如果 $b>1$，说明大城市人口比重较高，人口在城市体系中的分布较为集中；如果 $b<1$，说明城市体系中的中小城市较多，人口在城市体系中的分布较为分散。有研究表明，多数发达国家和发展中国家的城市体系帕累托值大于 1（Soo，2005）[2]，即人口更倾向于向大城市集中是普遍的规律。

使用我国全部地级以上城市市辖区户籍人口数据[3]，代入回归方程测算，结果发现我国城市的帕累托值明显大于 1，且变化不大（见图 11-3 中的虚线）。1996 年，按户籍人口计算地级以上城市的 b 值为 1.28，1998 年降至 1.21，此后一直到 2013 年，一直维持在 1.21—1.23 的区间波动，2014—2016 年出现小幅下降，2016 年和 2017 年均为 1.16。

---

[1] 该法则源自语言学，用于描述单词使用频率的分布规律，后被引入城市经济学等多个学科。

[2] Soo, K. T., "Zipf's Law for Cities: A Cross-Country Investigation", *Regional Science & Urban Economics*, Vol. 35, No. 3, 2005, pp. 239-263.

[3] 由于区划调整和部分城市统计资料缺失，本数据集的样本容量并非每年都一致。

使用我国全部地级以上城市市辖区常住人口数据①，代入回归方程测算，结果发现我国城市的帕累托值近年来出现下降，但仍保持在 1 以上（见图 11-3 中的实线）。2002—2004 年，地级以上城市常住人口 b 值始终高于 1.2，其中 2004 年达到 1.24；2005 年以来出现波动下降走势，其中 2005—2013 年，处于 1.10—1.19 的区间，2014 年和 2015 年出现大幅波动，2016 年和 2017 年继续下降，2017 年为 1.02，接近但仍大于 1。

我国地级以上城市的帕累托值始终大于 1，说明我国人口更倾向于向规模排名靠前的城市集中。也应注意，按常住人口估算的结果明显低于按户籍人口估算的结果，说明我国城市人口的户籍分布要比实际居住分布更为集中，这是由不同规模城市的准入门槛差异造成的。一般来说，相对于大城市，中小城市的生活成本更低，所要求的知识水平和劳动技能也相对更低，因而多数非户籍人口在中小城市生活，也就是说非户籍人口在城市间的分布要比户籍人口的分布更分散，因而一旦将非户籍人口纳入计算，将显著拉低帕累托值。

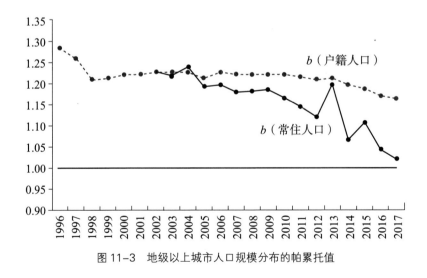

图 11-3　地级以上城市人口规模分布的帕累托值

---

① 目前我国尚无针对各个城市的市辖区常住人口统计数据，本章使用相关指标推算，推算公式为：市辖区常住人口 = 市辖区地区生产总值 / 市辖区人均地区生产总值；由于相关指标数据缺失，本数据集的样本容量并非每年都一致。

（三）大城市化过程中的多极化特征明显

既然按照常住人口测算的帕累托值持续下降且接近于1，而且现实中北京、上海等超大城市也在不断收紧落户条件，鼓励人口向外迁移，那么是否意味着我国大城市化特征趋于减弱，甚至转而步入"小城市化"呢？结合对不同等级城市人口规模变动的数据分析，我们认为我国大城市化的特征仍然十分明显，随着我国大城市数量的增多，人口向大城市迁移的选择更加多样化，因而帕累托值的下降只代表了人口在大城市之间的分布趋于分散，而相对于中小城市，人口仍在较快地继续向大城市集中[1]。我们可将这种人口向多个大城市集中的特征概括为"多极大城市化"。

使用我们测算得到的地级以上城市常住人口数据样本，剔除缺失数据的城市后，将城市分不同等级规模，分别计算该规模城市常住人口的年均增长率，结果发现，我国城市常住人口的年均增长率也呈明显的金字塔结构，即城市人口越多，人口增长越快（见表11-4）。2013—2017年，常住人口在1000万以上的超大城市常住人口年均增长7.3%，增长最快，比人口规模在500—1000万的特大城市快1.2个百分点，特大城市人口增长率比人口规模在300—500万的I型大城市快0.3个百分点，I型大城市比II型大城市快0.9个百分点，II型大城市比中等城市快1.2个百分点，中等城市比I型小城市快5.6个百分点，而人口规模小于20万人的II型小城市常住人口规模年均减少2.1%，总体上处于人口流失状态（当然，也可能是由于样本规模档次升级造成的纯统计现象）。

---

[1] 需要强调的是，本章所计算的帕累托值仅限于针对地级以上城市（且有缺失数据）样本的测算，显然，该样本忽视了地级以下的众多城市和小城镇，相对于整个城镇体系缺乏足够的代表性，如果将所有城镇纳入计算，则大城市人口比重的增加可能会推高帕累托值。

表 11-4　不同规模等级城市的常住人口年均增长率

城市人口规模 （万人）	2013—2017 年 （%）	2007—2012 年 （%）	增长率变化 （百分点）
>=1000	7.3	18.5	−11.2
500—1000	6.1	6.4	−0.4
300—500	5.8	10.3	−4.5
100—300	4.9	4.8	0.1
50—100	3.7	3.8	−0.1
20—50	3.4	3.4	0.1
<20	−2.1	−6.2	4.0

另外，对比 2013—2017 年与 2007—2012 年各规模等级城市常住人口的年均增长率，发现超大城市的人口增速大幅下降，而其他等级城市的人口增长率较为平稳，这在一定程度上反映了北京、上海等超大城市人口调控措施的加紧，同时也在一定程度上说明，虽然人口向部分超大城市的迁移受到了更多的限制，但向特大城市和大城市迁移的限制并未明显加剧，人口迁移仍然更倾向于选择大城市（及以上城市），只是在大城市（及以上城市）之间的选择正在变得更加多样化。

11.3　中西部地区经济地位提升

一、中西部地区经济总量比重上升

从经济总量的区域构成看，进入新时代以来，相比于 1978—2012 年的变化，经济向东部尤其是向东南沿海集中的趋势继续延续。2019 年[①]，东部地区生产总值占全国的比重为 51.9%，比 2012 年进一步提高 0.6 个百分点。其中，江浙沪和东南沿海比重继续上升，2019 年比重分别为 20.3% 和

---

① 2019 年全国和地方生产总值数据为初步核算数，下同。

15.8%，分别比 2012 年提高 1.4 和 2.0 个百分点，东南沿海仍然是东部板块比重上升最快的地区；京津冀鲁比重则转而下降，2019 年比重为 15.8%，比 2012 年下降 2.8 个百分点（见表 11-5）。

表 11-5　2012—2019 年地区经济总量占全国的比重变化

区域	2012 年（%）	2019 年（%）	变化（百分点）
东部	51.3	51.9	0.6
＃京津冀鲁	18.6	15.8	-2.8
＃江浙沪	18.9	20.3	1.4
＃东南沿海	13.8	15.8	2.0
中部	20.2	22.2	2.0
西部	19.8	20.8	1.1
东北	8.8	5.1	-3.7

与 1978—2012 年的变化不同，中部和西部地区生产总值占全国的比重在这一时期均有所上升。2019 年，中部和西部比重分别为 22.2% 和 20.8%，分别比 2012 年提高 2.0 和 1.1 个百分点。东北地区生产总值比重则进一步下降。2019 年为 5.1%，比 2012 年下降 3.7 个百分点（见表 11-5）。

分省（区、市）来看，2019 年相比于 2012 年，地区生产总值占全国比重提高幅度最大的依次为广东、福建、湖北、安徽、江苏，分别提高 1.0 个、0.9 个、0.8 个、0.8 个和 0.7 个百分点，下降幅度最大的依次为辽宁、山东、河北、内蒙古、黑龙江，分别下降 1.8 个、1.5 个、1.0 个、1.0 个和 1.0 个百分点。总的来看，东部 10 省市中，除山东、河北、天津比重下降以外，其他 7 地区比重均提高或持平；中部 6 省中，除山西比重下降以外，其他 5 地区比重均有所提高；西部 12 省区市中，除内蒙古、广西、甘肃比重下降以外，其他 9 地区均提高或持平；东北 3 省比重则全部下降，且下降幅度较大（见图 11-4）。

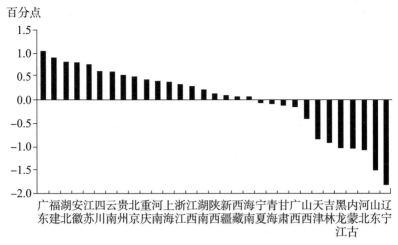

百分点

图 11-4　2012—2019 年各地区经济总量占全国比重变化

二、西部地区对全国经济增长的贡献有所提高

如前文所述，改革开放后至 2012 年，区域经济增长格局相对于改革开放前的最大变化，是东部贡献率的明显提高和东北贡献率的明显下降，以及中部贡献率的小幅上升和西部贡献率的小幅下降。2013—2019 年，东部和中部的贡献率继续提高，东北贡献率继续下降，最大的变化是西部地区的贡献率有所上升[①]。

2013—2019 年，东部、中部、西部和东北地区对全国经济增长的贡献率分别为 52.7%、25.1%、22.3% 和 -0.1%，相比于 1979—2012 年，东部贡献率提高 1.4 个百分点，中部提高 4.8 个百分点，西部提高 3.5 个百分点，东北则下降 9.8 个百分点；与 2001—2012 年相比，中部、西部贡献率均有所提高，分别提高 5.5 个和 3.2 个百分点，东北地区贡献率下降 8.2 个百分点（见表 11-6）。

---

① 第四次全国经济普查之后，将根据普查资料对过去省级数据进行修正，截至本书成稿，修正数据尚未公布，为避免数据出现较大出入，2013—2019 年各区域 GDP 和产业增加值对全国增长的贡献率使用 2019 年和 2012 年数据计算，即各区域 2019 年相比于 2012 年的增量占全国增量的份额。下同。

从东部内部来看，2013—2019 年，京津冀鲁、江浙沪和东南沿海对全国经济增长的贡献率分别为 11.8%、22.3%、18.5%，相比于 1979—2012 年，京津冀鲁贡献率下降 6.7 个百分点，江浙沪和东南沿海贡献率分别提高 3.6 个和 4.5 个百分点；相比于 2001—2012 年，京津冀鲁贡献率下降 7.5 个百分点，江浙沪和东南沿海贡献率分别提高 2.6 个和 4.4 个百分点（见表 11-6）。

表 11-6　不同时期各区域对全国经济增长的贡献率（%）

区域	1979—2012	1979—1990	1991—2000	2001—2012	2013—2019
东部	51.2	45.7	55.5	53.2	52.7
＃京津冀鲁	18.5	17.3	18.9	19.3	11.8
＃江浙沪	18.7	16.4	20.4	19.7	22.3
＃东南沿海	14.0	11.9	16.2	14.2	18.5
中部	20.2	22.7	18.0	19.5	25.1
西部	18.8	20.0	17.0	19.1	22.3
东北	9.8	11.6	9.5	8.1	-0.1

注：2013—2019 年对全国增长的贡献率使用 2019 年和 2012 年数据计算，即 2019 年相比于 2012 年全国增量的各地区份额。其他时间段仍采用年度贡献率的均值计算。

11.4　区域分工局部水平化

2013 年以来，中部地区第二、三产业在全国的地位均有所提升，其中中部地区第三产业在全国的地位提升幅度明显大于其他板块，而东部第三产业在全国的地位大幅下降，说明中部地区产业结构与东部差异缩小，中部与东部的水平化分工格局逐步形成。

一、东部与中部分工水平化

（一）东部和中部第二产业占全国的比重提高

东部地区第二产业占全国比重的提高速度明显加快。2019 年，东部地区第二产业增加值占全国的比重达到51.6%，比2012年提高2.1个百分点，2013—2019年年均提高0.30个百分点，而1979—2012年年均提高0.05个百分点，第二产业向东部集中的步伐明显加快。从东部地区内部来看，2012—2019年，东南沿海比重进一步提高3.4个百分点，京津冀鲁比重进一步下降4.0个百分点，而江浙沪比重与1978—2012年的变化方向不同，由下降转为提高2.7个百分点（见表11-7）。

表 11-7 2012—2019 年地区第二产业增加值占全国的比重变化

区域	2012 年（%）	2019 年（%）	2012—2019 年变化（百分点）	1978—2012 年变化（百分点）
东部	49.5	51.6	2.1	1.8
#京津冀鲁	17.7	13.6	−4.0	−1.5
#江浙沪	18.3	21.1	2.7	−3.6
#东南沿海	13.5	16.9	3.4	7.0
中部	21.5	23.7	2.2	3.9
西部	20.0	20.2	0.2	2.6
东北	9.0	4.5	−4.5	−8.3

中部和西部地区第二产业占全国的比重也继续上升。2019年，中部地区第二产业增加值占全国的比重为23.7%，比2012年提高2.2个百分点；西部地区为20.2%，提高0.2个百分点。东北地区比重则进一步下降4.5个百分点，下降幅度较大（见表11-7）。

（二）东部和中部对全国第二产业增长的贡献率提高

从增长的贡献率看，东部与中部第二产业在全国的地位也明显提升。

2013—2019年，东部第二产业增加值对全国第二产业增加值增长的贡献率为57.6%，比1979—2012年贡献率均值提高4.3个百分点，比2001—2012年贡献率均值提高6.0个百分点。从东部地区内部来看，东南沿海和江浙沪贡献率均有所提高，而京津冀鲁贡献率则有所下降。2013—

2019 年，东南沿海和江浙沪第二产业增加值对全国第二产业增加值增长的贡献率比 1979—2012 年分别提高 12.6 和 8.0 个百分点，比 2001—2012 年分别提高 12.6 和 9.6 个百分点，京津冀鲁贡献率比 1979—2012 年下降 16.3 个百分点，比 2001—2012 年下降 16.2 个百分点（见表 11-8）。

中部和西部地区对全国第二产业的增长贡献率均有所提高，其中中部地区提高幅度较大。2013—2019 年，中部地区和西部地区对全国第二产业增加值的增长贡献率分别为 30.0% 和 20.7%，分别比 1979—2012 年提高 10.4 和 3.7 个百分点，比 2001—2012 年分别提高 8.8 和 1.4 个百分点（见表 11-8）。

2019 年，东北地区第二产业增加值已低于 2012 年，因而 2013—2019 年对全国第二产业增长的贡献率为 -8.4%（见表 11-8）。

表 11-8　不同时期各区域对全国第二产业增长的贡献率（%）

区域	1979—2012	1979—1990	1991—2000	2001—2012	2013—2019
东部	53.4	51.2	58.0	51.7	57.6
#京津冀鲁	18.4	17.7	19.3	18.4	2.1
#江浙沪	21.0	21.4	22.4	19.3	28.9
#东南沿海	14.0	12.1	16.3	14.0	26.6
中部	19.6	20.1	16.9	21.2	30.0
西部	17.0	16.5	14.9	19.3	20.7
东北	10.1	12.2	10.2	7.8	-8.4

注：同表 11-6。

（三）东部与中部第三产业占全国比重一降一升

从服务业来看，东部地区占全国的比重明显下降，而中部比重则明显提高，同时西部比重也有小幅提高，东北比重则大幅下降。

2019 年，东部地区第三产业增加值占全国的比重为 54.5%，比 2012 年下降 2.5 个百分点，而 1978—2012 年为提高 11.4 个百分点，比重由升转降，说明东部服务业在全国的地位有所下降。从东部地区内部来看，2012—2019 年，只有东南沿海地区第三产业增加值占全国比重小幅提高 0.6 个百分点，京津冀鲁和江浙沪比重均有所下降，分别下降 2.8 和 0.3 个百分点（见表 11-9）。

2019 年，中部和西部地区第三产业增加值占全国的比重分别为 20.7% 和 19.8%，分别比 2012 年提高 3.6 和 2.0 个百分点，两者均与 1978—2012 年的变化方向相反，其中中部比重提高幅度为全国最大（见表 11-9）。

2019 年，东北地区第三产业增加值占全国比重为 5.0%，比 2012 年下降 3.1 个百分点，延续了 1978—2012 年的下降走势（见表 11-9）。

表 11-9　2012—2019 年地区第三产业增加值占全国的比重变化

区域	2012 年（%）	2019 年（%）	2012—2019 年变化（百分点）	1978—2012 年变化（百分点）
东部	57.1	54.5	-2.5	11.4
#京津冀鲁	20.6	17.8	-2.8	3.1
#江浙沪	21.5	21.2	-0.3	2.8
#东南沿海	14.9	15.5	0.6	5.5
中部	17.1	20.7	3.6	-3.8
西部	17.8	19.8	2.0	-4.0
东北	8.0	5.0	-3.1	-3.5

（四）东部与中部对全国第三产业增长贡献率一降一升

2013—2019 年，东部地区第三产业增加值对全国第三产业增加值增长的贡献率为 52.5%，比 1979—2012 年贡献率均值下降 1.2 个百分点，比 2001—2012 年贡献率均值下降 5.7 个百分点。从东部地区内部看，2013—2019 年，京津冀鲁贡献率比 1979—2012 年下降 3.9 个百分点，江浙沪和东南沿海贡献率分别提高 1.9 和 0.9 个百分点；若与 2001—2012 年相比，除东南沿海贡献率小幅提高以外，京津冀鲁和江浙沪贡献率均有所下降，分别下降 5.4 个和 1.0 个百分点（见表 11-10）。

2013—2019 年，中部地区和西部地区对全国第三产业增加值增长贡献率分别为 23.6% 和 21.5%，分别比 1979—2012 年贡献率均值提高 5.2 和 3.0 个百分点，分别比 2001—2012 年贡献率均值提高 7.0 和 4.0 个百分点，其中中部贡献率提高幅度为全国最大（见表 11-10）。

2013—2019 年，东北地区第三产业增加值对全国第三产业增加值增长的贡献率仅为 2.5%，比 1979—2012 年贡献率均值下降 7.0 个百分点，比 2001—2012 年贡献率均值下降 5.2 个百分点（见表 11-10）。

表 11-10　不同时期各区域对全国第三产业增长的贡献率（%）

区域	1979—2012	1979—1990	1991—2000	2001—2012	2013—2019
东部	53.7	47.3	55.9	58.2	52.5
#京津冀鲁	19.4	18.4	18.8	20.9	15.5
#江浙沪	19.1	15.1	20.5	22.0	21.0
#东南沿海	15.1	13.8	16.6	15.2	16.0
中部	18.4	20.6	18.0	16.6	23.6
西部	18.4	20.5	17.0	17.5	21.5
东北	9.5	11.6	9.2	7.7	2.5

注：同表 11-6。

二、西部地区第一产业地位明显提高

2019 年，东部地区、中部地区和东北地区，第一产业增加值占全国的比重分别为 33.3%、25.4% 和 9.4%，分别比 2012 年下降 1.7、1.4 和 1.4 个百分点，而西部地区比重为 31.9%，比 2012 年大幅上升 4.5 个百分点，是四大板块中唯一一个比重提高的板块（见表 11-11）。

表 11-11　2012—2018 年地区第一产业增加值占全国的比重变化

区域	2012 年（%）	2019 年（%）	2012—2019 年变化（百分点）	1978—2012 年变化（百分点）
东部	35.0	33.3	−1.7	0.2
#京津冀鲁	14.9	12.7	−2.2	1.2
#江浙沪	10.0	9.2	−0.7	−2.6
#东南沿海	10.2	11.4	1.2	1.5
中部	26.8	25.4	−1.4	−2.3
西部	27.4	31.9	4.5	0.9
东北	10.8	9.4	−1.4	1.2

2013—2019 年，东部、中部、西部和东北第一产业增加值对全国第一产业增加值增长的贡献率分别为 28.3%、21.4%、45.0% 和 5.3%，与 1979—2012 年贡献率均值相比，东部下降 8.2 个百分点，中部和东北分别下降 5.1 和 4.9 个百分点，西部则提高 18.2 个百分点；与 2001—2012 年贡献率均值相比，东部下降了 6.5 个百分点，中部和东北分别下降 3.7 和 7.0 个百分点，西部则提高 17.2 个百分点（见表 11-12）。

表 11-12　不同时期各区域对全国第一产业增长的贡献率（%）

区域	1979—2012	1979—1990	1991—2000	2001—2012	2013—2019
东部	36.5	39.3	35.3	34.8	28.3
#京津冀鲁	15.9	15.6	15.6	16.5	6.3
#江浙沪	10.1	11.0	9.9	9.2	7.1
#东南沿海	10.5	12.7	9.8	9.0	14.9
中部	26.5	26.8	27.8	25.1	21.4
西部	26.8	24.9	27.8	27.8	45.0
东北	10.2	9.0	9.1	12.4	5.3

注：同表 11-6。

三、东北地区分工地位明显下降

值得注意的是，无论是从地区生产总值和各产业增加值占全国的比重变化看，还是从地区生产总值和各产业增加值对全国增长的贡献率来看，改革开放以来，东北地区在全国的经济和产业地位均出现了明显下降，尤其是2013年以来这种下降更为明显（见表11-13），说明东北地区的发展面临较为明显的困难。

表11-13　东北地区各产业占全国比重及对全国增长的贡献率变化（百分点）

指标	占全国比重变化		对全国增长的贡献率变化
时期	2012相比于1978	2019相比于2012	2013—2019相比于1979—2012
地区生产总值	−5.2	−3.7	−9.8
第一产业	1.2	−1.4	−4.9
第二产业	−8.3	−4.5	−18.5
第三产业	−3.5	−3.1	−7.0

注：同表11-6。

11.5　城乡差距与区域差距变化

一、城乡居民收入差距持续缩小

党的十八大以来，我国持续加大对农村发展的支持力度，城乡发展差距不断缩小。按照2013年开始实施的城乡一体化的可支配收入调查数据计算，2014—2019年，全国人均可支配收入年均名义增长9.0%，其中城镇居民人均可支配收入年均名义增长8.2%，农村居民人均可支配收入年均名义增长9.2%，农村居民收入年均增速比城镇居民快1.0个百分点。按照可支配收入计算，2013年城镇居民收入为农村居民的2.81倍，而到2019年则降至2.64倍，6年内降低了0.16，平均每年降低0.03（见图11-5）。我国城乡收入差距自2008年以来持续下降，2012年，城乡居民收入比为 2.88[①]，比 2007 年下降 0.27,2008—2012 年年均下降 0.05。相比之下，2014—2018 年城乡居民收入比的下降速度略有放缓。

图 11-5　2013—2018 年城乡居民收入比的变化

二、区域发展差距总体稳定

2013 年以来，区域总体差距略有波动，但 2019 年与 2012 年相比变化不大，同时与过去相比，2013—2019 年的波动幅度也较小，区域差距总体上保持稳定，在数值上未发生明显变化[②]。2019 年，按照 31 个省级地区人均地区生产总值计算的泰尔指数为 0.067，比 2012 年小幅降低了 0.002，降幅为 2.8%。2013—2019 年期间泰尔指数小幅波动，其中 2014 年和 2017 年分别出现了这一阶段的极小值和极大值，两者的差即该阶段的极差为 0.0054（见图 11-6）。而泰尔指数变化的上一阶段为 2004—2012 年（按照变化特征划分阶段，见第六章），该阶段泰尔指数累计下降幅度（或极差）为 0.0607，年均下降 0.0068。显然，无论是 2019 年相对于 2012 年的变化幅度，还是 2013—2019 年的极差，与上一阶段（2004—2012 年）变化幅度相比，都是微不足道的，故此可认为 2013—2019 年区域差距基

---

① 2012 年及以前城乡居民收入比使用城镇居民可支配收入与农村居民纯收入的比计算。

② 本书按照截至成稿时可得的省级地区数据计算泰尔指数，若使用根据四经普资料修正后的数据，数值可能有所变化，但从 2018 年和 2019 年数据（已经使用了四经普资料）看，其值与 2012 年数据变化不大，因此可判断，修正后的数据不会改变基本结论。

本保持稳定。

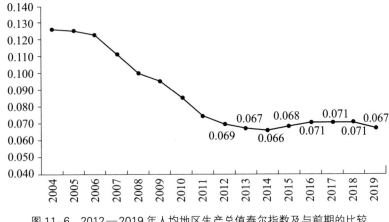

图 11-6　2012—2019 年人均地区生产总值泰尔指数及与前期的比较

三、南北发展差距拉大

2013—2019 年间，我国四大板块中的中西部地区占全国经济比重明显提高，如果不考虑东北地区，可认为我国东西差距明显缩小。但是，如前文所述，东部板块中的京津冀鲁地区比重也明显下降了（见表 11-5）。实际上，考察这一时期各省份的数据不难发现，我国东北及靠近东北的北方省份经济占比普遍下降，北方增速普遍低于南方。

按照传统的秦岭—淮河一线划分南北，北方包括北京、天津、河北、山西、内蒙古、辽宁、吉林、黑龙江、山东、河南、陕西、甘肃、青海、宁夏、新疆，共 15 个地区，其余 16 个地区属于南方。2012 年相比于 1978 年，经济总量占全国比重下降的共有 19 个地区，其中北方地区有 9 个，南方下降的省份数量多于北方（见图 6-2）。而 2019 年相比于 2012 年，经济总量占比下降的地区共有 12 个，其中除广西属于南方以外，其他 11 个地区全部属于北方（见图 11-4）。也就是说，2013—2019 年，北方 15 个地区中，除了北京、河南、陕西、新疆 4 个地区经济地位有所上升以外，其他地区经济地位均出现下降，尤其是辽宁、吉林、黑龙江、山东、河北、天津、山西、内蒙古七省（区、市）连为一片的地带，经济占比大幅下降。

比较南北经济主要指标发现，2013 年以来南北经济对比关系发生了巨大变化。从经济总量看，2012 年，北方地区生产总值为南方的 75.1%，到 2019 年降为南方的 54.9%，下降了 20.2 个百分点。从人均量看，2012 年，北方地区人均地区生产总值比南方高 3.4%，到 2019 年则变为比南方低 23.2%，降幅为 26.6 个百分点（见表 11-14）。

另外，如果以黄河为界划分南北，则可将省会城市位于黄河南岸的山东和河南两省划入南方，即北方的范围可缩小为北京、天津、河北、山西、内蒙古、辽宁、吉林、黑龙江、陕西、甘肃、青海、宁夏、新疆等 13 个地区，其余 18 个地区为南方，按这种划分方法计算的南北总量差距变化幅度相对较小，但人均量差距变化幅度较大[1]。从经济总量看，2012 年，北方地区生产总值为南方的 41.0%，到 2019 年降为南方的 29.4%，下降了 11.6 个百分点。从人均量看，2012 年，北方地区人均地区生产总值比南方高 6.0%，到 2019 年则变为比南方低 23.0%，降幅为 28.9 个百分点（见表 11-14）。

总之，在东西差距缩小的同时，南北差距产生并不断拉大，已成为阻碍我国区域协调发展的新的重大问题，值得我们高度关注，并予以适当的政策干预。

表 11-14　2012 年和 2019 年北方经济指标与南方的比较（南方 =100）

南北划分标准	指标	2012 年	2019 年	变化
以秦岭—淮河为界	地区生产总值	75.1	54.9	−20.2
	人均地区生产总值	103.4	76.8	−26.6
以黄河为界	地区生产总值	41.0	29.4	−11.6
	人均地区生产总值	106.0	77.0	−28.9

注：人均地区生产总值使用地区年中常住人口数计算。

---

[1]　关于南北差距问题更为详细的分析可参见盛来运、郑鑫、周平、李拓："我国经济发展南北差距扩大的原因分析"，《管理世界》2018 年第 9 期，第 16—24 页。

11.6 小结

进入新时代，我国城市经济增长方式发生明显变化，虽然城镇化速度有所放缓，但城镇化质量大幅提高。一是人口增长对于城市经济增长的重要性凸显，而经济增长对于城市土地增长的依赖明显降低；二是农民工市民化水平明显提高，城镇公共服务较快发展。同时，我国城市体系结构也在发生变化，多极大城市化特征明显，人口持续向大城市集中，并且人口迁移方向并非仅限于少数几个超大城市，而是在多个大城市之间选择，各个层级的中心城市带动作用明显增强。

四大板块中，中西部地区占全国经济的比重有所上升，其中中部地区工业、服务业在全国分工格局中的地位明显上升，中部与东部地区的区域分工更加水平化，带动全国区域分工格局进入了局部水平化的新时代。同时，东北地区经济地位和区域分工地位全面下降，值得高度重视。

这一时期，城乡区域差距变化幅度较小，其中，城乡差距继续缩小，区域差距则窄幅波动，总体上保持稳定，但南北发展差距明显拉大。

第三篇

着眼于第二个百年目标的
动力演进
（2021—2050年）

第十二章　实现第二个百年目标的增长要求

改革开放 40 余年来，我国保持了持续的较快经济增长，实现了由贫困到温饱的提升，即将实现由总体小康到全面小康的历史性跨越，逐步接近高收入国家的门槛。党的十九大确定了全面建设社会主义现代化国家的第二个"一百年"奋斗目标，其中 2035 年和 2050 年是两个关键时间节点。为实现 2035 年基本实现社会主义现代化、2050 年建成富强民主文明和谐美丽的社会主义现代化强国，需要多高的经济增速作为支撑？如果近年来经济增速持续放缓的趋势继续延续，第二个百年目标还能否实现？为实现增长动力的顺利转换和升级，经济结构又需要实现怎样的调整？这是本章要尝试回答的问题。为此，我们从国际经验出发，在总结国内外历史数据规律的基础上，对 2035 年和 2050 年中国经济增长和结构变化进行了量化分析[①]。

12.1　2020 年中国现代化水平评估

一、关于中国长期经济增长前景的研究现状

早在改革开放之初，邓小平就对中国社会主义初级阶段的发展提出了著名的"三步走"战略，他特别指出，三步目标中更重要的是第三步，即到 21 世纪中叶达到中等发达国家水平。此后，这个战略构想一直被坚持贯彻下来。在完成前两步目标的基础上，第三步目标又被具体表述为"两个

---

① 本章主要内容已作为课题阶段性成果公开发表，参见盛来运、郑鑫："实现第二个'一百年'目标需要多高增速？"，《管理世界》2017 年第 10 期，第 1—7 页。

一百年"目标，该目标在党的十五大上提出，并在党的十八大上进一步重申，即"在中国共产党成立一百年时全面建成小康社会"，"在新中国成立一百年时建成富强民主文明和谐的社会主义现代化国家"。党的十九大指出，中国特色社会主义已经进入新时代，社会主要矛盾已经发生了变化，同时对长远发展目标提出了新要求，即从 2020 年到 2035 年，"在全面建成小康社会的基础上，再奋斗十五年，基本实现社会主义现代化"；从 2035 年到本世纪中叶，"在基本实现现代化的基础上，再奋斗十五年，把我国建成富强民主文明和谐美丽的社会主义现代化强国"。

两个"一百年"奋斗目标是实现中华民族伟大复兴中国梦的核心。对于到第一个"一百年"全面建成小康社会的目标，十八大做出了较为明确的描述，其中最重要的量化指标是到 2020 年"实现国内生产总值和城乡居民人均收入比 2010 年翻一番"。然而，对于到第二个"一百年"建成社会主义现代化国家的目标，目前并没有明确的描述，缺乏明确的量化标准。随着第一个"一百年"任务期限的临近，如何为第二个"一百年"谋划具体的量化目标，进而为"十四五"规划以及下一个关键 10 年的发展战略提供依据，成为一个具有现实意义的问题。

2011 年以来，中国经济增速持续放缓，究其原因，多数学者认为除了有国内外周期性大环境影响外，还有中国经济自身结构变化的因素，代表了经济潜在增长率由高速向中高速的转变，并且长期来看随着经济总量的扩大和经济结构的不断变化，经济增速还会持续回落。蔡昉（2016）[1]强调了人口结构转变导致的一系列供给侧原因，并指出提高经济潜在增长率的根本措施不在于需求管理，而在于提高劳动力的数量和质量，包括提高劳动参与率和生育率、促进人力资本积累等方面。陆明涛等（2016）[2]在研究多国历史数据的基础上，论证了结构变迁给中国经济带来的劳动力供给减

---

[1]　蔡昉："认识中国经济减速的供给侧视角"，《经济学动态》2016 年第 4 期，第 14—22 页。

[2]　陆明涛、袁富华、张平："经济增长的结构性冲击与增长效率：国际比较的启示"，《世界经济》2016 年第 1 期，第 24—51 页。

少、资本增速下降和资本产出弹性下降等三重冲击，这将造成潜在增长率的不断回落。韩民青（2016）[①]认为中国经济增速放缓的结构因素主要是服务业占比和消费占比的提高，并提出服务业占比过早超过制造业有可能导致中国经济增速过快回落，进而不能如期实现现代化。

对于中国经济增长前景，现有文献的研究思路主要是：使用历史数据或国际经验总结出规律或趋势，对未来的若干关键变量做出情景假设，最后估算未来经济增速变化。"中国 2007 年投入产出表分析应用"课题组（2011）[②]使用可计算一般均衡模型，并在 2008—2030 年全要素生产率年均增速 2% 等条件假设下，预测 2021—2030 年中国经济增速在 6.2% 左右。李平等（2011）[③]使用结构联立方程模型，在有关情景假设下，预测 2021—2030 年中国经济年均增速为 5.5%。陆明涛等（2016）结合国际经验和中国结构变迁假设，使用核算方法预测中国潜在增长率将由 2020 年 5.96% 下降为 2030 年的 4.90%。张军等（2016）[④]基于"收敛假说"和东亚经济体历史数据构建经济增速回归模型，预测中国人均 GDP 增速将由 2020 年的 6.59% 下降到 2030 年的 5.43%，以及 2035 年的 4.96%，且以购买力平价计算 2035 年中国人均 GDP 将达到美国的 52%。

从上述文献来看，多数学者对未来中国经济增速持续小幅回落的走势已取得共识，但在具体回落的幅度上却存在分歧，甚至在现代化前景上持有或乐观或悲观的相反态度，这也说明，根据历史数据和经验模型预测未来带有较强的主观性，毕竟，脱离了主观判断未来根本无从预测。本书无

[①] 韩民青："中国经济面临的发展趋势、严峻挑战与战略抉择——把 2050 年中国实现现代化问题提上议事日程"，《济南大学学报：社会科学版》2016 年第 3 期，第 68—74 页。

[②] "中国 2007 年投入产出表分析应用"课题组："'十二五'至 2030 年我国经济增长前景展望"，《统计研究》2011 年第 1 期，第 5—10 页。

[③] 李平、江飞涛、王宏伟、巩书心："2030 年中国社会经济情景预测——兼论未来中国工业经济发展前景"，《宏观经济研究》2011 年第 6 期，第 5—12 页。

[④] 张军、徐力恒、刘芳："鉴往知来：推测中国经济增长潜力与结构演变"，《世界经济》2016 年第 1 期，第 52—74 页。

意于从数据海洋中挖掘未来的信息，也不打算对未来几十年的增速提出新的预测，而试图量化描述新中国成立一百年后的经济发展水平，并讨论怎样的量化水平是可接受的并且是可行的，由此逆向推算，为达到此水平，从2021年到2050年中国走向现代化的过程中需要以多高的经济增速为支撑。

二、2020 年中国与发达国家的差距

从目前的统计指标体系来看，最能体现一国经济发展及现代化水平的指标仍然是人均 GDP，一般来说，人均 GDP 处于同一档次的经济体，其增长速度、增长动力和经济结构也比较相似，因此，通常用人均 GDP 水平作为区分国家发展阶段和现代化水平的综合性指标。

按市场汇率换算，2015 年，中国经济总量达到美国的 61%，但是，由于人口规模较大，中国人均 GDP 仅相当于美国的 14.4%，日本的 23.4%，韩国的 29.8%，以及 OECD 成员的 22.2% 和欧盟的 25.2%，同时也低于世界平均水平，为世界平均的 79.7%。如果按照购买力平价换算，2015 年中国人均 GDP 分别是美国、日本、韩国的 25.7%、35.5%、42%，是 OECD 成员和欧盟的 35.3% 和 37.3%，是世界平均水平的 92.2%。

由于市场汇率只反映了国际交往中不同货币的供需情况，并不能准确反映一国居民所持货币的真实购买力，进而不能反映真实的生活水平，所以经济学家又开发了购买力平价方法用于国际比较，其基本原理是以同质量同数量的一组商品为参照，按照这组商品在各国国内的市场价格计算出可反映货币真实购买力的汇率。然而，购买力平价法也受到了很多批评，认为其主要有两方面缺陷，一是由于各国发展阶段和生活习惯不同，同质量同数量的商品在不同国家代表的效用水平是不同的，因而商品本身就不具可比性；二是由于各国市场发育程度及政府干预程度不同，国内市场价格扭曲程度也就不同，因此即使是同质量同数量的商品，其价格也不具可比性。总体上看，现行购买力平价的计算方法对发展中国家的生活水平形成了系统性的高估，现实中表现为发展中国家按市场汇率计算的人均 GDP

水平要明显低于按购买力平价计算的人均 GDP 水平，而发达国家的两者差距则明显较小。

十九大之后，学界出现了针对 2035 年和 2050 年目标的争论，造成分歧的一个重要根源就在于是使用市场汇率还是使用购买力平价计算和预测未来的人均 GDP。我们认为，就中国目前的发展阶段来说，按照市场汇率换算确实会低估实际生活水平，而按照购买力平价换算则会高估实际生活水平。当然，我们也可以设想，随着中国经济发展水平与发达国家差距的缩小，两种算法得到的人均 GDP 差异也会逐渐缩小。为平衡两种算法的偏差，我们对两者进行平均，得到平均法人均 GDP，用于识别各国的实际生活水平或发展水平。按此方法计算，2015 年中国人均 GDP 是美国、日本、韩国的 20%、30%、36.6%，是 OECD 成员和欧盟的 29.2% 和 31.8%，是世界平均水平的 87.3%。

以各经济体按照 2015 年平均法换算的 GDP 和人均 GDP 为基数，并假设中国 2020 年真实 GDP 比 2010 年翻一番，人口规模达到 14.3 亿人，其他经济体 2016—2020 年人均 GDP 增速保持 2011—2015 年的平均水平，则不难推算得出，2020 年中国人均 GDP 约为 14809 美元，届时将达到美国、日本、韩国的 24.6%、37.2%、42.7%，OECD 成员和欧盟的 36.3% 和 40.1%，或世界平均水平的 106.3%。

总之，当第一个"一百年"目标完成时，中国的人均 GDP 水平将基本达到世界平均水平，并超过多数发展中国家，但是，与发达经济体相比仍然有较大差距。这一方面意味着中国经济在实现第一个"一百年"目标后仍然具有巨大的发展空间；另一方面也意味着中国要实现第二个"一百年"目标仍需付出较大的努力，且时间较为紧迫。

12.2 现代化国家的量化标准

对于一个发展中经济体来说，"现代化"具有较强的"赶超"含义，需要从两个维度来理解。一个是时间维度，即承认目前本经济体的发展水平落后于当前时代，尚未达到可以代表当前时代人类社会成就的最高科技水平、管理水平甚至文化水平，实现现代化就是要使经济发展水平不落后于当前时代。另一个是国际维度，即承认目前本经济体的发展水平与当前时代主要发达经济体存在明显的差距，实现现代化就是要使经济发展水平不落后于主要发达经济体。从这两个维度考虑，到2050年要建成社会主义现代化强国，判断该重大战略成功与否的标准，就不应该是目前的"现代化"，也不应该是2020年的"现代化"，而只能是2050年的"现代化"，如果要选择已经实现"现代化"的发达经济体作为参照，那么参照标准也应该以该发达经济体到2050年的发展水平为参照。总而言之，建成现代化强国的目标不是一个静态的或绝对的目标，而是一个与时俱进的相对的目标。因此，只有通过国际比较，并对未来发达国家的发展水平做出一定的设定后，到2050年建成社会主义现代化强国的目标才能得到一个较为客观的量化描述。

用各经济体平均法人均GDP除以当年美国人均GDP，即得到该国（地区）相对美国的收入水平，用百分数表示，不妨称之为"相对收入水平"，其本质上反映的是可比的人均经济总量。

从国际数据来看，公认的发达国家和地区只占世界的很少一部分，而发达国家和地区之间的数量差异也较大，其相对收入水平最低为刚刚超过40%（如斯洛伐克、希腊、葡萄牙等），最高的则超过100%（如挪威、瑞士、爱尔兰等）。主要发达经济体的相对收入水平列于表12-1，可见，相对收入水平在90%以上的经济体，除美国以外，主要是地广人稀的高福利国家和地区（如丹麦、瑞典）；英、德、法、日等多数经济成熟且发展较为稳定的发达国家和地区的相对收入水平处在70%到90%之间；相对收入水平在50%到60%的区间集中了三类国家和地区，其一是石油输出国（如沙特、巴林、阿曼），其二是经济起飞较晚但增长较快的发达国家和地区（如以色列、韩国），其三是经济起飞很早但后劲不足的发达国家和地区

（如意大利、西班牙）；相对收入水平在 40% 到 50% 区间的经济体也可分为两类，一类是经济出现较大问题的发达国家和地区（如葡萄牙、希腊），另一类是不久前成功跨入发达国家行列的东欧国家（如斯洛文尼亚、捷克、斯洛伐克）。

据此我们认为，跨入现代化国家行列的最低门槛是相对收入水平超过 40%，或者说可比人均 GDP 达到美国的 40% 以上。

表 12-1　发达国家和地区现代化水平划分（2013—2015 年）

序号	相对收入水平（%）	代表性国家和地区（括号内数字为百分数）
1	90 以上	爱尔兰（102.4）、美国（100）、澳大利亚（99.5）、丹麦（98.0）、瑞典（94.9）、荷兰（90.4）
2	80—90	奥地利（89.1）、中国香港（87.7）、冰岛（87.3）、加拿大（85.6）、德国（84.4）、比利时（82.1）、芬兰（81.7）
3	70—80	英国（77.7）、法国（74.3）、日本（71.0）、高收入国家（79.1）、OECD 成员国（71.2）
4	60—70	沙特（69.8）、以色列（65.9）、巴林（64.7）、意大利（64.4）、欧盟（66.3）
5	50—60	阿曼（57.2）、西班牙（56.7）、韩国（55.5）
6	40—50	斯洛文尼亚（49.4）、捷克（47.0）、葡萄牙（45.7）、希腊（43.0）、斯洛伐克（42.7）

12.3　通向伟大复兴的增长路径

改革开放以来，中国与发达国家的差距大幅度缩小，可以预想，未来这种差距必然会进一步缩小，我们想知道，未来 30 多年，特别是 2035 年和 2050 年两个时间节点上，差距将缩小到何种程度。主要思路是使用反证法，即假设未来人均 GDP 达到某数量目标，据此倒推所需的 GDP 增速，然后结合国际经验数据考察倒推出的 GDP 增速是否可行，进而识别达到这种数量水平的可行性。

一、2050 年中国现代化目标情景

前文提到，所谓"现代化"是一个与时俱进的相对的目标。如果假设未来（到 2050 年）美国仍然为全球现代化程度最高（即相对收入水平为 100%）的国家，则仍然可以将表 12-1 所示的现代化评判标准用于对 2050 年数据的评判。这种评判思路也可以表述为：到 2050 年，如果中国人均 GDP 水平达到了某种现代化评判标准，则可以认为 2050 年中国取得的相对现代化水平相当于目前（以 2013—2015 年数据判断）对应现代化阶段的典型国家或地区的水平。即使届时该典型国家或地区的现代化水平已经发生变化，也并不妨碍我们基于目前的国际格局对于中国届时现代化水平所处国际位次的理解。按照这种思路，可以根据中国相对收入水平到 2050 年达到的不同数值设定多种由高到低的目标情景。按照目前发达国家和地区相对收入水平普遍高于 50% 的现实，下列 5 种情景目标均满足"现代化国家"目标的数量要求，但现代化的实现程度有所不同，具体的划分如下：

情景一：人均 GDP 达到美国的 90% 以上，国际位次处于世界最前列，人民生活水平与美国、爱尔兰、澳大利亚等国家居民基本无异，进入现代化高级阶段。

情景二：人均 GDP 达到美国的 80% 以上，国际位次相当于目前的加拿大、德国等国，进入现代化中高阶段。

情景三：人均 GDP 达到美国的 70% 以上，国际位次相当于目前的高收入国家和 OECD 成员国平均水平，或者英国、法国、日本等国，进入现代化中级阶段。

情景四：人均 GDP 达到美国的 60% 以上，国际位次相当于目前以色列、意大利以及欧盟平均的水平，进入现代化中低阶段。

情景五：人均 GDP 达到美国的 50% 以上，国际位次相当于目前西班牙、韩国，进入现代化低级阶段。

二、现代化阶段与增速变化的一般规律

新古典增长理论认为，随着一个经济体收入水平的提高，其经济增长速度将逐渐回落，换言之，增长速度与收入水平存在负相关关系，低收入国家增长较快，高收入国家增长较慢。因此，在理想情况下，发展中国家与发达国家的差距将逐渐缩小，世界收入水平有收敛趋势。

这种理论假说可以得到国际数据的支持。取各国（地区）2013—2015年三年相对收入水平的平均值，同时计算三年的 GDP 年均增速，并把相对收入水平处于 100（含 100）以下的 186 个国家和地区数据绘成散点图（见图 12-1），发现两指标大致呈负相关关系，即相对收入水平越高（与美国的差距越小），GDP 增速越低。

当然，从回归结果来看，全球收敛的进程是极其缓慢的。图中回归方程的截距项，即最不发达国家的平均增速，只有 4%。反映在现实中表现为，近 100 年来只有少数发展中国家和地区成功跨入了高收入国家和地区行列。

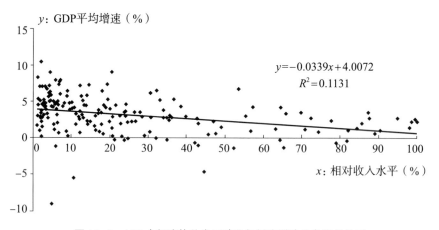

图 12-1　186 个经济体的发展阶段与经济增速的负相关关系

三、中国 2050 年可行发展目标及增速要求

对于以上五种目标情景，哪些是中国可以实现的呢？为了讨论不同目

标实现的难度，我们计算每种目标情景所需的年均 GDP 增速和相应的各个时间段的 GDP 增速变化轨迹。

为了较为客观地观察 2050 年中国与美国人均 GDP 的可能差距，我们仍然使用中美两国 2020 年平均法人均 GDP 作为基期。相对于发展中国家而言，对美国这样成熟而发达的经济体，用历史数据推测将来可以取得较好的效果。我们使用美国 1960—2015 年的 2010 年不变价数据，计算其人均 GDP 在各个时间段的年均增速，如果将时间按每 10 年划分，则美国 20世纪 60、70、80、90 年代及 2000—2009 年的人均 GDP 年均增速分别为 3.3%、2.4%、2.1%、2.0%、0.8%，总体上呈递减趋势，2010—2015 年的年均增速虽然回升到了 1.4%，但仍未达到 20 世纪后半叶的任何一个 10 年的增长速度。从这个趋势判断，我们认为未来美国人均 GDP 将很难像过去那样长期维持年均 2% 以上的增长。为了找到一个客观的依据，我们截取美国最近的 3 个经济周期（从人均 GDP 增速曲线的波峰到下一个显著的波峰为一个周期）内的数据推测将来，这 3 个周期分别是 1984—1999 年、1999—2004 年、2004—2015 年。当然，第三个周期尚未结束，目前尚处于复苏阶段，因而使用这个时间段的年均数据可能会低估 3 个完整周期的年均增速，但是考虑到未来长期内增速仍有放缓趋势，我们认为将这种对过去的适当"低估"应用于未来预测会较为接近真实情况。使用不变美元价格计算，1985—2015 年美国人均 GDP 年均增速为 1.6%，我们以此值作为 2020 年之后美国人均 GDP 年均增速的预测值。

假设 2020 年以后美国人均 GDP 年均增长 1.6%，分别计算美国 2050年人均 GDP 的 90%、80%、70%、60%、50%、40% 对应的数值。结合 2020 年中国人均 GDP（平均法美元数）和国家统计局对未来人口规模的预测数，可推算 2050 年，若中国人均 GDP 达到美国 2050 年人均 GDP 的 90%、80%、70%、60%、50%、40%，届时中国真实 GDP 相对于 2020 年的倍数。

基于前文所述的新古典增长理论，可以推测，未来中国经济的潜在增长率很有可能会缓慢地降低，而降低的速度则决定了第二个百年目标能否实现，以及实现的程度如何。为方便进行长远推算，我们假设 2020 年中国潜在增长率为 6.2%，此后直到 2050 年，潜在增长率每年下降一个固定值，即增速呈线性回落走势，这样问题就简化为在一定的约束条件下求解这个固定的减少量。

令 i 为年份，$i=1$ 代表 2021 年，n 为 2050 年中国真实 GDP 相当于 2020 年的倍数，假设 2021—2050 年 GDP 增速年均下降 x 个百分点，则有：

$$\prod_{i=1}^{30}(1+6.2\%-\frac{x}{100}i)=n$$

使用数值迭代法求解方程中的 x，进而可得各情景所需 2021—2050 年各年 GDP 增速。其中我们发现，2050 年人均 GDP 达到美国 80% 所对应的 GDP 年均增速明显过高，而达到 40% 所对应的年均增速明显过低，因此，我们选取了 2050 年人均 GDP 达到美国的 70%、60% 和 50% 三种情景作为高、中、低三种方案，其分别对应的增速轨迹见表 12-2 和图 12-2，可描述为：

高方案：2021—2050 年实现年均 5.1% 的经济增速，其中前十五年年均增长 5.6%，后十五年年均增长 4.5%，2050 年可比的人均经济总量达到美国的 70%，2035 年达到美国的 43%。

中方案：2021—2050 年实现年均 4.5% 的经济增速，其中前十五年年均增长 5.3%，后十五年年均增长 3.7%，2050 年可比的人均经济总量达到美国的 60%，2035 年达到美国的 42%。

低方案：2021—2050 年实现年均 3.9% 的经济增速，其中前十五年年均增长 5.0%，后十五年年均增长 2.8%，2050 年可比的人均经济总量达到美国的 50%，2035 年达到美国的 40%。

可见，无论哪种方案，都可以实现 2035 年跨过现代化国家门槛的目标，为此，最低要求是 2021—2035 年年均增速不低于 5%。

表 12-2　三种增长方案对应的发展水平和增速

方案	2050 年相对收入水平	2035 年相对收入水平	不同时间段年均增速（%）			
			2021—2050	2021—2035	2036—2050	2050
高方案	70%	43%	5.1	5.6	4.5	4.0
中方案	60%	42%	4.5	5.3	3.7	3.0
低方案	50%	40%	3.9	5.0	2.8	1.8

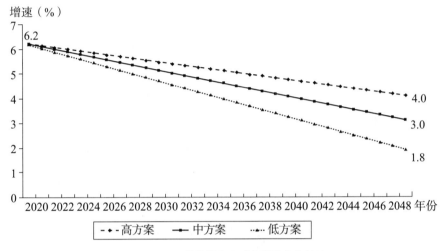

图 12-2　三种增长方案对应增速变化轨迹

　　理论上，若假设条件均得到满足，那么当中国达到某种现代化水平时，其经济的潜在增长率应与目前处于该现代化阶段的国家或地区的潜在增长率相当，但是，由于 2008 年之前全球经济一度过热，2008 年之后全球经济长期低迷，导致多数国家经济的大起大落，很难直接观察目前各个国家和地区的潜在增长率。对于高方案目标，由于相对收入水平处在 70%—80% 的均为较成熟的发达国家和地区，经济波动性相对较小，不妨把时间拉长考察其可能的潜在增长率。2000—2015 年，英国、法国、日本达到过的最高年度增速分别为 3.7%、3.9%、4.2%，年度增速均值分别为 1.9%、1.3%、0.9%，高收入国家（地区）和 OECD 成员整体增速最高都为 4.0%，年度增速均值都为 1.8%。高方案要求 2050 年经济增速保持在 4% 以上，该增速相当于相应水平典型国家（地区）经济增速的最高值，但远高于其均值，据此，我们认为高方案实现难度较大。对于中方案和低方案，我们可选取相应典型国家（地区）中的以色列和韩国作为参考，因为近年来这两个国家的经济增速波动性较小（相对于意大利、西班牙而言），较为接近其潜在增长率，并且两国都不是依靠单一资源出口的国家（相对于沙特、巴林而言）。2013—2015 年三年，以色列和韩国 GDP 年度增速的均值分别为 3.3% 和 3.0%。低方案要求的 2050 年 GDP 增速只有 1.8%，低于当前以色列和韩国的实际增速，说明实现低方案较为容易。中方案要求的 2050 年增速为 3%，低于当前以色列的增速，与韩国增速水平相当，说明中方案也是可以实现的。据此，我们认为中方案是一种实现难度适中且较为理想的增长路径。

总之，从 1978 年算起，中国将用 40 年左右的时间实现第一个"一百年"目标，我们的数据分析表明，达成此目标的典型数量标志是到 2020 年平均法人均 GDP 超过世界平均水平和多数发展中国家，这非常了不起。在此基础上，第二个"一百年"新征程旋即开启，再用 30 年实现对部分现代化国家的赶超。我们的测算结果是，到 2050 年，现代化的中国平均法人均 GDP 有望达到美国的 60% 以上，在相关国家相对收入差距格局（位次）不变的假定下，将超过西班牙、韩国的水平，与以色列、意大利及欧盟平均水平相当，达到当期现代化的中等水平，为实现这个目标，需要在 2021—2050 年保持年均 4.5% 以上的 GDP 增速。

为了更方便进行国际比较，我们使用 2015 年的汇率、购买力平价和 2010 年不变美元数据，将高、中、低方案对应的人均 GDP 和 GDP 在关键年份的数值折算成按 2010 年不变美元计的价值量，结果见表 12-3。

表 12-3　按 2010 年不变美元计人均 GDP 和 GDP 预测值

指标	方案	2020 年	2035 年	2050 年
人均 GDP（美元）	高	8545	19160	39081
	中	8545	18419	33498
	低	8545	17583	27915
GDP（亿美元）	高	122012	277021	538383
	中	122012	266308	461472
	低	122012	254214	384560

其中，最为可行的中方案预测为：人均 GDP 在 2020 年达到 8545 美元，在 2035 年达到 18419 美元，在 2050 年达到 33498 美元；GDP 在 2020 年达到 122012 亿美元，在 2035 年达到 266308 亿美元，在 2050 年达到 461472 亿美元。

据此，也可对现代化水平所对应的 GDP 总量要求做如下描述：按 2010 年不变美元计，2035 年可比人均 GDP 达到美国 40% 时，我国 GDP 突破 25 万亿美元；2050 年达到美国人均 GDP50% 时，我国 GDP 突破 38 万亿美元，达到美国人均 GDP60% 时，我国 GDP 总量将突破 46 万亿美元。

12.4　未来经济结构变化趋势

随着中国向现代化强国的迈进，中国经济结构也将不断变化，从而释放出巨大的增长动力。

中国是一个世界上为数不多的大型经济体，由于大型经济体与小型经济体存在很多天然的差异，因而大国与小国的部分指标不具有可比性。为了尽量照顾到指标的可比性，我们在发达经济体中选取美国、OECD 成员、欧盟三个大型经济体，以及日本、韩国两个同处东亚的经济体作为比较，主要结构指标见表 12-4。

表 12-4　中国经济结构与发达国家和地区的比较（%）

国家和地区	第二产业增加值比重	服务业增加值比重	第二产业就业比重	服务业就业比重	居民消费率	城市化率
中国	39.8	51.6	28.8	43.5	39.2	56.8
美国	20.0	78.9	18.5	79.9	68.1	81.8
OECD 成员	24.3	74.2	22.5	72.2	60.3	80.5
欧盟	24.5	73.9	24.0	70.9	56.3	75.0
日本	28.9	70.0	25.5	69.3	56.6	93.9
韩国	38.6	59.2	24.9	70.2	48.8	82.6

注：中国、韩国各指标均为 2016 年数据；其他国家和地区城市化率为 2016 年数据，剩余指标为 2015 年数据。

数据对比发现，中国的经济结构与发达国家和地区具有显著的差异，而发达国家和地区之间的差异则较小，这说明，现代化的经济体具有相似的经济结构，发展中国家的经济结构会向发达国家收敛。显然，在经济走向现代化的过程中，中国经济结构指标也会逐渐向发达国家看齐。

一是服务业比重要不断提高。数据显示，当前中国第二产业增加值比重明显高于发达国家和地区，而服务业增加值比重比美国低 27.3 个百分点，也比韩国低 7.6 个百分点，服务业就业比重比美国低 36.4 个百分点，也比韩国低 26.7 个百分点。

二是产业间生产率差异要逐渐缩小。2016 年，中国第二产业增加值比重比就业比重高 11 个百分点，而服务业增加值比重比就业比重低 8.1 个百分点，表明产业间劳动生产率存在明显差异，发展不平衡问题突出，特别是服务业和农业劳动生产率相对较低，而表中的发达国家和地区（除韩国外）产业间生产率差异则要小得多，如 2015 年美国第二产业增加值比重比就业比重高 1.5 个百分点，服务业增加值比重比就业比重高 1 个百分点，日本第二产业增加值比重比就业比重高 3.4 个百分点，服务业增加值比重比就业比重低 0.7 个百分点。

三是居民消费能力要大幅增强。发达经济体的一个显著特征是居民消费水平较高，消费对经济增长的贡献较大，居民消费率普遍高于 50%，美国甚至接近 70%，而目前中国居民消费率仅在 40% 上下，与发达经济体存在明显差距。

四是人口要大幅度向城市集中。发达经济体均为空间高度集中的社会，大部分人口生活在城市，2016 年，美国、日本、韩国的城市化率分别为 81.8%、93.9%、82.6%，超过中国的幅度均在 25 个百分点以上，说明中国的城镇化进程还有很长的路要走。

最后需要特别指出的是，结构指标与总量意义上的综合指标反映的是不同的内容，因而具有不同的政策含义。一般来说总量综合指标（如人均GDP）越高说明发展水平越高，但结构指标只有与总量综合指标和其他结构指标（包括本章未涉及的结构指标）相匹配，才能反映现代化进程，决不能为了追求量化目标而拔苗助长或因噎废食。例如，如果过分强调服务业比重提高，采取不当补贴政策，有可能降低服务业乃至整个国家产业体系的效率；如果过分强调服务业的就业创造功能，采取过度的就业鼓励政策，有可能造成劳动力价格的上涨快于劳动生产率提高，继而推升通货膨胀；如果过分强调居民消费比重的提高，采取不切实际的消费刺激措施，有可能因价格扭曲造成资源错配和产能过剩；如果过分强调城镇化率的提高，采取盲目的城镇扩张措施，有可能造成重复建设和城镇布局的分散化，给城镇体系的正常发育造成障碍。总之，预期结构指标不宜作为约束性指标使用，其考核作用只有在全面观察其他指标的基础上才能体现出来。各级政府在追求现代化的过程中不应简单地采取刺激措施实现结构目标，而应主要依靠市场的决定性作用，通过科学发展间接地实现结构优化。

12.5　小结

使用综合考虑汇率法和购买力平价法后的更具可比性的平均法汇率价格计算，结合国际经验数据，我们对中国未来经济增长进行了预测，主要结果如下：

一是"十三五"期间，中国的相对收入水平（即可比人均 GDP 相当于美国的比重）将由 20% 提高到 25%，超过世界平均水平。

二是到 2035 年，即社会主义现代化基本实现时，中国的相对收入水平将超过 40%，跨过发达国家的门槛，GDP 总量（2010 年不变价）突破25 万亿美元；2021—2035 年经济年均增速应不低于 5%。

三是到 2050 年，即社会主义现代化强国建成之时，中国的相对收入水平将超过 60%，现代化程度可超过西班牙、韩国，与以色列、意大利或欧盟平均水平相当；GDP 总量突破 46 万亿美元；2021—2050 年年均经济增速应不低于 4.5%；2036—2050 年年均经济增速应不低于 3.7%。

四是未来中国经济结构将不断调整升级，主要包括服务业增加值比重和就业比重的不断提高、产业间生产率差异的逐渐缩小、居民消费能力的大幅增强、人口向城市的大幅度集中，经济结构的变化将继续释放出巨大的经济增长动力，并推动增长动力结构的不断调整。

需要说明的是，本章完稿时尚未发生新冠肺炎疫情，因而本章对各经济体 2020 年相关指标的估算与现实相比明显偏高。但本章主要讨论中国相对于其他经济体的大小关系，由于新冠肺炎疫情是全球性疫情，可视为对各经济体均造成影响的系统性因素，因此疫情对于相对量的影响较小，不会对本章的主要结论造成明显改变。

第十三章　要素动力的演进与挑战

第三章和第八章分别分析了我国改革开放以来以传统要素为支撑的经济起飞，以及新时代要素动力向创新转换。着眼于第二个百年目标和社会主义现代化强国建设目标的实现，还需要从未来的角度对我国经济增长要素动力的演化发展进行分析。为此，本章首先基于发达国家的发展经验，对要素动力演变的一般规律进行归纳；而后在第三章和第八章测算的基础上，对我国要素动力的演化路径进行分析，并与第十二章的经济增长目标进行对比；最后根据归纳分析和预测结果，对我国未来三十年要素动力转变提升面临的挑战和发展趋势进行分析。

13.1　要素动力发展变化的一般规律

改革开放以来，我国逐步建立了社会主义市场经济体系，市场因素对要素动力影响日益突出，借鉴欧美等西方发达国家市场经济体系下要素发展一般规律，可以为探索我国未来要素动力的演进方向提供借鉴参考。基于数据可得性，我们估算了 OECD，以及美国、日本、德国、法国、英国1970—2018 年的不变价经济总量、固定资本存量、参与劳动的劳动力数量和全要素生产率增长率，使用柯布-道格拉斯生产函数对各样本国家（组织）的要素动力进行了测算分解，作为分析我国未来要素演化路径的参考依据。

一、主要发达经济体要素动力的测算

（一）资本存量测算
使用永续盘存法测算各国固定资本存量，由于使用不变价数据进行测

算，因此公式可以简化为：

$$K_t = I_t + (1 - \delta_t)K_{t-1} \qquad (13.1)$$

其中，K_t 表示固定资本存量，I_t 为当期不变价固定资本形成额，δ_t 为折旧率。不变价固定资本形成额按照 2010 年不变价美元计算，数据来自世界银行数据库。由于世界银行数据库仅有 1970 年以后的固定资本形成额，因此对于基期资本存量问题，我们将不变价资本存量对数与年份进行了线性回归，倒推出 1900—1969 年的不变价固定资本形成额，在忽略 1900 年以前资本存量的基础上，使用永续盘存法估算 1970 年的固定资本存量作为基期数值。对于折旧率 δ_t，考虑到数据可得性和简化计算的需要，本节没有采用可变折旧率，而是根据傅家骥（1991）[①] 的文献材料，将折旧率设定为 10%（我们同时使用了 8% 和 15% 两个折旧率进行检验，最终计算结果显示，各类资本对经济增长的贡献率并没有因为折旧率的设定而产生本质性区别）。

基于上述测算和数据处理方法，我们测算了经合组织（OECD）以 2010 年不变价美元为单位的固定资本存量，并单独测算了美国、日本、德国、法国、英国的发展水平，结果如图 13-1 所示。从测算结果看，1970 年，OECD 国家不变价固定资本存量为 30.3 万亿美元，2018 年增长至 96.2 万亿美元，1979—2018 年的年均增长率为 2.4%。从具体的国家看，资本存量增长情况则存在一定的差异，大致可以分为三类：一是美国资本存量增长较快；二是英国、法国和德国三个西欧国家资本存量增长平稳；三是日本前期增长较快但后期增长缓慢。1970 年，美国不变价固定资本存量为 6.9 万亿美元，2018 年增长至 30.6 万亿美元左右，1979—2018 年的年均增长率为 3.2%。从西欧国家看，1970 年，德国、法国、英国固定资本存量分别为 3.5 万亿美元、2.2 万亿美元和 1.5 万亿美元，2018 年分别增至 6.9 万亿美元、5.8 万亿美元和 4.1 万亿美元，年均增速分别为 1.5%、2.0% 和

[①] 傅家骥、姜彦福："技术创新理论的发展"，《经济学动态》1991 年第 7 期，第 48—51 页。

2.1%。日本与其他国家的趋势有较大差别，2000年之前日本固定资本存量增长较快，2000年为13.7万亿美元，1971—2000年年均增长3.0%，与美国增速相近，但进入新世纪以后日本投资明显下降，资本存量增长也明显放缓。2018年日本固定资本存量13.8万亿美元，与2000年相比几乎没有增长。

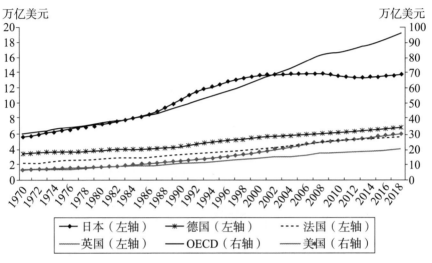

图13-1　1970—2018年各个国家和地区不变价固定资本存量

（二）劳动投入测算

基于数据可得性，本章使用15岁以上人口数量×15岁以上人口劳动力参与率来测算劳动投入量。由于1970—1989年劳动参与率数据缺失，我们分析了各国1990—2018年的劳动参与率状况，发现均呈平稳微降态势，基于此进行了线性回归，补充了缺失的劳动参与率数据。基于上述方法，我们测算了OECD以及美国、日本、德国、法国、英国的劳动人员数量，结果如图13-2所示。从测算结果看，1970年，OECD参与劳动的人口数量为3.8亿人，2018年增长至6.4亿人，1971—2018年年均增长1.1%。从具体国家看，各国劳动投入整体呈平稳增长态势，日本和德国近年出现了劳动投入增长放缓。1970年，美国、日本、德国、法国、英国参与劳动的人口数量分别为 0.96 亿人、0.50 亿人、0.33 亿人、0.23 亿人和 0.27 亿人。2018 年分别增长至 1.7 亿人、0.69 亿人、0.39 亿人、0.33 亿人 和 0.33 亿人。1971—2018 年年均分别增长 1.1%、0.7%、0.3%、0.8% 和 0.5%。新世纪以后日本和德国劳动投入增长明显放缓，2001—2018 年年均 增速分别仅为 0.2% 和 0.1%。综合上述结果看，OECD 及美国资本和劳动 两大基础要素的增长速度明显快于其他国家。

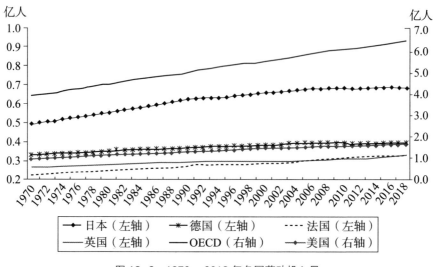

图 13-2　1970—2018 年各国劳动投入量

二、要素动力结构的演化规律分析

（一）全要素生产率增长率的测算

要分析资本投入、劳动投入、全要素生产率对经济增长影响的一般规律还需要设定要素份额并对全要素生产率进行测算。关于要素份额，由于 OECD 国家多数在 1970 年基本成为了较成熟的市场经济体，因此其要素份额也相对稳定，资本份额一般占 1/3，劳动份额为 2/3，基于此我们设定 α 为 0.33，$1-\alpha$ 则为 0.67。基于上述测算和设定即可测算全要素生产率增长率：

$$\dot{A} = \dot{Y} - \alpha \times \dot{K} - (1-\alpha) \times \dot{L} \qquad (13.2)$$

基于上述方法，我们测算了 OECD，以及美国、日本、德国、法国、英国 1971—1980、1981—1990、1991—2000、2001—2008、2009—2018 共五个时段的平均全要素生产率增长率，结果如表 13-1 所示。上世纪 70 至 90 年代，OECD 国家的全要素生产率增长率整体较高，1971—1980 年 OECD 的全要素生产率增长率平均值为 1.8%，其中日本达到 2.7%，德国、法国也超过了 2.0%；1981—1990 年 OECD 的平均值仍有 1.5%，其中日本达到 2.5%，英国也接近 2.0%。但 90 年代以后全要素生产率增长率下降的趋势非常明显，在主要成员国增长率普遍下降的情况下，1991—2000 年、2000—2008 年、2009—2018 年 OECD 的平均值分别仅为 1.0%、0.5% 和 0.5%，这除了主要受各国经济增速趋势性放缓外，可能也与第三次科技革命后，创新步伐有所放缓以及资本体现式技术进步的影响有关。

表 13-1　各个国家和地区不同时期全要素生产率增长率（%）

时间段	OECD	美国	日本	德国	法国	英国
1971—1980	1.8	1.0	2.7	2.1	2.2	1.3
1981—1990	1.5	1.5	2.5	1.6	1.3	1.9
1991—2000	1.0	1.2	0.1	1.0	1.1	1.5
2001—2008	0.5	0.3	0.6	0.7	0.1	1.2
2009—2018	0.5	0.8	0.7	0.9	0.03	0.3

（二）各类要素的贡献率分析

分析要素动力演化的一般规律要看各类要素对经济增长贡献率的变化，在上面测算结果的基础上，我们分解了美国、日本、德国、法国、英国 1971—1980 年、1981—1990 年、1991—2000 年、2001—2008 年、2009—2018 年共五个时段的资本、劳动和全要素生产率对经济增长的贡献率，样本国家的平均值如表 13-2 所示。

表 13-2　样本国家不同时期要素动力结构平均值（经济增长贡献率 %）

时间段	经济增速	资本贡献率	劳动贡献率	全要素生产率贡献率
1971—1980	3.3	22.1	21.8	56.1
1981—1990	3.1	25.9	18.4	55.8
1991—2000	2.3	41.0	18.6	40.4
2001—2008	1.8	38.1	26.7	35.2
2009—2018	1.2	30.2	22.9	46.9

从样本国家的平均情况看，主要表现出以下几个主要特征，一是劳动贡献率稳定在 20% 左右；二是全要素生产率贡献率整体最高但呈下行态势，国际金融危机以后明显回升；三是资本贡献率在 20 世纪末达到顶点，此后逐渐回落。

劳动贡献率稳定。受人口增长放缓、人口老龄化、劳动参与率下降等因素影响各国劳动供给的增长整体都逐渐放缓，这与经济增长放缓的趋势较一致，导致劳动对经济增长的贡献率也保持在 20% 左右的水平。

全要素生产率贡献率高位回落。上世纪 50 年代以后，随着第三次科技革命爆发，技术进步成为西方发达国家经济增长的最核心动力，上世纪 70—80 年代全要素生产率的经济增长贡献率接近 60%。1971—1980年，德国和日本全要素生产率增长率的经济增长贡献率分别超过了 70% 和 60%。但 90 年代以来，全要素生产率的贡献率有所下降，国际金融危机前已经降至 40% 左右的历史低位，这可能与资本的过度积累有关。但金融危机后，全要素生产率的贡献率又逐步回升。

资本与全要素生产率存在镜像关系。由于劳动要素贡献率相对稳定，资本的贡献率和全要素生产率的贡献率就必然存在镜像关系。从理论上看，经济体对资本增长的依赖导致其对技术进步投入热情较低，另一方面资本积累也会产生一定的资本体现式技术进步，导致全要素生产率中的中性技术被有偏技术进步替代。但从历史规律看，对于成熟的发达经济体，固定资本投入增长的贡献率一般不会高于 40%。

三、我国当前要素动力结构与发达国家历史比较

要探索上述一般规律对分析我国要素动力转换的参考意义，还需要对我国的发展阶段进行分析，为此我们首先以 2010 年不变价人均 GDP 为核心指标，对比我国与上述样本国家经济发展水平的差距。根据世界银行数据，根据汇率法计算，2018 年我国不变价人均 GDP 为 7755 美元，而日本 1960 年为 8608 元，我国这一指标大致相当于日本 50 年代中后期的水平，而其他发达国家和地区都在 1 万美元以上，据此粗略估算我国大体与发达国家 50 年代的水平相当。如果根据 PPP 法计算，我国当前人均 GDP 已经达到日本和 OECD 国家 1990 年水平的 50% 左右，据此推算大致相当于其 70 年代的水平。平均来看的话，以人均 GDP 为参照，我国当前经济发展水平大致相当于发达国家 60 年代中后期水平。

如果以上述估算结果为依据，对我国当前及未来一段时间发展有参照意义的应是各国上世纪 60 年代的要素动力结构。如果根据 1970 年以后要素动力的演进规律倒推，60 年代发达国家的要素动力结构应该大致为全要素生产率贡献六成经济增长，资本和劳动投入各贡献两成的经济增长。根据第八章的测算结果，新时代以来我国要素动力结构大致为全要素生产率贡献了三成经济增长，资本贡献了六成经济增长，劳动贡献了一成经济增长。从数据对比看，我国资本依赖的特征非常明显，全要素生产率的贡献率还有很大的提升空间，而这一结果意味着，我国在新时代要素动力应考虑从资本贡献为主向全要素生产率贡献为主转变。从近两年的情况看，2017 年以来我国全要素生产率贡献率已经超过了 40%，2019 年超过 45%，存在向发达国家历史规律回归。

13.2 中长期要素动力的演化与国际比较

从上面的对比中可以看出，与发达国家要素动力的一般规律相比，我国存在较为明显的资本要素依赖，全要素生产率的贡献率相对偏低，这表明我国与发达国家要素动力发展演化的路径并不完全一致，但从我国改革开放40年以来要素动力的变化看，则表现为全要素生产率贡献率逐渐提高而资本贡献率逐渐下降，我国要素动力结构有向发达国家一般规律回归的趋势，那么在未来的30年里，我国的要素动力又会呈现什么结构？与发达国家一般规律相比是趋同还是继续分化？为了回答这个问题，我们有必要对未来我国要素动力的演化方向进行预测。

一、2021—2050年基于要素动力的经济增长预测方法

在对1979—2019年资本存量、劳动投入量、全要素生产率进行测算的基础上，通过分析三大要素及资本份额的变化趋势，可以进一步预测我国未来在2035和2050年经济增长状况，在第二个百年发展目标框架下，探讨我国要素动力未来的演化路径。为排除外部环境、政治因素、汇率变化等对预测的影响，在测算中假定：一是外部国际环境和国内经济发展基本平稳，不会爆发重大经济危机、政治危机、公共卫生危机等；二是技术进步相对稳定，生产效率稳步提高；三是主要货币汇率保持基本稳定。

（一）劳动投入预测

从劳动力投入的计算方法可以看出，对劳动力数量的测算与三个因素有关，分别是就业人员数量、就业人员的行业分布（即就业结构），以及各行业的相对收入关系。因此，对劳动力投入量的预测也由就业人员数量、就业结构和相对收入系数三部分构成。

就业人员数量预测。对于就业人员数量的预测通常使用"劳动年龄人口×劳动参与率"计算，但由于劳动参与率数据波动性较大，我们选择使用"就业人数占总人口比重×人口总量"预测就业人员数量。基于历史数

据分析可以发现，我国就业人员数量占总人口的比重从 2001 年开始，总体上保持平稳微降、变化极小的发展态势，这一趋势性变化有利于提高预测结果的稳健性。进一步分析就业人数与总人口的数量关系发现，该指标近年下降幅度基本保持在 0.07% 左右，在人口老龄化背景下这种微降趋势将长期持续。利用上述关系，参照国家统计局《中国人口中长期预测研究分析报告》对我国未来总人口的预测结果，可得出未来各年的就业人员数量。

就业结构预测。基于历史数据的分析结果显示，1978—2019 年我国农业就业比重和城镇化率的相关性系数高达 −0.99，中国社科院预测 2050 年我国城镇化率将达到 78%—81%，据此推算 2050 年我国农业就业比重将降至 5.9% 左右[①]。依据上述结果，通过线性拟合可估算 2021—2050 年农业与非农业就业比重。

产业相对收入水平预测。基于对历史数据的分析发现，近年来农业与非农产业相对收入水平逐渐收敛，非农产业的收入系数基本稳定在 1.7 左右，农业相对收入系数收敛于 0.3，以此为依据设定未来产业相对收入水平的变化。

根据上述三项测算结果，可以预测我国未来劳动力投入量，相比于就业人员数量持续下降，我国劳动力投入量仍将在较长时间内保持一定增长，2021 年劳动力投入量为 10.6 亿人员当量，2035 年增加至 11.3 亿人员当量，2050 年从 2046 年的峰值回落到 11.4 亿人员当量。从这一结果可以看出，未来我国劳动投入量在短期内并不会像当前已经下降的就业人员总量那样持续下降，其主要原因在于我们所使用的劳动投入量测算方法在一定程度上反映了劳动力素质提高带来的劳动能力提升，而这将有利于未来维持我国劳动要素增长。这一预测结果与部分学者对我国劳动力投入量变量的预测结果较为一致，如王立军等的预测结果显示，我国劳动力质量仍会长期保持增长，从而极大削弱劳动人口规模下降对劳动投入的影响，我国劳动

---

① 这与日本对应发展水平时的就业结构数据非常相似。

投入将在 2040 年出现拐点,进入下降期,比单纯以劳动力数量所衡量的劳动投入下降推迟 24 年。

（二）固定资本存量预测

通过对我国资本存量测算结果进行分析,我们发现我国资本存量增速从 2010 年开始放缓,随着供给侧结构性改革持续深入以及消费对经济增长贡献率不断提高,未来资本存量增速将持续放缓并回落至较低水平。进一步分析发现,2010 年以后不变价资本形成额增速明显放缓,综合折旧率逐步降低。基于上述发展趋势,我们参照近年平均值,将不变价资本形成额增速预测初始值设定为 4.0%,将综合折旧率预测初始值设定为 14.3%,并构造对数函数使上述指标在 2050 年降至历史前三低值的平均水平并逐渐收敛[①]。基于上述方法所得折旧率和资本形成额预测数据,使用永续盘存法测算未来各年固定资本存量。计算结果显示,2035 年我国资本存量增速将降至 3.9%,以 1978 年不变价计算,资本存量将达到 64.2 万亿元;2050 年增速降至 2.9%,资本存量达到 105.5 万亿元。相关研究在进行资本存量预测时,通常将资本存量增速设定为按某一速度线性递减或设置为固定值,预测依据略显不足。如郭学能和卢盛荣假设物质资本增速在 2016—2020 年每年下降 1 个百分点,易信和郭立春设定 2049 年前固定资本存量平均增速为 3.5%。相比之下我们方法的优点主要在于,一是基于资本形成额和折旧率的变化趋势,使用永续盘存法预测固定资本存量,方法更加科学;二是根据我国经济发展特征对资本形成额和折旧率的变化进行非线性设定,使固定资本存量增速逐步下降并趋于收敛,结果更加接近实际。

（三）全要素生产率预测

从前述测算结果看,目前我国全要素生产率出现回稳趋势,在供给侧结构性改革持续推进、新动力快速成长及产业结构不断升级等利好因素的

[①] 计算过程中剔除了不变价资本形成额增速为负的年份数据。2050 年资本形成增速降至 1.50%,折旧率降至 9.97%。

推动下，根据发达国家经验，预计未来全要素生产率增长率有可能继续回升。而随着经济转型完成及经济规模继续扩大，根据发达国家的经验，全要素生产率增长率则将逐步回落。考虑到全要素生产率是一个与技术进步、市场体制改革、经济规模等多重因素相关的复杂参数，从未来发展可能性出发，分三种方案设定不同的提升速度和回落速度，在第八章的测算基础上，将2021—2035年设为全要素生产率的回升期，将2036—2050年设为全要素生产率的回落期，进一步预测2021—2050年的全要素生产率增长率。

在高方案下，我们设定全要素生产率在回升期将逐步回升至1979—2020年数据30%分位的水平（3.9%左右）；而在回落期则逐步回落至历史数据45%分位的水平（2.4%左右）。在中方案下，设定全要素生产率在回升期回升至历史40%分位的水平（3.0%左右）；回落期逐步回落至50%分位（2.0%左右）。在低方案下，则认为全要素生产率无法顺利回升，2021—2035年逐步回落至历史50%分位的水平，在2036—2050年进一步回落至55%分位的水平（1.6%左右）。

相比之下，现有研究对我国未来全要素生产率的预测则大多将全要素生产率设定为固定值进行分析，如陆旸和蔡昉将2011—2050年的全要素生产率设定为2.4%，易信和郭立春在三种情形下分别将2016—2049年的全要素生产率设定为2.0%、2.5%和3%。但这种简单设定可能导致较为明显的偏误，如根据陆旸和蔡昉的预测结果计算，基准情景下2046—2050年全要素生产率对我国经济增长的贡献率高达97%，这一结果明显不合常理，在一定程度上说明了设定不变的全要素生产率并不适宜进行长期预测研究。

（四）要素份额预测

我们以滚动回归系数的差分值所反映的资本份额变化趋势，作为预测我国未来资本份额变化的主要参考依据。需要指出的是，对要素份额的长期预测不能简单基于历史数据的分析展开，还必须考虑要素份额的经济学含义和一般发展规律。一般来说，随着经济体制逐渐趋于稳定成熟和经济发展水平不断提高，劳动份额会不断提高，资本份额则随之不断下降，并最终趋于稳定。当前西方主要发达国家，其劳动份额基本稳定在2/3，资本份额则稳定在1/3。从我们未来三十年发展目标看，2035年我国将基本实现社会主义现代化，2050年成为社会主义现代化强国。据此判断，在2035年前后我国要素份额可能更加趋近于发达国家水平，2050年与发达国家水平基本相近。

综合考虑上述发展规律并考虑要素份额历史数据情况，在第八章测算结果的基础上，设定我国资本份额以降幅逐渐收窄的方式下降，在2035年降至0.388，2044年开始收敛于0.375，接近大部分发达国家资本份额的平均水平。对资本份额进行动态预测的研究成果相对较少，较有代表性的是吴国培等使用状态空间模型分析了我国1978—2012年的资本份额变化趋势，并基于所得结果假设资本份额线性递减，2020年降至0.425，与本章的预测结果较为类似。但这种线性递减的设定方式没有考虑资本份额的收敛趋势，只适用于短期预测，在此使用渐进收敛的设定方式有效避免了上述问题。

二、2021—2050年我国经济增长的要素结构及其国际比较

（一）我国要素动力的结构变化

在上述预测的基础上，可以进一步对我国各阶段的要素动力进行分解，测算资本、劳动和全要素生产率的贡献率变化。结果如表13-3所示。从全要素生产率看，2021—2035年全要素生产率的贡献率将达到50%—60%的水平，虽然在2035年以后全要素生产率增长率逐步回落，但对经济增长的贡献率则继续上升，有望达到60%—70%的高水平。从资本投入看，未来一段时期资本数量的增长仍然是经济增长的重要动力之一，2021—2035年仍然达到30%—40%，在2036—2050年仍在30%以上，尤其在低方案下资本的贡献率还有所上升。从劳动投入看，劳动对经济增长的贡献率将降

至较低水平，尤其在 2045 年以后劳动投入量的减少将负向拉动经济增长。

表 13-3　2021—2050 年我国要素动力结构

时间段	要素类型	经济增长贡献率（%）		
		高方案	中方案	低方案
2021—2035	资本	33.1	36.1	40.5
	劳动	5.0	5.4	5.9
	全要素生产率	61.9	58.5	53.5
2036—2050	资本	29.3	34.6	41.5
	劳动	0.2	0.3	0.4
	全要素生产率	70.5	65.1	58.1

（二）我国不变价人均 GDP 与发达国家历史的比较

为了便于国际比较，我们首先需要对我国未来的经济发展水平进行预测，根据上述增速预测结果，计算了我国 2021—2050 年以 2010 年不变价美元计算的经济总量，并根据国家统计局的人口预测结果推算了 2035 和 2050 年的人均 GDP。结果显示，高方案下，2035 年我国人均 GDP（2010 年不变价美元）将达到 1.9 万美元，2050 年将达到 3.8 万美元；中方案下，2035 年为 1.8 万美元，2050 年为 3.2 万美元；低方案下，2035 年为 1.7 万美元，2050 年为 2.8 万美元。综合上述三种方案的预测结果，我们对我国 2035 和 2050 年与发达国家历史人均 GDP 大致相等的时期进行了比对。虽然由于时代相差较远，这种对比方法存在一定的不可比性，但仍不失为分析我国未来要素动力状况可选的方法。结果显示，从上述汇率法测算结果看，我国 2035 年的人均 GDP 大致相当于发达国家上世纪 70 年代的水平，2050 年则相对于发达国家世纪之交时的水平；如果进一步使用 PPP 法对上述结果进行修正，2035 年我国发展水平应与发达国家 80—90 年代相似，2050 年则与发达国家当前水平接近。

（三）我国要素动力与发达国家历史的比较

根据上述预测结果，我们进一步对比了我国要素动力与发达国家相似性和区别。从 2035 年的情况看，我国全要素生产率贡献率与发达国家相似历史阶段（上世纪 80—90 年代）基本相当（都在 60% 左右），最大的区别在于我国资本贡献率高于发达国家（我国达 30% 以上，发达国家在 20%左右），劳动贡献率远低于发达国家（发达国家在 25% 左右，我国仅 5%左右），这一方面体现了我国偏重资本的要素动力结构问题在 2035 年仍不能得到完全解决，而进入老龄化也使我国失去了一项重要的要素动力。但相比于 2012—2019 年的情况，总体来看我国要素动力的演化方向仍是趋向于发达国家的。

进一步从 2050 年的情况看，我国资本动力与发达国家的水平基本相当，区别在于我国全要素生产率高于发达国家，而劳动贡献率远低于发达国家（2050 年我国劳动的贡献率已经跌至 0 以下，发达国家当前水平仍在为 20% 左右），这在一定程度上表明我国对资本的依赖较高，但最大的问题仍在于劳动力的减少，这使得我国经济增长必须更多地依靠中性技术进步和制度优化带来的改革红利，全要素生产率在 2050 年的贡献率接近70%。将这一结果与 2035 年相比较可以发现，我国要素动力的演化方向与发达国家的一般规律并不完全相符，主要区别在于全要素生产率的贡献率将维持在高位。

综合上述分析可以得出我国要素动力的演化路径：2021—2035 年随着全要素生产率贡献率的进一步提高，我国要素动力构成将趋近于发达国家；但 2035 年以后我国全要素生产率贡献率仍将保持高位，与发达国家全要素生产率贡献率下降的趋势不符，我国要素动力的演化将不再遵循发达国家发展的一般规律。此外，劳动要素的贡献率偏低也将长期成为我国要素动力与发达国家有所区别的重要方面。

三、要素动力能否支持我国发展目标的实现？

与发达国家的对比显示，我国在 2035 年以后要素动力的演化方向将与发达国家一般规律有所区别，且我国劳动的贡献率长期偏低，那么这种要素动力的区别是否会影响我国第二个百年目标的实现？是否会因为要素发展路径的差异而阻碍我国成为现代化强国目标的实现？为了回答这一问题，我们在上述预测的基础上，对我国要素动力支撑的经济增速进行了预测。

预测结果显示（见表 13-4）：高方案下，2021—2050 年我国经济年均增长 4.9%，其中 2021—2035 年为 5.6%，2036—2050 年为 4.4%；中方案下，2021—2050 年经济年均增长 4.3%，其中 2021—2035 年为 5.1%，2036—2050 年为 3.7%；低方案下，2021—2050 年经济年均增长 3.7%，其中 2021—2035 年为 4.5%，2036—2050 年为 3.1%。结合在第十二章的分析中，我们曾设定的高中低三个方案，并提出了实现第二个百年目标在不同时期的增速要求，通过对比预测增速与目标增速，就可以大致回答要素动力对我国发展目标的支撑效果。

对比预测结果显示，要素动力增长支撑的经济增速与达成第二个百年目标所需要的增速较为吻合，表明完成第二个百年目标有较好的要素支撑。但各方案下，预测经济增速都低于目标增速 0.2 个百分点左右。这也表明完成第二个百年还需要付出艰苦努力，必须保障经济长期平稳运行。

表 13-4　2021—2050 年我国经济年均增速预测

时期	平均增速（%）		
	高方案	中方案	低方案
2021—2050 年	4.9（5.1）	4.3（4.5）	3.7（3.9）
其中：2021—2035 年	5.6	5.1	4.5
2036—2050 年	4.4	3.7	3.1

注：括号内为目标增速。

13.3　我国要素动力转换发展面临的挑战

从上一节的分析中可以总结出两个基本结论，一是我国要素动力的演化趋势与发达国家一般规律有相似之处，但区别同样明显；二是要素动力对支撑第二个百年目标实现总体是足够的，但也存在不小的压力。从上一节的分析，尤其是与发达国家一般规律的对比分析看，我国要素动力发展主要存在以下三个问题：

一、摆脱资本依赖面临不小压力

从我国2021—2035年要素动力演进的预测路径看，对资本的依赖仍然明显偏高。2035年，我国固定资本存量的增速为3.9%，在低方案下对经济增长的贡献率达到40%，在高方案下也达到了27%。相比之下，从经济指标上与我国2035年相近的上世纪80—90年代，西方发达国家资本存量增速普遍低于3%，大多数国家仅为我国一半左右的增长速度；资本投入对经济增长贡献率则在20%—30%左右，与我国高方案下的贡献率相似，但均低于中低方案下的贡献率水平。

如果对比国际经验，我国高方案下的要素动力结构与发达国家的历史经验最为接近，但高方案对经济增长的设定也最高，这就对未来长期的稳增长提出了更高的要求。虽然改革开放40年来，我国创造了世界经济增长奇迹，但是能否在未来30年继续保持较高的增长水平，具有一定的不确定性。如果对比更加稳妥的中方案，那么我国资本要素动力贡献就高于发达国家5到10个百分点。这也与我国改革开放以来主要依赖资本拉动经济增长的历史模式有很大关系，如何尽快实现从资本推动向创新推动的要素转变是我国面临的一个重大挑战。

当然，如果从我国2050年资本贡献率看，我国与发达国家世纪之交的水平基本相当，都在30%—40%的区间，但这是否意味着我国要素动力合理了呢？显然不是的，因为在这之后不久，西方发达国家就爆发了金融危机，虽然我们并没详细探讨金融危机与其要素结构的关系，但资本尤其是金融资本的过度积累，也可能是金额危机爆发的诱因之一。从我国自身情况看，2035—2050 年，资本的贡献率并没有发生本质变化，持续位于较高水平，并与发达国家 2000 年前后的水平接近，那么发达国家在 2008 年爆发的金融危机，就更应该引起我们对我国要素动力演进所面临问题的高度重视。

二、劳动力减少导致增长压力加大

相比于资本，劳动力则是我国面临的更大问题，相比于发达国家我国更早进入老龄化，劳动年龄人口和就业人口的减少将导致我国劳动要素动力的减弱。根据我们的测算，上世纪 70 年代中前期，OECD 就业人员数量年均增速达到 1.5%，对经济增长的贡献率超过 30%，其中美国、日本、德国、法国、英国的就业人员数量年均增速分别达到 1.9%、1.3%、0.6%、1.0% 和 0.4%，整体仍保持了较快的增长，劳动对美国经济增长的贡献率超过 30%，其他国家也在 10% 以上。而我国就业人员数量从 2018 年起开始减少，劳动年龄人口数则更是从 2013 年开始减少，也就是说如果不考虑就业质量和劳动力素质的提高，劳动要素对我国经济增长的贡献已经为负，这与上述发达国家的历史经验是有本质区别的。当然，考虑到我国劳动力素质的提高和就业结构的优化，我国劳动要素动力仍然有潜力可挖，测算结果显示，2035 年我国劳动投入量仍有 0.2% 的增长，但明显低于发达国家 70 年代劳动人员数量的增速。

如果对比 2050 年和发达国家上世纪末的情况，那么差距将更加明显。1995—2000 年，除英国为 1.6%，劳动对美国、日本、德国、法国经济增长仍有 10% 以上的贡献，与 70 年代相比并没有明显的变化。但从我国的情况看，2050 年考虑了劳动力素质优化的劳动投入量对我国经济增长的贡献率也降至 -5% 左右，如果单纯考虑就业人员数量，负向拉动将更明显。这种情况的产生与我国老龄化发展较快有密切关系。基于我国老龄化当前发展趋势和人口预测结果，我们对我国 65 岁以上老年人口占比和老年抚养比（65 岁以上人口数 / 劳动年龄人口数 ×100%）两个指标进行了初步预测，结果显示，2035 年我国 65 岁以上人口占比将达到 22% 左右，进入超老龄化社会，2050 年将进一步超过 30%；2035 年，我国老年抚养比可能接近 30%，2050 年可能接近 50%。这意味着 2050 年我国老龄化程度可能与日本当前水平相似，老龄化将成为我国的一个突出问题。

从上面情况可以看出，下一阶段在我国尚未完全实现现代化，人均 GDP 与发达国家差距仍然明显的时候，我国劳动对经济增长的贡献已经降至了较低水平，未来甚至可能降为负值。虽然当前我国劳动年龄人口基数仍然庞大，但未来劳动力数量的减少会对我国经济增长形成明显制约，因此必须及时调整政策制定预案，将其远期影响降至最低。

三、以全要素生产率为主的动力结构对技术进步提出较高要求

从上述结果可以看出，未来我国经济要保持长期稳定增长，全要素生产率已经成为最为关键的一环。2035 年，全要素生产率对我国经济增长的贡献率将达到 60% 左右，与发达国家上世纪 60—70 年代峰值期的水平相当。此后发达国家全要素生产率的贡献率均出现了不同程度的回落，但考虑到我国劳动力制约，依靠资本积累又存在明显弊端和不可持续性，因此这一缺口就必须由全要素生产率来弥补。这也就决定了我国未来经济要平稳发展，就必须提高全要素生产率对经济增长的贡献率，走一条与发达国家历史经验不同的路子，而 2050 年的预测结果也显示，我国全要素生产率将近 70% 的贡献率，要远高于发达国家上世纪末 30%—40% 的水平（当然，这与发达国家在这一时期资本积累增长较快，资本体现式技术进步挤占了部分中性技术进步空间有关）。

从全要素生产率增长的影响因素看，制度优化和中性技术进步是最为关键的两个环节。从未来看，我国经济体制变革更多的在于对现有制度的优化，对经济增长贡献有限。因此，未来中国全要素生产率必然体现为也

必须体现为以技术进步为主要特点的增长模式。这就要求在未来的发展过程中，不仅要进一步加大 R&D 支出，更要讲求创新效率，提高科技研发的投入产出比，在基础研究、吸引人才上做文章，充分利用好我国的市场优势和制度优势，形成有利于人才流入、创新资本流入的大环境，将上述二维优势拓展为市场优势、制度优势和创新优势有机结合的三维优势，为我国全要素生产率的增长创造条件。

13.4 我国数字经济的发展前景

近年来，随着互联网技术的快速革新和我国网络基础设施不断完善，数据作为一种新兴要素深度融入经济生产活动，党中央、国务院高度重视数据的经济价值，在《关于构建更加完善的要素市场化配置体制机制的意见》中，将数据与资本、技术、劳动、土地等重要的经济要素并列，充分体现了数据对推动经济高质量发展的重要作用。数据要素的影响体现在数字经济迅猛发展，并成为经济新动能的重要组成。未来随着大数据、云计算、人工智能等新一代信息技术不断成长突破，我国市场空间大、网络基础设施好等优势将进一步体现，数字经济在推动创新和高质量发展等方面将发挥更加显著的作用。尤其在我国此次新冠肺炎疫情应对中，信息网络的规模优势发挥了重要作用，表明数字经济在推动国家综合实力提升上有重要价值。因此，从未来要素动力优化发展看，不论是推动资本、劳动、全要素生产率三大要素自身发展，还是深化要素动力的融合创新，数据都将以一种新的要素形态发挥重要作用。

一、未来我国数字经济将长足发展

随着信息技术的快速发展和网络基础设施的不断完善，近年来我国数字经济取得了突飞猛进的发展，总体扭转了在互联网和数字产业领域的落后局面，在部分领域甚至处于领先地位，尤其是依托于完善的产业体系、庞大的人口规模、巨大的消费市场，我国在数字技术应用领域发展取得了良好成绩。根据《中国互联网发展报告 2019》的数据，2018 年我国数字经济规模已达 31.3 万亿元，比 2015 年增长了近 70%，近年来持续保持两位数的高速增长，远高于同期经济增速；数字经济规模相当于 GDP 的比重达到 34.8%，已成为中国经济增长的重要新引擎。

网络消费是我国数字经济发展的一个典型代表。在互联网普及率迅速提高、网络设施覆盖面不断扩大、移动支付技术日新月异的带动和支持下，近年来我国网络零售规模迅速扩大，占社会消费品零售总额的比重明显提高。2019 年，全国网上零售额首次突破 10 万亿元大关，比 2015 年增长了1.7 倍，2016—2019 年年均增速接近 30%；实物商品网上零售额占社会消费品零售总额的比重超过 20%，比 2015 年提高了约 10 个百分点。与此同时，大数据、物联网、云计算、人工智能等新一代信息技术发展也不断取得突破，"互联网 +"的影响范围不断拓展，带动智能制造、柔性定制、共享平台等迅猛发展，不断扩充我国数字经济版图。

从未来发展看，全球新一代数字技术革命正在兴起，我国也在这一浪潮中奋勇争先，将为我国数字经济的持续快速发展提供源源不断的技术支撑；我国网络通信基础设施优势明显，加之丰富的人才和资金支持，将为我国数字经济发展提供必要的要素投入保障；日益增长的消费升级需求为数字技术应用和产业发展提供了广阔空间，巨大的市场规模形成和反馈的海量数据资源，又进一步成为数字经济创新发展的重要推动力。在这种情况下，未来我国数字经济具有广阔的发展前景和充足的发展动力。基于历史数据变化趋势进行的初步预测显示，2035 年我国数字经济规模（按当年价格估算）可能超过 160 万亿元，占 GDP 的比重可能达到 2/3 左右；实物商品网上零售额占社会消费品零售总额的比重可能达到 50% 左右。随着相关技术和市场的进一步发展，2050 年数字经济在总产出中的占比必然继续提高，对经济发展的支撑作用将更加明显。这一结果表明，未来我国在网络数字经济领域的优势将进一步凸显，基于数据要素形成的经济增长新动力将成为激发经济活力、推动高质量发展的重要支撑，对实现基本现代化和社会主义现代化强国建设目标都具有重要意义。

二、数据要素将助推实体经济发展

数据要素驱动的数字经济不仅作为国民经济的组成部分，在推动经济发展中直接贡献力量，还将通过推进制造业等实体经济的智能化、自动化、数字化、网络化发展，成为推动创新和高质量发展的重要动力。当前，"互联网＋实体经济"发展方兴未艾，互联网与实体经济互融共进的格局正在形成，一批工业互联网平台深度融入生产流程，支撑了智能生产、柔性定制、协同制造、远程操作等新生产模式的发展进步。从未来角度看，数据要素对实体经济创新发展的支撑作用必将进一步凸显，其融合合作模式也必将更加丰富，例如区块链技术应用和智能制造发展都可能成为数字技术与产业融合发展的典型代表。

区块链技术的应用将为产业创新发展打造基础平台。从未来发展看，中心化的互联网很可能最终被去中心化的区块链网络所取代。随着区块链技术的不断成熟和推广应用，未来信息的传输将搭载在去中心化的区块链网络平台上，区块链技术下的网络平台将更好地与物联网相融合，这一软件技术系统与"5G""6G"乃至"nG"的高速信息传输硬件通信设施系统相结合，形成一个巨大的、安全的、高效的服务于经济生产和社会生活的信息传输网络，在这一技术平台上，便可以实现设备、机械、计算机的安全高效链接融合，从而为高质量高效率的产品制造提供有利条件。与此同时，区块链网络的不可篡改性将在全社会形成"不需要信任的信任机制"，将极大降低社会运行成本，进而催生新的产业协作模式、商业规则、流通模式、金融模式、交易模式等，许多社会管理职能如土地确权、社会保障、知识产权管理等也可以搭载于这一网络。届时，每一个企业、每一个个体乃至每一台设备都将拥有一个可以连通认证的区块物联网编号，每个节点都可以成为一个独立的生产和消费单元，从而给实体企业生产带来颠覆性的变革。

网络信息技术将推动智能制造升级发展。递归神经网络之父、德国计算机科学家尤尔根·施米德胡贝曾表示，人工智能将会在 2050 年超过人类智能。人工智能届时将发展到何种智力水平虽然不易预测，但从当前发展态势看，随着网络信息技术的快速发展，以人工智能、柔性作业等为基础的智能制造必将成为未来制造业发展的主要方向。在未来三十年内，在数据要素的支持下，智能制造可能形成以感知技术、分析决策技术、调控执行技术、智能系统等关键技术为核心的现代化制造体系，并形成以智能机器人、智能装备制造、智能制造系统、智能制造服务、人体动力系统等重点产业为核心的现代智能产品体系。依托于我国发达的网络基础设施、完善的制造业体系、巨大的需求市场和提前布局人工智能等优势和发展基础，智能制造有望成为我国制造业数字化创新发展的新兴增长点，并带动我国实现创新强国的发展目标。如搭载 RFID 的感知技术将在区块链网络平台上大量应用，从而实现真正的物联网建设；基于大数据的分析决策技术，将成为机器学习能力进步的重要动力，机器人将成为"经验丰富"的超级工人。

13.5　小结

本章着眼于我国要素动力未来转换的发展方向，通过总结发达国家三大要素演化路径得出要素动力转换发展的一般规律，并使用我国当前及预测数据进行对比，探讨我国要素动力可能的演化路径。研究得出以下主要结论：

一是发达国家要素动力的演变存在一定规律。从全要素生产率看，随着经济发展水平不断提升，全要素生产率对经济增长贡献率可能出现先升后降的变化；从资本投入看，其与全要素生产率存在镜像变化特征，即随着经济增长贡献率先降后升；从劳动投入看，其对经济增长的贡献率稳定在 20% 左右的水平。

二是我国要素动力结构与发达国家相似发展阶段相比，存在资本贡献率偏高，劳动和全要素生产率贡献率偏低的问题，考虑到我国实际经济结构以及人口老龄化发展较快的现实情况，未来我国要素动力的演进将呈现以资本和全要素生产率为主的结构。2050 年，全要素生产率和资本投入的贡献率将呈现"六四开"的状态。

三是未来我国要素动力发展还面临资本依赖过高，劳动力数量衰减过快两大困难，未来经济发展对全要素生产率的需求决定了我国必须拥有持续推进技术进步的能力。

四是以数据要素驱动的数字经济将在未来经济发展中扮演重要角色，2035 年数字经济占 GDP 的比重可能达到 2/3 左右，2050 年将进一步提高。而数字经济在直接拉动经济增长的同时，也将通过驱动实体经济智能化、数字化发展，为经济高质量和创新发展提供更多支撑。

第十四章　产业动力的演进与挑战

要实现党的十九大所提出的中国未来发展的新目标，就产业而言，就是要建设符合高质量发展的现代化产业体系。合理借鉴世界主要经济体产业发展经验，优化产业结构，提高产业发展协调性，增强三次产业对经济增长的支撑力，是需要研究的重大时代课题。为此，本章在国际产业效率、产业结构变动趋势等的比较分析基础上，结合我国发展实际，探析未来我国产业动力演进目标和发展趋势，以及推动产业动力优化面临的主要挑战。

14.1　国际产业发展的一般规律

一、国际产业发展与经济增长

从国际经验看，随着国民经济的不断发展和居民收入水平的持续提高，产业发展与经济增长的关系发生明显变化，主要表现在农业占比下降，对经济增长贡献下降，而工业和服务业比重趋于上升，对经济增长的贡献提高（见表 14-1、14-2）。

从高收入国家看，三次产业中，服务业占比最高，对经济增长贡献最大；工业占比仍保持一定比例，对增长仍发挥重要作用；而农业占比最低，贡献最小。2017 年，高收入国家服务业增加值比重为 69.8%，比农业、工业分别高 68.5、47.1 个百分点。2000—2017 年，服务业对经济增长的年均贡献率达到 73.1%，比农业和工业分别高 72.3 和 56.7 个百分点。从发展趋势看，高收入国家服务业增加值占比总体上升，农业和工业占比下降。2017 年，高收入国家服务业增加值占比比 2000 年提高 4.0 个百分点；而农业和工业分别下降 0.5 和 3.5 个百分点。

从中等收入国家看，三次产业中，服务业占比较高，对经济增长贡献较大；工业占比略低，对增长的贡献略小于服务业；而农业占比较低，贡献较小。2018 年，中等偏上、中等偏下收入国家服务业增加值比重分别为 55.2% 和 49.2%，高于各自工业占比 33.2% 和 28.8% 的水平，以及农业占比 5.8% 和 14.9% 的水平。2000—2018 年，服务业对经济增长的贡献率分别达到 58.5% 和 53.2%，均明显高于工业和农业贡献率。与高收入国家相比，中等收入国家工业占比较高，对经济增长贡献较大，服务业占比低，对经济增长的贡献略低。从内部看，中等偏上收入国家服务业和工业占比高于中等偏下收入国家，农业占比低于中等偏下收入国家。2018 年，中等偏上收入国家服务业和工业占比分别比中等偏下收入国家高 6.0、4.4 个百分点，而农业低 9.1 个百分点。从发展趋势看，中等收入国家农业和工业占比趋于下降，而服务业占比趋于上升。

从低收入国家看，三次产业中，服务业占比较高，对经济增长贡献较大；工业和农业占比接近，工业对增长的贡献明显高于农业。2017 年，低收入国家服务业增加值占比为 38.3%，分别比农业和工业高 12.1 和 12.8 个百分点；2000—2018 年，服务业对经济增长的年平均贡献率达到 53.3%，分别比农业和工业高 34.9 和 25.6 个百分点。

表 14-1　高中低收入经济体农业、工业和服务业增加值占国内生产总值比重　（％）

经济体	农业增加值占比		工业增加值占比		服务业增加值占比	
	2000 年	2017 年	2000 年	2017 年	2000 年	2017 年
世界	4.9	3.4	29.0	25.4	60.2	65.0
高收入国家	1.8	1.3	26.2	22.7	65.8	69.8
中等偏上收入国家①	9.8	5.8	37.5	33.2	47.8	55.2
中等偏下收入国家①	20.1	14.9	30.8	28.8	42.3	49.2
低收入国家	29.2	26.2	26.2	25.5	40.8	38.3

注：①中等偏上收入和中等偏下收入经济体的农业、工业和服务业增加值占比最新数据为 2018 年，其他组别为 2017 年数据。

表 14-2　高中低收入经济体农业、工业和服务业对经济增长贡献率　（％）

年　份	世　界	高收入国家①	中等偏上收入国家	中等偏下收入国家	低收入国家
农业贡献率					
2000	2.9	2.0	4.4	7.1	27.9②
2018	2.9	−0.3	3.5	8.0	16.5
2000—2018	3.1	0.8	4.9	11.1	18.4
工业贡献率					
2000	32.1	28.2	40.3	45.8	72.8
2018	31.5	35.6	35.5	32.3	39.6
2000—2018	30.8	16.4	38.6	30.2	27.7
服务业贡献率					
2000	58.4	63.7	47.0	36.7	53.0
2018	54.5③	54.8	58.5	53.2	49.6
2000—2018	59.1	73.1	54.0	52.5	53.3

注：①高收入经济体农业、工业和服务业对经济增长的贡献率最新数据为2017年，相应栏目下的平均值年份为2000—2017年；②低收入经济体农业贡献率数据为2001年，2000年为−0.4%，属于特殊年份变异值，不具有参考意义；③世界各经济体服务业对经济增长贡献率的平均值最新数据为2017年，相应栏目下的平均值年份为2000—2017年。

上述情况表明，高收入经济体"服务化"倾向明显，服务业占比和对经济增长贡献占据绝对优势，而农业的影响较小，工业发展无论从占比还是从对增长的贡献看，仍占有一定地位。中等收入国家"工业化"特征明显，工业占比整体上高于高收入和低收入国家，对经济增长的贡献也较高，是经济增长的重要支撑力量。低收入国家"农业化"特点突出，农业占比明显高于高收入和中等收入国家，对经济增长的贡献较大。这充分说明，产业发展重点和动力源总体上是沿着农业、工业、服务业的顺序演进，但农业占比和影响逐步下降，服务业占比和影响上升，工业占比和影响先上升后下降。

需要指出的是，即使处于相同发展阶段或相近发展水平，不同国家由于要素资源禀赋、产业政策、历史文化等不同，产业发展也往往呈现不同的特点（见表14-3）。**从发达经济体看**，美国、英国、日本和德国同为高收入国家，但产业发展存在明显差异，主要表现在美国和英国服务业占比高，而日本和德国工业占比高。2017 年美国的服务业占比高达 77.4%，2018 年英国高达 71.0%，总体高于德国和日本；而 2017 年日本的工业占比为 29.1%，2018 年德国工业占比为 27.4%，均明显高于美国和英国 18% 左右的水平。这与德国和日本重视发展汽车、电子等现代制造业，持续提升制造业竞争力，积极开拓国际市场，而美国和英国更加注重发展金融、信息技术等现代服务业有着紧密联系。**从新兴经济体看**，俄罗斯和韩国工业占比较高，而巴西和南非服务业占比较高。2018 年，俄罗斯、韩国工业占比分别为 30.5% 和 35.1%，总体高于巴西和南非 18.1% 和 25.9% 的水平；而巴西、南非服务业占比分别为 63.0% 和 61.0%，明显高于俄罗斯和韩国 54.1% 和 53.6% 的水平。这主要是由于俄罗斯大力发展能源工业、韩国积极推动加工制造业发展，而巴西和南非制造业发展不足，服务业占比被动提高等因素导致的。因此，各个国家推动产业发展既要考虑一般规律，也要从自身情况出发，合理确定发展目标。

表 14-3 部分经济体农业、工业和服务业增加值占国内生产总值比重　　（%）

经济体	农业增加值占比		工业增加值占比		服务业增加值占比	
	2000 年	2018 年	2000 年	2018 年	2000 年	2018 年
美国[①]	1.2	0.9	22.5	18.2	72.8	77.4
英国	0.9	0.6	23.1	17.5	65.7	71.0
德国	1.0	0.8	27.7	27.4	61.5	61.8
日本[①]	1.5	1.2	32.8	29.1	65.9	69.1
巴西	4.8	4.4	23.0	18.1	58.3	63.0
俄罗斯	5.8	3.1	33.9	30.5	49.7	54.1
南非	3.0	2.2	29.1	25.9	59.1	61.0
韩国	3.9	2.0	34.2	35.1	51.6	53.6

注：①美国和日本农业、工业和服务业占比最新数据年份为 2017 年，其他国家均为 2018 年。

二、世界主要经济体的产业效率

产业发展与产业效率变化有着紧密联系，随着经济"服务化"发展，服务业占比不断提升，对经济增长的影响逐步扩大。对一些发达国家而言，由于服务业产业效率高，对其他产业发展起到积极的促进作用，带动经济扩张。但一些发展中国家由于服务业效率低，在经济"服务化"发展中，不仅未能为工业、农业发展提供良好支持，促进经济发展，反而因为产业效率的降低而拖累经济增长。通过定量测算世界主要经济体产业效率变化及其影响，对于参考借鉴国际产业发展规律，优化提升我国产业动力十分必要。

（一）劳动生产率的分解方法

劳动生产率是衡量经济效益的重要指标，体现了经济的发展活力潜力，通常用 GDP 与就业人数之比表示，也可以使用三次产业劳动生产率按照就业占比加权求和测算，测算方法可以表示为：

$$劳动生产率 = \frac{GDP}{就业人数} = \sum 就业占比_i \times 劳动生产率_i$$

其中，就业占比$_i$表示某一产业就业人数在总就业人数中的占比，劳动生产率$_i$表示该产业增加值与对应就业人数的比。

对劳动生产率的计算公式进行分解运算，可以得出劳动生产率增长的驱动因素：

$$\Delta P_t = \sum_{i=1}^{3} \alpha_{i(t-1)} \times (P_{it} - P_{i(t-1)}) + \sum_{i=1}^{3} P_{i(t-1)} \times (\alpha_{it} - \alpha_{i(t-1)}) + \sum_{i=1}^{3} (P_{it} - P_{i(t-1)}) \times (\alpha_{it} - \alpha_{i(t-1)})$$

其中，ΔP_t 代表全社会劳动生产率的增量，P_{it} 和 $P_{i(t-1)}$ 分别代表各产业当年和上年的劳动生产率，α_{it} 和 $\alpha_{i(t-1)}$ 分别代表各产业当年和上年就业人数的占比。

等式右边第一项可以称为**"产业效应"**，主要衡量在就业结构不变情况下，由各产业劳动生产率自身增长带来的全社会劳动生产率增长。该项代表的含义为，资本积累、科技创新等促进了工业生产效率上升，农业机械化、信息技术等的发展也会带动农业及服务业劳动生产率提高，即使就业结构稳定不变，全社会劳动生产率也会上升。

等式右边第二项可以称为**"就业效应"**，主要衡量各产业自身劳动生产率不变情况下，由就业结构变化导致的劳动生产率增长。该项代表的含义为，假设三次产业劳动生产率均不变，如果劳动力从低效率的农业部门流动至高效率的工业等部门，或新就业人员选择进入工业等部门，此时劳动力配置结构的改变会直接导致工业等部门的劳动生产率在全社会劳动生产率中的占比上升，从而带动劳动生产率增长。

等式右边第三项可以称为**"间接效应"**，主要衡量各产业劳动生产率与就业结构的相对变化对全社会劳动生产率增长的影响。该项代表的含义为，实际经济运行中，各产业就业结构的变动和劳动生产率的变化既相互关联，又往往存在变化方向的不一致，如农业现代化水平不断提高、劳动生产率较快增长，对劳动力的需求则持续减少；工业机器人的大量应用带动了工业生产效率的提升，对产业工人的需要则相对减少，这种发展的不一致性也可能对全社会劳动生产率的增长造成间接影响。

（二）主要国家产业效率分解测算

使用本节劳动生产率分解测算方法，利用 2010 年不变价美元 GDP 测算了世界主要国家 1991—2018 年的劳动生产率。其中包括较发达的美国、英国、法国、德国、日本和韩国等；也有与我国发展阶段或发展条件较为接近的巴西、南非、泰国和印度等。

总体来看，发达国家劳动生产率明显高于发展中国家。动态看，发达国家和发展中国家劳动生产率均上升。1992—2018 年，发达国家劳动生产率稳定上升，年均上升幅度在 0.8%—3.3%，而发展中国家劳动生产率变化差异较大，如 1992—2018 年，巴西和南非劳动生产率年均分别增长 0.6% 和 0.3%，而泰国和印度则年均分别增长 5.6% 和 4.8%（见图 14-1）。

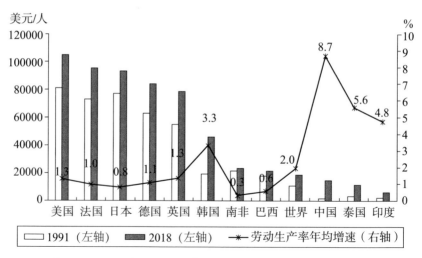

图 14-1　1991 年和 2018 年部分经济体劳动生产率及其年均增速

注：美国全员劳动生产率数据为 1997—2017 年，日本为 1994—2017 年，其余国家均为 1991—
2018 年，相应的劳动生产率年均增速为各国对应年份的平均增速。

为有利于对比分析，选取韩国、巴西和美国作为代表性国家。主要考虑是：

一是韩国是东亚较为成功的转型经济体，地理文化特征与我国相近，以 2010 年不变价美元计算，当前我国人均 GDP 大致与韩国 20 世纪 80 年代末相当，分析韩国 90 年代以来劳动生产率增长的驱动力，对研究我国未来劳动生产率动力的发展变化有一定借鉴意义。

二是在体量较大的主要经济体中，巴西的发展水平与我国比较接近，分析巴西劳动生产率增长驱动力可以与我国形成较好对比。

三是美国作为世界经济体量最大的国家，产业发展水平较高，对我国产业发展方面具有较多参考意义。

经过测算和分解韩国和巴西 1992—2018 年以及美国 1998—2017 年的劳动生产率驱动因素，结果见表 14-4。

表 14-4　三种效应对韩国、巴西和美国劳动生产率增长的平均贡献率

类别	韩国	巴西		美国	
		调整前	调整后	调整前	调整后
产业效应贡献率	98.6%	−20.4%	73.7%	54.5%	98.8%
就业效应贡献率	3.6%	32.7%	27.8%	15.5%	1.6%
间接效应贡献率	−2.2%	−1.2%	−1.5%	−0.1%	−0.3%
劳动生产率年均增速	3.3%	0.6%		1.3%	

注：如果当年劳动生产率为下降，那么产业效应、就业效应和间接效应三者相加等于−100%。由于巴西和美国数据中有较多年份劳动生产率下降，因此三者算术平均数相加不等于 1。巴西和美国调整前列表数据为所有年份平均数，调整后列表数据为剔除劳动生产率下降年份的其他年份平均数。

　　从调整前的数据看，巴西劳动生产率"产业效应"贡献率为负，说明部分年份三次产业劳动生产率下降拖累整体劳动生产率提升。由于各产业自身发展相对缓慢，部分年份产业劳动生产率严重制约了全社会劳动生产率的增长。1992—2018 年，巴西劳动生产率年均增速仅为 0.6%。为方便比较，我们剔除了劳动生产率下降年份的数据，得到调整后的不同效应贡献率。从调整后的数据看，巴西劳动生产率增长的动力仍与韩国和美国存在一定差异，"就业效应"的平均贡献率高达 30% 左右，"产业效应"贡献率为 73.7%，表明巴西劳动生产率的增长不仅依赖于产业劳动生产率的提高，也明显依靠劳动力流动。而美国和韩国劳动生产率增长的动力结构较为相似，"产业效应"的贡献率接近 100%，"就业效应"和"间接效应"的影响都非常小。在产业发展的带动下，两国劳动生产率也保持了较为平稳的增长，1992—2018 年韩国劳动生产率年均增长 3.3%，1998—2017 年美国劳动生产率年均增长 1.3%。

　　具体到三种效应，韩国、美国"产业效应"的贡献率较高，主要得益于就业占比较高的二、三产业发展质量逐步提高，带动劳动生产率增长。1992—2018 年，韩国二、三产业劳动生产率年均分别提高 5.2%、

1.9%；1998—2017 年，美国二、三产业劳动生产率年均分别提高 1.8%、1.2%。但巴西二、三产业的发展质量提升较慢，导致劳动生产率增长困难。1992—2018 年，巴西工业和服务业劳动生产率几乎零增长。在三次产业中，第二产业对"产业效应"的影响很大。韩国的"产业效应"中，有 50% 以上来自第二产业的贡献。巴西"产业效应"贡献率为负，也有 50% 左右的原因是工业劳动生产率增长乏力。虽然美国第二产业就业占比已降至 19% 以下，但其"产业效应"仍有 30% 左右来自第二产业的贡献。上述结果表明，产业发展质量提升，尤其是第二产业生产效率的持续进步，是劳动生产率长期稳定增长的最重要动力。

从"就业效应"看，过度去工业化导致巴西第二产业就业占比持续处于低位，劳动力主要表现为从第一产业向第三产业转移，由于服务业劳动生产率高于农业，因此带动了全社会劳动生产率的增长，但过度去工业化的后果便是"产业效应"对劳动生产率增长的带动作用明显偏弱，这也是巴西经济陷入衰退的重要原因之一。美国和韩国都存在劳动力从一、二产业向第三产业转移的明显趋势。2018 年，韩国第二产业就业比重比 1991 年下降 11.6 个百分点，第三产业就业比重上升 21.2 个百分点。2017 年，美国第二产业就业比重比 1997 年下降了 5.4 个百分点，第三产业就业比重上升 5.7 个百分点。"就业效应"对韩国劳动生产率增长虽然整体表现出正向影响，但随着第三产业劳动生产率降至全社会平均水平以下，劳动力流动也逐渐表现出负向拉动劳动生产率增长的效果，2005—2012 年"就业效应"对韩国劳动生产率增长平均的贡献率为 −5.7%。上述结果表明，劳动力向第三产业转移是经济发展的自然规律和必然趋势，要降低"就业效应"对劳动生产率增长的负面影响，关键在于提高服务业的发展质量和促进农村富余劳动力合理转移。

此外，从"间接效应"看，三国的发展态势较类似，均表现出对劳动生产率的负面作用，主要原因在于劳动生产率变化和就业结构变化不同步。巴西第三产业劳动生产率持续下降但就业比重不断上升，韩国和美国第二产业劳动生产率稳定增长但就业比重下降。

14.2　基于劳动生产率的分解

一、我国产业劳动生产率的分解测算

基于上述理论和方法，本章分解了 1992—2018 年我国劳动生产率变化的驱动因素，得出了三种效应对劳动生产率增长的贡献率和拉动点数，详见表 14-5。

表 14-5　1992—2018 年我国劳动生产率驱动因素分解

年份	产业效应		就业效应		间接效应	
	贡献率	拉动点数	贡献率	拉动点数	贡献率	拉动点数
1992	82.7%	9.26	15.9%	1.78	1.4%	0.16
1993	71.8%	8.01	26.6%	2.97	1.6%	0.18
1994	71.4%	7.47	28.0%	2.93	0.5%	0.05
1995	70.0%	6.34	29.9%	2.71	0.2%	0.01
1996	72.2%	5.51	26.9%	2.05	0.9%	0.07
1997	90.3%	7.10	8.9%	0.70	0.8%	0.07
1998	99.1%	6.70	1.0%	0.07	−0.1%	0.00
1999	108.0%	7.15	−7.1%	−0.47	−0.9%	−0.06
2000	101.3%	7.11	−0.7%	−0.05	−0.6%	−0.04
2001	101.0%	8.32	−0.9%	−0.08	−0.1%	−0.01
2002	105.8%	9.07	−4.0%	−0.34	−1.8%	−0.15
2003	86.0%	7.84	12.9%	1.18	1.1%	0.10
2004	64.5%	5.79	34.1%	3.06	1.4%	0.12
2005	69.5%	7.35	28.8%	3.04	1.7%	0.18
2006	72.3%	8.59	25.8%	3.07	1.9%	0.22
2007	79.1%	10.70	19.3%	2.61	1.6%	0.22

年份	产业效应		就业效应		间接效应	
	贡献率	拉动点数	贡献率	拉动点数	贡献率	拉动点数
2008	83.7%	8.02	15.1%	1.44	1.2%	0.11
2009	79.2%	7.36	19.5%	1.81	1.4%	0.13
2010	81.2%	8.30	17.3%	1.77	1.5%	0.15
2011	74.5%	6.87	24.1%	2.22	1.4%	0.13
2012	79.7%	6.02	19.4%	1.46	1.0%	0.07
2013	73.2%	5.50	27.5%	2.07	−0.6%	−0.05
2014	77.8%	5.54	22.6%	1.61	−0.4%	−0.03
2015	94.5%	6.43	6.1%	0.42	−0.7%	−0.05
2016	92.5%	6.04	7.5%	0.49	0.0%	0.00
2017	98.2%	6.45	2.4%	0.16	−0.6%	−0.04
2018	88.5%	5.74	10.9%	0.71	0.6%	0.04
1992—2018年平均值	84.0%	7.21	15.5%	1.46	0.5%	0.06

注：拉动点数列中的数值代表各类效应带动当年劳动生产率增长的百分点数。

测算结果显示，"产业效应"和"就业效应"是我国劳动生产率增长的主要驱动力。1992—2018年，两种效应对我国劳动生产率增长的平均总贡献超过99%，"产业效应"年均拉动我国劳动生产率增长7.2个百分点，平均贡献率为84.0%；"就业效应"年均拉动1.5个百分点，贡献率为15.5%。"间接效应"的影响很小，年均拉动我国劳动生产率增长不足0.1个百分点，贡献率为0.5%。

二、产业效应的影响

"产业效应"是我国劳动生产率增长的最主要驱动力。这种效应主要来自产业自身发展水平的提升，也与经济增长的趋势较一致。"产业效应"的发展变化大致可以分为四个阶段。

一是1992—1996年高位回落。小平同志南方谈话，激发了各地政府和企业生产建设的积极性，产业发展活跃、生产效率明显提高。1992年，"产业效应"拉动我国劳动生产率增长9.3个百分点。但进入"八五"后，基础设施、基础工业等领域投资大幅增加，引起产业结构扭曲、社会供需失衡等，生产效率逐年下滑，1996年"产业效应"对我国劳动生产率增长的拉动力降至5.51个百分点，为1992年以来的次低水平。

二是1997—2007年波动回升。随着政策调整，尤其加入WTO后，我国日益深度融入全球经济体系，技术引进步伐加快，产业升级发展势头明显，带动劳动生产率逐渐回升，虽然2004年"民工荒"等对各产业发展造成了一定影响，但2007年"产业效应"对我国劳动生产率增长的拉动力已回升到10个百分点以上的最高水平，比1996年提高5.2个百分点。

三是2008—2013年波动下行。2008年金融危机爆发，世界经济持续深度调整，外部环境严峻复杂，国内经济发展进入新阶段，结构调整转型升级任务艰巨，产业发展压力明显加大。虽然经济刺激政策曾拉动相关产业生产效率短暂回升，但2013年"产业效率"对我国劳动生产率增长的拉动力降至5.50个百分点，为1992年以来的最低水平。

四是2014—2018年总体回升。在前三个阶段，"产业效应"的变化与经济增长基本同步，但这一趋势在2014年后发生积极变化，"三期叠加"阵痛导致经济增速持续放缓，2018年GDP增速比2014年回落2.1个百分点，但研发支出不断增加、产业转型继续推进、新兴动能茁壮成长，有效夯实了我国产业发展提质的基础，生产效率得以持续提升。2015—2017年"产业效应"拉动我国劳动生产率每年增长6个百分点以上，尽管2018年有所放缓，但仍明显高于2013年。

三、就业效应和间接效应的影响

"就业效应"也是我国劳动生产率增长的重要驱动力。这种效应主要来自劳动力流动等对就业结构的影响，"就业效应"平均贡献率为正，表明我国劳动力流动总体表现为从低效率的农业部门向高效率的二、三产业流动。但从发展历程看，各时期的作用效果并不相同，大致可以分为 4 个阶段。

一是 1992—1996 年较强的积极效应。1992 年以后，南方谈话和城市粮食供应制度取消后出现大规模打工潮，1992 年大约 4000 多万农民工流入沿海地区和城市，农村富余劳动力向二三产业的转移优化了就业结构，"就业效应"对劳动生产率增长的拉动力从 1992 年的 1.8 个百分点迅速提高，1993—1996 年都保持在 2 个百分点以上的较高水平。

二是 1997—2003 年低位徘徊。由于经济增速放缓，农业富余劳动力转移有所减弱；与此同时，90 年代末国企改革带来的大量下岗职工转向服务业就业，这一时期我国劳动力的流动方向总体变为从第二产业向第三产业流动。2003 年，我国第一产业就业比重仅比 1997 年下降 0.7 个百分点，而第二产业就业比重下降了 2.1 个百分点。劳动力从高效率部门流出，拉低了我国劳动生产率增速，1999—2002 年，"就业效应"连续 4 年负向拉动我国劳动生产率增长，2013 年也仅拉动 1.2 个百分点，明显低于前期水平。

三是 2004—2007 年快速回升。2004 年"民工荒"以后，农民工工资快速上涨和经济回暖，再次带动农村富余劳动力大规模转移，而国企改革阶段性完成也促使各产业就业趋于均衡，2004—2007 年二、三产业就业比重同步提升，"就业效应"对劳动生产率增长的平均拉动力快速回升至 3 个百分点左右的历史较高水平。

四是 2008 年以后持续回落。金融危机爆发加之老龄化逐步加剧，我国农村富余劳动力转移有所放缓；与此同时，服务价格较快上涨带动第三产业吸纳就业快速增加，我国再次出现劳动力从第二产业向第三产业转移的态势。2009—2018 年，我国第三产业就业人数年均增速快于第二产业 3.3 个百分点，增速差比 1992—2008 年扩大 1.3 个百分点。劳动力持续流入，导致第三产业劳动生产率低速增长，2014 年以后，以不变价计算的第三产业劳动生产率已经低于全社会劳动生产率，此后劳动力从第二产业流向第三产业对我国劳动生产率增长的抑制作用更趋明显。

"间接效应"对我国劳动生产率增长的影响较小。由于我国各产业劳动生产率均持续稳定增长,"间接效应"主要受就业结构变动影响,其变化趋势也和"就业效应"较为一致。

四、国际对比的启示

对比上一节韩国、巴西和美国的情况,可以发现:

整体上看,我国三种效应对劳动生产率的贡献不同于美国和韩国,也与巴西有着较大差异,"产业效应"为主要拉动力,"就业效应"对劳动生产率增长的贡献也较为明显。

从三种效应看,我国"产业效应"的贡献率较高,主要得益于就业占比较高的二、三产业发展质量逐步提高,带动劳动生产率增长。1992—2018 年,我国二、三产业劳动生产率年均分别提高 9.1% 和 5.8%。在三次产业中,我国第二产业对"产业效应"的影响很大,有 50% 以上来自第二产业的贡献。

从"就业效应"看,尽管其对我国劳动生产率增长虽然整体表现出正向影响,但由于第三产业劳动生产率较低,劳动力向第三产业流动也逐渐表现出负向拉动劳动生产率增长的效果,未来我国"就业效应"的负面影响可能进一步显现。但从就业结构看,我国第一产业就业占比仍然明显高于其他国家,劳动力从低效率的农业部门向高效率的二、三产业转移仍有较大空间,促进劳动力的优化配置,有可能冲抵第二产业就业人员流失带来的负面影响。2018 年,我国第一产业就业占比仍在 26% 左右,分别高于巴西、韩国和美国约 17、21 和 25 个百分点。

我国产业效率变化特点有:

一是产业劳动生产率保持较快增长。虽然国际金融危机以来,我国劳动生产率增速有所回落,但仍处于较高水平,远高于发达国家及发展水平相近的发展中国家。近年来,在第二产业带动及相关政策作用下,我国劳动生产率增速呈现一定企稳回升态势。

二是第二产业劳动生产率提升贡献较大。第二产业对我国劳动生产率提升的贡献率仍然最高，但随着三次产业劳动生产率增速趋于收敛，第二产业的拉动力有减弱趋势。国际经验表明，第二产业对劳动生产率稳定增长意义重大，因此推动第二产业转型升级发展是促进我国劳动生产率持续提升的关键。

三是第三产业劳动生产率偏低的负面影响有所加大。劳动力从农业向二、三产业流动整体上对我国劳动生产率提升产生了较为明显的促进作用，但近年来受老龄化加剧和经济增速放缓等影响，劳动力流动的积极效果有所减弱。与此同时，还出现了劳动力从第二产业向第三产业流动的趋势，并逐渐对我国劳动生产率增长形成制约。

因此，从产业发展角度看，稳步提升二、三产业劳动生产率，尤其是提高第三产业劳动生产率，是未来推动产业良性互动、实现经济持续健康发展的重要课题。

14.3　基于中长期预测的产业发展目标

一、未来我国产业结构预测

根据第十二章的分析，选取中方案下我国人均 GDP 预测值与发达国家人均产出水平相匹配年份的各国产业结构情况，作为我国未来产业结构的参照系。之所以选取中方案，主要出于以下两点考虑：一是正如第十二章所述，结合当前我国经济增长特征，中方案是最为可行的增长路径；二是除韩国外，其他发达国家和经济体的产业结构均相对稳定，不同增长方案下的产业结构差异并不明显。以 OECD 国家为例，在高方案下，2050 年中国的人均 GDP 相当于 OECD 成员国 2017 年的水平，2017 年 OECD 国家三次产业占比分别为 1.4%、22.3%、70.0%，与中方案 [①] 对应的 2002 年的

---

① 低方案对应年份各国产业结构数据缺失。

1.8%、24.4%、67.4% 相差甚小。此外，由于 2035 年中国人均 GDP 与主要发达国家对应年份均在 20 世纪 60—70 年代，相关数据缺失，无法比较，下文主要讨论中方案情形下 2050 年我国三次产业结构的国际比较。

中方案情形下，2050 年，我国人均 GDP 将达到 33500 美元左右（2010 年不变价），主要经济体在相当人均产出水平时期的三次产业结构情况如下表所示。结果显示：2050 年，我国三次产业结构的基准情形为：农业占比的可能范围为 1.0%—2.4%；工业占比的可能范围为 22.2%—34.7%，其中制造业占比的可能范围为 14.6%—23.5%；服务业占比可能范围为 56.4%—71.8%（见表 14-6）。

表 14-6　中方案情形下 2050 年中国农业、工业、制造业和服务业占比参照系

经济体	人均 GDP 相当于各经济体的年份	农业占比	工业占比	制造业占比	服务业占比
OECD 成员国	2002 年	1.8%	24.4%	15.8%	67.4%
欧元区国家	1999 年	2.2%	25.1%	17.1%	62.3%
美　国	1987 年	1.3%	23.1%	16.1%	71.8%
日　本	1988 年	1.9%	34.7%	23.5%	63.0%
德　国	1991 年	1.1%	33.5%	24.8%	56.4%
法　国	1994 年	2.4%	22.2%	14.7%	65.0%
英　国	1998 年	1.0%	23.4%	14.6%	65.7%

注：美国和日本相应年份数据缺失，但由于产业结构在短期内变化不大，部分数据使用相近年份表示。因此，表中美国为 1997 年数据，日本为 1994 年数据。由于统计口径存在一定差异，农业、工业和服务业并没有涵盖国民经济所有行业，三者相加不等于 100%。

从产业结构看，发达国家（地区）之间差异较小，而我国与发达国家（地区）之间差异显著。随着中国经济的不断升级发展，在经济走向现代化的过程中，我国的产业结构也会逐渐向发达国家看齐。但在产业结构调整过程中，有两个问题值得高度关注。

一是服务业与制造业的比例关系问题。西方发达国家在经济发展过程

中，由于土地和人工成本的不断上升，将本国的制造业向落后国家和地区转移，大量的产业向外转移形成了产业"空心化"现象。当前，以美国为首的发达国家"产业空心化"现象明显。美国特朗普政府上台后推行一系列政策引导美国制造业回流，但效果并不明显。我国是全世界唯一拥有联合国产业分类中所列全部工业门类的国家，具有较好的工业基础。在未来的发展中，必须要像德国和日本那样高度重视制造业发展，避免出现产业"空心化"现象。

二是重视新技术应用的巨大影响。产业结构间的比例关系，只是一个相对数值的概念，并不能反映出一个产业的技术水平和发展质量。我们说未来我国产业结构相当于 20 世纪 80、90 年代的美国，仅代表不同产业增加值间的数量关系。以信息技术为例，未来的信息技术发展前景广阔，建立在未来信息技术基础上的产业发展将发生深刻变化。当前，新一轮技术革命正处于酝酿之中，大数据、云计算、人工智能等新技术快速发展，广泛渗透生产生活各个领域，对未来产业发展的影响巨大，对此需要全面认识。

二、未来我国产业动能变化要求

根据上述分析，未来一段时期，我国产业动能的发展目标主要包括：

一是三次产业结构优化调整，服务业较快发展，继续成为促进经济增长的主要动力。服务业占比要不断提高。2019 年，我国第三产业增加值在国民经济中的比重仅为 53.9%，明显低于发达国家 70% 左右的平均水平。2035 年我国第三产业占比应达到 60% 左右，到 2050 年应进一步提高到 65% 左右。工业占比小幅下降，但降幅不宜过大。2019 年，我国第二产业增加值在国民经济中的比重为 39.0%，明显高于发达国家平均水平。2035 年我国第二产业占比将降至 35% 左右，之后要保持稳定持续到 2050 年。与此同时，制造业占比也要同德国和日本那样保持在 25% 左右。农业占比将继续降低。2019 年，我国第一产业增加值在国民经济中的比重为 7.1%，明显高于发达国家平均水平。2035 年我国第一产业占比应下降至 4% 左右，到 2050 年进一步降至 2% 左右。

二是三次产业内部升级发展。产业发展不断由中低端向中高端迈进。从农业看，作为人口大国，我国粮食生产基础性地位不可动摇，同时随着居民收入水平提高，人们对鱼、肉、蛋、奶的消费需求日益壮大，牧、渔业较快发展趋势将更加明显。要大力发展农产品深加工，提高农产品附加值。从工业看，产业发展将进一步向中高端延伸，不断向智能化、定制化、高级化发展。从服务业看，信息技术应用更加广泛，现代服务业加快发展，养老、教育、健康、旅游等幸福产业前景广阔，新业态新模式蓬勃发展。

三是产业间生产率差异要逐渐缩小。按 2010 年不变价美元计算，2018年，我国农业、工业、服务业劳动生产率分别为 3935 美元 / 人、23554 美元 / 人、14657 美元 / 人。我国产业间劳动生产率存在明显差异，发展不平衡问题突出，特别是服务业和农业劳动生产率相对较低，严重制约产业发展整体水平。2018 年，我国农业、服务业劳动生产率分别仅相当于工业劳动生产率的 16.7%、62.2%，而发达国家如德国，二者的比例分别高达 50%和 86%。未来提高农业和服务业，尤其是提高服务业生产效率将是提高我国发展质效的重点。

14.4　未来我国产业发展面临的挑战及趋势判断

改革开放以来，我国三次产业快速发展，取得了巨大的成绩，但依然存在一些突出问题。从服务业看，服务业增速随经济增长同步放缓，产出效率提升缓慢；生产性服务业对制造业的支撑不足，产业融合发展水平较低；生活性服务业发展参差不齐，无法满足人民日益增长的美好生活需要；服务业国际竞争力不强，对外开放程度较低。从工业看，工业增长放缓态势明显，对经济增长的拉动作用明显减弱；制造业大而不强，整体仍处于全球价值链中低端；核心技术、关键材料、高端装备等诸多领域面临"卡脖子"问题，发展受制于人的局面还没有根本改变；工业生产效率尽管高于服务业和农业，但与发达国家相比仍有较大差距。从农业看，土地和水资源约束不断强化，农业科技水平整体较低，家庭小规模经营方式存在诸多弊端，农业劳动力素质不高。我国产业发展水平与高质量发展要求仍有一定距离，未来推动产业转型升级发展之路任重而道远。还要看到，当今世界各国竞争日益激烈，美国实行"再工业化"战略，推动境外资本回流，重振本国制造业；德国、日本等工业强国加码先进制造业；印度、越南、印度尼西亚等后起国家劳动力成本优势显现，国际竞争力不断提升。未来，我国产业发展面临"双重挤压"的复杂局面，传统的低成本竞争优势将进一步削弱。与此同时，世界正处于"百年未有之大变局"，国际经贸秩序面临深刻调整，贸易保护主义沉渣泛起，"逆全球化"将会对未来我国产业发展带来极大的不确定性，对此应保持高度关注。

在看到困难和挑战的同时，也要看到，我国是世界上最大的发展中国家，改变发展不平衡不充分的状况，跨越中等收入陷阱，实现社会主义现代化，进而建成社会主义现代化强国，未来发展潜力巨大、空间广阔。尤其是，我国产业发展具备较好基础，农业基础地位不断巩固，工业发展稳中提质，服务业增长势头良好，随着创新驱动发展战略深入实施，科技投入持续加大，产业动能不断增强，对经济发展的支撑作用将日益明显。从未来看，我国产业发展将呈现以下趋势：

一是服务业占比将稳步上升，对经济增长的贡献提高。当前，我国已经成为中等偏上收入国家，有望很快进入高收入国家行列，收入水平的提升将带动产业结构深刻变化。从国际经验看，由中等收入国家进入高收入国家，服务业占比上升是大趋势。从我国自身发展情况看，近年来随着专业分工不断细化，工业中研发、设计、商务等服务性职能越来越多地社会化承担，同时信息技术广泛应用，促进大量新型服务不断涌现，服务业占比和贡献持续提升。2015年，我国服务业占比首次超过50%，对经济增长的贡献为55.9%，2019年占比升至53.9%，对经济增长的贡献达到59.4%。未来，随着居民消费、企业生产和投资中服务需求扩大，加之我国对外开放的大门越开越大，教育、旅游等服务性交易增加，服务业占比提升、贡献提高的趋势将会愈加明显。

二是工业占比稳中有降，仍对经济增长发挥重要作用。随着我国工业化进入中后期，城镇化水平达到60%，对工业增长带动趋于减小，同时经济"服务化"倾向上升，服务业发展快于工业，工业占比整体上将有所下降。但要看到，我国工业化和城镇化尚未完成，城乡区域协调发展仍需要大量投入，未来一段时期工业仍将保持中高速增长，占国民经济的比重仍然较高，工业对经济增长的支撑作用将得到持续发挥。从国际范围看，我国制造业门类齐全，配套能力强，200多种产品产量居世界第一，尤其是不少产业在融入全球化过程中形成了较强的竞争力。尽管传统低成本优势趋于减弱，但我国工业发展向中高端迈进趋势明显，未来经济全球化大势不可改变，我国工业在与全球经济交融共进中仍有望保持较快增长。即便我国将来进入高收入国家行列，工业仍可能保持较高比例，这是由要素资源条件、国际产业分工等因素共同决定的。

三是农业占比将进一步降低，但基础地位不容忽视。农业占比下降是产业发展一般规律。未来我国服务业发展持续较快，工业增长保持中高速，农业占比将继续下降。2019年，我国第一产业增加值占比为7.1%，而高收入国家多数在1%—2%。随着我国向高收入国家迈进，第一产业占比仍有较大下降空间。尽管农业比重下降，对经济增长的贡献减小，但农业的基础地位仍不可动摇。我国是人口大国，"吃饭"问题一直是关系经济社会发展大局稳定的头等要事，未来即便我国人口总量在达到高峰后出现减少，总规模依然高居世界前列，粮食生产稳定依然重要。同时，未来人民群众对农产品多样化的需求增加，对品质的要求也不断提升，这就要求农业生产在稳的同时，还要提高效率和质量。

四是产业融合发展加快，效率不断提升。信息技术广泛运用，推动产业融合发展，带动生产效率提升。近年来，制造业企业通过现代信息技术实时监控产品的使用情况，及时为用户提供定制化服务，同时改进产业设计、提升用户体验，信息化工业化融合促进企业发展，提高了生产服务效率。未来，随着大数据、云计算、人工智能等快速发展，工业互联网加快建设，生产与需求联系将更加紧密，智能制造、万物互联等将成为可能，传统产业的边界日益模糊，产业融合发展趋势将日益显现。从我国情况看，推进产业融合发展的政策不断完善，市场营商环境持续改善，大众创业万众创新蓬勃发展，平台经济、共享经济等产业融合新模式不断拓展，未来产业融合发展有望成为产业发展的新动能。

14.5　小结

目前，我国经济已经进入转型发展的关键期，未来要实现党的十九大提出的两步走战略目标，加快调整优化产业动力，促进经济持续健康发展十分重要。为此，我们通过分析产业发展国际经验、产业效率变化，以及依据中长期发展目标预测我国未来产业结构等，对我国未来产业发展趋势进行初步判断，主要观点有：

一是国际上产业发展既有一般规律也有各国特色。从国际范围看，产业发展重点和动力源总体上是沿着农业、工业、服务业的顺序演进，农业占比和影响逐步下降，服务业占比和影响上升，工业占比和影响先上升后下降。但不同国家由于要素资源禀赋、产业政策、历史文化等不同，产业发展也往往呈现不同特点。因此，推动产业发展既要考虑一般规律，也要从自身情况出发，合理确定发展目标。

二是经济"服务化"过程中提高服务业效率尤为关键。随着经济发展水平提高，服务业占比提高，服务业劳动生产率提升将有利于经济保持稳定增长，而服务业劳动生产率较低将拖累经济发展，该结论在美国和巴西劳动生产率的对比分析中得到了较好印证。从我国的情况看，产业劳动生产率保持较快增长，其中第二产业劳动生产率提升的贡献较大，但由于第三产业劳动生产率偏低，对经济的负面影响有所加大，未来需要稳步提升

二、三产业劳动生产率，尤其是提高第三产业劳动生产率。

三是我国 2035 年和 2050 年三次产业将发生重大变化。使用经济增长中方案下我国人均 GDP 预测值与发达国家人均产出水平历史情况进行对比分析，并进一步结合我国当前产业基础和未来发展重点方向，研究发现，到 2035 年，我国农业占比可能在 4% 左右，工业占比在 35% 左右，服务业占比在 60% 左右；到 2050 年，我国农业占比进一步下降至 2% 左右，工业占比保持在 35% 左右，其中制造业占比稳定在 25% 左右，服务业占比上升至 65% 左右。

四是未来我国产业发展将在挑战中实现优化升级。尽管我国三次产业发展面临不少困难，但我国经济发展潜力巨大，产业发展基础较好，高质量发展势头良好。从未来发展看，我国服务业占比将稳步上升，对经济增长的贡献提高；工业占比稳中有降，仍对经济增长发挥重要作用；农业占比将进一步降低，但基础地位不容忽视。随着现代信息技术、大数据、云计算、人工智能等广泛应用，工业互联网、智能制造、万物互联加快建设，产业融合发展趋势将日益显现，推动生产效率的提升。

第十五章　需求动力的演进与挑战

改革开放 40 多年来，投资、消费、出口三驾马车拉动我国经济快速增长，但随着改革和经济转型的深入推进，国民经济发展逐渐从提速转向提质，需求动力需要相应调整优化，那么从长期发展的角度看，在 2021—2050 年的 30 年间，我国需求动力又会演化至何种状态？进而对我国经济发展产生何种影响？实现需求动力的协同优化又面临着哪些困难和挑战？为此，本章将以三大需求为核心，以国际比较为主要方法，对我国 2021—2050 年需求动力的演化进行分析预测。

15.1　需求动力演进的一般规律

一、需求结构演变的一般逻辑

发达国家需求演化的模式和规律对分析研究我国需求动力演变具有重要的参考意义。陈彦斌和刘哲希（2016）[1]从理论角度指出，一个国家或地区在不同的发展阶段，所依靠的增长动力存在动态演进的特征，随着经济发展水平的不断提高，经济增长动力的转换也是必然趋势。而各个国家和地区，在不同的经济发展阶段，需求动力结构会有不同的形成和作用机制，三大需求动力的作用形式也存在差异。罗斯托（1962）[2]的基本观点认为，英美等发达国家的经济发展模式是欠发达经济体实现现代化的"指南针"，其需求动力的演化机制具有较好的参考意义。罗斯托进一步将一个

---

① 陈彦斌、刘哲希："经济增长动力演进与'十三五'增速估算"，《改革》2016 年第 10 期，第 108—119 页。
② 〔美〕W. W. 罗斯托：《经济成长的阶段》，商务印书馆 1962 年版。

国家和地区从"自然状态"走向发达型社会分为六个阶段，不同的阶段需求动力差异较大（见图 15-1）。在传统社会阶段，由于生产生活水平较低，因而以生存性消费为主；随着经济社会的发展，经济起飞需要资本原始积累，此时投资逐渐成为这一发展阶段的核心动力；但要素投入和投资边际效率递减决定了经济增长的主要动力将会进一步转向投资和消费共同推动，对国内市场规模较小、资源相对匮乏的国家和地区而言，出口也会成为重要动力。此后，经过生产力的不断积累，经济会逐步进入"高消费"时代，国内消费需求再一次成为主要增长动力。

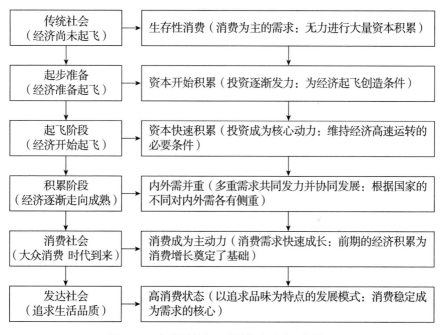

图 15-1　经济增长与需求结构变动的逻辑关系

而判断经济发展阶段通常采用的指标就是人均 GDP，在本研究中使用这一指标进行我国发展阶段的研判，并据此与其他经济体进行比较。为此，我们也从理论角度对罗斯托及钱纳里关于经济发展阶段与对应的人均 GDP 关系进行了简单梳理，如表 15-1 所示。

表 15-1 经济发展阶段判断标准

国家或地区经济发展阶段			钱纳里人均 GDP（美元）	
阶段	罗斯托	钱纳里	1970	2018
1	传统社会阶段	起始阶段	140—280	926—1852
2	"起飞"前提条件阶段	实现初期阶段	280—560	1852—3705
3	起飞阶段	实现中期阶段	560—1120	3705—7410
4	走向"成熟"阶段	实现后期阶段	1120—2100	7410—13894
5	"大众消费"阶段	后工业化阶段	2100—3360	13894—22230
6	追求生活质量阶段	现代化阶段	3360—5040	22230—33345

数据来源：国际货币基金组织（IMF）及世界银行（WB）估算，2018 年美元与 1970 年美元的换算因子为 6.616。

二、需求演化的一般事实

理论研究表明，经济体的需求结构会随着经济发展而遵循规律相应改变。从寻求一般规律出发，我们选取了对中国需求动力演变具有参考价值的五个处于不同发展阶段的经济体分组，分别分析其需求结构与经济增长间的关系，按照经济发展水平排序由低到高依次为中等收入国家、中高收入国家、世界、OECD 国家、高收入国家。考虑到中等收入国家、中高收入国家、高收入国家是一个划分标准下的三个组别，因此我们的分析以这三个组别为主，世界和 OECD 国家则作为分析结果的检验。

（一）投资需求的演化规律

我们绘制了上述国家分组的人均 GDP（2010 年不变价美元）与资本形成总额占 GDP 的比重（投资率、按照名义价格计算）的散点图，结果如图 15-2 所示。由于各组人均 GDP 水平相差较大，因此横轴为人均 GDP 的对数；纵坐标为投资率。图中各组的趋势线根据最高 R^2 原则绘制（不考虑三次以上的多项式）。从图形左边可以看出，中等收入国家和中高收入国家投资率的发展趋势十分类似，而中高收入国家作为中等收入国家发展较高阶段的一个分组，其趋势线也类似于中等收入国家的移动平均函数，这两组曲线都证明了一个事实，即在经济发展水平相对较低阶段，投资率会随着经济的增长而上升，当人均GDP跨越一定阶段后（大致在不变价美元5000—8000）投资率会出现下降趋势。从图形右边的高收入国家看，投资率逐渐下降的趋势则更加明显，根据趋势线计算，在人均GDP从1.5万美元增长至5万美元的过程中，投资率大致从30%下降至20%，呈平稳下降态势；OECD作为一个与高收入国家重合度较高的国际组织，其投资率的变化也和高收入国家的变化趋势高度一致。

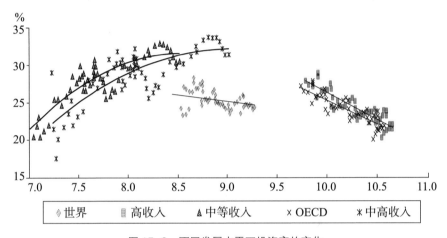

图15-2　不同发展水平下投资率的变化

　　进一步观察图形可以发现，中高收入国家的趋势线与高收入国家的趋势线宛如一条曲线的两个部分，如果我们分别将中高收入国家的二次函数趋势线与高收入国家的线性函数趋势线进行延长将会得到如图15-3所示两条相交的函数线，可以发现在交点右侧两条曲线的变化非常相似。

　　我们以这一交点为界，左边使用由中高收入国家数据拟合的二次函数，右边加入从高收入国家数据中提取的线性函数，并将X轴换算为对应的不变价人均GDP数据，就可以大致描述经济体的投资率随人均GDP变化的一般规律，结果如图15-4所示，这个散点图大致代表了经济体人均

GDP 从 1000 美元上升到 60000 美元过程中投资率的大致演变规律。从中可以看出，经济体在经济起飞阶段，投资率会快速上升，在 6000—11000美元区间达到顶点，此后则稳步下降。

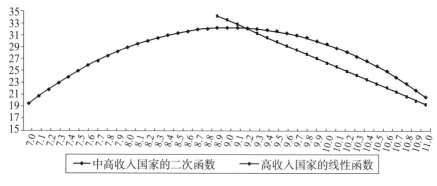

图 15-3　基于两条趋势线的拟合

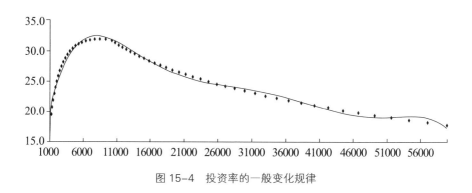

图 15-4　投资率的一般变化规律

进一步分析显示，使用高次函数可以大致描绘这条曲线的变化，我们使用一个 6 次函数将投资率与人均 GDP 的关系进行函数化（图 15-4 中的实线），拟合优度达到了 0.98，据此便可以量化投资需求演化的一般规律，并判断我国发展趋势与国际一般规律是否相符。函数表达式为：

$$y=-0.056176x^6+1.125095x^5-8.802060x^4+33.883948x^3-65.803032x^2+55.255225x+16.449596$$

其中，x 表示以万为单位的不变价人均 GDP 数值，y 为对应的投资率的百分点数。

（二）消费和净出口的演化规律

与研究投资需求类似，我们同样对消费需求变化的一般规律进行分析。首先分析五组国家消费率随经济增长的变化趋势，从图 15-5 中可以发现，中等收入和中高收入国家消费率整体的下行趋势较为明显，而高收入国家和 OECD 国家则存在小幅提高的趋势。但从两者的发展趋势看，其趋势线的延长线不能很好地反映消费率变化的一般规律（高收入国家趋势线延长线与中高收入国家趋势线的交点在人均 GDP4000 美元左右，明显偏低）。但从中等收入国家和中高收入国家数据出现回升，以及高收入国家消费率持续上升的事实，我们可以得出基本的判断，随着经济发展水平提高，消费率会逐渐下降，在人均 GDP 超过 5000 美元（2010 年不变价）以后，逐步从 65% 左右的低点开始回升，并发展至发达国家 75% 到 80% 的较高水平。

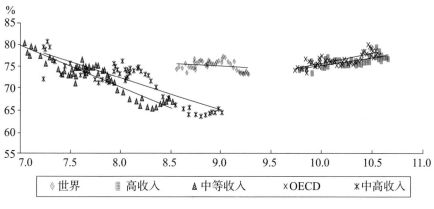

图 15-5　消费率的一般变化规律

相比于投资和消费，净出口率（本节指的是基于核算方法的净出口，即总出口减去全部进口的差与 GDP 的比率）的变化则没有明显的规律可循，表明一国外需情况与发展阶段没有相对固定的关系。从图中我们仍然可以有所发现，即中等和中高等收入国家在一定时期内（人均 GDP 在 3000—6000 美元），净出口率可能出现一次攀升，升至 GDP 的 5% 左右。

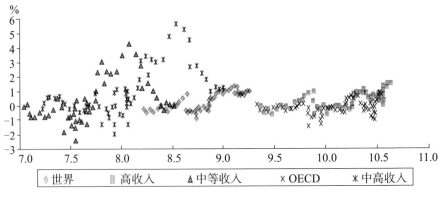

图 15-6 净出口率的一般变化规律

三、主要发达国家需求演化模式

从前面的分析中我们发现，需求动力的演化整体上有一定的规律可循，但从世界整体看，投资和消费需求的变化存在一定差异，在相近的人均 GDP 水平上，世界投资率低于中高收入国家近 10 个百分点，消费率高 10 个百分点。这也提示我们，在各国地理、历史、文化、发展阶段等异质性明显的背景下，一般的发展规律并非放之四海而皆准，其中可能存在多种发展模式。杜焱和柳思维（2012）[①]认为，由于世界各国的要素禀赋、制度、文化等初始条件存在巨大差别，导致经济增长动力结构机制各异，规模较大经济体在发展各阶段的经济增长动力机制取决于各国经济发展特征和趋势。为此，我们以主要发达国家为样本，对其需求演化的历史数据分别进行分析，尝试探讨其发展的共同点和差异性，以期有助于更为准确地预判我国未来需求动力的演化方向。我们选择了美国、日本、法国三个主要发达国家，对它们需求演变的历史进行梳理。

（一）美国需求结构的演化

美国早期动力以投资需求为主导（1900 年以前）。我们将 1900 年（美

---

① 杜焱、柳思维："国家规模、经济增长阶段与需求动力机制结构演变"，《经济与管理研究》2012 年第 6 期，第 5—12 页。

国 GDP 超过英国的大致时间）以前大约 40 年的时间界定为美国经济成熟之前的早期发展阶段。这一时期投资对美国经济的影响超过消费，主导着美国经济发展（见表 15-2）。这一时期投资需求增长的主要表现是生产性投资和基础设施投资大幅增加。从生产性投资来看，美国用于工业产业的投资增长了 9 倍。

表 15-2　美国投资、出口占比演变　　　　　（单位：%）

年份	资本形成总额占比	出口依存度	进口依存度
1869—1878	23.4	6.8	7.4
1879—1888	22.9	7.0	5.9
1889—1898	26.0	6.7	5.6
1899—1908	24.2	6.5	4.4

数据来源：世界宏观经济数据库。

消费需求逐渐成长（1900—1960 年）。 1900—1960 年美国需求结构发生了明显改变，随着美国大规模建设的完成，国内有效需求不足的问题成为影响美国经济增长的最大瓶颈。第二次世界大战后，美国投资驱动力逐渐减弱，居民消费率逐渐提高，美国人均收入得到了较大提高。这一时期人均 GDP 平均增速超过 4%，居民消费率超过 60%，消费对 GDP 的贡献超过 2/3，消费逐渐成了驱动美国经济的核心动力。从出口看，这一时期美国工业发展迅猛，出口贸易额占资本主义世界的 1/4。

消费拉动力明显增强（1960 年以后）。 1960 年以后，美国人均 GDP 在 1965 年左右突破 2 万美元，这一阶段，消费、投资趋于稳定，外需占比有所提高，但比重一直不大。（见表 15-2）从消费看，私人消费支出在美国一直处于核心地位，基本维持在 70% 以上的水平。消费结构由生活必需型向品质享受型消费转变。从投资看，1960 年之后，投资需求占比呈现出平稳下降的趋势。从出口看，占比从 1960 年的不足 5% 提升至 2018 年的 8.1%。

基于上述分析，美国需求动力的演进路径可以大致归纳为：**消费向**

投资主导过渡型→投资主导驱动型→投资向消费主导过渡型→消费主导驱动型。

（二）日本需求结构的演化

投资需求快速增长（上世纪40—50年代）。第二次世界大战以后，日本着力恢复经济生产，从20世纪50年代开始，投资逐渐成为驱动经济增长的主要动力，投资率从1950年的17.6%上升到1960年的33%左右，投资的生产诱发额大幅上升，从20%上升到37%左右，特别是在1955—1960年这五年间，日本进入投资高潮期，私人投资增速较快，年均增速22%以上。从消费看，日本在50年代后期也开始了第一次消费革命，主要普及电视机、电冰箱、洗衣机等"三大件"商品，但受投资快速增长影响，消费率从75%左右降低到60%以下。从外需看，出口占GDP的比重有所降低，1960年基本维持在9%左右的水平。

消费成为主要需求动力（上世纪60年代）。1960—1973年，消费快速发展。日本开始了第二次消费革命，普及汽车、彩电和空调等"新三大件"。随着居民收入提高消费快速成长，耐用品普及率几乎达到100%。1973年，日本两人及其以上非农家庭年平均月消费性支出达到112116日元，比1960年提高了2.6倍；居民消费规模从不足10亿日元增加到60.3亿日元，提高了5.3倍。从投资看，投资率基本维持在33%左右的较高水平，但对经济增长的驱动作用逐渐让位于消费和出口。1973年出口占GDP比重达到10%。

大众消费和生活品质消费阶段（上世纪70—90年代）。20世纪70—90年代，日本最终消费支出占比基本保持在70%左右，2018年消费率升至76%。居民消费、娱乐、交际等享受型支出比重不断增加。1974年到90年代中期，固定资本形成总额占比在波动中上升，在1996年达到31.2%；此后投资率趋于下降，2018年为23.7%。出口占比较稳中有升，出口占比由1996年的8.3%，提高到了2018年的17.0%。

基于上述分析，日本需求动力的演进路径可以大致归纳为：**投资主导**

驱动型→投资向消费和出口共同主导过渡型→国内消费和出口共同主导驱动型。

（三）法国需求结构的演化

第二次世界大战后法国需求变动主要分为三个阶段。**投资和出口占比同步提高，居民消费率有所下降（1945—1974 年）**。从消费看，法国最终消费支出占比始终维持在 75% 以上的水平，其中居民消费率呈稳步下降的趋势，但依旧高于 53%，位于较高水平。从投资看，1950—1979 年，法国资本累积相当于同期 GDP 的 24%。这与法国在钢铁、设备、电气化等方面的领先发展密不可分。从出口看，法国战后积极扩大对外开放，出口贸易额占 GDP 比重从 1949 年的 5.7% 提高到 1974 年的 12%。**投资向消费与外需转变（1975—1995 年）**。法国居民消费率、投资率分别降低了 0.7 和 0.9 个百分点左右，但出口占比提高了 8.3 个百分点。**消费和外需地位继续巩固（1995 年至今）**。这一时期，法国居民消费率稳定在 52% 左右，固定资本形成总额占比保持在 22% 左右，出口保持稳定增长，2018 年货物和服务出口相当于 GDP 的 31.3%。

基于上述分析，法国需求动力的演进路径可以大致归纳为：**投资和出口驱动→消费和出口主导驱动过渡型→消费和出口主导驱动**。

四、需求动力演化规律与模式小结

上述三个国家的典型事实表明，这些国家都经历了从投资驱动向消费驱动的转变；但相比于法国和日本对外需的较高依赖，最终演化为消费和出口并重的需求模式，美国经济增长的需求动力主要来自于国内消费需求。从图 15-7 中可以看出，美国的消费率整体高于法国和日本，而三国净出口率在人均 GDP 小于 25000 美元时几乎无差别，而后法国和日本整体保持平稳，美国则出现了明显的下行态势。究其原因，日本与法国在领土、人口、资源禀赋上与美国相比均处于弱势，这可能是其单独依靠消费内需无法支撑经济增长的关键。

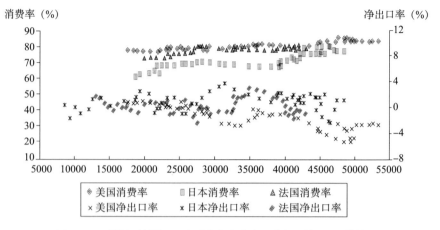

消费率（%）   净出口率（%）

图 15-7　美国、法国、日本消费率和净出口率与人均 GDP 的关系

　　基于此，我们可以将需求动力演化的一般规律进一步划分为如下两种模式：即实现了消费向投资动力转换之后，三大需求动力开始变化，拥有资源禀赋优势的国家最终可能演化为以国内消费为主的需求动力模式；处于资源禀赋劣势地位的国家则更可能演化为国内消费和对外出口并重的需求动力模式（见图 15-8）。

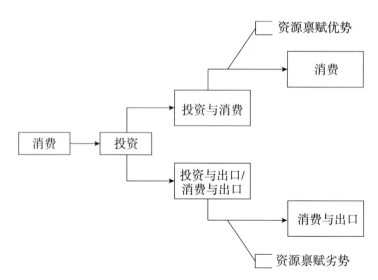

图 15-8　需求动力演化的一般规律与模式

15.2 未来我国需求动力发展的路径

一、我国发展阶段及需求结构的国际比较

以 2010 年不变价美元计算，2019 年我国人均 GDP 为 8254 美元。从新世纪以来的情况看，基于核算法数据，2019 年我国投资率为 43.1%，比 2000 年（人均 GDP 约 1800 美元）提高了 9.4 个百分点；最终消费率则从 63.9% 降至 55.4%，下降了 8.5 个百分点，如果与 2010 年的低点相比则下降了 14.6 个百分点；净出口率从 2.4% 降至 1.5%。

我国投资率和消费变化符合国际一般趋势但也有自身特点。从投资看，如果我们使用上文得出的投资率的一般公式，那么在人均 GDP8000 美元（2010 年不变价，下同）的水平下，投资率应为 32.6%，比 1800 美元时提高 8.2 个百分点。对比之下，我国投资率的变化趋势与国际一般经验相似，但绝对水平则高出 10 个百分点左右。从消费看，8000 美元和 1800 美元的对数值分别为 7.5 和 9.0，在这一数据上国际一般规律显示消费率约为 75% 和 65%。我国的变化幅度同样与国际经验一致，但消费率均偏低 10 个百分点左右。如果认为 2010 年以后我国消费率回升为趋势性变化，那么这与国际上人均 GDP 在 5000 美元以后消费率开始回升的变化规律也是基本一致的（2010 年我国不变价人均 GDP 超过了 4500 美元）。此外，我国净出口率在 2007 年左右达到 8% 以上的峰值，当时我国人均 GDP 为 3500 美元，与国际一般规律也较为一致，但数值同样偏高。综上可以看出，**我国需求结构的变化基本符合国际一般规律，但也存在投资率偏高、消费率偏低、出口峰值水平较高的差别**。

二、我国需求结构的发展趋势

我们曾经基于 2010 年不变价美元数据对我国中长期经济增长做出预测，结果显示 2035 年和 2050 年我国人均 GDP 将分别达到 1.8 万和 3 万美元左右。根据国际一般经验，在这一水平上投资率分别为 27% 和 24%；根

据高收入国家的发展经验，消费率则从 75% 增长至 76%。从主要发达国家的发展经验看，我国的资源禀赋在三个国家中无疑更接近于美国，美国在人均 GDP1.8 万美元和 3 万美元时，投资率均约为 23%，消费率分别约为 76% 和 78%。这一结果表明，美国大体符合国际发展一般规律，但其投资率较低而消费率较高。

综合上述经验数据，我们认为我国在未来 30 年需求结构变化将整体延续国际发展的一般规律，投资率下降、消费率上升（即趋向于美国模式）。基于国际一般规律公式、国际一般经验和我国实际数据，可对我国 2020 年、2035 年和 2050 年的需求结构做出预测，并与国际经验和美国经验进行比较，结果如表 15-3 所示。2035 年，我国投资率和消费率分别为 35% 和 66%，2050 年分别为 30% 和 70%。

表 15-3　未来 30 年我国需求结构演变预测

	投资率	消费率	净出口率
中国 2020 年（人均 GDP8700 美元）	44%	56%	0%
国际一般经验（人均 GDP8700 美元）	33%	66%	1%
中国 2035 年（人均 GDP1.8 万美元）	35%	66%	−1%
国际一般经验（人均 GDP1.8 万美元）	27%	75%	−2%
美国经验（人均 GDP1.8 万美元）	23%	76%	1%
中国 2050 年（人均 GDP3 万美元）	30%	70%	0%
国际一般经验（人均 GDP3 万美元）	24%	76%	0%
美国经验（人均 GDP3 万美元）	23%	78%	−1%

三、我国需求动力发展趋势

基于我国需求结构变化的预测，还需要分析我国未来的需求动力是否足以支撑我国第二个百年目标的实现？或者要达成这一发展目标，要对我国需求动力的发展提出何种要求？我们的研究显示，在中方案下要实现第二个百年目标，2050 年 GDP 总量需比 2020 年增长 2.8 倍，2021—2050 年我国 GDP 年均增速需达到 4.5% 以上。在这一目标下，我们使用第五章中的测算方法，进行了需求动力增长分析 ①。

结果显示，要达到预期发展目标，2021—2050 年消费、投资和出口对我国经济增长的年均拉动点数需分别达到 2.7、1.2 和 0.6 个百分点，具体结果如图 15-9 所示。在 2020—2029 年，消费、投资、出口年均分别拉动经济增长 3.3、1.7 和 0.8 个百分点，也就是贡献率分别为 57%、29% 和 14%；2030—2039 年，消费、投资、出口年均分别拉动经济增长 2.7、1.2 和 0.6 个百分点，贡献率分别为 60%、27% 和 13%；2040—2050 年，消费、投资、出口年均分别拉动经济增长 2.1、0.8 和 0.5 个百分点，贡献率分别为 62%、24% 和 15%。

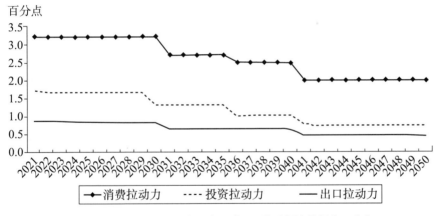

百分点

图 15-9 2021—2050 年三大需求需要拉动经济增长的百分点

---

① 为简化计算，设定如下假设：①进口按照 2018 年的不变比例分劈；②参考历史及近年规律，设定 2020—2030 年出口年均增长 5%，2030—2040 年均增长 4%，2040—2050 年均增长 3%；③将发展目标分为三期，即 2021—2030 年 GDP 年均增长 5.55%、2031—2040 年均增长 4.38%、2041—2050 年均增长 3.22%。

15.3 我国需求动力需要加快优化

一、需求动力发展存在的困难

上述结果表明，一是消费必须持续提供充足动力。基于发展目标的预测显示，即使在 2040 年以后消费也需要每年拉动经济增长 2 个百分点，这就要求国内消费需求增长不断减速的态势必须得到有效遏制。二是投资动力不能过快削弱。虽然国际经验表明投资率会随着经济的增长而不断下降，但从我国发展现实看，未来投资对经济增长的年均拉动力还要超过 1 个百分点，在未来一段时间甚至需要保持在 1.5 个百分点以上，如何破解有效投资增长乏力是中国经济增长面临的一道难题。三是出口的稳定十分重要。预测结果显示，未来出口需要持续拉动经济增长 0.5—0.6 个百分点，在国际经贸增长乏力、大国博弈日益激烈的当下，稳外贸面临着不小困难。从未来发展看，我国需求动力优化面临不少困难：

一是需求动力结构不协调。与发达经济体相比尤其是与国际一般发展规律相比，我国存在明显的投资率偏高而消费率偏低的问题，在同等发展水平上，我国消费率低于一般规律 10 个百分点左右。第五章的测算还进一步表明，我国需求结构合理化水平不断降低，虽然从当前数据的实证分析看，其尚未对经济增长造成明显掣肘，但随着需求结构合理度的进一步下降，终端消费的不足最终会成为影响经济增长、影响投资的重要因素。

二是居民消费增长动力不足。与美日等发达国家相比，我国居民消费对 GDP 的贡献率较低（例如美国个人消费平均比重和贡献率都在 70% 左右，远高于我国）。当前我国居民消费增长动力有所减弱，既有收入增长放缓的影响，也有消费倾向不高的因素。2018 年，我国居民收入占 GDP 比重为 43.7%，居民消费占 GDP 的比重为 39.4%，而同期美国分别为达到了 80% 以上和 60% 以上，存在明显的差距。

三是投资效率降低。投资是拉动经济增长的重要途径，当前我国投资效率降低、投资边际收益下降问题仍较突出，《商业周刊》撰稿人布莱恩·布雷纳姆曾在《中国和印度》中提出一个代表性观点："为了实现 1 美元的国内生产总值，中国需要投入 5 到 7 美元，而在诸如北美、日本和西欧等发达国家只需投入 1 到 2 美元。"这种情况似乎尚未完全扭转。投资效率低会影响市场主体投资积极性，进而减弱投资对经济增长的拉动力。

四是出口面临竞争压力加大。发达国家再工业化，加剧我国在中高端国际市场竞争，同时发展中国家凭借低成本优势，在国际劳动密集型产品市场形成对我出口的新竞争。此外，国际贸易保护主义抬头，贸易摩擦增多，也制约我国出口增长。2020 年世贸组织发布《全球贸易数据与展望》报告显示，2019 年全球商品贸易量下降 0.1%，商品出口总额下降 3%，全球贸易市场萎缩，加之新冠肺炎疫情大流行，预计 2020 年全球商品贸易将下降 13%—32%，这将进一步增加商品出口难度。

二、优化需求动力核心在于形成强大国内市场

要达到既定发展目标，必须充分发挥三大需求的增长动力，这要求我们必须从宏观层面把握大势及时调整，促进中国经济的需求动力合理发挥作用。从国际经验来看，大国经济驱动力主要都是依靠消费，如美国 80% 的国内生产总值、接近 90% 的汽车都是用于满足国内消费需求的。为此，我国应坚持以内需为主，逐步提高居民消费率，加快形成并巩固以消费内需为核心的需求动力体系。一是要增加居民可支配收入。逐步提高劳动者收入在国民收入中的比重。当前我国工薪阶层可支配收入及其福利总额占 GDP 比重在 15%—20%，而发达经济体这一比例一般在 54%—65%。二是提升中等收入群体规模。扩大中等收入群体规模、提高消费能力是我国未来重要的增长动力来源。我国虽然拥有全球最大的中等收入群体，但占全部人口的比例依旧较低，2018 年尚不足 30%，而欧盟、美国分别为 72.4% 和 47%。三是切实提高供给能力。随着我国人民生活水平不断提高，产品供给也必须从满足生活型产品消费向满足享受型产品服务消费转变。为此必须加快产业结构升级，加强科技研发，整体性提升产业链水平。这在满

足消费需求的同时，也有利于拓展投资空间、提升我国在国际贸易价值链中的地位。此外，还要增强收入分配的均衡性，实施好乡村振兴战略，推动农村地区需求潜力进一步释放。

15.4 小结

本章从我国未来 30 年需求结构演化及其经济增长动力入手，通过对国际一般规律和典型国家事实的分析，主要得出以下三大结论：

一是从国际发展趋势看，需求动力存在从生存性消费向投资转变而后进一步转换为以消费内需为主的一般规律；但由于国家间存在差异，资源禀赋优势国家最终将演化为以国内消费需求为主的动力结构，资源禀赋劣势国家则更可能演化为国内消费和出口为主的双驱动力模式。

二是我国要素结构演化符合国际一般规律，从发展模式上与以国内消费为单核心动力的美国模式更为接近，但同时也存在投资率偏高、消费率偏低、出口峰值较高等差异。基于需求结构演化预测的分析显示，要实现第二个百年预期发展目标，未来 30 年，我国消费、投资和出口需年均分别拉动经济增长 2.7、1.2 和 0.6 个百分点。

三是我国需求动力的优化发展还面临需求结构不合理、消费增长动力不足、投资效率偏低、仍处出口价值链中低端等几大挑战。为此，必须通过挖掘内需潜力，形成强大国内市场，促进我国需求动力不断释放，成为长期支撑经济增长的有效动力。

第十六章　空间动力的演进与挑战

改革开放以来，我国城乡经济迅速发展，各区域各板块发挥比较优势，为经济持续快速增长提供了重要动力；展望未来，要达到第二个一百年发展预定目标的要求，空间动力仍要发挥其应有的重要作用。那么从2021年到2050年的三十年间，空间动力又将演化至何种水平？对我国未来经济增长产生何种影响，进而支撑第二个百年目标的实现？空间动力的优化发展还将面临哪些困难和挑战？这都是研究我国未来经济增长空间动力必须要回答的问题。在前文关于过去40年空间动力分析的基础上，本章进一步对我国未来30年空间动力的发展进行定性与定量分析。

16.1　城镇化前景与主要挑战

一、城镇化前景展望

（一）城镇化发展的一般规律

国际经验表明，各国城镇化与人均GDP普遍存在较强的相关关系，这种相关关系可用对数函数拟合，数据显示，大多数国家在城镇化达到60%时人均GDP已超过10000美元[①]。据此，我们首先选择了中等收入国家和高收入国家1960—2018年的历史数据，绘制人均GDP（2010年不变价美元）的对数与城镇化率之间的散点图以及拟合的趋势线，如图16-1所示。结果发现，两条线性拟合趋势线的R^2都达到了0.95以上，表明无论是中

---

① 〔美〕M. 斯彭斯、P. C. 安妮兹、R. M. 巴克利：《城镇化与增长》，中国人民大学出版社2016年版。

等收入国家还是高收入国家，城镇化率和经济发展水平之间都有着较为紧密的联系。进一步观察两条趋势线，发现二者走势基本一致、近似于一条直线上的两个线段，这表明从整体看，经济增长与城镇化水平之间有着较为稳定的相关关系。

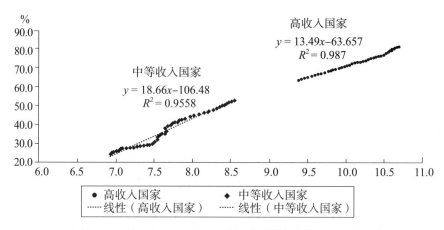

图 16-1　中等收入国家和高收入国家经济增长与城镇化率的关系

注：横轴为人均 GDP 的对数，纵轴为城镇化率；数据来源为世界银行数据库。

在此基础上，我们将两条趋势线进行延长，两条直线交点的左边选用中等收入国家拟合函数，右边使用高收入国家拟合函数，将横轴恢复为不变价人均 GDP 的实际值，即可得到人均 GDP 与城镇化率之间的关系，结果如图 16-2 所示。

根据拟合结果，我们认为 1960 年以来国际上城镇化发展与人均 GDP 之间的一般规律可用以下基准模型描述：

$$y = 14.469 \times \ln(x) - 74.185$$

其中，y 表示一个一般化经济体的城镇化率（百分点数），x 则为其以元为单位的人均 GDP 水平（2010 年不变价美元），以该对数函数为基础，可以得出该经济体在不同人均 GDP 水平下的城镇化率。

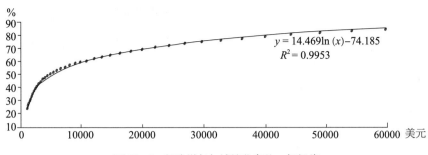

图 16-2　经济增长与城镇化率的一般规律

注：横轴为人均 GDP，纵轴为城镇化率；数据来源为世界银行数据库。

（二）对中国城镇化率的预测

将中国、美国、韩国和德国的数据及基准模型曲线绘制于图 16-3，可以发现，中国的数据基本符合基准模型描述的早期发展经验；美国和德国则高度符合基准模型的晚期经验；韩国城镇化的发展明显快于基准模型情况，但从趋势看，在人均 GDP 超过 15000 美元后，韩国城镇化曲线的走势也逐渐趋近于基准模型情况。上述事实说明，城镇化发展的基准模型对分析各国城镇化率的长期发展具有较好的参考价值。对于人口较为密集的国家而言，虽然短期内城镇化率会更快上升，但长期看仍将趋向于一般发展规律。

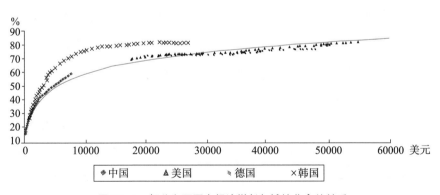

图 16-3　部分主要国家经济增长与城镇化率的关系

基于上述分析，我们可以使用国际基准模型初步预测我国未来城镇化率的变化。本书第十二章曾经基于 2010 年不变价美元数据对我国中长期经济增长做出预测，结果显示 2035 和 2050 年我国人均 GDP 将分别达到 1.8 和 3.3 万美元左右（见表 12-3），代入基准模型便可初步计算出我国 2035 年和 2050 年城镇化率将分别达到 68% 和 75% 左右的水平；同时考虑到我国人口密度相对较高的事实，参考韩国发展历史，在人均 GDP 达到 1.8 万美元时，我国城镇化率应略高于一般经验的预测结果。基于上述结论进行综合判断，2035 年和 2050 年我国城镇化率可能将分别达到 70% 和 75% 左右。

（三）城镇化蕴含的经济增长动力预测

城镇化对经济增长的贡献表现在很多方面，这里我们选取两个便于量化的角度对未来城镇化带动的经济增长潜力进行预测。一是乡—城人口迁移推动的城镇经济增长效应。人口由乡村向城市集中，将推动国民经济主流形态由乡村经济转变为城市经济，而城市经济效率明显高于乡村经济，即使是发达国家，城乡之间劳动生产率也存在差异。我们通过估算未来乡—城迁移人口规模和城乡经济效率差异来测算城镇经济增长效应。二是城乡一体化推动的乡村经济增长效应。城镇化水平的提高不仅会推动城镇经济增长，同时也会促进乡村经济与城镇经济的联系，逐渐将乡村经济与城镇经济融为一体，进而带动乡村经济的增长。我们通过估算未来乡村人口规模以及由城镇化带来的城乡收入差距的缩小测算乡村经济增长效应。具体测算过程如下。

首先，预测乡—城迁移人口总数。结合人口总数预测和城镇化率预测，可以预测 2050 年城镇人口数量和乡村人口数量，结果显示，2050 年我国城镇人口约为 10.3 亿人，农村人口约为 3.4 亿人。假设 2021—2050 年城镇化率一直保持 2020 年的水平，即不存在乡—城人口迁移，则城乡人口规模的增长率将相同且均等于总人口的增长率，使用总人口的增长率可测算不存在乡—城人口迁移情况下 2050 年的城镇人口规模。该假设值与预测值的差即为 2021—2050 年乡—城人口迁移推动的城镇人口增长规模，约为 2.1 亿人。

其次，测算未来城乡经济效率差异。使用人均 GDP 指标代表城乡经济效率，假设人均 GDP 与居民人均可支配收入成比例关系，可使用城乡收入倍差（城乡人均可支配收入比）将全国人均 GDP 进行分劈。将 2010—2019 年城乡收入倍差数据按年份做线性回归，预测得 2050 年城乡收入倍差为 1.54 左右。据此测算，2050 年城镇人均 GDP 为乡村人均 GDP 的 1.54 倍，如果全国人均 GDP 为 3.3 万美元，则城乡人均 GDP 分别约为 3.67 万美元和 2.38 万美元，两者相差约 1.3 万美元。

再次，测算乡—城人口迁移推动的城镇经济增长效应。未来 2.1 亿人因为实现了乡—城迁移人口，平均每人贡献的 GDP 将提升约 1.3 万美元（即 2050 年城乡人均 GDP 差距），两数相乘，得乡—城人口迁移推动的城镇经济增长约为 2.7 万亿美元，约占 2021—2050 年全国经济增量的 8%，即乡—城人口迁移推动的城镇经济增长效应可带动约 0.36 个百分点的年均增速。

最后，测算城乡一体化推动的乡村经济增长效应。2050 年仍将有 3.4 亿人生活在乡村，乡村居民对 GDP 的人均贡献虽然低于城镇居民，但由于未来城乡一体化的推进，其人均 GDP 与城镇居民的差距将大幅缩小。假设 2050 年城乡一体化未取得进展，即城乡生产效率（用城乡收入倍差表示）仍维持在 2020 年的水平，约为 2.6 左右，则 2050 年乡村居民人均 GDP 将只有 1.5 万美元，与我们测算的城乡一体化下的乡村居民人均 GDP 相差约 0.86 万美元，按 2050 年 3.4 亿乡村居民测算，城乡一体化带来了约 2.9 万亿美元的经济增长，约占 2021—2050 年全国经济增量的 8.6%，即约 0.39 个百分点的年均增速。

总之，仅从人口的城乡分布结构和城乡差距看，未来乡—城人口迁移和城乡差距的缩小对经济增长的贡献率可达 16.6% 左右，约为年均 0.8 个百分点的经济增长。

需要指出的是，以上测算过程没有考虑城镇化的集聚效应带来的技术进步等经济增长因素，因而是不全面的，但通过这种简单的数据推演，也可以看到城镇化蕴藏的巨大增长动力。

以上数据推演的逻辑和测算结果表明，要释放城镇化蕴含的经济增长潜力，未来需要进一步提高城镇化水平，即继续引导人口向城镇集中，激发城镇经济活力，同时要建立完善城市反哺农村的体制机制，推动城乡一体化发展，进一步激活乡村经济活力，形成城乡经济协同发力的动力格局。

二、未来城镇化面临的挑战

目前我国正处于城镇化快速发展期，2019 年末常住人口城镇化率已超过 60%，但仍有 5 亿以上的农村人口，城镇化发展的需求依然旺盛，城镇化率提高可带动的经济增长依然可观。但是，我国城镇化的发展并非一条坦途，还面临着发展质量不高、土地供应趋紧、承载能力不足、区域发展不均衡等一些重大挑战。

（一）城镇化质量有待提高

改革开放 40 多年来，随着农业农村改革和工业化的迅速推进，越来越多的农村人口进城务工并转变为城市居民，但受户籍、子女教育、社保、就业、住房等限制，农民工市民化发展遇到诸多困难，外来农村人口难以享受与城市居民均等的公共服务。2019 年，我国户籍人口城镇化率仍低于常住人口城镇化率 16.2 个百分点；2016 年多部门联合调查显示，我国农村不满十六周岁的留守儿童数量超过 900 万人；《人力资源和社会保障事业发展统计公报》显示，2017 年底，参加城镇职工基本养老保险、医疗保险、失业保险、工伤保险的农民工人数分别仅占全部农民工总数的 21.6%、21.7%、17.1% 和 27.2%。也就是说，目前我国在城镇工作和生活的人口并未充分实现城镇化，这不仅会影响其生活水平的提高，而且会对其工作稳定性造成干扰，进而给城市人力资本的积累、消费潜力的释放造成阻碍，并加重城市管理和治理的成本，影响经济增长的速度和质量。

（二）土地资源供应趋紧

虽然我国国土面积广袤，但山地、荒漠等不适宜居住的土地较多，可供城市开发的土地资源偏紧。我国大约有 95% 的人口居住在占国土总面积43.8% 的"胡焕庸线"东南一侧，据此推算我国胡焕庸线东南一侧人口密度超过 300 人 / 平方公里，远高于 60 人 / 平方公里的世界平均水平；加之我国人口总量庞大、粮食需求量大，在 18 亿亩耕地红线硬约束下，实际可用于城市建设的土地面积有限。与此同时，部分地方盲目追求城市面积扩大、大量圈地建新城，"摊大饼"式城市建设缺乏合理规划，导致土地使用效率不高，土地资源浪费进一步加剧了我国城市建设土地资源的紧缺。此外，城市土地使用权转让等领域的体制机制短板，也导致土地资源未能实现最优配置，降低了土地使用效率，加剧了用地紧张局面。

（三）城镇承载能力不足

1978 年，我国城镇人口仅 1.7 亿人，到 2019 年已达 8.4 亿人，短短 40多年间增长了近 4 倍。如前文所述，我国的城镇化采取了先易后难的渐进城镇化道路，近年来，城镇人口较快增加导致城镇承载能力不足的短板充分暴露。我国人均水资源拥有量仅为世界平均水平的 1/4，而城镇化的快速发展带动用水量的迅速增加，加大了水资源压力。2018 年，我国生活用水总量达 860 亿立方米，比 2004 年增长了 30% 以上，水资源承载力不足逐渐成为北方尤其是西北地区城镇化发展的一大障碍。虽然改革开放以来我国基础设施建设取得了长足进步，但地下管廊、交通网络等方面的建设规模和质量仍有很大的提升空间，城市内涝、交通拥堵等问题较为突出。此外，医疗、教育、住房等公共服务资源承载力不足也是我国城镇化发展的制约因素。

（四）城市化发展不均衡问题突出

受经济发展水平、公共服务能力、就业机会等发展不平衡影响，部分大城市人口迅速集中，而一些中小城市人口吸引力差，部分产业结构单一的资源枯竭型城市更面临人口流失的严峻局面，城镇人口区域分布不均衡导致我国"大城市病"和中小城市发展后劲不足问题并存。当前，我国超大城市普遍面临着住房困难、环境恶化、资源紧张、物价过高等问题，严重影响居民生活质量。相关机构发布的《2018年中国城市通勤研究报告》显示，北京、上海、重庆的平均通勤距离均超过10公里。同时，我国中小城市数量多、分布广，是农村居民流向城市地区的"前沿阵地"，但我国中小城市和小城镇基础设施落后、公共服务水平低、产业支撑不足，人口吸引力较弱，一些小城市经济发展出现明显的困难，难以在城镇体系中发挥应有的社会和经济效益。

16.2　区域经济增长前景与主要挑战

一、我国四大板块经济增长前景展望

当前，我国经济增长仍然主要依靠东部拉动，但随着区域发展总体战略的深入实施，未来中西部和东北地区经济对全国经济增长的贡献有望逐渐提高，正如前文所述，近年来中西部地区经济总量占全国比重呈上升态势，尤其是中部地区与东部地区之间的分工趋于水平化，全国人均地区生产总值差距也于2004年开始明显回落，近年来保持平稳。

从空间视角看经济增长动力，我们可以将全国经济增长动力分解为各个地理单元经济增长动力的总和。显然，如果对于每个地区的经济增长前景分别进行预测，需要考虑的因素会非常庞杂，结果也难以确保准确，但是，按照发达国家的经验，如果未来我国经济可以实现年均4.5%的增速，发展水平比肩欧盟，那么区域差距也将逐渐缩小。目前，我国区域差距明显偏高，区域差距的缩小必然改变我国区域经济增长格局和空间动力构成，按照这种思路，我们参照不同的评判标准，测算了未来区域差距缩小可能释放的经济增长动力和区域经济增长动力结构的可能变化。

（一）以北美发达国家间差距为参照

当前，北美洲的美国和加拿大是全球公认的最发达地区，两国因国民收入水平相当而实现了较大程度的经济一体化。使用世界银行数据库提供的货币购买力平价计算，2000—2018 年，美国和加拿大人均 GDP 分别为北美（美国与加拿大合计）人均 GDP 的 101.9% 和 82.7%（按照均值计算）。如果以此比例关系作为我国板块间差距基本消除、区域实现协调发展的数量评判标准，则可假设，到 2050 年，我国落后板块人均 GDP 达到全国人均 GDP 的 83%。2019 年，我国中部地区人均 GDP 为全国人均 GDP 的 83.6%，我们假设 2050 年中部地区维持该相对水平不变，而西部和东北两大板块人均 GDP 均达到全国的 83%，据此可对未来我经济增长动力的各板块构成做出展望。具体计算原理如下。

令 P 表示全国总人口，p_i 为 i 板块常住人口占全国人口的比重，P_i 为 i 板块常住人口；Y 为全国人均 GDP，y_i 为 i 板块人均 GDP 相当于全国人均 GDP 的比值（用百分比表示），Y_i 为 i 地区人均 GDP；Q 为全国 GDP，Q_i 为 i 板块 GDP；i=1 代表东部，i=2 代表中部，i=3 代表西部，i=4 代表东北。

显然有：

$$Q_i = P_i \times Y_i = (P \times p_i)(Y \times y_i)$$

所以，

$$Q_i^{2020} = (P^{2020} \times p_i^{2020})(Y^{2020} \times y_i^{2020})$$

其中，上标表示年份。我们使用 2019 年数据分别计算 p_i 和 y_i，并假设 2020 年这两个变量的值保持不变，代入上式可得 2020 年每个板块的 GDP。

假设 2050 年全国人口为 13.8 亿人，并假设各地区常住人口占全国比重保持不变（仍使用 2019 年的 p_i），但西部和东北地区人均 GDP 相当于全国人均 GDP 的比重（y_i）均提高至 83%，使用第十二章测算的全国经济增长中方案，即 2021—2050 年全国 GDP 年均增长 4.5%，进而可得 2050 年全国 GDP 和全国人均 GDP 的估算值（即 Q 和 Y），代入下列两式：

$$Q_i^{2050} = (P^{2050} \times p_i^{2050})(Y^{2050} \times y_i^{2050})，\ i = 2, 3, 4$$

$$Q_1^{2050} = Q^{2050} - \sum_{i=2}^{4} Q_i^{2050}$$

可得 2050 年各大板块的 GDP。在此基础上，可对 2050 年的各板块经济占全国的比重及 2021—2050 年的增长情况进行推算，结果如表 16-1 所示。结果显示，2050 年，东部地区 GDP 占全国的比重将下降至 48.8%，比 2019 年下降 3.1 个百分点，中部、西部和东北地区比重将分别为 22.2%、22.6% 和 6.4%，中部地区比重基本保持不变，西部和东北地区分别提高 1.7 个和 1.3 个百分点；2021—2050 年，东部地区对全国经济增长的贡献率将下降至 47.7%，比 2013—2019 年贡献率下降 5.0 个百分点；中部贡献率为 22.2%，小幅下降 2.9 个百分点；西部贡献率为 23.2，小幅提升 0.9 个百分点；东北贡献率为 6.9%，需要大幅提升 7.0 个百分点。为实现 2050 年全国经济发展水平达到欧盟平均水平的目标，东部、中部、西部和东北地区 GDP 分别需要保持年均 4.3%、4.5%、4.8% 和 5.3% 的增长速度。

表 16-1　四大板块经济增长情况预测

年份	2019		2013—2019	2050		2021—2050	
地区	人均 GDP 相当于全国比重（%）	GDP 占全国比重（%）	对全国经济增长的贡献率（%）	人均 GDP 相当于全国比重（%）	GDP 占全国比重（%）	对全国经济增长的贡献率（%）	年均增速（%）
东部	134.6	51.9	52.7	126.7	48.8	47.7	4.3
中部	83.6	22.2	25.1	83.6	22.2	22.2	4.5
西部	76.6	20.8	22.3	83.0	22.6	23.2	4.8
东北	66.0	5.1	−0.1	83.0	6.4	6.9	5.3

（二）以欧盟结构基金标准为参照

欧盟（及更早时期的欧洲共同体）为了加强加盟国家之间的凝聚力，于 1988 年正式成立结构基金，其历史渊源则可追溯至上世纪 70 年代。欧洲结构基金将缩小地区差距作为主要目标，其大部分资金用于帮助落后地区的经济发展[①]。对于落后地区的认定，欧盟结构基金长期坚持地区人均GDP 低于欧盟人均 GDP75% 的标准，即对地区差距的控制目标是任何一地区人均 GDP 不低于欧盟平均的 75%。值得注意的是，欧盟结构基金考察的地理单元不是针对国家的，而是比国家更小的地理单元。

如果以欧盟结构基金对落后地区的认定标准为参考，应用于我国省级地区，假设 2050 年我国省级地区差距缩小至可接受的范围内，那么每个省级地区人均 GDP 都应达到或超过全国平均的 75%，据此标准，我们可以测算现有落后地区发展至满意水平（或者说地区差距缩小）可以释放的经济增长动力。

2019 年，我国共有 10 个省级地区人均 GDP 低于全国的 75%，分别为河北、山西、吉林、黑龙江、广西、贵州、云南、西藏、甘肃、青海，其中位于西部地区的有 6 个，位于东北地区的有 2 个，位于中部和东部地区的各 1 个，人均 GDP 最低的 3 个地区依次为甘肃、黑龙江、广西，分别相当于全国的 46.9%、51.4% 和 61.1%。

2019 年，上述 10 个落后地区常住人口合计占全国 24.8%，人均 GDP相当于全国的 59.8%，GDP 占全国的 14.8%。假设 2020 年这 10 个地区各项指标占全国的比重与 2019 年相等，并假设 2050 年 10 个地区常住人口占全国的比重仍与 2019 年相等，但所有 10 个地区人均 GDP 相当于全国的水平到 2050 年均提高至 75%，利用与计算板块增长潜力相同的方法，可推算得知：2050 年，10 个落后地区 GDP 占全国的比重可提高至 18.6%，比2019 年提高 3.8 个百分点；为此，落后地区 2021—2050 年需要保持年均5.3% 以上的经济增速，对全国经济增长的贡献率达到 20.0%（见表 16-2），即对全国年均贡献 0.9 个百分点的经济增速。

[①] 〔英〕哈维·阿姆斯特朗、吉姆·泰勒：《区域经济学与区域政策（第三版）》，刘乃全等译，上海人民出版社 2007 年版。

表 16-2　10 个落后地区经济增长潜力预测

年份	2019		2050		2021—2050	
指标	人均 GDP 相当于全国比重（%）	GDP 占全国比重（%）	人均 GDP 相当于全国比重（%）	GDP 占全国比重（%）	对全国经济增长的贡献率（%）	年均增速（%）
10 个落后地区	59.8	14.8	75.0	18.6	20.0	5.3

二、未来四大板块经济增长面临的挑战

（一）东部发展引领作用有减弱趋势

东部地区是我国经济发展水平最高的区域，是引领我国经济迈向高质量发展的核心增长极。东部地区的创新发展对其他地区的引领和示范作用较强，一旦其发展势头受到制约，将不利于其引领和辐射带动作用的发挥，迟滞中国经济转型升级的步伐。未来，东部地区率先发展仍面临诸多挑战。

一是传统发展优势逐渐减弱。在区域非均衡发展战略作用下，东部地区成为我国改革开放的前沿阵地，土地、财政、人才、招商引资等大批优惠政策向东部地区倾斜，促进了东部地区的较快发展。未来，我国更加重视区域协调发展，土地、财政等优惠政策必将更大幅度向中西部倾斜，东部地区需要承担更多的"先富带动后富"的功能和义务。同时，随着劳动力成本刚性上涨、工业用地愈发稀缺以及生态环境约束强化，传统的低成本优势恐将不断削弱，建立在低成本竞争优势基础上的传统发展模式难以为继。**二是创新能力仍然不强**。2019 年中美经贸摩擦中发生的中兴事件和华为事件暴露了我国制造业发展面临相关产业核心技术、关键材料和零部件受制于人的突出问题。尽管从全国看东部地区的创新能力最强，但与发达国家或地区相比，仍有较大差距。未来支撑东部率先发展的动力必然是创新驱动，要依靠转型升级发展来促进新一轮较快增长。关键核心技术靠金钱是永远买不到的，必须依靠自主研发，而自主研发的难度大、周期

长，这将继续制约东部地区较快发展。**三是东部地区自身发展不均衡**。从东部自身看，长江以南地区发展相对较快，苏南浙北、上海、珠三角等地区发展水平接近中等发达国家，而长江以北地区发展速度相对滞后，2019年，京津冀鲁地区生产总值占全国的比重比2012年下降2.8个百分点（见表11-5）。

（二）中部崛起制约因素较多

自2006年党中央国务院实施中部地区崛起战略以来，我国中部地区经济社会发展取得了显著成就，但未来的发展依然存在许多制约因素。

一是非农产业发展与农业发展的矛盾长期存在。中部六省中，除山西外，其余五省均是我国重要的粮食主产区，是四大板块中粮食主产省份最多的地区。2018年，中部地区粮食产量高达20091万吨，比2012年增加1651万吨，占全国的比重达到30.5%。从未来看，中部地区仍将继续承担全国主要粮仓的重要角色，在此背景下，如何解决好非农产业发展与农业的关系，是中部地区长期面临的问题。**二是成本优势逐渐减弱**。随着中部地区与东部地区经济融合程度的加深，劳动力成本和土地成本逐渐上升，中部地区的传统比较优势不再突出，在承接东部地区产业转移时，不仅面临着西部地区的竞争，也面临着产业外迁的风险。与此同时，中部地区内部产业结构也较为相似，存在相互竞争、重复建设等突出问题，不利于整个区域的协调发展。**三是政策地位不突出**。长期以来，我国区域发展支持政策的重点主要在东北和西部地区，中部地区由于经济基础和发展条件相对较好，真正得到特殊的优惠政策难度较大，通常是"口惠而实不至"。**此外**，中部地区发展也依然面临资源环境问题突出、自主创新能力不足、对外开放程度较低等诸多问题，未来发展难度仍然较大。

（三）西部大开发难度较大

长期以来，我国西部地区发展相对落后，严重制约我国区域的协调发展。加快西部地区发展，不仅有利于促进经济增长，也有利于补足发展短板、缩小区域差距。尽管在一系列政策支持下，我国西部发展取得了明显成效，但其未来发展仍然面临生态环境脆弱、基础设施相对薄弱、产业发展水平较低等诸多问题。

一是生态基础较为脆弱。生态系统状况决定一个地区的环境容量大小，对区域发展具有基础性的作用。总体来看，我国西部地区整体生态环境脆弱，环境承载能力不强，西北地区水资源严重匮乏，部分区域自然环境恶劣。这些自然因素严重制约西部地区发展模式的选择，如何处理好经济增长和绿色发展、可持续发展的关系，是西部发展面临的重要挑战。**二是基础设施建设相对落后。**由于经济发展水平较低，地方财政收入有限，西部地区基础设施建设远远落后于其他区域，特别是城乡之间差异更为显著。当前，西部农村地区、偏远山区以及边境地区的交通、通信、医疗卫生等公共服务设施仍较落后，严重制约了西部地区发展。**三是产业发展层次较低。**目前，西部地区产业以资源型重化工为主，采掘和原料工业占比较大。由于受技术、管理等方面限制，深加工和综合开发利用能力明显不足，导致产业链较短，附加值较低。近年来，由于整体经济增速放缓，西部一些地区对重化工行业的依赖程度有进一步加剧趋势，不利于西部地区长期转型升级发展。**此外，**资源型重化工业存在"高消耗、高排放"特征，区域生态环境保护压力有所加大。

（四）东北老工业基地振兴困难重重

2013年以来，受外部需求明显放缓、自身产业转型升级滞后等因素影响，东北地区经济发展明显放缓。从未来看，制约东北发展的结构性、体制性因素仍然较多，转型升级发展的难度较大。

一是产业转型发展相对滞后。东北地区国有企业特别是央企较多，且资源型产业占比较大，大多是产能过剩行业，未来发展受限严重。由于国企改革仍不到位，民营经济发展相对滞后，产业转型升级步伐缓慢。2013—2017年，东北地区企业法人单位数年均增长8.8%，分别比东部、中部、西部低7.4、11.3和10.0个百分点。传统产业比重较大，高技术产业发展滞后。2018年，东北地区高技术产业产值占规模以上工业总产值的

5.2%，仅比 2012 年提高 0.4 个百分点，而同期其他三大地区均提高 4 个百分点左右。**二是要素聚集能力下降**。人口外流明显。2015 年以来，东北地区常住人口逐年减少，每年减少幅度由 2015 年的 29 万人扩大到 2018 年的 39 万人，2018 年常住人口比 2012 年减少 1.2%。研发投入不足。2018 年，东北地区研发支出仅比 2012 年增长 9.8%，远低于其他三大地区 90% 以上的增速；研发支出占地区生产总值的比重为 1.3%，也明显低于其他地区。"投资不过山海关"的说法，反映出东北地区营商环境相对较差，吸引资金的能力较弱。2018 年，东北地区外商直接投资 32 亿美元，比 2012 年下降一半以上。劳动力、资金、技术是经济增长的基本要素，如果这种趋势继续下去，东北地区未来发展的前景仍不乐观。**此外**，受经济放缓影响，东北地区居民收入水平相对下降，失业率相对较高，医疗保险覆盖率低于全国平均水平，东北地区民生改善相对缓慢，也将制约东北未来发展。

16.3　缩小城乡区域差距的主要挑战

一、缩小城乡差距面临的挑战

（一）城镇化进程将逐渐放缓

改革开放以来，特别是 2010 年以来，城乡差距持续缩小，毋庸置疑，城镇化的持续推进是缩小城乡收入差距的重要推动力量。人口由农村向城市的迁移，对于经济增长最重要的意义在于劳动力由低生产率的产业（农业）向高生产率的产业（工业和服务业）转移，劳动力在产业间的再配置，一方面减轻了农业的人口压力，有助于增加农村居民的收入，另一方面在城镇就业的劳动力将非农就业收入用于赡养或抚养居住于农村的家属，或投资于家乡产业和建设，也有利于加快农村居民的收入增长。使用分产业就业数据测算结果表明，改革开放以来农村转移劳动力对我国非农就业增长的贡献率不断提高，1979—1991 年为 35.9%，1992—2002 年为 64.0%，2003—2011 年为 86.7%。然而，随着我国发展阶段的变化，农业富余人口逐渐减少，城镇化的速度也将更为明显地放缓，非农产业劳动力的增长速度必然会逐渐回落，农村居民收入增长趋缓将不利于城乡居民收入差距缩小。

（二）农业转型发展难度较大

2014—2018 年，农村居民人均可支配收入中的经营净收入年均名义增长 6.4%，增速比农村居民人均可支配收入增速慢 2.8 个百分点，比城镇居民人均可支配收入增速慢 1.8 个百分点。这说明农村居民务农收入增速已明显低于农村居民其他收入，更低于城镇居民收入增速。务农收入在农村居民收入中的占比仍然高达 36.7%，其增速较低意味着农村居民收入增长的难度有所加大，必然拖累城乡差距的缩小。造成务农收入增速放缓的原因是多方面的，其中农业转型发展面临的困境是主要原因。从经营方式看，我国当前农业仍然以小农耕种为主，即使未来城镇化率达到 75%，我国农村仍然会有近 3.5 亿人口，如果全部从事农业生产，农业经营方式将很难发生大的变化，不利于农业劳动生产率提高。从耕地看，目前我国对耕地面积的保护措施较为严格，但耕地质量整体堪忧。据匡算，我国耕地面积占全球的 7%，但化肥施用量已达全球的 30%，粮食产量占全球的 24%，对耕地的开发已接近极限，并且存在较高的食品和生态安全隐患，未来农业生产率的提高将受到越来越多的限制。从劳动力构成看，农村多数青壮年劳动力已外出务工或实现了城镇定居，从事农业生产的劳动力规模虽然仍然较大，但普遍缺少青壮年劳动力，农业生产的主力主要由妇女和老人组成，未来这种情况将更为普遍，对于农业生产效率的提升显然是不利的。

（三）农村社会发展短板明显

据国家统计局人口抽样调查结果，2018 年，我国 60 岁以上年龄人口比重已高达 17.9%，老龄化社会已悄然而至，且老龄化程度有日益加深的趋势。随着农村青壮年劳动力不断向城市转移，农村人口结构加速老龄化，且农村绝大多数老人文化程度较低，没有固定收入来源，"空巢老人"问题日益突出。同时，与城市相比，我国农村地区公共服务能力，特别是养老服务能力严重不足，未来农村大量老龄人口的养老问题必将成为我国城乡协调发展面临的重大挑战。

二、缩小区域差距面临的挑战

（一）区域经济分化明显

从四大板块看，东北地区经济发展和民生改善明显滞后，部分指标已落后于中西部地区，不利于区域差距缩小。东北地区经济增速曾一度快于全国，2014 年其人均 GDP 比全国要高，约相当于全国的 104%，自 2015 年起持续降低，目前不足全国的 80%，东北地区相对较低的经济增速，已经成为了拉大全国区域差距的重要原因。此外，中部和西部地区同样面临增长承压、转型升级难度加大等挑战，也不利于区域差距的缩小。另外，2013 年以来，以黄河为界划分的北方经济增速持续低于南方，扭转了其前期增速"北快南慢"的格局，南北差距不降反升。受经济增速放缓影响，北方地区人均 GDP 自 2015 年起被南方反超，且差距持续扩大，南北地区居民可支配收入也呈现了类似特征。未来，如果分化态势延续下去，区域发展差距可能进一步扩大。

（二）资源环境约束强化

改革开放以来，我国工业化进程快速推进，工业生产在高速增长的同时，也对生态环境造成了破坏。目前资源和环境承载能力不足已成为我国发展的重要制约因素。东部地区在技术、资金方面优势较大，提高资源、环境承载力有一定空间，但落后地区的发展对资源依赖大，环境条件脆弱，加快发展面临较大困难。随着人民对美好生活的向往愈加强烈，传统的以牺牲生态环境为代价的增长方式难以为继，未来资源环境约束仍将继续强化，工业结构偏向资源型重化工行业的东北和中西部地区发展更加受限。

（三）落后地区发展资金压力加大

落后地区受地方债务问题困扰，财政支持能力明显弱于发达地区。通常，经济发达省份的财政收入更有保障，尽管其地方政府债务率较高，但仍可凭借政府信用和未来发展前景，从市场获取更多的资金支持。反观落后地区，其受地方债务问题的制约更加突出，尽管其债务率可能低于发达省份，但仍难以保证持续的资金流用于自身发展，陷入缺少资金难以促进经济发展、经济发展落后进而更难获取资金支持的困境。

（四）地方保护问题突出

改革开放以来，地区之间尤其是县域及市域之间的竞争，构成了我国市场竞争的重要机制，激发了市场活力，推动了经济高速增长，但同时也导致地方保护主义长期存在，市场分割明显。要素资源在不同区域间的自由流动受到一定制约，市场配置资源决定性作用难以有效发挥，导致了价格扭曲、产业趋同等问题。不同地区争相上马类似的项目，造成重复建设和资源利用效率低下，不利于自身发展。

16.4 小结

随着城镇化的推进和区域结构的变化，未来我国经济增长的空间动力构成也将发生变化，使用前文对全国经济增长路径的测算结果，并结合国际经验和适当的假设，可以估算未来我国城镇化和区域经济的增长前景。本章研究主要得出以下结论：

对城镇化的预测结果显示，2035 年和 2050 年我国城镇化率将先后提升至 70% 和 75% 左右，在实现第二个百年目标的过程中，由乡—城人口迁移推动的城镇经济增长效应可带动全国经济 0.36 个百分点的年均增速，同时城乡一体化推动的乡村经济增长效应可带动约 0.39 个百分点的年均增速，两项合计带动约 0.8 个百分点的年均增速，对经济增长的平均贡献率超过 15%。为有效发挥城镇化蕴含的经济增长动力，还需要应对诸多挑战，挑战主要来自城镇化质量不高、土地资源供给趋紧、城镇承载能力不足、城市化发展不均衡等四个方面。

对区域增长的估算结果显示，2050 年，我国东部、中部、西部和东北地区占全国经济的比重将分别为 48.8%、22.2%、22.6% 和 6.4%，东部比重明显下降，中部比重保持稳定，西部和东北比重上升；2021—2050 年，四大板块对全国经济增长的贡献率分别为 47.7%、22.2%、23.2% 和 6.9%，西部和东北贡献率明显提高，四大板块地区生产总值需要分别实现 4.3%、4.5%、4.8% 和 5.3% 的年均增速。如果省级地区差距缩小至合理水平，当前较为落后的 10 个省级地区 GDP 在 2021—2050 年需要保持 5.3% 以上的年均增速，可带动全国经济 0.9 个百分点的年均增速。为实现上述目标，未来四大板块都需要克服各自的短板和制约，切实转变发展方式，实现优势互补的高质量发展。

要实现持续缩小城乡区域差距的目标，也需要应对诸多挑战。具体来看，城乡差距缩小面临的挑战主要包括城镇化进程的逐渐放缓、农业转型发展的难度较大和农村社会发展短板明显；区域差距缩小面临的挑战主要包括区域经济分化的趋势、资源环境约束的增强、发展资金压力加大、地方保护主义的长期困扰。

第四篇

加快动力优化
实现高质量发展

第十七章　新时代经济高质量发展与动力变革

　　我国经济已由高速增长阶段转向高质量发展阶段，正处在转变发展方式、优化经济结构、转换增长动力的攻关期。跨越发展关口、实现现代化目标，必须牢牢把握高质量发展要求，坚持质量第一、效率优先，推动质量变革、效率变革、动力变革，实现经济高质量发展。当前，世界正处于百年未有之大变局，我国经济高质量发展面临前所未有的机遇和挑战。下阶段，实现经济高质量发展，必须着力推进动力变革，加快构建以创新驱动发展为主导、产业提质升级为支撑、强大国内市场为依托、城乡区域协调为助力、体制机制完善为保障的动力体系，以动力变革促进质量变革和效率变革，推动经济更高质量、更有效率、更加公平、更可持续发展。

17.1　新时代大国之路：经济高质量发展

　　党的十九大报告指出，中国特色社会主义进入了新时代，这是我国发展新的历史方位。新时代我国经济发展的基本特征是经济由高速增长阶段转向高质量发展阶段。经济高质量发展，集中体现了以质量和效益为中心，是体现新发展理念的发展，是能够很好满足人民日益增长的美好生活需要的发展。推动经济高质量发展，必须坚持以新发展理念为引领，坚持以供给侧结构性改革为主线，加快建设现代化经济体系，推动经济焕发新活力、迈上新台阶。

一、推动高质量发展是新时代我国经济发展的必然要求

　　推动高质量发展，不仅是适应我国经济发展阶段变化的必然选择，也

是适应我国社会主要矛盾转化的必然要求，还是建设社会主义现代化国家新征程的需要，对我国发展全局具有重大现实意义和深远历史意义。

高质量发展是适应我国发展阶段变化的必然选择。当前，我国正处在从中等收入国家迈向高收入国家的重要阶段，这一阶段，我国发展面临的国际环境、要素条件和市场环境均发生了重大变化，处在转变经济发展方式的关键阶段，呈现出增速换挡、结构优化、动力转换的特征。从国内看，劳动力供给减少、成本刚性上升，资源环境约束增强，传统的粗放型发展方式难以为继。从外部环境看，美国等发达国家再工业化和新兴市场国家低成本要素竞争优势对我国形成双重挤压。从国际发展规律看，那些从中等收入经济体成功迈入高收入经济体的国家和地区，在经历高速增长阶段后都实现了经济发展从量的扩张转向质的提升，我国经济发展也必然遵循这一规律。跨越"中等收入陷阱"，必须推动高质量发展，大力转变经济发展方式、优化经济结构、转换增长动力，实现量的合理增长和质的稳步提高，逐步迈入高收入经济体行列。

高质量发展是适应我国社会主要矛盾转化的必然要求。进入新时代，我国社会主要矛盾已经转化为人民日益增长的美好生活需要和不平衡不充分的发展之间的矛盾，矛盾的主要方面是发展的不平衡不充分，这也是发展质量不高的表现。比如，还有大量传统、相对落后的生产力，城乡和区域间发展差距仍然不小，居民收入分配差距仍然较大，农业农村、生态保护、公共服务等方面短板亟待加强，发展的任务仍然很重。这些发展不平衡不充分问题相互交织、相互掣肘，又会带来很多经济社会矛盾和问题，是现阶段各种矛盾的主要根源。解决我国社会主要矛盾，必须抓住矛盾的主要方面，推动经济高质量发展，提升发展质量和效益，着力破解发展不平衡不充分问题，更好满足人民群众多样化、不断升级的美好生活需要，更好实现人的全面发展和社会全面进步。

高质量发展是适应全面建设社会主义现代化国家新征程的需要。党的十九大报告提出，在全面建成小康社会的基础上，分两步在本世纪中叶全面建成社会主义现代化强国，确立了党和国家事业发展的宏伟目标。新时代两步走的战略安排，不仅把基本实现我国社会主义现代化的时间提前到2035年，还把实现社会主义现代化的目标和要求提高了，不仅需要经济体量的持续增长，更需要经济质量的稳步提升，对发展的质量和效益提出了更高要求。如本书第十二章所述，如要在2035年达到世界中等发达国家水平，在设定价格和汇率保持一定水平的情况下，经济年均增速要达到5%左右，才有把握基本实现现代化。未来保持5%左右的中高速增长，必须依靠全要素生产率的提升，这是高质量发展的内在要求。因此，全面建设社会主义现代化国家，不仅需要经济保持中高速增长，更需要发展质量全面提升，任务十分艰巨。实现这一目标任务，必须坚持推动高质量发展，以提高发展质量和效益为中心，成功跨越常规性和长期性的关口。否则，基本实现现代化的目标就会落空，本世纪中叶全面建成社会主义现代化强国的目标就难以实现。

二、高质量发展要以新发展理念为引领

理念是行动的先导，发展实践都是由一定的发展理念引领的。党的十八大以来，习近平总书记顺应时代和实践发展的新要求，坚持以人民为中心的发展思想，鲜明提出创新、协调、绿色、开放、共享的新发展理念，体现了认识把握经济社会发展规律的新高度，是引领我国发展全局深刻变革的科学指引。推动经济高质量发展，必须树立科学发展观念，坚决贯彻新发展理念，大力转变经济发展方式，提升发展质量和效益，推动经济更高质量、更有效率、更加公平、更可持续发展。

创新是第一动力。坚持创新发展，不仅是应对发展环境变化、增强发展动力的客观需要，也是提高国际竞争力、把握发展主动权的根本之策。过去我国经济发展主要依靠资源和低成本劳动力等要素投入为主，但随着要素条件和市场环境的变化，传统要素投入驱动为主的发展方式难以为继，必须转向依靠创新驱动。从未来发展看，我国参与国际产业分工模式面临

新的挑战，低成本出口优势减退，经济全球化遭遇逆流。面对新一轮世界科技革命和产业变革潮流，只有牢牢把握创新，顺应科技创新发展新趋势，培育创新发展新优势，才能抢占未来经济科技发展的先机，赢得全球经济科技竞争的主动。可以说，抓住了创新，就是牵住了经济社会发展全局的"牛鼻子"。推动高质量发展，必须牢固树立创新发展理念，把创新摆在国家发展全局的核心位置，深入实施创新驱动发展战略，不断推进理论创新、制度创新、科技创新等各方面创新，加快形成以创新为主要引领和支撑的经济体系和发展模式，让创新贯穿经济社会发展方方面面。

协调是内在要求。经济社会是一个动态循环系统，社会再生产过程必须保持一定的比例关系才能顺利进行。如果重大比例关系失衡，则会出现木桶短板效应，不仅经济社会循环受阻，制约发展整体效能，还会导致一系列矛盾，不利于经济社会大局稳定。要看到，我国发展不协调问题长期存在，突出表现在区域、城乡、经济和社会等关系上。在经济水平较为落后的阶段，发展的主要任务是要快速增大体量，但达到一定水平后，就必要注意调整关系，注重发展的整体效能，着力补齐短板，否则木桶效应就会愈加显现，一系列社会矛盾会不断加深。树立协调发展理念，必须牢牢把握中国特色社会主义事业总体布局，坚持系统的观点，突出发展的整体性协调性，优化国民经济重大比例关系和空间布局，正确处理发展中的重大关系，协调好产业间、城乡间、地区间、人与自然、国内与国际的关系，处理好当前与长远、局部与全局、重点与一般的关系，在补齐短板上多用力，通过补齐短板挖掘发展潜力、增强发展后劲，推动经济发展更加协调。

绿色是发展底色。绿色是永续发展的必要条件。坚持绿色发展，既是经济可持续发展的必然要求，也是满足人民美好生活向往的客观需要。一方面，我国经济体量庞大，经济持续增长所消耗的资源能源规模也十分庞大，已经接近我国环境容量的上限，传统"大量生产、大量消耗、大量排放"的生产模式和消费模式难以持续，生态环境保护形势十分严峻，必须坚持绿色发展，使资源、生产、消费等方面相匹配相适应，实现可持续发展。另一方面，各类环境污染成为民生之患、民心之痛，人民群众对清新空气、干净饮水、安全食品、优美环境的要求越来越强烈，客观上要求必须坚持绿色发展，坚定走生产发展、生活富裕、生态良好的文明发展道路。树立绿色发展理念，必须坚持节约资源和保护环境的基本国策，践行绿水青山就是金山银山的理念，加快形成绿色生产方式和生活方式，加快建成资源节约型、环境友好型社会，形成人与自然和谐发展的现代化建设新格局，推进美丽中国建设。

开放是必由之路。开放是我国繁荣发展的成功经验。过去 40 多年来，我国坚持扩大开放基本国策，抓住全球化机遇，充分发挥劳动力等要素低成本优势，开拓了广阔的外需市场，实现了贸易快速发展，1979—2012 年我国货物出口保持 20% 左右的年均增速，成为我国经济高速增长的重要推动力。同时，在扩大开放的过程中，我国也吸收了发达国家发展的有益成果，获得了大量的资金、技术、资源、管理、人才等要素，大大提升了我国竞争力，为我国经济发展注入了新动力、增添了新活力。实践证明，以开放促改革、促发展，是我国现代化建设不断取得新成就的重要法宝。树立开放发展理念，必须把开放作为发展的内在要求，坚持主动开放，提高对外开放的质量和发展内外联动性，构建公平竞争的内外资发展环境，发展更高层次的开放型经济，把引进来与走出去更好结合起来，积极参与全球经济治理和公共产品供给，推动经济全球化朝着普惠共赢方向发展，不断壮大我国经济实力和竞争力，推动经济实现高质量发展。

共享是根本目的。共享是中国特色社会主义的本质要求。让广大人民群众共享改革发展成果，不仅是我们党坚持全心全意为人民服务根本宗旨的重要体现，而且也是调动全体人民积极性、主动性、创造性，释放发展最深厚伟力的需要。当前我国发展的"蛋糕"不断做大，但在共享发展成果上，从制度设计到实际情况都有不完善的地方，收入分配差距大的问题仍然比较突出，不仅积累了不少社会矛盾，而且也不利于调动全体人民投身发展的积极性、主动性。树立共享发展理念，必须坚持发展为了人民、发展依靠人民、发展成果由人民共享，一方面坚持共建共享，充分调动人民群众发展积极性，不断把"蛋糕"做大；另一方面，坚持全民共享，作出更有效制度安排，把不断做大的"蛋糕"分好，让社会主义制度的优越性得到更充分体现，使全体人民有更多获得感、幸福感、安全感，朝着共同富裕的方向稳步前进。

三、高质量发展要坚持以供给侧结构性改革为主线

推进供给侧结构性改革，是适应把握引领经济发展新常态的主动选择，也是推动我国经济高质量发展的必然要求。随着我国经济转向高质量发展阶段，制约经济发展质量的因素，供给和需求两侧都有，但矛盾的主要方面在供给侧，突出表现在供给体系质量不高，一些传统产业存在大量过剩落后产能，同时一些关键装备、核心技术受制于人，产业链供应链安全稳定可靠上存在薄弱环节，不能很好满足经济转型升级和人民美好生活的需要；供给结构性失衡，供给对需求的适应度、灵活度不高，一些有大量购买力支撑的消费需求在国内得不到满足，大量消费外流；金融、人力资源等配置存在问题，对实体经济支撑不够。供给体系质量不高、难以适应需求升级变化，直接制约了经济循环顺畅，不利于经济高质量发展。

推动经济高质量发展，要以供给侧结构性改革为主线，把提高供给体系质量作为主攻方向，优化存量资源配置，扩大优质增量供给，完善产业体系和生产组织方式，增强核心竞争力和需求捕捉力，增强供给结构对需求变化的适应性、灵活性，提高产品和服务质量，实现更高水平和更高质量的供需动态平衡，更好满足人民日益增长的美好生活需要。

要看到，我国供给质量和适应性与发达国家相比仍有较大差距，推进供给侧结构性改革将是一项长期任务，必须坚持下去。从近期任务看，重点要围绕"巩固、增强、提升、畅通"八字方针，做好以下工作。

一是进一步巩固"三去一降一补"成果。坚持用改革的办法推进结构调整，大力破除无效低效和低端供给。坚持市场化、法制化手段推进结构

性去产能、系统性优化产能，推进企业优胜劣汰，推动依法处置"僵尸企业"，完善退出实施办法，有效化解过剩产能。把降低企业杠杆率与企业兼并重组、产业整合有机结合，稳妥做好去产能企业职工分流安置工作。实施更大力度减税降费政策，清理规范涉企收费，切实降低企业用能和物流成本。加大投资补短板力度，促进科技创新、生态环保、农业农村、水利、社会民生等领域有效投资。

二是持续增强微观主体活力。把构建亲清新型政商关系的要求落到实处，充分发挥企业家积极性主动性，保护和弘扬企业家精神。稳步推进要素市场化改革，健全要素市场准入、监管、退出制度。按照竞争中性原则，在要素获取、准入许可、经营运行、政府采购和招投标等方面，对包括民营企业、外资企业在内的各类所有制企业平等对待，全力营造公平竞争市场环境。扩大重点领域混合所有制改革试点范围，深入推进电力、油气、铁路领域改革，将竞争性业务全面推向市场。全面推动市场准入负面清单制度实施，建立健全清单动态调整机制，推动"非禁即入"原则普遍落实。深化"放管服"改革，清理精简行政许可等事项，加强社会信用体系建设，加快构建中国特色、国际可比的营商环境指标体系，持续优化营商环境。加强产权和知识产权保护，开展产权保护领域政务失信专项治理行动。

三是加快提升产业链水平。加强国家创新体系建设，谋划推动新一轮全面创新改革试验，深化国家实验室建设，在关键领域布局建设若干国家制造业创新中心，加快促进科技成果市场化产业化。加强重大技术装备补短板力度，大力支持关键核心技术攻坚，积极推动人工智能创新发展。升级各类"双创"平台载体，强化创业投资对"双创"的支撑引领。加快传统产业改造提升，实施制造业技术改造和转型升级重大工程，切实引导和支持各类生产要素向传统产业改造提升集聚，促进传统产业向数字化、网络化、智能化、绿色化、服务化升级。放宽服务业准入，扩大有效供给、推进品质提升，促进服务市场环境改善和秩序规范，推动先进制造业与现代服务业深度融合，不断增强服务业创新力和竞争力，推动服务业创新发展。进一步加强农业基础，稳定粮食生产，落实乡村振兴战略，多措并举增加居民收入。加快构建全面开放新格局，巩固提升中国经济在全球供应链、产业链和价值链的地位。

四是有效畅通国民经济循环。按照构建以国内大循环为主体、国内国际双循环相互促进的发展新格局要求，进一步加强政策统筹，促进制造业、高技术产业、服务业以及基础设施等重点领域高质量发展，形成推动高质量发展合力。培育形成强大国内市场，增加公共产品和服务供给，提升供给结构对需求变化的适应性和灵活性。顺应居民消费升级趋势，调整优化产业结构、投资结构、产品结构、服务结构，畅通生产、流通、分配、消费大循环。增强居民消费能力，加快完善促进消费的体制机制，加强消费领域基础设施建设，进一步激发居民消费潜力，积极拓展消费新增长点。加快幸福产业发展，扩大服务消费，发展消费新业态新模式，促进线上线下消费融合发展。防范金融市场异常波动，稳妥处置地方政府债务风险，防控输入性风险，避免发生系统性、区域性风险。

四、实现经济高质量发展要加快建设现代化经济体系

建设现代化经济体系，是开启全面建设社会主义现代化国家新征程的重大任务，是紧扣我国社会主要矛盾转化、推进经济建设的客观要求，更是跨越发展关口的迫切需要。当前，我国经济已由高速增长阶段转向高质量发展阶段，客观上要求加快提质增效升级步伐，建设适应发展新要求的现代化经济体系，推动我国经济焕发新活力、迈上新台阶。

现代化经济体系，是由经济社会活动各个环节、各个方面、各个领域的相互关系和内在联系构成的有机整体，必须一体建设、一体推进。

一是要建设创新引领、协同发展的产业体系。实体经济是一个国家的立身之本，是财富创造的根本源泉。实体经济发展离不开现代要素的支撑，把科技、资本、人才等现代要素协同投入实体经济，必将有力促进企业技术进步、行业供求衔接和产业优化发展。建设创新引领、协同发展的产业

体系，是解决经济结构重大失衡的重要举措，也是发挥创新第一动力、转变发展方式的必由之路。要把发展着力点放在实体经济上，推动技术、资本、劳动等现代生产要素同实体经济紧密结合，着力提升要素质量、优化要素结构、实现要素合理配置，使科技创新在实体经济发展中的贡献份额不断提高，现代金融服务实体经济的能力不断增强，人力资源支撑实体经济发展的作用不断优化，实现实体经济、科技创新、现代金融、人力资源协同发展，推动经济发展质量变革、效率变革、动力变革。

二是要建设统一开放、竞争有序的市场体系。市场体系是由商品及服务市场和要素市场构成的有机整体，是现代化经济体系的重要支撑和组成部分。构建统一开放、竞争有序的市场体系，实现市场准入畅通、开放有序、竞争充分、秩序规范，加快形成企业自主经营公平竞争、消费者自由选择自主消费、商品和要素自由流动平等交换的现代市场体系，是实现市场在资源配置中起决定性作用的前提和基础，是促进国内高效分工协作、推动形成全面开放新格局的必然要求，有利于形成优质高效多样化的供给体系。当前，我国商品和服务市场基本实现市场在配置资源中发挥决定性作用，但要素市场改革相对滞后，推进也不均衡。下一步，要以完善产权制度和要素市场化配置为重点，通过深化改革完善市场体系功能，健全市场和价格机制，优化监管体系，充分发挥市场在配置资源中的决定性作用。

三是要建设体现效率、促进公平的收入分配体系。分配是社会再生产的重要一环，收入分配制度是社会主义市场经济体制中的基础性制度安排，收入分配体系是现代化经济体系的重要组成部分。实现收入分配合理、社会公平正义、全体人民共同富裕，是建设现代化经济体系的内在要求。当前，虽然我国已经基本建立了按劳分配为主体、多种分配方式并存的收入分配制度，但分配领域存在居民收入增长乏力、收入分配差距较大以及宏观收入分配格局有待优化等问题。建设体现效率、促进公平的收入分配体系，必须坚持按劳分配原则，完善资本、知识、技术、管理、数据等要素按贡献参与分配的体制机制，履行好政府再分配调节职能，推进基本公共服务均等化，逐步缩小收入分配差距，形成更为合理、更加有序的收入分配格局。

四是要建设彰显优势、协调联动的城乡区域发展体系。城乡区域发展涉及现代化经济体系的空间布局。我国地域辽阔，不同地区资源禀赋差异很大，发展条件和比较优势各有不同，经济发展梯度和纵深空间深厚，经济回旋余地大。同时，城乡和区域间发展不平衡问题较为突出，成为制约经济社会发展的短板，也蕴含着巨大发展潜力。建设彰显优势、协调联动的城乡区域发展体系，要建立更加有效的城乡区域协调发展新机制，突出发展的整体性，实施乡村振兴战略和区域协调发展战略，培育和发挥城乡区域比较优势，实现区域良性互动、城乡融合发展、陆海统筹整体优化，完善现代化经济体系的空间布局，实现城乡区域要素配置合理化、基本公共服务均等化，基础设施通达程度比较均衡，人民生活水平大体相当，塑造城乡、区域协调发展新格局。

五是要建设资源节约、环境友好的绿色发展体系。绿色发展是构建高质量现代化经济体系的必然要求，既是破解经济社会发展与生态环境保护矛盾、促进经济可持续发展的根本举措，又是落实绿水青山就是金山银山理念、建设美丽中国的主攻方向。建设资源节约、环境友好的绿色发展体系，要突出发展的可持续性，建立健全绿色低碳循环发展的经济体系，加快形成节约资源和保护环境的空间格局、产业结构、生产方式、生活方式，把经济活动、人的行为限定在自然资源和生态环境能够承受的限度内。实施重要生态系统保护和修复重大工程，实现绿色循环低碳发展、人与自然和谐共生，牢固树立和践行绿水青山就是金山银山理念，形成人与自然和谐发展的现代化建设新格局。

六是要建设多元平衡、安全高效的全面开放体系。全面开放是提高现代化经济体系国际竞争力的必由之路，是培育国际合作竞争新优势、更好开拓国际发展空间的必然要求，也是进一步发挥以开放促改革、促发展作用，实现经济高质量发展的重要支撑。建设多元平衡、安全高效的全面开放体系，要适应国际经济格局新变化，统筹国内国际两个大局，坚持引进来与走出去更好结合、沿海开放与内陆沿边开放更好结合、制造领域开放与服务领域开放更好结合、向发达国家开放与向发展中国家开放更好结合、多边开放与区域开放更好结合，既促进开放范围扩大、领域拓宽、层次加深，又推动开放方式创新、布局优化、质量提升，发展更高层次开放型经济，推动开放朝着优化结构、拓展深度、提高效益方向转变。今后一个时期，构建全面开放体系，要扎实推进"一带一路"建设，加强贸易强国建设，改善外商投资环境，优化区域开放布局，创新对外投资合作方式，促进贸易和投资自由化便利化，健全对外开放安全保障机制。

七是要建设充分发挥市场作用、更好发挥政府作用的经济体制。这是现代化经济体系的制度基础。建设现代化经济体系，要求深化经济体制改革，不断调整生产关系适应生产力发展，破除阻碍生产力发展的体制机制障碍，使市场在资源配置过程中起决定性作用，更好发挥政府作用，实现市场机制有效、微观主体有活力、宏观调控有度。建设充分发挥市场作用、更好发挥政府作用的经济体制，就是要以完善产权制度和要素市场化配置为重点，深化经济体制改革，加快完善社会主义市场经济体制，处理好市场和政府的关系，坚持发挥市场在资源配置中的决定性作用，打破行业垄断、地方保护、进入壁垒，增强企业对市场需求变化的反应和调整能力，提高企业资源配置效率和竞争力；更好地发挥政府作用，在尊重市场规律的基础上，用改革激发市场活力，用规划引导市场预期，用法治规范市场行为，实现产权有效激励、要素自由流动、价格反映灵活、竞争公平有序、企业优胜劣汰。

17.2 经济高质量发展面临的机遇和挑战

一、世界正处于百年未有之大变局

当今世界正经历新一轮大发展大变革大调整，大国战略博弈全面加剧，国际体系和国际秩序深度调整，主要表现在：

世界经济重心东升西降。新世纪以来，发展中国家发展步伐持续较快，国际金融危机冲击下西方发达国家增长放缓，世界经济格局发生重大变化，全球经济与战略重心东移，"东升西降"更趋明朗，以金砖国家为代表的新兴市场国家、发展中国家逐步崛起，在世界经济格局中的分量和比重不断增加。2019年，新兴经济体和发展中国家经济总量占世界比重上升至40%左右。

世界多极化格局加快重组。进入21世纪，世界各国相互依存日益加深，近年来新兴市场国家、发展中国家快速发展，国际地位不断上升，在联合国、国际货币基金组织、世界银行等多边框架下的影响力不断增强。与此同时，西方国家维护原有利益格局的企图强烈，国际格局和力量对比加速演变，经济领域冲突和摩擦加剧，加剧世界多极化发展。特别是在新冠肺炎疫情冲击下，不同利益集团的对立和较量更加明显，全球经济治理体系加快重塑。

世界新科技革命处于酝酿期。新一轮科技革命和产业革命快速兴起，互联网、大数据、云计算、人工智能等与实体经济深度融合，给经济发展注入了新活力。全球范围内技术创新步伐加快，将从根本上改变人们的生产方式和生活方式，为各国提供了跨越发展的可能，各国积极参与也必将有力推动新技术的应用和发展。

当前，世界处于百年未有之大变局，变局中危和机同生并存，只要我们善于化危为机、转危为安，就能在新的历史方位上，更好地推动经济高质量发展，服务中华民族伟大复兴的战略全局。

二、推动经济高质量发展面临不少挑战

外部打压升级。近年来，以美国为首的一些发达国家，加大对我国施压力度。在科技领域，不断收紧国际合作，加大高端技术产品出口限制，持续打压遏制我国高技术产业发展。在贸易领域，践踏国际贸易规则，恶

意征收关税，不断制造经贸摩擦，增设贸易壁垒；美国一改多年秉持的自由贸易主张，要求进行所谓"公平贸易"，试图主导国际体系向更有利于自身的方向演变。在政治领域，继"中国威胁论"之后，以美国为首的西方国家炮制"一带一路威胁论"，借新冠肺炎疫情加大对我国的抹黑，丑化我国国际形象，在台湾、香港、西藏、新疆等问题上指手画脚，妄图阻滞我国发展步伐。

世界发展失序风险上升。以特朗普为首的美国政府以"美国优先"为圭臬，强行将其国内法凌驾于国际规则之上，牺牲他国和世界整体利益，公然破坏和践踏国际规则，先后退出《跨太平洋伙伴关系协定》、《巴黎气候协定》、联合国教科文组织、《伊核协议》、世界卫生组织等国际组织和协议，试图以不平等的双边关系取代现有国际政治经济秩序，以强权手段谋取一己私利。新冠肺炎疫情冲击下，一些国家内部矛盾激化，利益冲突加剧，出于转移国内视线等目的，采取以邻为壑的措施，国际秩序面临严峻挑战。

新产业革命的冲击加大。发达国家凭借领先的基础研究能力和完善的创新体系，通过在技术、标准等方面设置门槛，率先抢占科技创新、智能制造等领域制高点，加大我国技术升级的难度，迟滞我国提升产业链、提高产业附加值的步伐。特别是我国一些关键技术、高端装备以及核心零部件和元器件仍依赖进口，拥有自主知识产权的核心技术和在国际上知名的自主品牌数量不多，如果不在技术创新和产业升级方面取得关键突破，加快推动"中国制造"向"中国创造"转变，我国作为全球制造中心的优势和地位将会受到不小冲击。

人口老龄化问题加剧。我国老年人口规模庞大，近年来人口老龄化发展有所加速。老年人口增多，直接导致劳动力供给减少，同时也会降低全社会储蓄率，进而抑制投资增长，这将在很大程度上制约经济增长。随着老年人口的增加，医疗保险需求急剧增加，养老金支付负担加重，必然会对养老制度和医疗保障制度等提出更高要求。人口老龄化问题解决不好，可能会迟滞经济发展步伐，导致社会矛盾增多，进而影响社会稳定大局。

社会矛盾凸显。我国经济正处在由中等收入阶段向高收入阶段迈进的关键时期，正在大力转变经济发展方式、优化经济结构、转换增长动力，经济格局发生深刻变革，伴随着利益格局深刻调整、思想观念深刻变化，社会阶层结构分化，收入分配差距较大，各种社会矛盾和问题交织叠加。特别是，随着经济增速换挡以及改革进入深水区，原先被经济高速增长所掩盖的社会矛盾日益凸显，改革的深入不可避免会触动部分群体的利益，处理好改革发展稳定的难度明显增大。如果处理不好，不仅难以跨越"中等收入陷阱"，也会影响现代化宏伟目标的实现。

三、新时代高质量发展存在重大机遇

改革开放红利不断释放。经济全球化是客观现实和历史潮流，趋势不会改变。改革开放尤其是加入 WTO 以来，我国充分发掘比较优势，深度融入经济全球化，为国际经济体系和全球产业链体系发展做出了重大贡献。虽然近年来我国传统竞争优势减弱，但完善的基础设施、较强的产业配套能力、充沛的人才资源等促成了新的综合比较优势。我国开放的大门越开越大，"朋友圈"不断扩大，同时我国深化市场化改革，不断优化营商环境，对国际资本的吸引力也稳步上升。

参与全球治理能力不断增强。当前，世界格局加速演变，我国为全球治理体系的改革和建设不断贡献中国智慧和中国方案，以负责任大国角色积极推动国际气候公约谈判，在区域安全领域主导成立了上海合作组织，在经济和发展领域创建了亚洲基础设施投资银行，积极参与创建了二十国集团，与东盟达成了自由贸易协定，积极参与国际事务，不断深化对外合作交流，在制定国际规则、维系国际关系等方面的作用日益重要。作为世界第二大经济体、第一大工业国、第一大货物贸易国、第一大外汇储备国，中国经济影响力日益增强，越来越多的世界重大议题都需要中国的积极参与。

共建"一带一路"拓宽我国发展空间。近年来，美国频频上演"退群"戏码，保护主义、单边主义盛行，国际合作平台逐渐弱化。在这种情况下，由中国倡议发起的"丝绸之路经济带"和"21世纪海上丝绸之路"建设，成为构建人类命运共同体的伟大实践。"一带一路"逐步成为新的国际合作重要平台，成为中国推动国际多边合作的公共产品，在推动全球经贸发展的同时，也拓宽了我国参与国际交往的渠道，为我国发展开辟了新的通途。

科技创新前景广阔。新一轮科技革命的兴起，为我国实施创新驱动发展战略提供了难得的历史机遇，将有效推动产业升级和城镇化，有利于释放我国巨大发展潜力，为经济长期平稳较快增长提供有力支撑。近年来，我国重点科技领域取得了许多突破性进展，现代信息技术、生物医药、新能源和新材料等领域快速发展，带动了新兴产业的崛起。2019年中国国际专利申请量首次超越美国，位居全球第一。新产业、新业态、新商业模式不断涌现，为我国发展创造了新增长点，有力支撑了经济高质量发展。

居民消费升级势不可挡。随着居民收入水平的稳步提高，我国消费升级态势明显，服务消费和发展享受型消费快速增长，个性化定制化消费占比提高，消费品质显著提升，内生增长动力显著增强。从未来发展看，我国拥有14亿人口，具备世界最大规模并快速成长的中等收入群体，消费市场规模不断扩大，居民消费结构持续升级，将引领供给体系不断扩容升级，促进经济在更高水平上循环畅通，推动经济持续健康发展。

17.3 推动经济高质量发展需加快动力变革

经济转向高质量发展阶段，要求必须深入贯彻落实新发展理念，推动经济发展实现质量变革、效率变革、动力变革，不断增强经济创新力与竞争力，推动我国经济持续焕发新活力、不断迈上新台阶。发展动力是发展速度、效能和持续性的决定因素。三大变革中，动力变革是基础，只有实现动力变革，才能在保持经济中高速增长的同时，开创质量效率明显提高、稳定性、协调性和可持续性显著增强的高质量发展新局面。具体来讲，新时期经济增长动力变革，要以改革开放为根本动力，调整优化要素、产业、需求和区域发展四大基本动力，构建以创新驱动发展为主导、产业提质升级为支撑、强大国内市场为依托、城乡区域协调为助力、体制机制完善为保障的高质量发展动力体系，以动力变革促进质量变革和效率变革，推动新时代经济持续高质量发展。

一、以创新驱动发展为主导

从世界发展历史看，创新是经济发展第一动力，综合国力的竞争说到底是创新的竞争。纵观近代世界发展历程，每一次科技和产业变革，都带来生产力的巨大提升，创造了庞大的供给能力，深刻改变了世界发展面貌和格局。在科技产业变革中，一些国家抓住了机遇，其经济社会发展就驶入快车道，经济实力、科技实力、军事实力迅速增强，甚至一跃成为世界强国。可以说，一个国家和民族的创新能力，从根本上影响甚至决定其国家和民族的前途命运。国际竞争新优势越来越体现在创新能力上，谁在创新上先行一步，谁就能拥有引领发展的主动权。当前，新一轮科技和产业革命蓄势待发，重大颠覆性技术不断涌现，迫切需要我国加强科技创新，赢得未来发展先机。但是，我国创新能力不强，科技发展水平总体不高，科技对经济社会发展的支撑能力不足，是我国经济发展的阿喀琉斯之踵。如果创新搞不上去，发展动力就不可能实现转换，我们在全球经济竞争中就会处于下风。

加快推进创新发展，必须强化创新意识，把人才作为支撑发展的第一资源，深入实施科教兴国战略、人才强国战略和创新驱动发展战略，紧紧围绕经济竞争力的核心关键、社会发展的瓶颈制约、国家安全的重大挑战，围绕产业链谋划创新链，强化事关发展全局的基础研究和共性关键技术研究，全面提高自主创新能力，力争取得引领性原创成果的重大突破，逐步破解发展面临的关键领域核心技术"卡脖子"难题。要以重大科技创新为引领，推动产学研一体化，加快科技创新成果向现实生产力转化，加快构建产业新体系，增强我国经济整体素质和国际竞争力。继续推进应用创新，将原创成果与应用发展有机结合，不断拓展发展空间，加快理念创新、制度创新、管理创新等全面创新，为发展注入澎湃动力。要深化科技体制改革，推进人才发展体制和政策创新，激发广大科研人员的积极性、创造性，增强科技人员成就感和获得感。

二、以产业提质升级为支撑

实现发展动力变革必须提高供给对需求变化的适应能力，关键是优化产业结构，提升产业发展质量。当前我国经济发展进入新的历史时期，产业发展向形态更高级、分工更优化、结构更合理的阶段演进，制造业迈向中高端，服务业成为主导产业。从国际经验看，进入工业化的中后期，分工越来越细，原来在制造环节中的生产性服务业会脱离出来，服务业进入快速增长时期，西方发达国家服务业占 GDP 比重普遍达 75% 以上。我国总体进入工业化中后期，正在从工业主导向服务业主导转变，工业升级步伐加快。但总体来看，我国产业链还处于全球产业链的中低端，虽然服务业占比持续提升，但与发达国家相比仍有较大差距，服务业内部结构不均衡，服务效率和水平不高，特别是有助于制造业转型升级的生产性服务业发展滞后。未来必须加快推进新型工业化、信息化，促进我国产业发展向中高端迈进，为经济增长提供强劲动力。

推动产业结构优化升级，一方面要围绕创新链布局产业链，培育发展新一代信息技术、生物医药、新材料等战略性新兴产业，推动生产性服务业与先进制造业深度融合，培育壮大新动能。另一方面要加快改造提升传统产业，围绕居民需求升级方向、供给短板领域，放宽服务业准入限制，增强多层次、多样化供给能力，更好地满足人民群众需要。

三、以建设强大国内市场为依托

实践经验表明，经济持续发展离不开需求的牵引作用，产业发展要适应需求的变化。从历史看，我国发展得益于内需和外需的双轮驱动，特别是外需拉动对我国发展发挥了重要作用。改革开放以来，我们凭借劳动力成本低廉等优势和发达国家劳动密集型产业向外转移的机遇，大规模出口物美价廉的商品，为我国经济高速发展提供了重要动力。但近年来，我国传统国际竞争优势减弱，同时国际环境正在发生深刻而复杂的变化，贸易保护主义抬头，经济全球化遭遇逆流，我国发展面临的外部挑战明显增多，出口增速明显下滑，货物出口占比有所下降。2018 年，我国货物出口占世界总额的比重为 12.8%，较 2015 年 13.7% 的高点下降了 0.7 个百分点。

面对外需动力减弱的挑战，要求我们必须以国内市场为依托，把拉动经济增长的牵引力更多放在扩大内需上。从国内条件看，我国是一个拥有 14 亿人口、9 亿多劳动力、超 4 亿中等收入群体的经济大国，庞大的人口基数、宽广的国土空间、稳居世界第二的经济体量、相对完整的国民经济体系、区域经济发展的梯度格局等，赋予我国超大规模市场优势，这是我们应对外部动力减弱最大的底气所在。目前，我国仍是世界上最大的发展中国家，缩小与发达国家差距，提高人民生活水平潜力巨大。

建设强大国内市场，必须坚定实施扩大内需战略，加快构建完整的内需体系，充分发挥内需特别是消费对经济增长的拉动作用，积极拓宽居民增收渠道，完善收入分配秩序，扩大中等收入群体，优化消费环境。必须顺应消费升级的需要，积极增加中高端产品和服务领域投资，加大新型基础设施、基本公共服务等领域投入，释放投资潜力，促进产需协调。在强调扩大内需的同时，也不能放弃外需，要坚持高水平对外开放，把扩大内需与稳定外需结合起来，更加有效利用国内国际两个市场，推动需求动力规模合理扩张、结构协调优化，为经济持续健康发展提供磅礴动力。

四、以城乡区域协调为助力

城乡区域差距大是制约我国协调发展的薄弱环节，也是未来经济增长的巨大潜力所在。扩大国内需求，优化产业地区布局，推进城乡区域协调发展是重要的着力点。一方面，我国仍处在工业化、信息化、城镇化、农业现代化快速发展时期，推进以人为核心的新型城镇化和乡村振兴战略，将为经济增长增添强劲动力。新型城镇化和乡村振兴是扩大内需的综合大平台和深厚潜力所在，既能扩大有效投资，又能释放消费需求。另一方面，我国国土面积辽阔，区域间发展差异较大，经济增长的回旋余地和后发优势比较大。京津冀协同发展、粤港澳大湾区、长江经济带等重大区域发展战略深入实施，规模经济效益初步显现，创新要素快速聚集，将成为引领高质量发展的重要动力源。

新形势下促进城乡区域协调发展，要按照客观经济规律调整完善区域政策体系，发挥各地区比较优势，促进各类要素合理流动和高效集聚，增强中心城市和城市群等经济发展优势区域的经济和人口承载能力，增强创新发展动力，加快构建高质量发展的区域发展动力系统。要积极稳妥推进以人为核心的新型城镇化，推动城镇化由规模扩张向质量提升转变，促进工业化和城镇化良性互动、城镇化和农业现代化相互协调。推进乡村振兴，必须加大有效投资，补齐农村基础设施和公共服务建设滞后短板，走好城乡融合发展之路。

五、以体制机制完善为保障

完善经济体制机制，调整生产关系适应生产力发展，是促进动力变革的重要保障。经过40多年的发展，中国特色社会主义市场经济体制不断完善，与经济发展适应性不断提高。近年来，"放管服"改革深入实施，微观主体活力得到有效激发。但也要看到，随着发展环境和条件的变化，发展的动力也面临变革需要，必须加快完善体制机制，促进新的动力机制完善，更好地解放和发展社会生产力。完善市场经济体制机制保障，关键是处理好政府与市场的关系，使市场在资源配置中起决定性作用，更好地发挥政府作用。

切实发挥市场在资源配置中的决定性作用，要以完善产权制度和要素市场化配置为重点，加快破除各方面体制机制障碍，调动市场主体积极性主动性。一方面，要以完善要素市场化配置为重点，破除各方面体制机制弊端，加快要素价格市场化改革，加快培育完善技术、数据等要素市场，促进要素流动，提升要素配置效率，激活现代要素潜能。另一方面，完善产权制度，深化放管服改革，全面实施市场准入负面清单制度，完善市场监管体制，保护和调动市场主体积极性、主动性、创造性，激发全社会创新创业活力。更好发挥政府作用，必须要提高宏观调控和科学管理水平，发挥政府在宏观调控、公共服务、市场监管、社会管理、环境保护中的作用，发挥国家发展规划的战略导向作用，健全政策协调机制，加强和优化公共服务，保障公平竞争，弥补市场失灵，加强市场监管，最终实现共同富裕。

17.4　小结

中国特色社会主义进入新时代，这是我国发展新的历史方位。新时代我国经济发展的基本特征是经济增长由高速增长阶段转向高质量发展阶段。推动经济高质量发展，不仅是适应我国经济发展阶段性变化特点的必然选择，也是适应我国社会主要矛盾转化的必然要求，还是建设社会主义现代化国家新征程的需要，对我国发展全局具有重大现实意义和深远历史意义。推动经济高质量发展，必须坚持以新发展理念为引领，以供给侧结构性改革为主线，加快建设现代化经济体系。

当前，世界经济重心东移，多极化格局加快重组，新一轮科技革命处于酝酿期，世界处于百年未有之大变局，我国高质量发展面临较多机遇和挑战。从有利条件看，我国改革开放红利不断释放，参与全球治理能力不断增强，共建"一带一路"拓展发展空间，科技创新前景广阔，发展机遇前所未有。也要看到，我国面临外部打压增多，世界发展失序风险上升，新产业革命冲击加大，人口老龄化问题加剧，推动经济高质量发展也面临不少风险挑战。

经济转向高质量发展阶段，必须贯彻新发展理念，推动经济质量变革、效率变革、动力变革，不断增强经济创新力与竞争力，推动我国经济持续焕发新活力、不断迈上新台阶。新时期经济增长动力变革，要以改革开放为根本动力，调整优化要素、产业、需求和区域发展四大基本动力，构建以创新驱动发展为主导、产业提质升级为支撑、强大国内市场为依托、城乡区域协调为助力、体制机制完善为保障的高质量发展动力体系，以动力变革促进质量变革和效率变革，推动新时代经济持续高质量发展。

第十八章 推动高质量发展的要素动力优化

回顾过去，资本、劳动、全要素生产率在改革开放以来的不同时期，以不同的方式为我国经济发展提供了重要的要素动力，资本的快速积累和人口红利释放，在我国经济腾飞发展过程中发挥了重要作用，进入新时代以来科技创新发展带动的全要素生产率增长作用凸显。展望未来，虽然从整体上看我国经济发展的要素动力仍较充足，但不可否认也面临着自主创新能力不强、资本投入质量不高、劳动力素质有待提升且数量衰减等制约。与此同时，随着新一代信息技术的蓬勃发展，数据逐渐成为推进经济创新发展重要的新兴要素，为此也需要将其纳入我国未来要素动力版图。因此，从未来经济发展角度看，必须加快关键领域改革，优化提升传统要素动力，加快培育壮大新兴要素动力，着力以技术驱动全要素生产率提升，优化资本质量提升资本产出效率，大力提高劳动力素质，促进人力资本积累，发掘和运用数据要素资源，形成以技术创新为核心的多要素融合发展体系。总而言之，不断优化经济发展的要素动力、推进要素动力结构升级，是推动经济高质量发展的必然要求，也是实现 2035 和 2050 年既定发展目标的重要基础。

18.1 要素动力优化总体思路

资本、劳动、全要素生产率这三大要素动力既相对独立又密切关联，为我国经济增长发挥重要作用。改革开放以来我国经济发展历程也正是要素不断成长、动力不断提升的过程。1979—2019 年，资本投入、全要素生产率、劳动投入对经济增长的年均拉动点数分别达到 5.5、2.8 和 1.1 个百分点，都发挥了重要而显著的作用。与此同时，三大要素也相互配合共同促进，如资本快速积累在直接推动经济增长的同时，也以资本体现式技术进步等方式推动着我国技术进步；由劳动力数量优势逐渐演化成的人力资本规模优势，也成为自主创新的重要驱动力；而技术进步和制度优化驱动的全要素生产率增长，也同样有助于资本生产效率和劳动生产效率的提升。此外，随着数据在经济活动中的作用愈发凸显，数据也逐渐成为一种新生的要素资源，它不仅是促进技术创新的重要动力，也通过加速资本、劳动要素的数字化发展与传统要素深度融合，在要素动力体系中发挥着越来越重要的作用。因此，从未来发展看，三大要素配合共进，新旧要素协同发展，是未来推动高质量发展的努力方向。而当前要素质量不高、要素协同配合度不足，是制约要素动力发挥的突出问题。

一是构建以全要素生产率提升为核心，资本和劳动投入协同配合发展的要素动力体系。从未来发展看，前面章节的分析和预测研究显示，全要素生产率对经济增长的拉动作用正逐步提升，未来资本的主体位置必然逐步让位于技术进步和创新发展，高技术含量的机械化自动化生产愈加普遍，全要素生产率将在未来成为推动我国经济增长的核心要素动力，这既是高质量发展的必然要求，也是我国要素动力演化升级的必然趋势。无论从我国经济发展的内在要求、要素动力的演化必然趋势还是国际发展经验来看，我们都必须更快更好地打造以全要素生产率为核心的要素动力体系。与此同时，也应清醒地看到，传统要素在我国经济增长动力体系中依然占据重要位置，而且传统动力的优化升级也是推动全要素生产率提升的有效途径，技术创新制度优化等形成的全要素生产率要素动力，最终也需要结合资本、劳动力等才能形成实实在在的经济产出。因此，要大力构建全要素生产率为核心的要素动力体系，同时高度重视资本、劳动等传统要素的协同配合，以要素的合理配置形成优化发展的要素动力。

二是以技术进步为主推动全要素生产率提升，辅以必要的制度完善。要提升全要素生产率推动的经济增长动力，必须从完善全要素生产率的增长机制入手。从前面章节的分析中可以看出，改革开放以来推动我国全要素生产率增长的核心动力主要是技术进步和体制变革，而在新时代要继续推升全要素生产率，仍须进一步强化这两个作用渠道。分析研究还表明，当前我国全要素生产率的增长动力已经演化为以技术进步为主，未来提高全要素生产率的核心渠道在于大力推进科技创新。考虑到外部环境恶化，技术引进受限和关键技术领域"卡脖子"问题加剧，我们推进科技创新发展必须落脚于提升自主创新能力和加快关键领域科技研发速度。与此同时，体制机制改革的全要素生产率增长效应仍需要强化，虽然从客观上看，我国经济体制改革逐步成型、四梁八柱基本扎稳，制度完善的促进作用可能不像过去那样影响巨大，但要看到未来自主创新能力提升、科技进步发展离不开体制机制创新带来的激励，为此未来在着力推动技术创新的同时，也必须辅以体制机制改革配合与推进，进一步疏通全要素生产率提升的渠道。

三是资本和劳动投入扩张以提升质量为主，着力补齐要素短板。独木难成林，以全要素生产率为主的要素动力也必须依赖于资本和劳动等传统要素的配合。为此，传统要素也必须随着全要素生产率的增长而同步改进，并在发挥自身要素动力的同时形成对全要素生产率增长的有效促进作用。从资本要素看，新兴领域投入不足，传统领域资本过剩，资本对实体经济支持力度不足等，是我国资本要素动力发展面临的主要问题，由此导致的资本投入结构不合理、层次偏低也直接抑制了资本投入对全要素生产率增长的推动效应。为此，必须引导资本脱虚向实，尤其要激励资本向新兴高端领域集中，填补产业升级的短板，形成资本要素结构升级带动全要素生产率增长进而带动资本产出效率提升的良性循环。从劳动要素看，人力资本的积累是技术进步的重要来源，促进我国人才红利加快释放是推动经济高质量发展的有效途径，为此，在劳动力数量优势逐步衰减的背景下，必须以有利于人力资本加快积累为导向，通过增强优化全民教育、扩大人才开放、优化资源配置等，着力提升我国人力资本水平及其经济增长效应。

四是大力推动数据要素与其他要素的融合发展，激发经济增长新动能。随着经济不断转型升级和信息技术快速发展，数据在经济生活中的应用程度越来越高，逐渐成为一种新型的重要要素，党中央、国务院在《关于构建更加完善的要素市场化配置体制机制的意见》中明确提出要加快培育数据要素市场。为此，必须充分重视数据要素，大力发展数字经济，充分发挥数据要素的作用，也要加速推进数据与资本、劳动、全要素生产率的融合发展，进一步优化我国要素动力体系。要高度重视数据在技术创新中的重要作用，全面推动数据要素的开放共享、提升社会数据资源价值。大力发展物联网，推动数据要素与物质资本融合。大力发展数字化劳动力和数字化人力资本，提升劳动力在数字信息条件下的生产效率。

18.2　坚持创新驱动提高全要素生产率

未来我国要素动力需要向以提高全要素生产率为核心转变，构建以全要素生产率为主体的要素动力体系。从前面章节相关分析中可以发现，我国全要素生产率对经济增长的贡献率相对偏低，还有不小的提升空间。1979—2019 年，全要素生产率的经济增长平均贡献率仅为 26% 左右，与发达国家相比明显偏低。究其原因，前面分析已经指出驱动我国全要素生产率提升的因素主要分为两大类，一是技术进步，二是体制机制改革。这两大驱动因素都面临一些短板的制约，是影响全要素生产率经济增长贡献能力提升的主要原因。从技术进步看，我国研发基础相对薄弱，关键领域核心技术"卡脖子"问题突出；从体制机制看，现有体制机制不能完全适应创新发展需求，科技、经济、政府治理等领域体制机制不完善，制约了创新活力释放。

从未来发展看，下大力气提高全要素生产率促进经济创新发展，有着高度的重要性和紧迫性。一方面，依靠规模扩张的传统增长方式已不能适应新时代的发展需要，要实现 2035 年基本现代化和 2050 年建成社会主义现代化强国的发展目标，我国经济增长动力必须更快向依靠创新驱动转变。另一方面，随着疫后全球化发展新的变化，外部市场拓展难度加大，传统要素基于规模效应拉动经济增长的动力进一步减弱，美国等西方国家以技术管控企图遏制我国发展，也将导致我国外源性技术进步动能下降，这就要求我们必须从内部着手推动全要素生产率稳步提升，以新兴动力的加速成长应对传统动能衰减以及外部不确定性的负面影响。为此，我们要从技术进步和体制变革入手，积极破除全要素生产率提升的体制机制障碍，着力强化我国未来经济增长的创新驱动力。

一是加大研发投入力度。加大研发投入是推动创新发展的基本前提。从研发投入强度看，目前我国已经达到中等发达国家水平，但大量研发投入集中于应用领域，我国科技研发积累不足，可持续性差，影响了科技竞争力提升。如果以 2000—2017 年"历年研发投入之和／历年 GDP 之和"这一指标衡量经济体长期研发投入水平的话，可以发现我国仅为 1.8%，远低于美国的 2.7% 和韩国的 3.5%，OECD 国家平均水平也达到 2.4%。为此，必须多渠道增加创新投入，优化中央财政科技资金配置管理，加大政府资金投入力度；积极调动社会资金用于科技研发，完善企业研发激励机制，引导企业主动加大研发投入；鼓励银行、私募基金等加大对创新企业尤其是中小创新型企业的支持力度，带动全社会研发投入水平提升。

二是大力支持基础研究。基础研究投入不足是我国创新发展的突出短板，2019 年我国基础研发投入占 R&D 经费总额的 5.6%，相较于法国 25% 以上、美英 15% 以上、日本 10% 以上的基础研究经费占比（2015 年数据）明显偏低，李克强总理明确指出，"基础研究决定一个国家科技创新的深度和广度，是'卡脖子'问题的根子所在"。为此，政府和高校要大力支持自由探索的基础研究发展，夯实破解关键领域核心技术"卡脖子"难题的基础，科研资金要向基础性、战略性和公益性研究领域倾斜；着力加强对材料、能源、信息、生命等领域重大基础的研究；引导机构和科研人员在有助于实现重大技术突破的理论、方法、原理等基础层面开展深入研究。

三是推动重点领域重要产业技术突破。推动产业现代化是提升全要素生产率的重要环节。我国产业发展大而不强，现代化发展水平不高，制约了创新动力的形成。为此，必须以推进产业向数字化、网络化、智能化、绿色化发展为导向，大力发展相关技术推动重点领域高质量发展，疏通技术进步向创新动能转化的渠道。要大力发展新一代网络技术和信息产业，推进人工智能产业化发展，提升智能制造和高端制造业发展水平，推动清洁能源发展和能源加工技术升级，发展生态高效的现代农业，大力研发生物科技推进健康产业升级发展。

四是打造以企业为主体的创新体系。利润是驱动创新的有效动力，市场是鉴别创新成果的试金石，要推动创新可持续发展，必须加快创新体制机制改革，走市场化产业化的创新发展道路，打造以企业为主体的创新体系，充分发挥企业在创新中的主导作用。要形成促进创新企业发展的市场环境，着力打造世界一流创新型企业，鼓励行业领军企业建立高水平研发机构，形成完善的研发组织体系。要进一步强化企业在"产学研用"深度融合中的主体地位，疏通企业和高校合作渠道，加快科技研发成果的生产转化。

五是发挥体制优势推动创新。重视发挥政府在创新中的重要作用。新中国成立初期我国之所以能打破国外技术封锁，实现一批高端技术突破，尤其是军工技术突破，与举全国之力谋创新求突破的"举国体制"有莫大关系，这也是我国在创新方面拥有的独特制度优势。在新时代，要进一步强化政府在顶层设计、宏观战略引导方面的作用，以重大技术突破为核心目标协调社会各方力量集中攻关、重点突破。进一步理顺政府与市场的关系，形成政府引导帮助企业积极创新的良性互动体系，降低企业研发成本和失败成本，激发各类主体的创新热情。

六是强化创新激励机制。创新激励制度不完善，在一定程度上制约了创新投入的产出效率。要坚持创新驱动实质是人才驱动，落实以人为本，尊重创新创造的价值，激发各类人才的积极性和创造性，逐步提高科研人员个人报酬水平，激发广大科研人员积极性；健全激励创新的政策法规，加强知识产权保护，形成崇尚创新创业、勇于创新创业、激励创新创业的价值导向和文化氛围。完善激励企业创新的普惠性政策，推行科技成果处置收益和股权期权激励制度。

18.3 大力提升人力资本

从未来发展看，劳动要素在我国经济中需要扮演两个角色，一是提供劳动力这一基础要素，二是为全要素生产率的增长提供智力支持。从目前的情况看，这两方面都面临一些困难挑战，对未来劳动要素动力的优化形成制约。从劳动要素供给看，前面章节的研究结果显示，进入新时代以来我国原有的由庞大劳动力规模、低廉劳动力成本、农村富余劳动力转移构成的劳动力红利正在逐渐消退，未来随着人口老龄化加剧，劳动力数量将减少。我国就业人口流向第三产业，由于服务业生产效率低于工业，将导致就业结构调整的经济带动作用减弱。近年来，我国工资水平持续增长，劳动力成本已明显高于东南亚、南亚等地区的国家。这些因素都将导致劳动供给对经济增长的支持作用减弱。从人力资本积累看，我国近年来劳动力素质快速提高、人力资本水平显著提升是不争的事实，但总体来看我国人力资本水平仍然偏低，尤其是高级人力资本缺口还比较大。中国社科院相关研究显示，在 145 个研究样本中，我国人均人力资本排名为第 108 位[1]。

上述情况表明，未来我国劳动要素投入面临着增量不足和水平不高两大问题，劳动力数量减少等多种因素共同作用导致劳动投入量增速持续放缓，人力资本积累水平偏低，对全要素生产率增长的支持不够，不利于经济持续增长。在劳动力数量衰减短期很难逆转的情况下，未来必须以提升

---

[1] 陆明涛、刘潋："人力资本测度与国际比较"，《中国人口科学》2016 年第 3 期，第 55—68+127 页。

劳动力素质为主，推动劳动要素升级发展，弥补数量衰减问题，为全要素生产率的增长贡献更多的智力资源；与此同时，也要多措并举延缓劳动投入量的衰减，为稳定经济增长提供更大助力。

一是大力提高教育发展水平。教育是劳动力素质提升和人力资本积累的基础，进一步完善公共教育、推进高等教育高质量发展是优化劳动要素动力的核心所在。从基础教育看，我国国民教育整体仍有提升空间，应根据区域经济发展状况分批分类普及高中教育，普遍提升劳动者的基础能力素养；要大力发展老少边穷地区教育、提升贫困地区教师工资，充分保障困难家庭儿童的受教育权力。从高等教育看，我国每年大学毕业生达到七八百万之多，据此推算未来 30 年可以培养 2 亿左右的大学生，数量较为充足，但我国高等教育仍存在发展水平整体不高，对人力资本尤其是高级人力资本培育的支持力度不足等问题，要继续加大高等教育资金投入，着力培育建设世界一流高校一流学科，大力培育高素质高水平人才。

二是加快国际引智步伐。人力资本培育不仅着眼国内，也要放眼国际，通过教育对外开放广纳世界英才，扩大国际交流吸引更多人才来华工作。要支持中外大学间的教师互派、学生互换、学分互认和学位互授联授，加强与国外高水平大学合作，培养具有国际视野、通晓国际规则、能够参与国际事务和国际竞争的国际化人才。要积极扩大留学生招收规模，着力增加高等学校外语授课的学科专业，不断提高来华留学教育质量，在此基础上扩大留学生留华工作渠道，留住一批优秀的外籍人才。还要吸引更多世界一流的专家来华从事研究和管理工作，有计划地引进海外高端人才，积极吸引海外优秀留学人员回国工作。

三是强化劳动技能提升。要形成高效率的劳动要素动力，推进新时代经济建设和产业发展，还需要一大批具有专业技能的产业工人，这也是人力资本积累的重要维度。而当前专业技工不足的问题已经有所显现，不利于劳动要素动力的充分发挥。必须大力发展职业教育，在制度和资金等方面加大对在职教育和失业人员技能培训的支持力度，培养更多能够满足经济建设需要的"新时代工人"。要进一步完善职业教育制度体系，积极鼓励企业和社会力量兴办职业教育，推动产教融合，瞄准市场需求和推动中国制造、中国服务迈向中高端的需要，着力培育发展一批高水平职业院校和品牌专业，培养一批国家发展急需的各类专业技术技能人才。

四是优化劳动力资源配置。 在着力增加人力资本存量、提升劳动者技能的同时，也需要进一步优化劳动力的配置机制，使各类劳动供给更好地匹配经济发展需要，充分发挥劳动要素对经济增长的支持作用。为此，一是要进一步破解制约劳动力流动的体制机制障碍，通过优化户籍制度、完善工资决定机制、提升公共服务能力，推动劳动力在区域、城乡、行业间合理流动，使市场真正发挥对劳动力配置的决定性作用。二是进一步优化高等院校、职业院校、技能培训机构的专业设置，强化校企联络机制，提高教育培训和产业企业需求的匹配度，形成劳动者学有所用、企业招之能用的良性互动机制。

五是完善人口生育和劳动力退休政策。 在着力培养人力资本的同时，也要设法延缓劳动力数量衰减的速度，降低劳动力减少对经济增长的负面影响。一是适时推进延迟退休政策。男性 60 岁、女性 55 岁的退休时间与主要国家相比相对偏早，且随着我国科学技术和医疗保健水平的进步，国民预期寿命不断提高，也为延迟退休等政策的出台奠定了基础。因此可以分地区、分领域采取渐进式延迟退休政策，提高有效劳动存量。二是继续完善人口生育政策。增加出生人口规模是未来缓解劳动力减少、增加潜在人力资本存量的有效手段，要根据我国人口变化实际，适时调整规划设计生育政策，完善生育服务，提高生育意愿，促进人口平稳增长。

18.4　合理配置优化资本要素

改革开放以来资本投入始终在我国经济增长中扮演着重要的角色：一方面资本投入是推动我国经济增长的最大动力，改革开放至今资本投入对我国经济增长贡献率的年均值达到 60% 左右；另一方面，资本尤其是外来资本中蕴含的大量技术也是驱动我国技术进步和创新发展的重要动力，例如前面实证分析中提到资本体现式技术进步对我国经济增长产生了十分显著的拉动作用。

从未来发展看，资本投入仍将是驱动我国经济增长的重要动力。初步预测显示，2035 年资本投入对我国经济增长的贡献率仍可能高于 30%，这表明我国经济从以资本投入为主要驱动力转向以科技创新为主要驱动力不可能一蹴而就，资本投入对经济增长的重要作用将长期存在，因此如何发挥好资本要素作用，对 2035 年基本现代化目标以及 2050 年社会主义现代化强国目标的实现都具有重要意义。前文研究显示，当前我国资本投入面临着边际产出效率下降的问题，这符合资本投入边际收益递减的一般规律，但也与我国资本投入的结构层次偏低、短板制约多、对实体经济支持不足等有直接关系。与此同时，测算显示我国资本体现式技术进步水平稳步提高，对经济发展质量提升和创新动力的增强发挥越来越重要的作用，但随着未来引进外来技术的渠道受限，将导致我国资本要素结构层次偏低的问题更加突出，抑制资本对创新发展支持作用的发挥。

为此，下阶段必须加快推动资本结构升级和合理配置，通过加大高端新兴领域资本投入力度、服务实体经济、着力补短板强弱项等，切实提高资本投入对经济增长和创新发展的支持力度。

一、加大公共短板领域投入力度。基础设施、能源供给、农业生产、环保设施等领域因为资本投入大或资本回报率低，社会资本不愿进入，但这既是经济稳定增长和高质量发展的基础，也是我国发展的短板所在。为此，政府应加大对相关短板领域的资本注入力度，夯实经济发展的基础保障。要加大交通、水利、管廊等基础设施的资本投入力度，提升生产生活所需各类能源供应的范围和保障能力，加大高标准农田建设，全面推进产业区环保基础设施体系建设。要优化补短板重大项目规划，按照近期、中期、长期三类，储备一大批补短板重点领域项目；对补短板重大项目，还要优化选址、用地、用海、环评等方面前期工作，指导地方加大征地拆迁、市政配套、水电接入和资金落实等推进力度，推动相关项目稳步落地推进。

二、推动社会资本投向转型升级重要领域。企业是市场经济的主体，也是经济增长动力的主要来源，要推动经济发展质量不断提升，就必须鼓励引导企业加大对转型升级、提质增效的高新领域的资本注入，推动企业创新发展。要促进民营企业加大在新兴领域的投入，必须进一步推进资本配置市场化改革，降低市场准入门槛，扩大民间资本准入范围，还要通过税费优惠等措施，加大对民营中小创新型企业的支持力度。与此同时，也要进一步加大国有企业在新兴领域的投入力度，通过增量投入和存量调整相结合的办法，在国民经济核心行业、民营企业进入能力不足的行业，加大国有资本注入力度，培育主导未来发展的骨干企业、核心企业。

三、优化资本配置支持实体经济发展。发挥资本要素作用的重要方面是促进资本合理有效配置，通过市场配置机制提升效率。要大力发展股票债券市场、推进资本市场高质量发展，扩大企业直接融资渠道。完善多层次资本市场，积极培育合格市场参与者，充分发挥市场发现功能，促进资金流向潜力大、前景好的企业。要进一步完善资本市场监管体系，促进市场健康发展。与此同时，进一步完善间接融资，扩大金融对外开放，推动利率市场化改革，完善考核评价机制，促进银行资金进入实体经济，着力降低企业用资成本。

四、大力提升物质资本的技术含量。研究显示，新时代以来资本体现式技术进步对我国经济增长的影响明显加大，为此要进一步提升资本存量的技术含量，通过资本提质带动资本要素经济动力提升。为此，一是要加快传统领域资本改造升级。我国传统领域资本投入总量多但水平偏低，技术含量的短板制约了其经济增长效应的发挥，要通过成本加计扣除等方式引导鼓励能源、原材料、传统制造业等领域的企业加大技术改造投入力度，通过传统产业的技术升级提升其生产质量水平，提高相关领域存量资本的技术含量，增强其对经济增长的支持作用。二是要着力吸引优质外来资本。外资在我国经济起飞和发展过程中发挥了重要作用，也是我国资本体现式技术进步的主要来源之一，当前我国仍需进一步加大对外开放力度、扩大外资市场准入范围。有针对性地对我国欠缺的、发展水平偏低的领域实施外商投资鼓励和奖励政策，维持外商投入对我国科技进步和经济发展的助力。三是要坚持全国一盘棋统筹重点项目规划。在地区间存在经济增长竞争的制度环境下，往往会出现项目低水平重复建设的问题，不利于资本技术含量的提升，为此应进一步优化产业和项目布局的中长期规划，增强中央部门对重点项目的监管能力，避免资本低水平重复投入。

18.5　发展壮大数字经济

从我国要素动力的愿景展望中可以看出，以数据要素驱动的数字经济将成为优化要素动力、推动经济高质量发展的重要环节。为此，着力积累和发展数据要素，不断壮大数字经济规模，是我国要素动力优化发展的一个重要方向。但也要看到，我国数字经济发展还面临着关键技术创新能力不足、硬件设施仍有提升空间、体制机制尚需进一步完善等短板，要更好发挥数字要素在推动经济创新发展方面的作用，需要付出不懈努力。

一是大力推动数据要素融入创新发展。我国数字经济快速扩张，与信息技术应用能力强有着密切关系，但我国基础技术的创新能力与应用能力相比明显偏弱，尤其是在抢占未来数字科技制高点的战役中，技术创新能力具有重要的决定性作用，为此要进一步加大相关领域研发投入力度，重点研发未来互联网、大数据处理、人工智能、高性能计算与服务环境、虚拟现实与智能表达等重大技术系统和战略产品，着力加快5G网络安全技术攻关，建设能力领先、自主可控的5G安全保障体系。要积极培养数字经济与实体经济的复合型人才，鼓励学校与企业直接对接，培育更多能够推动数字经济发展的高级人力和智力资本。要进一步强化企业在数字技术创新中的重要作用，鼓励和引导数字科技企业加快技术研发应用，尤其对领军企业和重大项目，从财税优惠、资金补贴、人才引入等方面强化政策支持。

二是进一步完善数据要素基础设施。信息基础设施是数字经济发展的载体，虽然从网络通信、宽带覆盖等方面看，我国信息技术设施具有一定优势，但仍不足以支持未来数字经济发展的需要，从当前看首先要加快 5G 布局、进一步推动网络设施改造升级和均衡发展。要进一步加快传统高速宽带网络、互联网数据中心等基础设施升级改造。要努力提升宽带质量，进一步贯彻落实宽带提速降费，加快中西部欠发达省份特别是"三区三州"等深度贫困地区的信息化建设进程，着力破解偏远地区的信息基础设施瓶颈，实现农村及偏远地区的网络覆盖，缩小地区间的"接入鸿沟"。

三是以数据为抓手推动传统产业数字化转型。在推动信息新兴产业加速发展的同时，也要充分发挥数据要素的连接作用，推动数字经济向传统产业渗透发展，带动产业全方位转型升级。要大力实施数字产业化和产业数字化联动发展，加大资金、人才、技术投入力度，推动大数据、云计算、人工智能、区块链等新技术新领域的产业化发展；同时推进 5G、人工智能等在各行各业的应用发展，丰富 5G+工业互联网、智能制造、车联网等应用场景，促进传统产业数字化、网络化、智能化转型。要加快数字经济龙头企业、创新企业和产业园、示范园发展，充分发挥核心企业对产业发展的带动作用，不断释放数字经济发展的乘数效应。

四是推动数据要素管理体系建设。除了在技术和产业维度推进数字经济发展外，要更加高效地把数据资源转化为新兴要素动力，还必须从体制机制角度入手，破除制约数字经济发展的障碍，强化政府对数据经济发展的引导。要建立数字经济深度融合的规范标准，国家相关部门要把数据作为经济发展的重要资源予以高度重视，完善数据的获取、使用、定价及保护等行业标准，并逐步实现与国际对接，建立统一、综合、开放的行业标准规范。要以制度建设为重点构建数字经济网络平台，不断强化信息安全建设，加强网络活动安全监测和管理，完善信息技术防御手段。要加强数字经济的知识产权保护，逐步完善数字经济法制建设，加大对各类数字专利、研发成果和大众隐私等数据信息的保护，建立统一监管机构，开展数字经济工程的服务和监管，保护数字经济各参与方的合法权益。

18.6　小结

资本、劳动、全要素生产率（技术进步）是驱动未来经济增长的三大核心要素，尤其是技术要素的重要性逐步提升。但从现实情况看，我国三大要素的发展都面临不少困难和挑战。就技术要素而言，我国创新引领能力较差，核心技术受制于人，技术成果转化率低，虽然专利技术成果众多，但创新质量不高，技术要素驱动增长的能力仍显不足；劳动力要素方面，随着人口老龄化和劳动成本的上升，人口红利逐渐减弱，人才红利急需加快释放，我国劳动要素的质量和结构已经不能很好地满足经济高质量发展要求；资本要素方面，我国新兴领域资本投入偏少，积累不足，金融资本对实体经济支撑不足，短板领域仍多等，也对经济的持续健康发展形成一定制约。此外，数据作为生产要素的作用逐渐凸显，对此也必须予以高度重视。本章重点分析了优化要素动力的逻辑思路和主要举措，以期为未来我国要素动力的继续优化提供参考借鉴。

总的来看，未来我国应形成以全要素生产率为核心，资本和劳动要素合理增长并对科技创新形成助力，数据要素充分应用的要素动力体系。具体而言，在技术创新要素方面，要通过持续加大研发投入、全面提升创新基础能力，推动关键领域实现突破，以破解"卡脖子"难题，还要着力优化创新体制机制，提高全社会整体创新产出效率，以强化创新驱动力。在劳动要素方面，要加大教育投入和技能培训力度、扩大人才引进和国际交流、优化劳动资源配置、优化生育和退休政策，不断培养人力资本并延缓劳动力数量过快衰减。在资本要素方面，要加强政府资本在公共短板领域投入力度，引导鼓励企业加大对新兴领域投入，优化资本配置提升效率，不断推升资本体现式技术进步，以充分发挥资本对经济增长和创新发展的重要支持作用。同时，大力推动数据要素融入创新发展、加强数据要素基础建设、完善体制机制，充分发挥数据要素的经济驱动力。

第十九章　推动高质量发展的产业动力优化

从一般规律看，产业发展演进依次沿着前工业化时期、工业化初期、工业化中期、工业化后期和后工业化时期的道路，由低级向高级走向高度现代化。当前，中国总体进入工业化中后期，从工业主导向服务业主导转变，正处于产业发展转型升级的关键期。从未来发展看，我国服务业占比将继续提升，工业和农业占比将有所下降，如何围绕这一趋势推动三次产业协调发展，巩固优化推动我国经济高质量发展的产业动力，是当下急需解决的紧迫课题。要按照推动高质量发展要求，结合三次产业发展特点，向市场机制要活力，向科技创新要动力，向消费升级要潜力，顺势而为，大力调整，推动产业升级发展，壮大产业发展新动能，构建安全可控的现代经济体系，为高质量发展奠定良好产业基础。

19.1　产业动力优化总体思路

产业发展是国民经济的进化过程。以"质量变革、效率变革、动力变革"推动国民经济高质量发展，从产业层面就是要：夯实农业、工业、服务业发展基础，提升发展水平，推动三次产业高质量发展；提高三次产业劳动生产率，重点提高服务业和农业生产效率，进而促进全社会生产效率明显提升；强化服务业增长主动力作用，发挥工业增长动力支撑作用，巩固农业增长基础性作用。因此，优化调整产业结构、大力提升产业效率是推动经济高质量发展的必然要求，也是未来推动产业高质量发展的根本方向。

逐步提高服务业占比。优化调整产业结构即是要推动产业结构继续沿着高级化方向发展。经验表明，随着工业化进程的不断推进，经济"服务化"程度不断加深。我国服务业占比由改革开放初期的不到 25% 大幅提高至 2019 年的 53.9%，但仍明显低于发达国家 70% 左右的平均水平。可见，未来随着我国不断迈向后工业化时代，服务业发展的空间仍然巨大，服务业占比上升将是未来一段时期可预见的趋势。与此同时，前文的实证结果显示，经济结构高级化显著正向影响经济增长。自 2015 年开始服务业对经济增长的贡献率首次超过工业，成为拉动经济增长的主引擎。因此，无论是从国际经验，还是我国经济发展实际看，提高服务业占比、加深经济"服务化"程度十分必要，有利于增强服务业对经济增长的贡献和支撑作用。

稳定制造业在国民经济中的比重。美日等发达国家"产业空心化"的经验表明，高度重视制造业发展，保持一定份额的制造业占比意义重大。事实证明，完整的工业生产体系和强大的制造能力，是我们面对自然灾害、公共卫生疾病等重大突发事件时的底气所在，是稳定经济巨轮的"定盘星""压舱石"。没有强大制造业支撑的经济体系更像是一座空中楼阁，这也是当前发达国家纷纷实施"再工业化"战略，推动"制造业回流"的重要原因。从现实情况看，我国是全世界唯一拥有联合国产业分类中全部工业门类的国家，制造业产出规模世界第一，工业基础较好，一些领域已经达到或接近世界先进水平。制造业仍然是我国未来重要的竞争优势之一。要坚决防止重点产业向外迁移、制造业占比过快下降，巩固提升制造业发展基础。

大力提升产业效率特别是服务业和农业效率。从前文研究看，未来提升产业效率是推动我国经济持续发展的重要战略支点。从三次产业劳动生产率水平看，按照 2010 年不变价美元计算，2018 年，我国农业劳动生产率 3935 美元 / 人，比世界平均水平高 17%，但仅相当于美国 2017 年水平的 5%；工业劳动生产率 23554 美元 / 人，相当于世界平均水平的 93%，仅相当于美国 2017 年水平的 23%；服务业劳动生产率 14657 美元 / 人，仅相当于世界平均水平的62%,相当于美国2017年水平的14%。我国农业和工业劳动生产率超出或接近世界平均水平,而服务业劳动生产率明显低于世界平均水平;与美国相比,我国三次产业劳动生产率差距明显,其中服务业和农业劳动生产率明显偏低,表明提升产业效率潜力巨大。未来,我国服务业占比仍将继续上升,如果服务业生产效率无法快速提高,将制约全社会经济效率的提升。同时,我国农业劳动生产效率与世界先进水平差距巨大,如果不能加快改善,也会制约经济高质量发展。因此,推动经济高质量发展,加快效率变革,必须稳步提升三次产业效率,尤其是注重提升服务业和农业生产效率。

积极推进产业深度融合发展。伴随着技术革新和市场管制的放松,不同行业企业间的竞争与合作关系加强,具有一定关联性的产业在其边界或交叉处相互融合,导致产业界限模糊化甚至消失,出现产业融合。产业融合通常以新技术的应用为前提,发生在高技术产业和传统产业之间,是传统产业创新发展的重要助力,有利于推动产业结构转型升级,进而提高产业竞争力。近年来,产业融合发展趋势日渐明显,对经济增长的积极作用提升。从农业看,加快研发并推广高端农业机械装备,大力发展农业生产性服务业,有利于提高农业科技利用水平和农业生产社会化服务水平,进而夯实农业发展基础、提升生产效率;充分运用互联网等信息化手段发展农产品电子商务,有利于促进农业产业化与信息化融合发展;积极发展休闲观光农业,推动农业与旅游业、文化产业融合发展,有利于深度拓展农业功能,提高农业产业附加值。从工业和服务业看,当制造业进入高质量发展阶段,对研发设计、信息技术、市场营销、融资租赁等生产性服务产生巨大需求。生产性服务业与制造业融合发展,可以将知识资本和人力资本等导入到产品的生产制造过程中,有利于提高产品价值、提升生产效率。因此,产业融合发展是提升产业效率、促进产业转型升级发展的重要途径,未来要积极推动农业与现代工业服务业融合,加快先进制造业与现代生产性服务业深度融合。

加快培育产业发展新动能。从国际看，市场竞争的实质是以经济和科技实力为基础的综合国力的较量，而经济新动能是二者相结合的重要体现，是经济领域国际竞争的主战场。第四次工业革命浪潮正席卷全球，新一代信息技术革新为产业创新发展提供了前所未有的重大机遇，我们必须洞察先机、抢抓机遇、迎难而上，赢得未来国际竞争的战略主动权。从国内看，当前我国经济正由高速增长阶段向高质量发展阶段转变，与高质量发展相适应的产业动力必将是依靠创新要素驱动的质量型增长，而非传统的依靠物质资源投入的规模扩张型增长，也必将是能够适应居民消费升级趋势，为居民提供更多高质量的商品和服务的新兴产业。与此同时，由于经济增长有所放缓，传统经济动力的衰退更为明显，这就要求我们必须大力培育经济增长新动能，加快新旧动能转换，以确定性的转型升级发展来迎接未来不确定性的风险挑战。因此，无论是从抢滩未来产业发展新高地、重塑我国产业竞争新优势的战略高度考量，还是从推进产业转型升级、更好满足人民日益增长的美好生活需要的现实需要出发，都必须加大力度培育壮大经济发展新动能。

19.2　强化服务业支撑

未来，我国服务业在国民经济中的占比仍将提升，服务业是推动经济增长的主引擎。但我国服务业生产效率低于工业，与发达国家相比差距更加明显。要实现经济高质量发展，必须稳步提高服务业占比，大力提升服务业生产效率。因此，促进服务业高质量发展是我国经济发展重要努力方向，要坚持创新引领服务业发展，大力推动生产性服务业和生活性服务业加快发展。

一、大力发展生产性服务业，加快推动产业融合发展

国际经验表明，随着经济发展水平的不断提升，农业、工业和服务业

融合发展趋势明显。这意味着服务业生产效率不仅通过自身直接影响全社会生产效率，还通过影响农业和工业生产效率进而间接影响全社会生产效率。对于服务业而言，与农业和工业生产联系最为紧密的是生产性服务业，因此大力发展生产性服务业，有利于优化提升服务业，提高经济运行效率。

提高生产性服务业占比。我国生产性服务业占比低，总体滞后于经济社会发展要求。资料显示，我国生产性服务业占 GDP 比重不到三成，明显低于发达国家普遍 50% 左右的水平。尤其是我国现代生产性服务业比重明显偏低。生产性服务业的发展水平关系到产业结构优化和经济运行效率，需要着力推动发展，提高其在国民经济中的比重。加快发展现代金融、研发设计与技术服务、科技服务、节能环保服务、租赁与商务服务、信息服务等现代生产性服务业。积极发展交通运输仓储和邮政快递服务、批发零售服务等传统生产性服务业，运用信息化技术加快传统生产性服务业转型升级。

促进生产性服务业与现代农业、先进制造业融合发展。当前，我国总体进入工业化中后期，生产性服务业与农业、制造业深度融合发展趋势日益明显，这有利于促进产业结构升级、提高全社会生产效率，因此须采用有力措施积极加以推动。大力发展农业生产性服务业，有利于促进适度规模经营发展、推进农业供给侧结构性改革，要着力强化农业市场信息服务、农资供应服务、农机作业及维修服务、农业绿色生产技术服务、农产品营销服务、农业废弃物资源化利用服务等。推动生产性服务业与制造业深度融合发展，大力发展面向制造业的信息技术服务，加快发展科技服务业、检验检测认证、人力资源服务，发展壮大第三方物流、电子商务、服务外包、融资租赁，鼓励制造企业、软件企业、工业数据分析企业、工业自动化公司、工业信息服务企业、互联网企业等联合攻关，加强工业互联网研发和推广应用，提高对制造业转型升级的支撑能力。

二、优化提升生活性服务业，满足人民美好生活需要

"中国特色社会主义进入新时代，我国社会主要矛盾已经转化为人民

日益增长的美好生活需要和不平衡不充分的发展之间的矛盾。"推动未来服务业高质量发展，必须要适应社会主要矛盾的变化，顺应消费升级需要，努力提高与居民生活密切相关的生活性服务业发展水平，更好满足人民日益增长的美好生活需要。

大力发展幸福产业。随着居民收入的持续提高，居民消费结构持续升级，由传统的生存型消费向发展型、享受型消费转变。而生活性服务业中的旅游、文化、体育、健康、养老、教育培训等行业，是与居民享受型消费密切相关的幸福产业，是适应居民消费升级需要，满足人民对美好生活期盼的朝阳产业。重点培育幸福产业，不仅能满足日益增长的服务消费需求，而且能形成经济增长的产业新动力。要全面清理、取消不合理的前置审批事项，降低市场准入门槛，鼓励和引导社会资本进入教育、养老、文化等领域，增加优质产品和服务供给。

加强生活性服务业标准体系建设。生活性服务业门类多、分布广，进入门槛低，服务业产品往往是体验品，个性化、差异化服务特征显著。服务消费市场需求和市场供给匹配难，服务质量缺乏客观的认定，迫切需要加强行业标准和规范建设。要根据不同行业特点，分类制定，分类实施，加快推进生活性服务业标准体系和行业规范建设，推动养老服务等认证制度，提升服务业标准化水平。深化标准化改革工作，开展国家级服务业标准化试点，充分发挥政府部门、行业协会和领军企业等多方作用，逐步建立与国际接轨的服务业标准体系。同时，充分发挥信息产业新技术、新成果，搭建服务业标准和认证平台，推广促进行业标准实施的新举措、新办法。

三、坚持创新驱动，努力提升服务业发展质效

无论是发展生产性服务业还是生活性服务业，都必须坚持创新驱动。科技创新不仅仅是现代服务业发展的重要标志之一，更是推动服务业高质量发展的第一动力。必须大力实施创新驱动发展战略，完善创新机制和模式，加快构建创新创业生态，不断推动服务业创新发展，提升服务业发展

质量和效益。

推动服务业创新发展。大数据、物联网、人工智能等新一代信息网络技术广泛应用并渗透到各行业各领域，服务业中新业态新模式层出不穷、蓬勃发展，正在加速形成新的增长点。强化企业技术创新主体地位，推动政产学研用合作和跨领域创新协作。深化人工智能、生命科学、物联网、区块链等新技术研发及在服务领域的转化应用，支持服务企业研发应用新技术新工艺，提升设计水平，优化服务流程。支持平台经济和分享经济发展，大力发展体验经济，促进新业态新模式创新发展。推动新一代信息技术在服务领域的深度应用，促进服务业数字化智能化发展。推动大众创业、万众创新浪潮向纵深发展。

加大对创新发展的政策支持。加大各级财政对支持服务业发展的投入力度，优化国家财政专项资金使用方式，考虑推动产业项目资金更多从支持固定资产投资向人才、技术等创新投资倾斜。支持更多符合条件的服务业企业申请成为高新技术企业，优化研发费用加计扣除政策，加强对商业模式创新的支持。鼓励服务企业与高科技园区、高校、科研机构共建研发和科技成果转化基金、创新型平台、新兴服务业创新中心、创新孵化平台，加强对服务业企业创新创业支持。开展品牌价值提升行动，打造中国服务品牌，提升中国服务品牌形象。

四、优化市场环境，激发服务业发展活力和潜力

促进服务业高质量发展离不开良好的市场环境和强有力的人才保障。要继续深化"放管服"改革，持续优化营商环境，将放宽准入与创新监管有效结合起来，不断激发服务业市场活力。积极加强服务业人才队伍建设，为服务业发展提供强大智力支撑。

持续优化营商环境。良好的营商环境有利于降低企业经营活动的成本和风险，必须一以贯之推动市场化、法制化、国际化营商环境建设。着重改善教育、医疗、体育、金融等重点服务领域市场环境，加大反行政垄断

的执法力度，营造公平公正的市场竞争秩序。完善监管体系建设，推动服务业监管由行业归属监管转向功能性监管、由交叉监管和分散多头监管转向综合协同监管。针对新产业、新业态、新模式，要不断探索监管新思路、新模式，以适应于全面深化改革开放与创新发展的新需求。推动全国统一大市场建设，消除各地对外地服务业企业的歧视性规定和行为。

放宽服务业市场准入。当前，我国部分服务业领域仍然存在一定的进入壁垒，垄断性行业改革也具有长期性、复杂性，市场化水平和开放度有待提高。要取消不合理的市场准入和经营范围限制，鼓励社会资本以独资、合资、参股、特许经营等多种方式，进入教育、文化、医疗、养老等服务业领域，重点打破城市公用事业、公共服务等领域行政垄断与行政管制。以政府购买等方式，支持公益性组织在公共服务行业发挥其特殊作用。根据服务业发展水平的行业差异，积极稳妥推进服务业对外开放。有序推进金融、教育、文化、医疗等服务业领域开放，放宽电子商务、商贸物流、建筑设计、育幼养老等领域外资准入限制，切实提高开放水平。

加强人才队伍建设。发展服务业需要大量的专业人才，提升人力资本是促进服务业高质量发展的关键投入要素。当前，制约我国服务业发展的重要因素之一就是中高端服务业人才缺乏，特别是高层次服务业人才较为稀缺。引导国内高等院校、职业技术学校加强相关学科专业建设和服务业人才培养基地建设，加快形成强有力的多层次人才支持体系。鼓励校企合作，创新应用型、复合型服务业人才培养模式。通过政府购买相关服务，鼓励职业院校、培训机构等市场主体提供专业性职业技能培训。加强海外高端服务业人才引进。

19.3 推动工业转型升级发展

加快推进制造强国建设、建立自主可控的先进制造业体系，是实现我国工业现代化的迫切要求。前文的分析可以看出，尽管工业增长动力贡献有所下降，但仍然是推动中国经济平稳健康发展的重要动力，对跨越中等收入陷阱、建设社会主义现代化强国的支撑作用不可替代。未来，工业生产可能进一步趋缓，在国民经济中的占比也将继续下降，发挥工业增长支撑作用的关键在于推动制造业升级发展，进一步优化生产要素组合方式，大力提升生产效率。必须坚持问题导向、突出重点、科学谋划，加快推动制造业转型升级，有效发挥工业推动经济高质量发展的支撑作用。

一、强化工业生产基础能力，建立现代制造业体系

我国是世界上唯一拥有全部工业门类的国家，强大的产业链生态和产业链配套能力是我国制造业的核心竞争力。未来，我们不仅要继续强化我国工业生产能力，持续巩固现有竞争优势，还要在制约产业链升级发展的"瓶颈"上下苦功夫。

实施产业基础再造工程。实施产业基础再造工程是巩固我国传统产业优势、提升产业链现代化水平的重要途径。发挥制度优势，集中优势资源，统筹推进核心基础零部件（元器件）、先进基础工业、关键基础材料和产业技术基础等薄弱环节发展。强化产业链协同，有效发挥市场机制和国家科技计划项目等作用，引导相关企业形成产业联盟，建立产学研用一体化发展、上中下游分工协作的新模式。加强基础领域标准、计量体系建设，加快制定和实施与国际先进水平接轨的质量标准，不断完善产业基础服务体系。建立国家工业基础数据库，加强对相关企业试验检测数据和计量数据的采集、管理、应用和积累。

加强关键核心技术攻关。构建安全可控的现代制造业体系，关键在于掌握关键核心技术。未来，中美大国战略博弈趋于长期化、多层次化，我国发展面临的核心技术"卡脖子"风险明显加大。事实一再证明，关键核心技术是要不来、买不来的，更不是等出来的，必须要靠自己攻坚克难才能取得。加强核心技术攻关是实现产业转型升级的迫切需要，也是必由之路。要做好前沿技术的战略布局，聚焦关键性、前沿性产业领域，加大重

点产业关键领域核心技术（装备）的攻关力度。支持、鼓励、引导创新能力强、创新创业意愿高的企业积极参与国家工业强基、重大装备等研发，承担关键技术攻关任务，着力突破关键领域技术障碍，增强自主发展能力。

二、加快发展战略性新兴产业，积极抢滩产业发展新高地

当前，新一轮科技革命和产业变革正在蓬勃发展，大量的颠覆性创新成果相继涌现并得到应用，新技术、新产业层出不穷，新业态、新模式方兴未艾，给各国发展带来了前所未有的重要机遇。如果无法抓住机遇、把握大势，必将会被历史抛弃，从而落后于整个时代。要想在本轮工业革命浪潮中抢得先机、赢得主动，就必须要瞄准未来产业发展趋势，加快战略性新兴产业发展。

推动以 5G 为代表的新一代信息技术产业加快发展。未来，第四次工业革命的主战场必然是 5G、工业互联网、区块链等新一代信息技术的加快突破并大规模商业化，这也必然是我国抢滩未来产业发展的重要战场。持续加大 5G 技术研发力度，加强技术标准建设，加强基站站址资源、电力、频率等政策保障，加快 5G 部署，打造新一代信息高速通道。开发自主可控的高端工业平台软件和重点领域应用软件，推动"5G+"医疗健康、工业互联网、物联网、车联网等发展，促进赛事直播、游戏娱乐、虚拟购物等消费场景应用。大力支持集成电路及专用装备、高端信息通信设备等短板领域发展。

大力发展节能环保等绿色产业。绿色发展是高质量发展的内在要求。绿色制造通过改造生产方式和管理模式，将绿色发展理念贯穿于设计、技术工艺、生产、管理、供应链等产品全生命周期，构建清洁低碳、循环高效的绿色制造体系。积极推动有色、钢铁、建材、化工、印染、造纸等传统制造业的绿色化改造。加快新一代可循环工艺技术和生产流程的研究开发，着力开发推广具备污染减量化、能源高效利用、废弃物无害化处理和资源化利用等功能的工艺技术。积极引导新兴产业高起点绿色发展，大力

促进新材料、新能源、高端装备、生物产业绿色低碳发展，在新兴领域努力打造绿色全产业链。

三、促进信息化和工业化融合，助力传统制造业升级发展

信息化能够促进生产要素组合方式变革，极大提高全社会经济运行效率。历史经验表明，随着一个经济体工业化程度不断提高，信息化比重将不断增加，信息化和工业化融合发展趋势将更加明显。必须加快推动信息化和工业化融合发展，促进制造业数字化、网络化、智能化，在促进新产业发展的同时，也为传统产业转型升级赋能。

加快推动信息化和工业化融合发展。当前，我国正在向后工业化时期不断迈进，但工业信息化程度与发达国家相比仍存在一定差距，是未来发展需要努力的方向。互联网、大数据、人工智能等是新一代信息技术的典型代表。互联网可以实现万物互联、促进信息自由流动，数据驱动将促进经济向以信息生产、信息服务为主加速发展，人工智能可以推动形成"数据—信息—知识—决策"的数据智能流动闭环，这些都能极大提高生产效率。大力发展工业互联网、大数据、人工智能等新兴技术，推进先进信息技术和制造技术深度融合。利用机器学习和人机交互等先进技术，优化生产流程，提升生产效率。着眼于智能制造新需求和未来技术新方向，加快研究开发、推广应用新一代智能制造技术。

以"互联网+""智能+"赋能传统产业。在传统的低成本竞争优势逐步减弱的背景下，运用信息化手段提升生产和管理效率，是提高传统制造业竞争力的重要途径。深化互联网在传统制造业企业的应用，引导传统企业从"制造流"转向"趋势流"，快速响应市场需求，为消费者提供定制化产品和服务。利用"互联网+""智能+"改进传统企业制造技术，通过战略合作、业态创新、技术变革等多渠道，提升生产效率，变革生产经营模式。加大力度支持中小微制造业企业的智能化改造，着力补齐智能制造发展的突出短板。

四、加强质量和品牌建设，推动我国制造业价值链攀升

我国制造业规模虽然位居世界第一，但大而不强的问题比较突出，仍处于全球产业链、价值链中低端。中国之所以只是制造大国，而不是制造强国，关键在于质量水平不高，制造业产品质量提高的速度远远赶不上产业规模扩张的速度。要加快提升我国制造业产品质量，推进质量品牌建设，不断提升企业品牌价值，促进制造业价值链向全球价值链中高端攀升。

实施工业产品质量提升行动。推动制造业价值链攀升的关键在于提高产品质量、提升品牌价值。针对汽车、电子元器件、轨道交通装备等重点行业，加强可靠性设计试验与验证技术开发应用，推广采用先进质量管理技术和方法，努力提高产品性能稳定性和质量可靠性。健全质量监督检查机制，依法打击知识产权侵权、假冒伪劣和不正当竞争等行为，着力提升中国产品在安全、环保、卫生等方面的标准水平。站在战略高度推进制造业品牌建设，健全质量品牌发展的市场机制，引导生产要素围绕高效率产业和优质自主品牌聚集。构建国家品牌推广和提升体系，加大中国质量品牌的海外宣传力度，提升企业品牌价值和中国制造整体形象。

推动制造业价值链向"微笑曲线"两端延伸。中国制造业目前总体上还处于全球价值链的中低端，占据高端价值的制造业领域并不多，必须加快促进制造业向价值链中高端攀升。要注重通过前端的研发设计、市场研究、咨询服务提升产业技术含量和劳动生产率，通过后端的第三方物流、供应链管理优化、销售服务对接市场，推动产业大规模定制化。同时，大力推动制造业数字化生产，数字经济带来的制造技术创新，将影响制造型企业从设计到售后服务的整体价值链，孤立的制造单位将被完成自动化、一体化的生产线取代。

五、加强制度建设和政策支持，为制造业高质量发展营造良好环境

加快推进制造强国建设，不仅要靠制造行业自身高质量发展，也离不

开一系列制度环境和支持政策的保驾护航。充分发挥我国制度优势，进一步深化相关领域改革，完善创新创业体制机制，加大财政税收金融支持力度，健全人才培养体系，营造适合制造业发展的良好制度环境和社会氛围。

完善创新创业体制机制。未来，无论是促进传统产业转型升级，还是加快培育新产业新动能，都离不开创新投入，因此需要进一步完善鼓励创新创业的政策保障体系。积极营造尊重人才、鼓励创新、宽容失败的文化环境和社会氛围，树立崇尚创新、创业致富的价值导向。加大知识产权保护力度，加快构建"政产学研用"融合创新机制，完善科技成果转化机制，促进成果资本化和产业化，从而打造一个充满活力的创新生态体系，激发市场主体创新创业潜力。持续深化"放管服"改革，加快提升政务服务水平，营造公平公正的市场竞争环境和消费环境。破除传统制度障碍，加快构建适应新技术新产业发展的审慎监管制度，鼓励新经济新动能成长。

加大财税金融支持力度。加大财政资金对制造业的支持力度，重点投向制约制造业高质量发展的短板领域，以及促进制造业转型升级的关键领域。创新运作模式，积极引导社会资本参与制造业重大项目建设、企业技术改造和关键基础设施建设。实施有利于制造业转型升级的税收优惠政策，推进增值税改革，完善企业研发费用计核方法，切实减轻制造业企业税收负担。增强金融服务实体经济能力，尤其是加大对新一代信息技术、高端装备、新材料等战略新兴产业的信贷支持力度。健全多层次资本市场，加快天使基金、风险投资基金、创业孵化器等发展，为制造业企业发展创造良好的融资环境。

健全制造业人才培养体系。创新发展离不开人才，坚持创新驱动的实质是人才驱动。高素质产业人才是我国制造业高质量发展的坚实基石。大力发扬"工匠精神"，提高各层次人才技术创新、工艺创新、管理创新能力。以重大技术装备项目、重点产业基地建设为引领，支持企业与高校和科研院所合作，加快推动人才培养方式转变。大力发展切合产业需求的职业教育，促进产教深度融合，形成政府、企业、社会资本共同推动合力，为中国制造业迈向高质量发展提供坚强的人力资本支撑。

19.4 促进农业提质增效

农业是国民经济的重要基础，农业对经济增长的贡献不仅在于自身产业的发展，有效保障了粮食安全，还在于为工业化和城镇化提供了源源不断的农业富余劳动力。从发展趋势看，未来我国农业在国民经济中的占比将继续下降，农业劳动力继续向非农部门转移。那么，支撑未来农业发展的动力来自哪里？答案不言而喻，即是要大幅提高农业劳动生产率。要深入实施乡村振兴战略，深化农业供给侧结构性改革，构建现代农业生产和经营体系，促进农业提质增效，保障国家粮食安全，有效发挥农业发展对经济增长的基础性作用。

一、加强农业基础设施建设，巩固粮食生产能力

我国人口众多，粮食需求量巨大。尽管我国粮食产量连续多年稳定在65000万吨以上，但我国粮食供需始终处于紧平衡状态，每年需要进口大量的农产品。持续巩固我国粮食生产能力，对保障粮食安全具有重要意义。而粮食生产能力的提高，离不开农业基础设施建设的加强和改善。

加强耕地保护和建设。土地是粮食生产的基础条件。要确保粮食生产能力不下降，应保证粮食种植面积不明显减少，并在此基础上努力提高土地产出水平。严守耕地红线，全面落实永久基本农田特殊保护制度。大规模推进高标准农田建设，加快中低产田改造，提高土地单位面积产量。实施耕地质量保护和提升行动，鼓励农民通过增施有机肥、秸秆还田等方式开展土壤改良，推广保护性耕作。

加强水利交通能源设施建设。水资源是农业发展的重要资源，加强农田水利设施建设，提高农业灌溉能力，是保障粮食生产的重要手段。交通基础设施的完善有利于交通运输工具和农业生产机械的使用，促进农产品

的生产和销售。农村电网建设有利于农业生产用电用能。大力兴建和发展农田水利，积极发展节水灌溉设施。完善农村公路网建设，拓宽农村道路，改善农业发展的交通基础条件。加强农村电力设施建设，以农村电网改造升级和农村用电公共服务提升为重点，实现稳定可靠、安全高效、全覆盖的农村供电服务，增强农业生产的电力资源保障。

二、推进农业供给侧结构性改革，优化农业生产结构

在确保国家粮食总体安全的前提下，紧紧围绕市场需求变化，加快推进农业结构调整，提高农业供给质量和效率，推动农业由增产向提质导向转变。

推进农业结构调整。我国粮食产量基本满足人们的需要，但农产品的质量效益不高，生产的粮食品种结构和市场需求结构不相适应，同时存在低端供给过剩和优质产品供给不足，农业发展的内部结构性矛盾突出。按照各地农业资源禀赋和比较优势，优化农业生产力布局。加快发展粮经饲统筹、种养加一体、农牧渔结合的现代农业。稳定水稻和小麦生产，确保"口粮绝对安全"。有序调减非优势区籽粒玉米，进一步扩大大豆生产规模，巩固主产区棉油糖胶生产。推进畜牧业区域布局调整，合理布局规模化养殖场，大力发展种养结合循环农业。合理确定内陆水域养殖规模，支持集约化海水健康养殖，大力发展远洋渔业。

加快培育壮大优势特色产业。在保障粮食安全的前提下，根据地区特色，因地制宜，有序开发农业农村优势资源，做大做强做优优势特色产业。实施优势特色农业提质增效行动计划，促进杂粮杂豆、食用菌、中药材和特色养殖等产业提档升级，大力发展特色经济林、珍贵树种用材林、花卉竹藤、森林食品等绿色产业。支持特色农产品优势区建设，促进"一村一品"与优势产业区建设相结合，加快形成特色农业产业集群。推进区域农产品公用品牌建设，建立生产精细化管理与产品品质控制体系，打造现代顶级农产品品牌。

三、强化农业科技投入，提高农业生产效率

加强农业科技创新，加大农业科技应用，有利于促进农业科技进步贡献率的提升，是提高农业生产效率的重要途径。深入实施创新驱动发展战略，加快农业科技进步，提高农业科技创新水平，加强农业科技成果转化，为促进农业提质增效拓展新空间、增添新动能。

提高农业科技水平。强化农业基础研究，提升农业科技创新水平。建设国家农业高新技术产业示范区、农业科技园区，打造农业科技创新平台基地。加快高端农机装备的生产研发和推广使用，推进主要粮食作物生产全流程机械化，提高农机装备和农业机械化水平。以数字化引领驱动现代农业高质量发展。大力发展数字农业，实施智慧农业工程和"互联网＋"现代农业行动，鼓励对农业生产进行数字化改造，加强农业遥感、物联网应用，提高农业精准化水平。加强农业信息化建设，鼓励互联网企业建立产销衔接的农业服务平台，提高农业综合信息服务水平。

促进农业科技成果转化应用。鼓励高校、科研院所建立一批专业化的技术转移机构和面向企业的技术服务网络，通过研发合作、技术转让、技术许可、作价投资等多种形式，实现科技成果市场价值。健全基层农业技术推广体系，创新公益性农技推广服务方式，支持各类社会力量参与农技推广，全面实施农技推广服务特聘计划，加强农业重大技术协同推广。健全农业科技领域分配政策，落实科研成果转化及农业科技创新激励相关政策。

四、加快新型农业经营体系建设，增强农业发展活力

构建和完善新型的农业经营体系，有利于推动农业规模经营，提高农业产业化发展水平，提升资源配置效率。要大力培育和发展家庭农场、专业合作社、专业大户等新型农业经营主体，鼓励多种形式适度规模经营，健全农业社会化服务体系，提高农业生产经营效率。

积极培育新型农业经营主体。当前我国农业生产经营方式还是以小规

模家庭经营为主，小农经营存在不具备规模经济、获取市场信息能力较差、抗风险能力较弱、劳动效率较低等问题。要深化农村土地制度改革，有序推动农村土地经营权流转，大力培育发展家庭农场，鼓励兴办农业专业合作社，提升专业合作社发展质量。在规范农民专业合作社发展的同时，支持农民专业合作社联合社建设，发挥联合社规模经济效应，增强风险抵抗能力，提升发展质量。大力支持产业化龙头企业发展，有效带动家庭农场和农民合作社发展。加快建立新型经营主体支持政策体系和信用评价体系，落实财政、税收、土地、信贷、保险等支持政策。

健全农业社会化服务体系。农业社会化服务体系能够向农业经营主体提供专业化、规模化、高效率的社会化服务，有效将科技、信息、资金、人才等现代生产要素融入农业产业链，是支撑农业绿色、生态、高效发展的重要力量。目前我国农业生产社会化服务的有效供给能力还比较低，不能完全匹配各农业生产主体对农业生产社会化服务的需求。要大力培育新型服务主体，鼓励服务主体有效拓展服务内容，围绕农业生产各环节提供"一站式"专业化服务和全产业链综合服务。建立健全农业社会化服务标准体系和操作规范体系，引导服务主体规范发展，提升服务质量和水平。

五、强化政策扶持，为农业发展提供有力支撑

农业生产是自然再生产和经济再生产有机统一的过程，农业生产经营的自然风险较大，农业利润整体水平较低，促进农业平稳健康发展离不开一系列政策的支持。与此同时，要持续深化农产品价格形成和收储制度的市场化改革，有效发挥市场配置粮食资源作用，提高粮食产业竞争力。

完善农业财政金融支持政策。农业发展需要大量稳定的资金投入，必须加快形成包括财政、金融、保险等协调互补的农业发展支持政策体系。健全国家农业投入增长机制，加大农业基础设施投入。加快完善农业财政补贴政策，建立农业绿色发展的激励机制，提高农业补贴政策的指向性和精准性。完善粮食主产区利益补偿机制。加大农村金融改革力度，大力发

展农业保险，加大对新型农业经营主体和农业社会化服务组织的金融支持，有效发挥金融支持农业经济发展作用。

加快推进粮食价格形成机制和收储制度改革。粮食价格形成机制和收储制度的市场化改革，有利于加强市场对粮食资源配置的决定性作用。按照"市场定价、价补分离"原则，分品种渐进式推进粮食价格形成机制改革。完善棉花目标价格补贴、玉米和大豆"市场化收购＋补贴"政策，促进价格合理形成，激发企业活力，提高国内产业竞争力。稳妥推进稻谷和小麦价格形成机制改革，完善最低收购价政策，增强政策灵活性和弹性，加快建立健全支持保护政策。

强化人才兴农支撑。农业发展同样离不开高素质农业劳动力投入，依靠科技进步推动农业高质量发展的背后实际上是人才支撑，要实施更加积极、开放、有效的人才政策，加强"三农"领域实用专业人才培育，大力提高农业劳动力素质。持续加大对农村基础教育投入，积极引导各类人才向农村回流。加强农业科研机构、农业院校学科专业建设，积极培养具有经营管理和农业科技知识的高素质人才。加强农技推广人才队伍建设，培育农业科技科普人才。实施新型职业农民培育工程，支持新型职业农民参加农业职业教育培训。

19.5 小结

当前，我国总体进入工业化中后期，呈现从工业主导向服务业主导的过渡趋势，正处于产业结构转型升级的关键节点。优化调整产业结构、大力提升产业效率是推动经济高质量发展的必然要求，也是未来推动产业高质量发展的根本方向。在推动产业结构继续沿着高级化方向发展的同时，要高度重视服务业和制造业比例关系的协调性问题，不仅要提高服务业占比，也要保持必要的制造业份额。要以推进产业融合发展、加快培育经济发展新动能为重点提升三次产业效率，更加注重提升服务业和农业生产效率，进而促进经济高质量发展的效率变革。

要按照高质量发展要求进一步优化未来产业发展动力。一是要强化服务业支撑。大力发展生产性服务业，提高生产性服务业比重，加快推动三次产业融合发展；优化提升生活性服务业，大力发展幸福产业，不断满足人民日益增长的美好生活需要；推动服务业创新发展，努力提升服务业发展质效；优化市场环境，着力激发服务业发展活力潜力。二是要推动工业转型升级发展。强化工业生产基础能力，建立安全可控的现代制造业体系；加快发展战略性新兴产业，积极抢滩未来产业发展新高地；促进信息化和工业化融合，助力传统制造业加快升级发展；加强质量和品牌建设，推动我国制造业价值链攀升；完善创新创业体制机制、加大财税金融支持力度、健全制造业人才培养体系，为制造业高质量发展营造良好环境。三是要促进农业提质增效。加强农业基础设施建设，巩固粮食生产能力；推进农业供给侧结构性改革，优化农业生产结构；强化农业科技投入，提高农业生产效率；加快新型农业经营体系建设，增强农业发展活力；强化政策扶持，为农业发展提供有力支撑。

第二十章 推动高质量发展的需求动力优化

消费、投资与出口共同构成了我国经济发展的需求动力，在我国经济发展中发挥了巨大拉动作用。经过多年艰苦努力，我国转变经济发展方式和调整优化经济结构取得了重大进展，需求结构已由主要依靠投资和出口拉动转向依靠消费、投资、出口协同拉动，需求内部结构有所优化，内需与外需、投资与消费失衡状况明显改善，经济增长协调性、稳定性显著增强。面对世界大变局，应对外部风险挑战，在经济高质量发展的新阶段，优化需求动力，必须坚定实施扩大内需战略，坚持高水平对外开放，加快构建完整的内需体系，使内需外需两个市场相互促进、相互融合，推动需求动力规模合理扩张、结构协调优化，为经济持续健康发展提供磅礴动力。

20.1 需求动力优化总体思路

根据前述分析的我国需求动力演变规律，结合外部环境变化和国际发展规律，今后一个时期，我国需求动力优化必须围绕形成以国内需求为主体、内需外需相互促进的动力新格局发力，把满足国内需求作为发展的出发点和落脚点，坚定实施扩大内需战略，加快构建完整的内需体系，充分发挥内需特别是消费对经济增长的拉动作用，同时坚持高水平对外开放，把扩大内需与稳定外需结合起来，有效利用国内国际两个市场，推动需求动力由规模扩张为主向规模合理扩张、结构协调优化转变。

从我国发展面临的外部环境和国内条件看，有必要而且有条件依靠国内需求大市场为主。从外部环境看，国际环境正发生深刻而复杂变化，新冠肺炎疫情冲击影响深远，国际格局加速演变，国际环境中不稳定、不确定性因素持续上升，经济全球化遭遇逆流，世界经济艰难前行，我国发展面临的外部挑战明显增多。应对外部环境不确定性、牢牢把握发展主动权，要求我们必须主要依靠内需，坚定实施扩大内需战略。从国内条件看，我国是一个拥有 14 亿人口、9 亿多劳动力、超 4 亿中等收入群体的经济大国，庞大的人口基数、宽广的国土空间、稳居世界第二的经济体量、相对完整的国民经济体系、区域经济发展的梯度格局等，赋予我国超大规模市场优势。从消费看，我们已成为全球第二大消费市场，拥有全球最大规模中等收入群体，消费升级方兴未艾，消费连续多年成为我国经济增长的第一拉动力，对经济发展具有基础性作用。从投资看，我国仍是发展中国家，正处于工业化、信息化、新型城镇化、农业现代化快速发展阶段，投资需求潜力仍然巨大。内需在我国经济发展中始终占有重要地位，我们有条件形成以国内需求大市场为主的动力格局，推动我国经济攻坚克难、行稳致远。

内需是我国经济发展的基本动力，着力扩大内需是对冲世界经济下行压力的必然选择，是应对各种风险挑战的战略基点，也是满足人民日益增长的美好生活需要的应有之义。新形势下，坚定实施扩大内需战略，一是要着力提高消费率。消费是经济增长的主动力，也是经济运行的稳定器。近些年虽然我国投资与消费失衡状况有所好转，但消费率仍然偏低。2019 年我国最终消费率为 55.4%，虽然较上年小幅回升，但仍远低于同期发达国家平均水平，与一些发展中国家相比也有不小差距。扩大内需，要把扩大消费需求作为主要着力点，着力提高居民消费水平和增加公共消费支出，促进消费率提升。二是要促进消费与投资有机结合。供给质量和结构不适应消费需求变化是制约内需扩大的重要方面，一些高品质商品和服务供不应求，潜在消费需求得不到释放。要聚焦消费升级的需要，加大相关领域投资，提升产品和服务质量，满足潜在需求。引导资金更多投向先进制造业、现代服务业等领域，加快 5G 网络、数据中心等新型基础设施建设，促进新业态新模式发展，营造便利消费环境，使提振消费与扩大投资有效结合、相互促进。三是要强化民生导向。保障和改善民生，既体现以人民为中心的发展思想，又是扩大内需的有效途径。当前医疗、教育、环保等领域仍有一些民生痛点，不少城市存在养老床位紧缺、幼儿无人照料、社区设施不足、停车位少等民生难点，解决好群众关切的堵点痛点问题，既能扩大有效投资、拉动相关消费，还能增强人民群众幸福感、获得感。要加快发展旅游、健康、养老等幸福产业，为民生改善提供有力支撑。四是要推动新型城镇化和乡村振兴。新型城镇化和乡村振兴是扩大内需的综合大平台和深厚潜力所在，既能扩大有效投资，又能释放消费需求。我国城镇化水平、乡村建设水平与发达国家相比均有较大差距，未来发展潜力巨大。要推进以人为本的新型城镇化，顺应农村居民到城镇工作生活需要，提升县城等公共设施水平和服务能力，加大老旧小区改造力度。促进乡村振兴，必须加大有效投资，补齐农村基础设施和公共服务建设滞后短板。五是要积极发展绿色消费和绿色投资。绿色生产生活方式是经济高质量发展的题中应有之义，也是满足人民美好生活期盼的需要。推进绿色生产，必须推动企业加大节能环保投入，完善生产工艺流程，减少环境污染排放，实现资源综合利用。扩大绿色消费，要增加绿色低碳环保产品供给，通过大数据、云平台等现代信息技术推动绿色消费市场扩容完善。

外需是推动经济增长的重要动力，也是促进产业升级、就业增收的重要途径。实践证明，改革开放40多年中国经济发展是在开放条件下取得的，未来中国经济实现高质量发展也必须在开放条件下进行。当前我国经济已深度融入世界经济，货物贸易额占国内生产总值30%以上，没有国际市场，国内循环也会出问题，产业和消费升级都会受阻。积极扩大内需，并不是自求国内平衡，而是要在坚定扩大内需的同时，继续坚定对外开放，在进一步扩大对外开放的进程中，积极参与国际竞争，提高经济竞争力。越是扩大开放，参与国际竞争，国内循环就会越通畅，也能吸引全球资源要素涌入，有利于构建国内国际双循环相互促进的新发展格局。下一步，必须坚持对外开放与扩大内需战略并重，注重扩内需与稳外需相协调，使内外需两个市场相互促进、相互融合，共同拉动经济持续健康增长。

20.2　充分发挥消费的基础性作用

消费既是生产的最终目的和动力，也是满足人民对美好生活需要的直接体现。我国居民消费内生动力强、成长性好、潜力巨大。我国拥有 14 亿人口和世界最大规模中等收入群体，消费市场规模不断扩大，居民消费结构持续升级，服务消费和发展享受型消费快速增长，个性化、定制化消费占比提高，消费品质显著提升，内生增长动力显著增强，是全球最具成长性的市场。当前，仍存在不少制约消费潜力释放的短板，比如高品质消费供不应求，大量消费外流，服务贸易大额逆差中很大一部分来自居民海外旅游购物；我国 60 岁以上老年人口超过 2.5 亿人，0—3 岁婴幼儿超过 4000 万人，养老、托育需求很大，但供给明显不足、质量总体偏低。只要适应居民消费升级变化，解决民生关切，消费潜力就会源源不断释放。下一步，要巩固我国消费规模扩张、结构升级的态势，稳步增加居民收入，着力提升产品和服务质量，大力改善消费环境，消费作为经济稳定运行压舱石的作用将进一步凸显，中国经济大船行稳致远的底气也将不断增强。

一、增强消费内生动力

收入是消费的基础，增加居民收入才能提高消费能力，进而实现消费规模的持续扩大。而就业是财富之源，增加收入离不开就业扩大。因此，要通过扩就业促增收保民生，着力提高居民消费能力和消费意愿，增强消费内生动力。

一是坚持就业优先政策。就业是民生之本、财富之源。实现更高质量和更充分就业，既能增加居民收入，又能满足人民美好生活向往。支持企业充分吸纳就业。企业是吸纳就业的主渠道，要深化减税降费举措，切实减轻企业负担，支持就业容量大的小微企业和民营企业持续发展，鼓励企业稳定和扩大用工规模。注重以创新创业带动就业。继续深入推进"放管服"改革，推进双创、"互联网+"等行动，为各类创业就业提供便利，激发全社会参与创业的积极性，提升创业带动就业的能力。突出保障重点群体就业。做好大学毕业生和农民工就业工作，引导高校毕业生投身基层和生产一线，鼓励通过创新创业实现就业，支持农民工返乡创业。发展现代职业教育，大力开展技能培训，提升技能水平和就业创业能力。加强就业援助，帮扶贫困户和城镇困难人员稳定就业。

二是多措并举增加居民收入。深化收入分配改革，完善有利于提高居民消费能力的收入分配制度，增加低收入群体收入，扩大中等收入群体，使人民共享发展成果。推动实施重点群体增收激励计划，健全多元化的分配方式和差别化收入分配激励政策，着力解决重点群体增收难问题。多渠道增加居民财产性收入。积极拓宽农民增收渠道，稳定就业岗位促进务工收入，创新经营方式增加农业经营收入，完善惠农政策提高转移收入。巩固产业扶贫、就业扶贫成果，稳步提高脱贫群众收入，完善最低工资标准调整机制，增加低收入群体收入。健全再分配调节机制，强化税收调节，促进收入分配更加合理有序。

三是提高居民消费意愿。社会保障水平和公共服务水平是影响居民消费意愿的重要因素。要进一步健全国家基本公共服务制度体系，补上基本公共服务短板，完善社会保障制度，注重加强普惠性、基础性、兜底性民生建设，保障群众基本生活，降低预防性储蓄，消除人们消费后顾之忧，让居民能够把更多收入用于当期消费。持续提高退休人员基本养老金，适当提高城乡低保、专项救助标准，继续提高城乡居民基本医疗保险和大病保险保障水平。

二、促进消费提质升级

要顺应居民消费升级的趋势，积极扩大服务消费，大力发展消费新业态，培育新兴消费，稳定重点消费，充分释放消费潜力，做大做强国内市场，促进消费提质升级。

一是积极扩大服务消费。 2019 年，我国居民服务消费支出占比已达 45.9%，服务消费已经成为重要的消费增长领域。必须顺应服务消费需求升级趋势，进一步扩大服务供给规模，提升服务供给质量。要围绕养老、托育等民生反映集中的痛点领域，破解制约供给难题，满足居民消费需求。加大税费减免、资金支持、水电气热价格优惠等政策支持力度，健全市场机制，多渠道增加养老服务供给，加快完善居家为基础、社区为依托、机构为补充、医养相结合的养老服务体系。建立完善促进婴幼儿照护服务发展的政策法规、标准规范和服务供给，发展多种形式的安全便捷托幼服务。加快破除民间资本进入堵点，推动家政服务业提质扩容。针对人民群众对文化体育、休闲娱乐等不断增加的需求，进一步丰富文化和旅游产品及服务供给，发展全域旅游，加强景区基础设施和公共服务设施建设，创新消费业态和模式，切实落实休假制度。

二是大力发展消费新业态新模式。 随着现代信息技术快速发展，"互联网＋消费"等新业态新模式快速发展，已经成为新的消费增长点。要顺应居民消费方式变化趋势，完善"互联网＋消费"生态系统，鼓励建设"智慧商店""智慧街区""智慧商圈"，促进线上线下消费深度融合。引导市场主体向数字化、智能化、网络化发展，推动消费全渠道、全场景化发展。发挥电子商务平台作用，大力发展新零售，支持云消费。积极推动实体零售创新转型发展，建设一批线上线下融合的新消费体验馆。支持企业发展无接触服务等新服务业态，加强无接触服务基础设施和支撑平台建设。

三是稳定重点消费，培育新兴消费。 目前我国汽车千人保有量为 180 辆左右，不仅低于主要发达国家，也低于一些新兴市场国家，汽车消费增长空间仍然广阔。要加大政策支持力度促进汽车消费，加快城市停车场、充电桩、换电站等设施建设，适当放开汽车限购并积极引导汽车使用，加大汽车金融支持，畅通二手车交易，持续释放汽车消费潜力。实施新时期家电下乡工程，加大政策力度鼓励家电更新，加快废旧家电回收体系建设，鼓励企业开展以旧换新。扩大和升级信息消费，利用现代信息技术推动应用电子产品智能化升级，支持可穿戴设备、智能服务机器人等产品消费。支持绿色消费、健康消费等新兴消费，鼓励企业开发绿色产品，扩大节能环保产品消费，创建绿色商场，发展绿色物流。

三、营造安全便捷消费环境

良好的消费环境是促进消费增长、提升消费体验、释放消费潜力的重要方面。要优化商业布局，提升消费便利化水平，健全农村流通设施，保护消费者权益，让消费者方便消费、愿意消费、放心消费。

一是提升消费便利化水平。构建完善以中心商圈、商业街区为核心、以社区商业为基础的多层次城市流通网络体系。推动中心商圈提质升级，改造提升城市商业步行街，创新步行街经营业态，统筹推进商贸文旅融合，提高资源整合能力和消费集聚水平，打造城市商业名片。加强城市商业规划，引导大型商业设施和社区商业网点优化布局。合理布局社区购物、餐饮、休闲、养老、家政、保健等业态，提升社区商业便利化、智能化水平。

二是加快健全农村现代流通网络。进一步改造提升农村流通基础设施，加强农村商业网点建设，构建以乡镇为中心的商贸物流体系，改造提升乡镇商品市场，发展中心村连锁直营店，构建超市进镇、连锁下乡、配送到村的农村市场体系。统筹城乡流通基础设施建设，扩大电商进村覆盖面，优化快递服务和宽带接入，鼓励农村商业网点信息化改造，完善农村电子商务配送网络，畅通农产品进城渠道，提高农村电商发展水平。提高流通设施利用效率和商业服务便利化水平，畅通工业品下乡渠道，丰富农民消费。

三是加强消费者权益保护。强化消费市场监管，严肃查处假冒伪劣、虚假广告、价格欺诈等违法行为，着力净化消费环境，切实保护消费者权益。建设完善统一的重要产品追溯信息服务体系，提升重要产品追溯体系综合服务功能，促进安全放心消费。加强消费领域信用体系建设，建成一批覆盖线上和线下企业的示范型信用平台，完善守信激励和失信惩戒机制，实现跨地区、跨部门信用信息奖惩联动。针对反映问题集中和人民群众关注的重点服务领域，加强服务质量监测。充分发挥新闻媒体监督功能，加大对侵害消费者合法权益违法行为的曝光力度。

20.3　有效发挥投资的关键性作用

扩大有效投资，不仅能够增加新的优质供给，为促进消费、满足人民日益增长的美好生活需要创造条件，也能为调结构、增后劲提供有力支撑。虽然我国经济总量已位居世界第二，但从人均水平看，我国仍是世界上最大的发展中国家，正处在工业化、信息化、新型城镇化、农业现代化快速发展阶段，发展不平衡不充分的问题还很突出。比如，我国基础设施和民生领域仍有许多薄弱环节，人均公共产品拥有水平与发达国家相比还有不少差距，人均基础设施水平仅相当于发达国家的20%—30%，全国人均铁路营业里程和高速公路里程仅为美国的1/8 和1/3 左右；城乡之间、地区之间发展差距依然较大，常住人口城镇化率为60.6%，而发达国家普遍在70%以上，农村地区人均公共设施投入仅为城镇地区的1/5 左右；创新能力和产业竞争力还不够强，高技术制造业占规模以上工业增加值的比重仅为14.8%，同发达国家相比差距明显。差距意味着发展潜力和发展空间，缩小差距需要积极加大投入，加快相应领域建设，这其中蕴藏着巨大潜力。我国社会总储蓄率高，社会资金充裕，生产建设支撑条件优良，扩大有效投资有不少有利条件。当前我国经济已转向高质量发展阶段，投资的方向和重点要聚焦促进可持续发展、提升质量效益。下阶段，必须围绕发挥投资关键性作用和合理扩大有效投资，紧紧围绕经济竞争力的关键、消费升级的方向、供给侧的短板、社会发展的瓶颈问题，瞄准发展急需、升级急缺、群众急盼，着力抓重点、补短板、强弱项，切实以有效投资合理增长换来结构优化、效益提升、民生改善，积极培育新动能和改造提升传统动能，推动经济持续健康发展。

一、扩大新兴领域投资

当前，新一轮科技革命和产业变革正在兴起，必须加大战略性新兴产业和科技创新投资，抢占科技竞争和未来发展制高点，培育壮大新动能，推动我国产业迈向全球产业链中高端。

一是加强新型基础设施建设。新型基础设施是提升未来竞争力的关键支撑。要加大新一代信息网络投资，加快 5G 基站建设，实施全国一体化大数据中心建设工程。实施"上云用数赋智"行动，加快传统基础设施"数字 +""智能 +"升级。进一步打造工业互联网平台，拓展"智造"，为制造业转型升级赋能，推动制造业向数字化、网络化、智能化转变。

二是加大新兴产业投资。新兴产业是国民经济中最有活力、最具增长潜力的部分。要抓住产业数字化、数字产业化赋予的机遇，抓紧布局数字经济，实施数字经济重大工程，深化大数据、人工智能等研发应用，形成发展新动能。加大新一代信息技术、高端装备、生命健康、新能源汽车、新材料等领域研发和生产设备投入，促进新兴产业加快发展，着力壮大新增长点。围绕推动制造业智能升级和新兴产业发展扩投资，坚持智能制造主攻方向，持续实施重大技术改造升级工程，加大制造业转型升级急需的装备、软件等领域投资。

三是促进创新发展投资。瞄准世界科技前沿、聚焦国家战略需求，加大重大科技基础设施和应用基础研究投入力度，提升科技支撑能力。围绕加快关键核心技术攻关扩投资，聚焦集成电路、电子元器件、高档数控机床等加大设备投资和研发投入。加强国家实验室建设，重组国家重点实验室体系，发展国家产业创新中心等社会研发机构，提升科技基础设施支撑。健全以企业为主体的产学研一体化创新机制，支持企业牵头实施重大科技项目，形成多元化投入机制。强化工业基础和技术创新能力，支持企业加快技术改造和设备更新，促进先进制造业和现代服务业融合发展。

二、加大短板弱项领域投资

我国经济迈向高质量发展阶段还面临不少挑战，比如城镇承载能力不够，农业农村基础差、底子薄、发展滞后的状况尚未根本改变，基础设施、生态保护等领域投入还不足。这些短板弱项都需要通过有效投资加以补足，不断提高投资的经济效益和社会效益，更好满足人民日益增长的美好生活需要。

一是大力提升城镇综合承载能力。当前和今后一个时期，要坚持以人为核心，加强城市综合承载能力建设，完善提升城市功能，让城市生活更加美好。围绕建设智慧城市、绿色城市、人文城市，加大城市轨道交通、物流、市政等基础设施投入，推进地下综合管廊建设，加大物联网、大数据在城市管理中的应用。破除准入障碍，增加城市养老、医疗、托幼等服务供给。改造提升老旧小区是战略举措，既直接惠民生，又有利于扩大有效投资、促进消费增长。要加大老旧小区改造提升力度，更新水电路气等配套设施，支持加装电梯和无障碍设施改造建设，健全便民市场、停车场等生活服务设施。提升县城公共设施和服务能力，增强人口承载能力。

二是加大民生基础设施和生态环保投入。立足民生导向、聚焦突出短板，继续以交通、水利等为重点，加大公共卫生、城际交通、物流、市政、灾害防治、航空等基础设施投资力度。发展节能环保产业，加大火电、钢铁行业超低排放改造，加大重污染行业达标排放改造力度，推广清洁高效燃煤锅炉。全面推进污水处理设施建设与改造，加大城市黑臭水体治理力度，推进重点流域和近岸海域综合治理。加强垃圾处置设施建设，鼓励垃圾分类，促进固体废物和城市垃圾处理减量化、资源化、无害化。实施重要生态系统保护和修复重大工程，推进山水林田湖草生态修复，持续抓好国土绿化，加大荒漠化、石漠化、水土流失治理投入。

三是扩大乡村振兴投资。全面建成小康社会后，要继续巩固脱贫成果，防止返贫。巩固脱贫攻坚项目建设，加强"三区三州"等深度贫困地区基础设施和公共服务设施建设，巩固易地搬迁、农村饮水安全等工程建设，持续推进农村危房改造。虽然我国粮食供求总体平衡，但粮食生产基础尚不稳固。要加大高标准农田等现代农业基础设施建设，加快农业科技创新和技术推广，提高农业机械化、信息化水平。我国城乡发展差距，主要体现在农村基础设施和公共服务建设落后，促进乡村振兴，必须加大投资补齐这方面短板。要加大农村供电、道路、信息等基础设施投入力度，加快实施农村饮水安全巩固提升工程。加强农村人居环境整治，继续支持农村改厕和生活垃圾、污水处理设施建设，持续改善农村生产生活条件，助力美丽乡村建设。

三、激发市场主体投资积极性

扩大有效投资，要坚决破除制约投资的体制机制障碍，全面发挥市场机制的作用，提升投资便利化水平，积极引进外资，激发投资活力，充分调动市场主体的积极性和主动性。

一是调动民间投资积极性。民间投资占投资的大头，扩大有效投资，关键还是要发挥市场机制作用，充分调动民间投资积极性。要落实落细鼓励民间投资的政策措施，坚持国企民企一视同仁，营造公平、透明、稳定的投资环境，加大对民间资本的支持和服务。进一步缩减市场准入负面清单，推动"非禁即入"普遍落实，以服务领域为重点进一步放宽准入。创新民间资本投资方式，有序推进政府和社会资本合作，完善相关价格、税费等优惠政策。在交通、油气、电信等领域推出一批投资回报机制明确、商业潜力大的项目，吸引民间资本进入。对收益欠佳、民间资本参与意愿不高的领域，加大政府资金引导，建立合理利润分享和风险分担机制，使民间投资与政府投资、信贷资金等协同联动。

二是积极有效利用外资。积极有效利用外资不是权宜之计，而是必须长期坚持的战略方针，对促进我国经济持续健康发展具有重要意义。要提高利用外资的质量和水平，坚持引进外资与引智引技并举，提升利用外资的技术溢出效应和产业升级效应。进一步放宽外资准入，扩大现代农业、制造业、服务业开放，全面取消外资准入负面清单之外的限制。加强在创新领域的合作，鼓励外商投资地区性总部、研发中心等功能性机构，鼓励外资研发中心升级为全球研发中心和开放式创新平台。切实抓好《外商投资法》贯彻落实，增强民事司法保护和刑事保护力度，提高知识产权保护水平，加强外商合法权益保护。全面实施平等待遇，按照竞争中性原则，对在中国境内注册的各类企业平等对待、一视同仁，完善市场化、法制化、便利化的营商环境。允许更多领域实行外商独资经营，推动一批规模较大、示范性较强和具有标志意义的重大外资项目落地，促进利用外资高质量稳定增长。

三是提升投资便利化水平。继续深化"放管服"改革，放宽市场准入，开展投资促进行动。深化投融资体制改革，健全风险分担和补偿机制，发挥投资对优化供给结构的关键性作用。持续压减投资审批和评估事项，审批事项应减尽减，确需审批的要简化流程和环节，优化在线审批监管平台功能，提高审批事项规范化透明化水平。

20.4　促进外贸升级发展

对外贸易是推动经济增长和产业升级的重要动力，也是促进就业增收的重要途径。我国虽然是货物贸易第一大国，但贸易大而不强的问题比较突出，主要表现在创新能力较弱，出口产品质量、档次和附加值不高。当前，我国劳动力成本持续上升，资源约束日益趋紧，环境承载能力接近上限，传统依靠劳动力和资源要素的成本、价格优势减弱，与此同时我国出口又面临发达国家再工业化和新兴发展中国家低成本竞争的双重挤压，必须加快打造外贸竞争新优势，促进外贸升级发展。新形势下，必须积极拓展外贸高质量发展的国际空间，加快发展更高水平开放型经济，实施优进优出战略，推动外贸出口转动力调结构，引导出口企业优化产品结构、市场结构，提升出口产品附加值，增强外贸服务能力，做强"中国制造""中国服务"国家品牌，培育新形势下参与国际合作和竞争新优势。

一、大力加强国际合作

促进外贸升级发展，必须坚定支持多边贸易体制，加强国际合作，扎实推进"一带一路"，加快自由贸易区建设，推动构建开放型经济体系，促进贸易自由化、便利化，拓展有利的国际空间。

一是坚定维护多边贸易体制。以世贸组织为核心的多边贸易体制，是当今国际经贸秩序的基石，必须尊重和维护其权威与效力。要旗帜鲜明地推动经济全球化进程，支持开放、透明、包容、非歧视性多边贸易体制。积极参与全球经济治理改革，坚定奉行多边主义，支持广大发展中国家发展，反对霸权主义、保护主义。推动多边贸易谈判进程，积极参与服务贸易协定、政府采购协定等谈判。积极参与相关争端解决机制改革完善工作，参与出口管制国际规则和管制清单制订。

二是深化与"一带一路"沿线国家经贸合作。"一带一路"建设是我国扩大对外开放的重大战略举措，为我国经济增长开辟了新空间，为对外贸易和投资搭建了新平台，也为世界各国发展提供了新机遇，必须不断深化与"一带一路"沿线国家经贸合作。要遵循共商共建共享原则，积极促进"一带一路"打造国际合作新平台。要稳定劳动密集型产品等优势产品对沿线国家出口，抓住沿线国家基础设施建设机遇，推动大型成套设备和技术、标准、服务出口。顺应沿线国家产业转型升级趋势，加快机电产品和高新技术产品出口。积极与沿线国家商谈优惠贸易安排和投资保护协定，全面加强海关、检验检疫、运输物流、电子商务等领域合作。加快与相关国家开展食品农产品检验检疫合作及准入谈判，加快食品农产品认证国际互认合作，扩大食品农产品贸易。

三是加快实施自贸区战略。开放水平更高、灵活性更强的区域贸易安排，是驱动国际贸易发展的主引擎。不断扩大我国自由贸易区网络覆盖范围，加快形成立足周边、辐射"一带一路"、面向全球的高标准自由贸易区网络。加快构建高标准自贸区网络，推进区域全面经济伙伴关系协定、中欧投资协定加快落实，推进与"一带一路"相关国家和地区的自贸区建设。落实好现有自由贸易协定，积极推动货物、服务、投资等领域双向开放，加快推进知识产权、环境保护、电子商务、竞争政策、政府采购等新议题谈判，提高我国自贸区建设的标准和质量。推动商建新的自贸区，推进与相关国家自贸区升级。建设好海南自由贸易港，打造开放层次更高、营商环境更优、辐射作用更强的开放新高地。

四是推动市场多元化。推动外贸市场结构从传统市场为主向多元化市场全面发展转变，扩大同各国的利益交汇点。引导企业继续深耕细作发达国家传统市场，加大新兴市场开拓力度，综合考虑经济规模、发展速度、资源禀赋、风险程度等因素，选择若干新兴市场重点开拓。促进质量好、档次高、具有比较优势的产品和服务出口。

二、积极打造外贸竞争新优势

推进贸易强国建设，要转变外贸发展方式，促进货物贸易优化升级，服务贸易创新发展，培育贸易新业态新模式，提升外贸载体水平，加快培育以技术、标准、品牌、质量、服务为核心的外贸竞争新优势。

一是促进货物贸易优化升级。加大科技创新投入，积极采用国际先进质量标准，提升产品检测和认证体系，提高纺织、家电、建材、化工等出口产品质量、档次和技术含量。继续巩固和提升劳动密集型产品在全球市场的优势地位，提升农产品精深加工能力和特色发展水平。发挥我装备产品性价比高的优势，强化电力、轨道交通、通信设备、船舶、工程机械、航空航天等装备制造业和大型成套设备出口的综合竞争优势，推动国内金融机构为大型成套设备出口项目提供融资保险支持，着力扩大资本品出口。进一步提高节能环保、新一代信息技术、新能源等战略性新兴产业的国际竞争力，扩大高新技术产品出口。做强"中国商品"国家品牌，多措并举加快培育外贸品牌，加大中国自主研发、拥有核心技术的品牌产品海外推介力度。

二是推动服务出口创新发展。鼓励文化、旅游、建筑、软件、研发设计等服务出口，大力发展服务外包，打造"中国服务"国家品牌。建设数字服务出口基地，扩大信息技术服务和数字内容服务出口，加快服务出口数字化转型。鼓励企业建立境外服务保障体系，支持重点企业建设境外售后维修服务中心，鼓励维修、咨询、检验检测等服务出口，促进服务贸易与货物贸易紧密结合、联动发展。

三是积极发展外贸新业态。以跨境电商为代表的贸易新业态新模式成为外贸增长新亮点。要坚持鼓励创新、包容审慎原则，支持跨境电子商务、市场采购贸易、外贸综合服务等健康发展，打造外贸新增长点。深入推进跨境电子商务综合试验区建设，加快复制推广成功做法，建立适应跨境电子商务特点的政策体系和监管体系，提高贸易便利化水平，促进跨境电子商务健康发展。加快完善海外仓储布局，支持企业建立国际中转分拨中心、物流仓储配送中心和售后服务中心。促进市场采购贸易和外贸综合服务，发展跨境电子商务产业链，支持引导跨境电子商务产业规模化、标准化、集群化、规范化发展。发起和参与跨境电子商务规则交流和谈判，积极发挥建设性推动作用。

四是推进新型外贸平台建设。加快外贸转型升级基地、贸易平台、国际营销网络建设。培育一批综合型、专业型基地，加强公共服务和宣传引导，突出扶优扶强，增强基地创新发展能力，切实发挥示范带动作用。进一步培育若干个国际知名度高、影响力大的会展平台，深入推进内外贸结合商品市场、电子商务平台建设，发挥其带动促进作用。鼓励企业在境外建设一批品牌推广效果好的展示中心、集散配送功能强的分拨中心、区域辐射半径大的批发市场、市场渗透能力强的零售网点、服务能力强的售后服务网点和备件基地、区域辐射能力强的临港经贸合作区等商贸物流性经贸合作区。

三、提升外贸服务水平

与国际先进水平相比，我国跨境贸易服务仍有不小改进空间。要进一步优化口岸营商环境，加强对外贸企业的公共服务，进一步提升外贸服务水平，让外贸企业"轻装快跑"。

一是提高贸易便利化水平。积极履行世界贸易组织《贸易便利化协定》。加快全国通关一体化改革，推进大通关建设，全面实现口岸管理信息互换、监管互认、执法互助。建立高效便捷的通关制度，加强出口企业分类指导，增强海关查验的针对性和有效性。加快电子口岸建设，改善通关便利化的技术条件，推广国际贸易"单一窗口"建设，建立标准体系。建立完善国际贸易供应链管理机制，推动实施经营者认证国际互认。完善口岸收费目录清单管理，增强透明度，规范经营服务性涉企收费，加强和创新收费监管，建立打击违规收费机制。

二是完善外贸企业支持政策。完善外贸政策协调机制，加强财税、金融、产业、贸易等政策的衔接和配合。推动进一步优化进出口关税结构，完善出口退税政策。加强银贸合作，鼓励和支持金融机构灵活运用流动资金贷款、对外担保等方式，支持有订单、有效益的外贸企业，充分发挥出口信用保险作用。提高公共服务能力，加强对重点市场相关法律、准入政策、技术法规、市场信息等的收集发布，提高外贸企业防范和应对国际贸易风险的能力和水平。强化综合应对贸易摩擦机制，综合运用交涉、磋商、谈判、法律抗辩等方法，妥善解决贸易摩擦，管控贸易分歧，有效维护我国正当经贸利益和企业合法权益。

20.5　小结

从我国需求动力演变规律、国际发展一般规律和外部环境变化趋势分析，今后一个时期我国需求优化将围绕形成以国内需求大市场为主体、内需外需相互促进的动力新格局，把满足国内需求作为发展的出发点和落脚点，坚定实施扩大内需战略，加快构建完整的内需体系，坚持对外开放与扩大内需战略并重，注重扩内需与稳外需相协调，使内外需两个市场相互促进、相互融合，推动需求动力规模合理扩张、结构协调优化，共同为经济持续健康增长提供磅礴动力。

消费既是生产的最终目的和动力，也是人民对美好生活需要的直接体现。要充分发挥消费拉动经济增长的主动力，稳步增加居民收入，着力提升产品和服务质量，大力改善消费环境，进一步释放居民消费潜力，巩固我国消费规模扩张、结构升级的态势，进一步发挥消费作为经济稳定运行压舱石的作用。

扩大有效投资，不仅能够增加新的优质供给，又能带动就业、增加收入、扩大消费，还能为调结构、增后劲提供支撑，拉动经济增长。高质量发展阶段，必须围绕发挥投资关键性作用和合理扩大有效投资，紧紧围绕经济竞争力的关键、消费升级的方向、供给侧的短板、社会发展的瓶颈问题，扩大新兴产业投资，增加短板弱项领域投资，充分调动市场主体扩投资的积极性，切实以有效投资合理增长换来结构新优化、效益新提升、民生新改善，为培育新动能和改造提升传统动能创造条件。

对外贸易是推动经济增长和产业升级的重要动力，也是促进就业增收的重要途径。新形势下，必须加快发展更高水平的开放型经济，积极拓展外贸发展新空间，实施优进优出战略，推动外贸出口转动力调结构，引导出口企业优化产品结构和市场结构，提升产品出口附加值，提升出口竞争力，增强服务出口能力，做强"中国制造""中国服务"国家品牌，培育新形势下我国参与国际合作和竞争新优势。

第二十一章 推动高质量发展的空间动力优化

未来空间动力的释放，需要在继续推进城镇化并挖掘区域经济增长潜力的同时，提高城镇化的质量和各地区经济增长的质量，并逐步缩小城乡居民收入差距和区域经济发展差距。为此，针对未来城镇化和区域发展面临的多种挑战，我国需要进一步理顺城乡区域发展中的各种关系，采取适当的战略措施，提高效率，促进公平，充分发挥后发优势、大国优势和中国特色社会主义制度优势，闯出一条适合中国国情的具有中国特色的城乡区域发展道路，不断优化空间动力格局，为第二个百年奋斗目标的实现提供有力支撑。

21.1 空间动力优化总体思路

2021—2050 年，我国空间发展格局必然会发生巨大变化，秉持怎样的空间开发思路和原则，将对这种格局变化产生重大影响。随着我国经济社会发展阶段的转变，城乡区域发展的总体思路也需要不断优化调整，具体来说，未来在城乡区域发展的相关工作中要贯彻落实好以人为本的基本原则，要更好地兼顾好效率与公平，要充分发挥市场在空间配置中的决定性作用，同时也要有效发挥政府调节空间格局的重要功能。我们首先简要概括未来空间动力优化的总体思路和原则，进而就几个关键的空间动力优化问题提出具体的战略构想。

一、空间动力优化要充分体现以人为本的原则

党的十九大明确提出了"十四个坚持"，用以概括新时代坚持和发展

中国特色社会主义的基本方略，其中之一就是"坚持以人民为中心"，要求"把人民对美好生活的向往作为奋斗目标，依靠人民创造历史伟业"。经济发展的终极目标是人民生活的改善，空间格局的变化必然影响到人的生产生活状况，以城镇化和区域发展为主要内容的空间动力，其成长和壮大有赖于人民的积极参与，其质量高低也只有以人民是否满意来得到最终检验。城镇化的核心是人口的地理集中，只有人口的集中，其他要素以及产业的集中才有价值，城镇的需求增长才能实现。而城镇化之所以能够实现，正是由公民"用脚投票"推动的。相比于乡村，选择在城镇居住，可以获得更多的就业机会、更高的收入、更广阔的信息获取渠道、更丰富的消费和服务等诸多利益，因此，能在发达城市工作生活是很多人的梦想。区域发展的目标是改善本区域居民的生活水平，人口的规模、结构及其诉求是各区域发展的基础条件，区域协调的核心是区域间居民生活水平差异的缩小。任何区域发展战略的制定和实施，只有契合了区域内居民的愿望，调动了相关人员的积极性，才能有序推进并取得效果。总之，空间动力的优化，必须以人为出发点和落脚点。坚持以人为本的城镇化和区域发展，意味着要杜绝"以 GDP 为纲"的发展理念，不能把供给与需求割裂开来。不能为追求供给的增长而过分强调劳动力与资本的空间集聚，忽视城市和地区新移民的经济社会权益的保障；也不能为追求需求的增长而过快过度拉大城市框架，不切实际地提高开发强度，忽视居民生活水平和品质的提升。

二、空间动力优化要兼顾好效率与公平

党的十九大指出，中国特色社会主义新时代"社会主要矛盾是人民日益增长的美好生活需要和不平衡不充分的发展之间的矛盾，必须坚持以人民为中心的发展思想，不断促进人的全面发展、全体人民共同富裕"。所谓不平衡，指的是各领域、各地区、各类人群之间存在发展水平的差异，说的是公平问题。所谓不充分，指的是很多方面的发展还不够，存在效率不高的问题。相比于居民微观数据，城市和区域等中、宏观数据更易得，因

而学界和政界经常从空间视角评价经济发展的效率与公平问题。例如，在提到我国经济发展的不平衡不充分问题时，经常使用区域发展水平的差距描述不平衡或不公平问题，使用一些地区较低的平均收入水平和发展速度数据描述不充分或效率较低问题。改革开放以来，我国曾一度偏重发展的效率，大力支持优势地区和优势城市的率先发展，在一定程度上造成城乡和区域差距拉大。进入新世纪以来，我国空间发展思路开始较多地考虑公平问题，取消农业税，开展新农村建设，实施西部大开发等重大战略。未来几十年内，我国空间动力的优化在继续发挥城乡和各地区的优势，保证经济发展效率、确保经济保持中高速增长的同时，更加注重公平问题，要推动城乡和各地区之间居民收入和生活水平差距的缩小，实现协同发展、共同富裕，提高经济增长的质量、效益和可持续性。

三、空间动力优化要充分发挥市场的决定性作用

在社会主义市场经济体制下，确保城镇化和区域发展效率的前提是充分发挥市场在资源配置中的决定性作用。承载于空间之上的要素、产业、需求等经济活动，只有按照市场规则开展时，由其决定的空间单元的经济运行才是有效率的。同样，随着经济总量的成长，空间作为一种特殊的资源，其稀缺性也越来越突出，其配置效率也需要依靠市场机制才能得到保障。不同类型的经济活动需要不同的区位条件，只有在市场公平竞争的条件下，每个区位才能找到与其特征最为匹配的经济活动类型。要充分发挥市场对包括空间在内的资源配置的决定性作用，就要进一步完善各种体制机制，营造公平竞争的市场环境。首先，要进一步完善产权制度，增强各类要素和市场主体的可流动性，特别是要促进土地要素的有序流转、人口的自由迁移、企业的自主布局。其次，要完善各类价格形成机制，特别是要完善大城市的土地、住房等与空间高度相关的价格稳定机制，并逐步完善有关制度，有效利用价格机制实现耕地保护、生态修复等公共福利目标。最后，要完善相关法律，进一步破除地方保护主义和资源、信息垄断，减

少市场失灵，提高市场自身的运行效率。

四、空间动力优化要有效发挥政府调控的重要作用

虽然提高经济运行效率主要需要依靠发挥市场的作用，但完全依靠市场，往往会因为循环累积因果效应造成较大的空间发展差距，进而损害公平；同时，由于可能出现市场失灵现象，过于强大的市场势力也有可能损害效率，例如经济活动的过度集中可能造成"大城市病"和周边腹地的萧条。因此，市场经济的有效运行不仅需要充分发挥市场的作用，还要有效发挥政府的作用，对于城镇化和区域发展尤其如此。就空间动力成长而言，未来我国需要从促进公平的角度，进一步完善空间治理体制机制，发挥好政府调控空间格局的作用。一是大力实施乡村振兴战略，缩小城乡差距。二是提高城市管理水平，促进大中小城市协调发展，避免各种"过密"和"过疏"问题。三是落实好区域协调发展战略，发挥集中力量办大事的体制优势，形成发达地区带动落后地区发展的有效机制，尤其要使用政策和资金措施，帮助革命老区、民族地区、边疆地区、困难地区解决实际困难，缩小与全国发展水平的差距。另外，还要建立有效的法律体系，加快转变政府职能，规范地方政府的行为，有效化解地方债务风险，治理"土地财政""既当裁判员又当运动员"等乱象。

21.2 以外来人口市民化为重点的城镇化质量优化

人口的集聚是城镇化的核心，随着我国市场经济体制的完善和经济发展水平的提高，特别是随着人口增长的放缓甚至是负增长，未来人口对于城镇化和城市经济的意义将越来越显著，人口城镇化将进一步向城镇化的核心地位回归。近年来，我国各大城市发起了人才和人口争夺战，户籍门槛大幅降低，未来对于人的争夺还将更加激烈，这有利于我国城镇化质量的提高。未来很长一段时间，城市人才和人口争夺的焦点，以及城镇化质

量优化的重点，就在于能否顺畅地实现外来人口的市民化，让各方面人才在城市安家落户，为城市经济繁荣做出贡献。需要说明的是，此处所说的"外来人口"，不仅包括没有城镇户口的进城农民工，而且也包括从其他城镇迁移而来，拥有其他城镇户口但没有本地户口的外来人口。随着我国城镇化水平的不断提高，未来城镇之间的人口迁移将更加频繁，甚至成为人口迁移的主流，城市之间的人才和人口争夺将更加激烈。

一、从法律上保障公民的迁徙自由

外来人口市民化的第一步是允许外来人口的存在，或者说降低成为城市外来人口的门槛。先允许公民迁徙到某个城市，下一步他（她）才能考虑在此长期工作和生活，实现市民化，或者选择再次向别处迁徙。国家内部行政区划与国境线的最大区别，就是国家公民可以在国境线以内自由地移动，因此，"迁徙自由"被普遍认为是公民的一项基本权利。发达国家大多在宪法中规定了公民享有"迁徙自由"，联合国于1948年颁布的《世界人权宣言》第十三条提出："人人在各国境内有权自由迁徙和居住"。我国早期也按照国际惯例，将公民的迁移自由写入了宪法，从推翻帝制后制定的第一部资产阶级宪法——《中华民国临时约法》（1912年），到新中国成立后制定的第一部《中华人民共和国宪法》（1954年），都规定了公民享有迁徙自由。然后，由于受计划经济体制制约，特别是受苏联模式的影响，改革开放前人口迁徙受到了很大限制，特别是农民的迁徙被严格限制，未经计划安排流入城市的人口被称作"盲流"，迁徙自由在现实中被取消，以至于1975年修宪时被从文本上正式拿下[①]。改革开放以来，虽然计划经济时代形成的户籍制度仍然对人口的迁移特别是乡—城迁移起到了明显的限制和控制作用，但改革的大方向是逐渐放松管制的。进入新时代以来，户籍制度改革不断深化，很多中小城市甚至取消了户籍限制，大城市户籍门

---

① 周其仁：《城乡中国》（上），中信出版社 2013 年版。

槛也在逐渐降低，公民自由迁徙的权利实际上得到了很大程度的恢复。随着经济发展水平的提高，人口对于城市的发展将不再是负担，而是城市繁荣的根基，很多城市对于外来人口的态度已经发生了明显的转变。下一步，要进一步完善相关政策法规和体制机制，明确市民应有的权利和义务，更多地依靠市场原则而非行政命令手段，引导人口根据自身成本收益权衡和城市发展状况，自主选择工作和居住地点，进而逐步取消户籍限制，从根本上恢复公民的迁徙自由权益，并适时将此项权利重新写入宪法，为人口城镇化和外来人口市民化提供法律保障。

二、创新城市住房供给方式

外来人口要在城市生活下去，必须拥有稳定的住房。先得"安居"然后才能"乐业"。如果外来人口在城市有稳定的住房，即使一时找不到工作或者处于失业状态，也可以依托住房以较低成本在城市寻找工作或者再就业，甚至可能依托城市的信息优势和教育优势，在较短时间获得技能提升，增强就业能力，因而大大缩短就业岗位供需匹配耗费的时间，否则，外来人口只能离开城市，陷入长期失业的漫漫求职路。因此，低成本的住房可以大幅降低全社会的摩擦性失业和结构性失业。由于历史原因，我国城市房地产市场照搬了香港模式，造成很多城市住房价格和租金节节攀升，一些城市的房价已严重脱离了居民的人均收入水平，外来人口"安居"成了遥不可及的梦想。新时代以来，我国对城市住房制度改革高度重视，明确了"房子是用来住的，而不是用来炒的"定位，房子回归"住"的属性，房价过快上升势头得到了初步控制。未来，要继续坚持好"房住不炒"的基本定位，建立和完善房地产市场平稳发展的长效机制，杜绝投机性购房，建立多元化的住房供给机制，增加新建住房供给，盘活存量住房，规范房屋租赁市场，稳定地价、房价、房租和市场预期。

三、加强外来人口就业保障

外来人口在城市长期生活，必须依靠稳定的工作和收入来源，就业是外来人口市民化的基础。当前，进城农民工是我国城镇外来人口的主体，农民工市民化是现阶段外来人口市民化的重点。农民工群体之所以背井离乡，很多人告别妻儿，只身到城市打工，就是为了赢得一份收入更高的工作。从就业角度推动城镇农民工家庭及其他外来人口市民化，主要需要从四个方面发力。一是创造更多的岗位。城镇化的发展，特别是大城市的发展，为服务业的发展提供了更为广阔的舞台，而服务业又具有较强的就业吸纳能力，相比于工业和农业，很多服务行业更具有劳动密集和技术密集属性，可以依靠较少的资本或土地创造更多的就业岗位。城镇应更好地发挥服务业优势，为服务业发展和创新搭建好空间。特别是对于有利于解决短期就业问题的"地摊经济"等非正规经济形态，不应采取"一禁了之"的简单做法，而应通过提高城市管理水平，合理规划和引导非正规经济发展，促进其走向正规化。二是在岗位招聘过程中消除歧视。贯彻"用人唯才，人尽其才"的原则，取消城市就业岗位对户籍身份的限制，维护就业市场的公平竞争，这需要政府、社会和用人单位共同努力。三是提供就业帮扶服务。建立和完善城市用工信息发布制度，减少就业市场的信息不对称不充分问题，提高岗位供需匹配效率，建立和完善有关公益机构，为求职者提供更多的优质服务。四是提升外来人口就业技能。根据城镇产业发展的方向及时调整教育机构专业配置，增强职业教育院校实力和吸引力，扩大"订单教育"规模，提高教育的实用性。通过发放"培训券"等方式，对就业困难群体提供就业技术培训服务，提高其就业能力。

四、完善相关公共服务

外来人口要完全实现市民化，除了住房和就业，还需要享受与市民同等的公共服务。同时，随着农业富余人口的减少，未来城镇外来人口迁徙的目的，将不止于追求更高的收入，享受更好的养老条件、生态环境、交通便利性、文化体育设施等，将成为越来越重要的迁徙动力。事实上，目前我国发达地区的一些农村居民收入已大幅提高，很多农民在城市购房居住，并不是为了在城市长期工作，而是为了享受城市丰富的教育医疗资源，特别是为子女抢占稀缺的"学区"资源。公共服务水平将成为外来人口市民化和城市人才争夺战成败的关键。首先，要为全体市民提供公平的社会保障服务，提高社会保险统筹层次，为人口跨区域迁徙创造条件，解决居民医疗、养老等后顾之忧。其次，要破除外来人口在子女入托入学、承租廉租房等方面的不合理规定，提供均等化的公共服务。最后，要根据市民居住地情况补足基础设施和公共服务，避免在城市内部造成生活水平过大的空间差异，这不仅有利于降低生活成本，为市民提供更好的生活环境，加快新市民融入城市社会的进程，而且可避免因公共服务不均导致的炒房动机，有利于为城市房地产市场健康平稳发展打下基础。

21.3　以城市群建设为重点的城镇体系结构优化

现代化的空间结构特征在于集中，不仅包括经济活动向城镇的集中，而且也包括城镇在特定地区的集中布局，组成多个城市群。城市群是城市发展较为成熟时形成的空间组织形式，是在特定的地域范围内，以中心城市为核心，依托发达的交通等基础设施体系形成空间组织紧凑、经济联系紧密，并最终实现高度同城化和一体化的城市群体。发达的大型经济体的城镇体系大多是由多个城市群组成的，城市群的成长壮大是形成大中小城市和小城镇协调发展的城镇体系的关键，城市群的合理布局不仅有利于推动城镇化的快速有序发展，而且有利于提升区域内空间组织效率，推动区域之间、城市之间和城乡之间的协同发展。

一、加强中心城市承载力和辐射带动功能

任何发达的城市群都是由实力较强的一个或多个中心城市带动的，可以说，中心城市的承载力和辐射带动力对整个城市群的经济发展起到了决定性作用。我国"十三五"规划提出的"19+2"的城镇化战略格局就是围绕中心城市展开的。前者的"19"指19个城市群，均有相对成熟的大城市带动；后者的"2"主要强调的以拉萨和喀什为中心的两个城镇密集地区的开发和发展。截至目前，我国已经正式确定了9个国家中心城市，分别为北京、天津、上海、重庆、广州、武汉、成都、郑州、西安。国家中心城市是我国城市群发展的重点，其成长壮大将为我国未来多极大城市化的基本格局奠定坚实的基础。发挥好中心城市的城市群引领功能，首先要增强中心城市自身的经济实力，突出规模优势，提升人口吸纳能力和产业承载力，部分中心城市还需继续扩大规模，适当提高首位度。其次，要围绕中心城市加强基础设施建设，在建设一小时通勤圈的基础上打造现代化都市圈，推动与城市群内其他城市的交通和公共服务一体化。最后，要通过产业转移、技术扩散等辐射带动功能，推动城市群内各等级城市在产业、功能上的分工合作，形成错位发展和协同发展的格局，最终实现城市群内经济社会的全面一体化。

二、推动收缩型城市瘦身强体

从长期的历史视角来看，城市发展也是有生命周期的，由于各种原因，城市有可能成长、壮大，也有可能衰退、收缩，甚至消失。随着经济发展水平的提高，很多国家难逃老龄化、去工业化的命运，因此，一些在人口快速增长和工业化水平提升过程中繁荣起来的城市，有可能不再适应后工业化时代的要求，进而陷入衰退，表现为人口持续减少，这类城市被称作"收缩型城市"。据统计，上世纪90年代，全球1/4以上的大都市区经历了城市收缩，其中发达国家城市收缩更为明显，1996—2001年间，欧

盟 57% 的城市和 54% 的大都市区人口持续减少 ①。近年来，我国人口老龄化和产业结构变化加快，大城市化趋势也更加明显，在此背景下，城市人口外流的现象已经不再是个例，尤其是东北地区很多中小城市人口持续减少，已经引起了我国政府和学界的广泛关注。国家发展改革委发布的《2019 年新型城镇化建设重点任务》使用了"收缩型城市"的概念，这是官方文件第一次使用。不难想象，未来城市收缩现象将更为普遍，为此，需要及时转变长期以来增长依赖型的城市发展思路，按照减量发展的新思维，做好收缩型城市的瘦身强体工作。同时，也要建立更为严格的土地利用和基础设施建设机制，对于人口吸纳能力较弱的城市，要避免不切实际地拉大城市框架、扩大城市边界以及盲目兴建大型机场和市内轨道交通等"贪大求全"的行为，防止造成新的浪费和债务负担。

三、发挥小城镇独特功能

成熟的城市群和城镇体系不能只有中心城市和大中城市，还需要在数量上占大多数的小城镇的发展，小城镇是联系城市经济与乡村经济的重要节点，是城市群和城镇体系对广大腹地发挥辐射带动作用的关键。未来小城镇建设也是我国城市群发展的重点，但发展思路要与大中城市有所区别。首先，作为城市规模金字塔结构的底层，小城镇需要保证一定的数量，未来要鼓励一些乡镇和有条件的村庄逐步增加人口规模，发展成为 10 万—20 万常住人口左右规模的小城镇，为城镇化提供基础性的空间载体。其次，绝大多数小城镇建设的目标不应是追求成为小城市或中型城市，否则会造成严重的资源浪费和重复建设，这就要求对城市群的建设规划要进一步细化，充分考虑到大中小城市及小城镇的布局和规模控制，避免小城镇之间的恶性竞争。最后，小城镇建设最终能否成功，很大程度上取决于能否有效地挖掘自身优势，形成特色产业，在整个城市群中扮演小而独特的

① 徐博：《国际城市收缩问题研究》，社会科学文献出版社 2018 年版。

功能。近年来，我国在全国范围内开展了"特色小镇"培育工作，取得了良好的示范效应，很多具有文化特色、产业特色、科技特色、区位特色等不同特点的小城镇，找准了自身优势和角色定位，资源得到了开发和保护，对当地经济发展和城市群的功能完善都起到了重要的作用。未来要进一步总结经验，积极培育更多的特色小镇，加强城乡经济联系，进一步完善我国城镇体系的结构和辐射带动功能。

21.4　发挥体制优势缩小城乡区域发展差距

城乡区域发展差距的缩小往往需要政府的干预才能实现，而我国具有集中力量办大事的体制优势，要在有效发挥市场功能的前提下，充分利用好我国独特的体制优势，有效促进城乡区域协调发展。努力形成以城带乡的良性发展格局，推动乡村振兴，缩小城乡发展差距。推动形成优势互补高质量发展的区域经济布局，调整优化区域结构，缩小区域发展差距。

一、加快实施乡村振兴战略

缩小城乡发展差距，实现城乡经济一体化发展，关键在于加快乡村地区的经济发展。为此，党的十九大提出实施乡村振兴战略，"坚持农业农村优先发展，按照产业兴旺、生态宜居、乡风文明、治理有效、生活富裕的总要求，建立健全城乡融合发展体制机制和政策体系，加快推进农业农村现代化"，这是为我国乡村经济社会发展设立的总目标和总思路。未来几年内，要不断深化农村土地、集体产权、农业保护等制度改革，激活农村经济活力，增强三农发展新动能；加快建设现代农业，建立健全粮食生产激励机制，增强农民种粮积极性，保证国家粮食安全；促进农村地区一二三产业融合发展，在农业基础上延长农村产业链，提高农村产业附加值，促进农村居民经营性收入持续增长；创新农村社会治理，确保农村社会和谐稳定和长治久安。要保持城乡收入差距持续缩小的良好势头，进一步加强城乡经济联系，推动城乡经济社会融合发展，为实现 2050 年乡村全面振兴，"农业强、农村美、农民富"的目标打下基础。

二、落实好重大区域战略

党的十八大以来，我国推出了京津冀协同发展、长江经济带发展、共建"一带一路"、粤港澳大湾区建设、长三角一体化发展、黄河流域生态保护和高质量发展等一系列区域发展重大战略，这些战略针对我国空间动力优化的全局性问题，以及特定区域的重大问题，设定详细的发展规划，旨在探索一条具有中国特色的区域协调发展道路，是在四大板块发展战略基础上进行的重大创新。未来要及时总结相关改革和发展经验，上升为常规措施和工作方式，丰富和完善促进区域协调发展的政策工具箱。同时，随着重大区域战略阶段性目标的完成，要及时调整和提出新的重大战略，进一步推动区域发展质量提升，为完善国家区域协调发展体制机制做出新贡献。例如，未来一段时期，京津冀协同发展的关键是疏散北京非首都功能，当这个任务完成后，京津冀地区还可进一步在水资源开发与保护、城市群多个功能性中心一体化与协同发展等方面做出有益的制度创新与探索。

三、推动东北全方位振兴

无论从东西差距看还是从南北差距看，东北地区发展的相对滞后都是拖累我国区域差距缩小、导致区域发展不协调的重要因素，因此，全方位振兴东北经济，是缩小区域差距、促进区域协调的重中之重。作为"共和国长子"，东北地区在资源储备、工农业基础、城镇化建设、人力资本等方面都具有较好的基础。未来要依托于东北地区既有的优势，推动东北地区向东南地区学习，加快改革步伐。尤其要利用好东北地区与东部地区部分省市对口合作的机制和渠道，大力引进东部地区人才、资金和经验；加快转变政府职能，改善营商环境；发挥制造业优势，积极培育新技术、新业态、新模式；加快国有企业改革步伐，推动市场主体转变观念，戒除"等靠要"思想，按照市场规律和规则开展经济活动；大力发展民营经济，将"闯关东"精神与企业家精神相结合，鼓励走出去和引进来，营造活跃的干事创业氛围。

四、推进西部大开发形成新格局

2020 年，党中央、国务院发布了《关于新时代推进西部大开发形成新格局的指导意见》，明确提出了 2035 年西部地区"人民生活水平与东部地区大体相当"的奋斗目标。为此，西部地区仍要确保实现较快的经济增长，发挥好地区资源优势，加快产业开发，完善基础设施，加大投资力度，积极培育中心城市和城市群，加大对内对外开放力度，尤其要将地理资源优势与现代技术相结合，挖掘新的优势。例如，近年来，贵州利用独特的气候和地形资源，大力发展大数据产业，取得了显著成效。同时，也要统筹好西部地区经济社会与生态环境的协调发展。西部很多地区生态脆弱，产业和人口承载力不足，要切实转变观念，贯彻落实"绿水青山就是金山银山"的理念，积极探索和完善禁止开发区和限制开发区产业转型、人口迁移、生态补偿等机制，在加大美丽西部建设力度、筑牢国家生态安全屏障的同时，实现居民收入的持续增长和人民生活水平的较快提升。

五、加强中部与东部的经济融合

近年来，中部地区经济增长和经济结构调整较快，与东部差距大幅缩小，在产业分工上与东部地区初步形成了水平化分工的格局，为未来中部与东部经济的进一步融合奠定了基础。与其他板块相比，中部地区与东部地区在空间上更为靠近、经济社会联系更为紧密，具有更为明显的优势。要继续深化改革开放，加快中部地区产业转型升级步伐，鼓励和引导东部地区劳动密集型和资源密集型产业向中部地区有序转移；加强中部地区交通、电信基础设施建设，降低中部地区与东部地区的空间交易成本，加快一体化步伐；努力提升中部人口密集地区的城镇化水平和质量，适当扩大武汉城市圈、中原城市群、长株潭城市群、皖江城市带、环鄱阳湖城市群、太原城市群等重点城市群的人口集聚规模，积极培育辐射带动能力更强的新增长极；加大对中部省份粮食主产区的转移支付力度，完善农业补贴政策，减轻地方财政和种粮农民负担。

21.5 小结

只有不断优化空间动力，才能使我国经济继续保持中高速增长，并不断提高增长质量，为第二个百年奋斗目标的实现提供支撑。为此，2021—2050年，要坚持以人为本的原则，兼顾好公平与效率，充分发挥市场的决定性作用，有效发挥政府调控的重要作用，努力推动我国空间动力优化调整。

一是要以外来人口市民化为重点推动城镇化质量优化。要从法律上保障公民的迁徙自由，创新城市住房供给方式，加强外来人口就业保障，并完善相关城市公共服务。

二是要以城市群建设为重点推动城镇体系结构优化。要加强中心城市承载力和辐射带动功能，推动收缩型城市瘦身强体，发挥小城镇独特功能。

三是要发挥体制优势缩小城乡区域发展差距。要加快实施乡村振兴战略，落实好重大区域战略，推动东北全方位振兴，推进西部大开发形成新格局，加强中部与东部的经济融合。

第二十二章　深化改革开放促进高质量发展

事实雄辩地证明，中国特色社会主义市场经济取得了巨大的历史性成就，改革开放是经济增长的根本动力。改革开放为要素、产业、需求、空间四大动力的成长壮大提供制度、体制、机制保障。从未来看，四大动力发挥、世界变局应对、中国现代化经济体系建设以及经济高质量发展推进等，都必须通过深化改革开放，为经济增长动力优化和可持续发展保驾护航，以促进要素、产业、需求、空间四个动力层面释放新潜力、强化新动能、实现新变革。

22.1　坚持和完善中国特色社会主义所有制制度

改革开放以来，立足于社会主义初级阶段的基本国情，在总结我国社会主义市场经济建设的重要经验和教训的基础上，中国特色社会主义所有制制度不断探索并完善。党的十五大明确提出，"公有制为主体、多种所有制经济共同发展，是我国社会主义初级阶段的一项基本经济制度"。党的十六大提出"两个毫不动摇"原则，党的十八届三中全会在此基础上，进一步提出"两个都是"，党的十九大再次重申"两个毫不动摇"。党的十九届四中全会明确提出要坚持和完善社会主义基本经济制度，继续将"两个毫不动摇"放在突出位置。实践证明，坚持以公有制为主体、多种所有制经济共同发展，是与我国社会主义初级阶段生产力发展水平相适应的所有制制度。坚持"两个毫不动摇"，充分调动两方面积极性，有效发挥两方面优势，是我国改革开放的重要经验，也是保障我国经济安全、增强发展活力的必然要求，必须在未来加以坚持和完善。

一、做强做优国有经济

毫不动摇巩固和发展公有制经济。我国公有制主体地位的实现形式，从最初的单一形式不断转向更加丰富的股份制等多种有效形式，从过去的注重数量上的优势转向更加注重质量优势，国有经济在国民经济中的地位不断巩固并发展，发展活力明显增强。坚持以公有制为主体的所有制结构，是由我国社会主义制度所决定的。发挥国有经济在国民经济中的主导作用，有利于全国人民共享改革发展成果，并最终走向共同富裕。未来，要毫不动摇地巩固和发展公有制经济，必须旗帜鲜明地做强做优做大公有制经济，要随着社会主义市场经济实践的发展，不断探索坚持公有制主体地位更加丰富的实践形式。

深化国资国企改革。国有企业综合实力明显增强，国有经济布局和结构调整优化，在维护国家经济安全、保障和改善民生等方面起到无可替代的重要作用。未来，面对新时代高质量发展要求，要继续按照市场化改革方向，坚持"政企分开、政资分开"原则推动国资国企改革。以激发和增强企业经营活力为目标，分类推进、突出重点深化混合所有制改革，将民营资本引入国企，形成混合经营管理的新局面，加快完善公司治理结构。以提升国有资本功能和效率为导向，改革国有资本授权经营体制，加快推动由"管企业"向"管资本"转变。推动国有资本向国民经济命脉行业、战略性新兴产业以及公共服务和科技创新等领域集中，进一步优化调整国有资本布局。注重国有资本监管，坚持授权和监管紧密结合，维护国有资产安全，防止国有资产流失。

二、鼓励和引导非公有制经济发展

充分认识非公有制经济的作用。随着对社会主义市场经济认识的不断深化，非公有制经济在国民经济中的重要性日益增强、地位显著提升。党的十九大重申"毫不动摇地鼓励、支持、引导非公有制经济发展"。鼓励发展非公有制经济，是我国社会主义初级阶段生产力还不发达条件下的必然选择，有利于促进形成公平有序的竞争环境，活跃社会主义市场经济，提升全社会生产力水平，更好满足人民群众日益增长的多样化、个性化的需要。改革开放以来，我国民营经济快速发展，对经济增长的贡献与日俱增。据统计，我国民营企业数量已超过 2500 万户，贡献了全国 50% 以上的税收收入，创造了 60% 以上的固定资产投资、对外直接投资和国内生产总值，占据了超过 70% 的全国高新技术企业份额，提供了 80% 以上的全国城镇就业岗位，对新增就业的贡献率达到 90%，已经名副其实地成为了我国经济发展的重要支撑力量。

大力支持民营经济发展。要依法加强对民营企业家产权和经营所得的保护，调动民营企业家积极性，更好激发民营企业家创新创造创业活力。坚持竞争中性原则，营造良好的竞争环境和市场秩序，依法保障民营企业平等使用各种资源要素、公平公正参与市场竞争的权利。完善支持民营企业特别是小微型创新创业企业发展的政策体系，着力破解民营企业融资难融资贵等问题，切实减轻企业负担，促进企业健康发展。推动构建亲清政商关系，建立规范化政企沟通长效机制，及时主动回应企业合理诉求，保护企业合法权益。

三、巩固和完善农村基本经济制度

以家庭承包经营为基础、统分结合的双层经营体制是我国农村基本经济制度。农村基本经济制度是社会主义公有制在农村地区的重要表现，是维系广大农民群体基本利益的基本制度保障。随着国内外发展环境的变化，当前农村基本经济制度面临一些挑战，如农业效益不高、农业结构性矛盾突出和城乡居民收入差距仍然较大等问题。对此，必须要在发展中不断巩固和完善我国农村基本经济制度，为"三农"事业发展保驾护航。

坚持社会主义市场经济改革方向，深化农村土地制度改革。在探索提高土地资源利用效率过程中，更应强调农民作为集体成员对村庄集体土地享有平等的占有权和独立的使用权，尊重农民意愿合理引导资源有效配置。进一步完善农村承包地"三权"分置制度，放活土地经营权，促进土地自由流转，让农民成为决策主体和风险收益承担者。深化农村集体产权制度改革，创新农村集体经济运行机制，促进农村集体经济发展。完善农村基本经营制度，发展多种形式的农业经营方式。健全农业社会化服务体系，推进现代农业产业体系建设。

22.2　创新完善收入分配制度

合理的收入分配制度既有利于鼓励先进，提高效率，激发生产要素所有者积极性、主动性和创造性，又有利于维护公平，防止两极分化，促进社会和谐稳定。当前，我国收入分配格局尚不合理，劳动者报酬占初次分配的比重偏低，居民收入差距虽有所缩小，但总体不平衡程度仍较严重。未来要继续坚持以人民为中心，实现共同富裕，必须要加快构建一个"发展成果共享、公平效率兼容"的收入分配制度。要始终坚持按劳分配主体地位、多种分配方式并存的收入分配制度，在促进社会效率提升的同时，更加注重社会公平，着力推进基本公共服务均等化，不断缩小贫富差距，让人民群众共享改革发展成果，逐步实现共同富裕。

一、坚持按劳分配为主体、多种分配方式并存

提高劳动报酬在初次分配中的比重。收入分配形式由所有制形式决定。社会主义初级阶段的基本国情决定了我国必须坚持以公有制为主体、多种所有制经济共同发展的所有制结构，也就要求我国必然实行与之相适应的以按劳分配为主体的分配制度。现阶段，劳动内涵得到明显扩展，不仅包括各种体力劳动，更包括各式各样的脑力劳动以及脑体结合劳动，人力资本的提升极大提高了劳动创造的价值。加之未来我国社会老龄化程度不断加深，适龄劳动人口数量趋于减少，强调"着重保护劳动所得，提高

劳动报酬在初次分配中的比重"就显得尤为必要。要坚持按劳分配主体地位，坚持多劳多得，稳步提高社会最低工资水平，推动普通劳动者特别是一线劳动者劳动收入增长。健全工资决定和增长机制，实现劳动报酬与劳动生产率同步提高。

健全生产要素参与分配机制。生产要素贡献由市场评价，并按要素贡献决定报酬，有利于调动各方面积极性，促进各种生产要素广泛参与生产过程，激发生产要素活力；有利于提高生产要素配置效率，促进全要素生产率的提升，推动经济高质量发展。既要努力贯彻按劳分配原则，着重保护劳动所得，更要激发资本、土地、技术等非劳动要素所有者的积极性，特别是知识、技术、管理、数据等现代经济发展过程中日趋重要的生产要素所有者的积极性。促进形成以增加知识价值为导向的分配制度，更好体现知识、技术、管理的市场贡献。建立完善数据权属、共享、交易等规则，确保数据所有者获得合理收益。

二、努力缩小贫富差距

加大再分配调节力度。近些年，我国居民收入差距有所缩小，基尼系数由 2008 年高点的 0.491 稳步下降至 2018 年的 0.468，但仍高于 0.4 的国际警戒线水平。收入差距过大可能引发一系列社会矛盾，加剧不稳定因素，也不利于扩大国内消费。税收、转移支付等调节政策对降低收入差距起到明显的促进作用。以剔除收入差距较大的智利和墨西哥的其他 OECD 国家为例，经税收和转移性支付政策调节后的收入基尼系数平均值由 0.473 下降至 0.306，降幅超过 35%。[①]进一步完善个人所得税征收制度，稳妥推进房地产税、遗产税等征收步伐，积极探索适合国情的其他直接税，逐步构建以直接税为主的税收体系。加大对贫困落后地区的转移支付，促进低收

---

① 蔡昉："创造与保护：为什么需要更多的再分配"，《世界经济与政治》2020 年第 1 期，第 5—21+155 页。

入群体增收。鼓励并规范捐赠、慈善等社会公益事业发展，促进第三次分配调节作用发挥。

扩大中等收入群体。据统计，多数发达国家中等收入群体比重都在50%以上，社会收入分配结构呈现明显的"橄榄型"。与之相比，尽管我国中等收入群体规模超过4亿，但占总人口的比重仍然较低，收入分配仍呈明显的"金字塔型"。应大力培育壮大中等收入群体，推动社会分配格局由"金字塔型"加快向"橄榄型"转变。鼓励勤劳守法致富，实施积极的就业优先政策，提高劳动报酬在初次分配中的比重，保障居民劳动所得。逐步适度提升工资标准，促进工资性收入增长，让更多工薪家庭进入中等收入群体。大力推动资本市场高质量发展，为居民提供更加丰富的高质量金融产品，促进居民财产性收入增长。适度提高个人所得税免征额门槛，减轻中等收入群体税收负担。

三、推进基本公共服务均等化

近年来，我国基本公共服务均等化进程明显加快，建立起了覆盖城乡的居民医疗保障和基本养老保险制度，全面实现了城乡免费义务教育等等，但基本公共服务质量和水平总体仍然较低，城乡基本公共服务标准差距较大，发展不平衡问题凸显。最大限度实现基本公共服务均等化，保障不同地区和不同收入群体公正享有获得基本公共服务机会的权利，是政府再分配调节职能的必然要求，有利于补齐民生发展短板，缩小贫富差距，维护社会大局稳定，有利于释放居民消费潜力，更好满足人民日益增长的美好生活需要。

推进教育、医疗等社会公共服务均等化，要着力推动财税支出向收入公平的分配方向倾斜。加大财政支出向基层、困难地区倾斜力度，充分发挥对基本民生的保障作用。增加农村社会保障支出，提高生活、就业困难群体基本福利，解决困难群体基本生活，缩小城乡和不同收入群体间的社会保障待遇差距。增加医疗资源供给，加大基层地区医疗资源建设力度，提高社区医院发展水平，推进家庭医生制度，探索建立农村居民、低收入群体大病保障基金建设。增加贫困地区教育经费和基础设施投入，提高贫困家庭孩子助学贷款覆盖率，鼓励更多老师投身乡村和落后地区的基础教育事业，更好地发挥教育阻断贫困代际传递作用。

22.3 加快完善社会主义市场经济体制

自 1992 年党的十四大明确提出"建立中国特色社会主义市场经济体制"以来，我国社会主义市场经济体制在实践摸索中不断发展和完善，有效激发了市场活力，促进了经济增长。但我国市场经济整体发展水平不高，如产权保护不够到位，要素市场发展相对滞后，部分领域改革推进缓慢，市场和价值规律在资源配置中的决定性作用发挥受限。党的十九大作出了"着力构建市场机制有效、微观主体有活力、宏观调控有度的经济体制"的重要部署，为下一步完善社会主义市场经济体制指明了方向。要以完善产权制度和要素市场化配置为重点提高市场运行效率，以深入推进"放管服"为抓手激发市场主体活力，进一步深化重点领域改革，健全宏观调控体系，推动我国社会主义市场经济制度更加完善。

一、高标准建设现代化市场体系

完善产权制度。有效的产权制度是市场机制发挥作用的前提，任何商品或是生产要素的市场交易都必须建立在产权归属明晰的基础上。我国产权制度建设取得了积极成效，但仍然存在部分领域产权制度不够完善、产权保护不够到位等问题，要加快完善产权制度，夯实市场经济运行的基石。完善产权界定、配置和交易制度，确保"归属清晰"的产权能够"顺畅流转"，更好地发挥产权的有效激励作用。以公平为核心完善产权保护制度，依法全面加强产权保护。进一步加强知识产权保护，严厉惩罚知识产权侵权违法行为，增强全社会创新创业活力。

完善要素市场化配置。要素市场同商品市场一样，都是现代化市场体系的重要组成部分，但我国要素市场发育明显滞后于商品市场。要素自由流动和要素市场化配置，是建设"统一开放、竞争有序"市场体系的必然要求，有利于促进生产要素遵循价值规律，由低质低效领域向优质高效领域自由流动，提高生产要素利用水平和配置效率，进而促进全要素生产率的提升。要破除阻碍要素自由流动的体制机制障碍，建设完备的土地、资本、劳动力、技术、数据等市场，为各种生产要素同等自由进出市场提供便利。推进完善生产要素价格市场化形成机制，加快推动垄断性领域生产要素政府定价向制定定价规则转变，实现要素价格主要由市场决定。加强要素交易服务保障，提升要素交易监管水平，规范要素市场运行秩序。

二、持续深化"放管服"改革

党的十八大以来，随着"放管服"改革的深入推进，我国行政便利化水平大幅提高，营商环境持续优化。持续深化"放管服"改革，有效激发了市场主体活力，增强了竞争力，对扩大国内就业、培育壮大新动能、促进经济平稳运行起到重要的促进作用。未来，必须要沿着市场化改革方向，以更好激发市场主体的活力、潜力和创造力为目标，通过政府主动减权限权和公正监管，三管齐下协同推进"放管服"改革向纵深发展。

最大限度为企业"松绑"。从企业生产经营全流程进行整体部署，全方位为企业松绑，提高简政放权的"含金量"。对社会领域的各种认证、收费事项进行全面评估，尽可能取消不必要的行政事项，避免社会领域的"中梗阻"，打通"最后一公里"。进一步优化政府服务。推进"互联网＋政务服务"，加快政府信息系统互联互通，创新服务方式，提高办事效率。政府公共服务要做到公开透明、公平公正，以增强政府管理和服务的智慧性、便民性、亲民性。落实各部门主体责任，建立监督举报机制，加强监管检查力度。

三、完善宏观调控体制

政府与市场的关系是经济领域的一个永恒话题。单纯的市场调节存在自发性、盲目性和滞后性等明显弊端，市场也会"失灵"，需要有效发挥政府的宏观调控职能，通过经济、行政、法律等综合手段对经济运行进行干预和调节。经过改革开放40多年的探索，我国逐步形成了一套与现行经济体制相适应的中国特色宏观调控体制，已成为我国社会主义市场经济的重要有机组成部分。有效的宏观调控对要素、产业、需求、空间四大动力的释放起到积极的促进作用，进而推动了经济增长动力的形成和成长。未来要实现高质量发展，不仅要完善市场运行机制，还必须加快构建一个与之相适应的科学有效的宏观调控体制。

要实现"宏观调控有度"，关键在于妥善处理政府和市场的关系，有效解决政府在管理过程中"缺位、错位、越位"等问题，并最终实现"有为政府"和"有效市场"的更好结合。要遵循社会主义市场经济改革方向，坚持统筹国内外和兼顾长短期，构建一套供给和需求管理相统一的宏观调控体系。不断优化宏观调控目标，完善调控手段，创新调控方式，增强调控的前瞻性、协同性和有效性，提升调控效率。加强政府对市场的监管。政府对市场的管理应从以微观管理、直接管理为主转向以宏观管理、监督管理为主。尽快出台规范地方政府干预市场行为的准则，减少直接干涉市场行为和行政垄断。积极发挥政府在反垄断、不正当竞争、产权纠纷以及知识产权保护等方面的重要作用。

四、推动重点领域改革

完善科技创新体制机制。当前，科技创新日益成为提高国家综合实力和国际竞争力的重要决定性力量。推动经济高质量发展的根本出路在于坚持创新引领发展，以创新促进要素和产业动力的优化和提升，为高质量发展提供更有效的源头供给保障。以服务国家战略需求、强化国家战略科技力量为导向，加快构建关键核心技术攻关的新型举国体制，实现创新资源的优化配置。以力争取得重大原创性成果为目标，加大基础研究投入，构建有利于基础研究和原始创新的体制机制。建立完善以企业为主体、市场为导向、产学研深度融合的技术创新体系，创新科技成果转化机制，畅通创新生态链。

深化财税体制改革。按照"权责清晰、财力协调、区域均衡"要求进一步理顺中央和地方财政关系，明确相关领域中央和地方财政事权和支出责任，涉及全国统一规则和管理的事项集中到中央，区域性公共服务划分地方，减少委托地方的事务。根据实际情况不断完善"规范透明、标准科学、约束有力"的预算制度，认真贯彻落实预算法，进一步加大预决算公开透明力度，健全财政收支预算管理。完善直接税制度，健全地方税体系，加快税收立法，促进形成税法统一、税负公平、调节有度的税收制度体系。进一步完善营改增，在征收范围、税率结构和征收环节完善消费税制度，加快资源税改革，稳妥推进房产税、遗产税征收。

稳步推进金融改革。深化金融供给侧改革，推动形成多元化、市场化的金融体系。扩大金融市场开放，进一步放开许可民间资本和外资进入金融领域的限制；推动多层次资本市场发展，提高直接融资特别是股权融资比重；促进风险投资、天使投资基金发展，推动普惠金融发展，增强资本市场对创新创业、小微企业、农户等的融资支持力度。用改革的办法疏通货币政策传导机制，持续完善贷款市场报价利率形成机制，推动社会融资成本下行。深化人民币汇率市场化改革，保持人民币汇率弹性，有序推动人民币资本项目可兑换，促进人民币国际化。健全金融监管体系，加强金融风险源头管控，提升金融体系应对外部冲击、抵御风险的能力。

22.4 积极构建更高水平开放新格局

我国经济之所以能够保持长期高速增长，最重要的经验之一就是始终坚持对外开放基本国策，以开放促改革、促发展。随着对外开放的不断扩大，我国经济加速融入世界，同世界经济互动的广度和深度有效拓展，实现了由封闭型经济向高度开放型经济的重要历史转变，为我国发展营造了良好的国际环境和发展空间。尽管国际形势发生了深刻变化，逆全球化思潮盛行，但中国经济与世界经济深度融合，中国对外开放的大门只能越开越大。未来要站在统筹国内国际两个大局、把握重要战略机遇期的高度，以牢牢掌握我国全面对外开放主动权为目标，积极参与全球经济治理，坚持"引进来"和"走出去"并重，推动我国对外开放由传统的商品和要素流动型开放，向规则等制度型开放加快转变，不断提高我国对外开放层次和水平，有效畅通内外经济循环。

一、不断完善对外开放战略布局

推动形成全面开放新格局。经过 40 多年的努力，我国已经初步形成了全方位、多层次、宽领域的对外开放局面，但发展总体水平仍不高，不平衡不充分问题突出。从要素层面看，我国跨境资本流动存在限制；从产业层面看，服务业对外开放程度较低；从需求层面看，国内高质量商品和服务需求巨大，对国际市场的依赖较强；从空间层面看，不同区域对外开放水平差异明显。此外，我国"走出去"的体制机制建设明显落后于"引进来"。要以双向开放为根本导向，坚持"引进来"与"走出去"并重，推动对外贸易转型升级，加快迈向贸易强国；进一步扩大开放领域，高质量利用国际资本和先进技术；积极促进中国企业扩大对外投资，提升国际经济合作发展水平。

稳步推进"一带一路"建设。目前，我国对外贸易伙伴主要集中在欧盟和美国等发达经济体，以及东盟和日、韩等邻近亚洲国家，贸易发展受主要经济体对华贸易政策影响较大。"一带一路"沿线国家主要为中、西亚和非洲等发展中国家，未来增长潜力较大，共建"一带一路"不仅有利于推动贸易市场多元化，为我国经济发展开拓了新的空间，同时也是我国践行"人类命运共同体"发展理念的生动实践，有利于展现我国负责任大国的担当。要创新"一带一路"宽领域多层次经贸合作机制，推动基础设施互联互通和国际经济合作走廊建设，积极开展科技、教育、文化、旅游等多领域合作，推动共建"一带一路"高质量发展。

二、加快推动制度型开放

营造国际一流营商环境。良好的营商环境有利于推进贸易和投资便利化、稳定和增强投资者信心。近年来，在国际贸易限制性措施明显增多、跨境资本流动大幅萎缩的背景下，我国对外贸易规模持续扩大，利用外资逆势增长。究其原因，不仅在于我国超大经济规模优势和巨大消费市场潜力，还在于营商环境的持续优化。坚持市场化、法制化、国际化原则，加快打造国际一流的营商环境，促进形成我国对外开放新体制。全面实施准入前国民待遇加负面清单管理制度，推进投资贸易管理制度、工商制度变革，通过规则、制度、法律等层面的完善实现开放与改革的良性互动。加快推动服务业对外开放，有序扩大资本市场双向开放，逐步实现人民币资本项目可兑换。

打造对外开放新高地。充分发挥自由贸易试验区（港）在制度创新方面的试验田作用，赋予自贸区（港）更大的改革自主权，根据不同地区区位特征、资源优势、功能定位等差异化推进自贸区（港）建设，对标国际最高水平打造改革开放新样板、新高地。优化升级自贸区功能，加大力度吸引跨国公司总部以及区域性研发中心、分销中心和结算中心落户。创新监管方式，积极探索建立与国际标准和规则相适应的行政管理模式，探索由事前审批向事中事后监管转变。加强自贸区（港）改革试点经验的复制和推广，以点带面促进形成更大范围的对外开放。

三、积极参与全球经济治理

当今世界处于百年未有之大变局，正在经历新一轮大发展、大变革、大调整。当前，世界经济仍处于后金融危机时代的缓慢复苏阶段，发达经济体迟迟无法走出国际金融危机阴影，一些国家单边主义、贸易保护主义抬头，多边主义和自由贸易体制遭到破坏。新冠肺炎疫情在全球蔓延，极大地冲击了全球供应链的稳定，成为民粹主义者和贸易保护势力抨击经济全球化的"有力证据"，经济全球化进程受阻严重。与此同时，全球治理体系面临深刻变革。随着以"金砖国家"为代表的新兴市场国家、发展中国家快速崛起，在世界经济格局中的分量不断增加，对变革全球治理体系的呼声高涨。我们要站在构建人类命运共同体的高度，顺应时代潮流，始终高擎经济全球化旗帜，坚决反对贸易保护主义，努力维护和支持多边主义，推动国际经贸秩序和全球治理体系朝着更加公正合理的方向发展。

22.5 小结

改革开放是促进我国经济高速增长的根本动力。从未来看，构建中国现代化经济体系、建设社会主义现代化强国的必由之路是推动经济高质量发展，必须通过深化改革开放为经济增长动力优化提供根本制度保障，从要素、产业、需求、空间四个动力层面释放新潜力、强化新动能、实现新变革。站在全面建成小康社会的新的历史起点上，我们要按照党中央、国务院科学谋划的宏伟蓝图，坚持深化改革开放，加快完善我国基本经济制度，建设开放型现代经济体系，推动新时代中国经济高质量发展。

中国特色社会主义所有制是我国最重要的基本经济制度之一，必须坚持和完善公有制为主体、多种所有制经济共同发展的所有制结构。毫不动摇巩固和发展公有制经济，做强做优做大国有经济。毫不动摇鼓励、支持和引导非公有制经济发展，促进民营经济发展。稳妥推进农村土地制度改革，完善农村基本经营制度，不断巩固和完善农村基本经济制度，促进"三农"事业发展。

创新和完善按劳分配为主体、多种分配方式并存的中国特色社会主义收入分配制度。坚持按劳分配主体地位，提高劳动报酬在初次分配中的比重，健全生产要素参与分配机制，激发生产要素所有者积极性、主动性和创造性，提升社会效率。更加注重社会公平，加大再分配调节力度，培育壮大中等收入群体规模，推进基本公共服务均等化，加快推动社会分配格局向"橄榄型"转变。

以"市场机制有效、微观主体有活力、宏观调控有度"为目标，加快完善社会主义市场经济体制。以完善产权制度和要素市场化配置为重点提高市场运行效率，以深入推进"放管服"为抓手激发市场主体活力，进一步深化重点领域改革，健全宏观调控体系，推动我国社会主义市场经济制度更加完善。

以牢牢掌握我国全面对外开放主动权为目标，加快建设高水平开放型经济体系。坚持"引进来"与"走出去"并重，稳步推进"一带一路"建设，推动对外贸易和投资高质量发展。以营造国际一流营商环境和打造对外开放新高地为重点，加快推进我国对外开放向规则等制度型开放转变。站在构建人类命运共同体的高度，积极参与全球经济治理，推动国际经贸秩序和全球治理体系朝着更加公正合理的方向发展。

参考文献

1. Banker, R. D., Charnes, A., Cooper, W. W., "Some Models for Estimating Technical and Scale Inefficiencies in Data Envelopment Analysis", *Management Science,* Vol. 30, No. 9, 1984, pp. 1078-1092.

2. Boucekkine, R., Licandro, O., Minniti, A., "Adoption and Diffusion of Cost Reducing Innovations: Cournot Competition in Duopoly", *Social Science Electronic Publishing*, 2005.

3. Donald R. Kaldor, William E. Saupe, "Estimates and Projections of an Income-Efficient Commercial-Farm Industry in the North Central States", *Journal of Farm Economics*, Vol. 48, No. 3, 1966, pp. 578-596.

4. Jeremy Greenwood, Zvi Hercowitz and Per Krusell, "Long-Run Implications of Investment -Specific Technological Change", *The American Economic Review*, Vol. 87, No. 3, 2007, pp. 342-362.

5. Mark W. Frank, "Income Inequality and Economic Growth in the US: A Panel Cointegration Approach", Sam Houston State University Working Paper, 2005.

6. Peneder Michael, "Industrial Structure and Aggregate Growth", *Structural Change & Economic Dynamics*, Vol. 14, No. 4, 2003, pp. 427-448.

7. Solomon Fabricant, "Appendix H: Alternative Measures of Change in Wage Earners per Unit of Product", in *Employment in Manufacturing, 1899-1939*: *An Analysis of Its Relation to the Volume of Production*, NBER, 1942, pp. 341-346.

8. Soo-K. T., "Zipf's Law for Cities: A Cross-country Investigation", *Regional Science & Urban Economics*, Vol. 35, No. 3, 2005, pp. 239-263.

9.〔法〕托马斯·皮凯蒂:《21世纪资本论》,巴曙松等译,中信出版社2014年版。

10.〔美〕霍利斯·钱纳里、谢尔曼·鲁滨逊等:《工业化和经济增长的比较研究》,吴奇等译,格致出版社2015年版。

11.〔美〕M.阿拉塞维奇、A.索奇:《不平等简史》,罗海蓉等译,上海社会科学院出版社2018年版。

12.〔美〕M.斯彭斯、P.C.安妮兹、R.M.巴克利:《城镇化与增长》,中国人民大学出版社2016年版。

13.〔美〕T.G.帕尔默:《福利国家之后》,熊越等译,海南出版社2017年版。

14.〔美〕W.W.罗斯托:《经济增长的阶段》,郭熙保、王松茂译,中国社会科学出版社2001年版,第76页。

15.〔英〕哈维·阿姆斯特朗、吉姆·泰勒:《区域经济学与区域政策(第三版)》,刘乃全等译,上海人民出版社2007年版。

16.〔英〕威廉·配第:《政治算术》,马妍译,中国社会科学出版社2010年版。

17.〔越〕范氏周红、莫岳云:"试论越南社会主义定向市场经济体制的构建",《广东省社会主义学院学报》2016年第3期,第89—93页。

18.蔡昉、林毅夫、张晓山等:"改革开放40年与中国经济发展",《经济学动态》2018年第8期,第4—17页。

19.蔡昉:"创造与保护:为什么需要更多的再分配",《世界经济与政治》2020年第1期,第5—21+155页。

20.蔡昉:"认识中国经济的短期和长期视角",《经济学动态》2013年第5期,第6—11页。

21.蔡昉:"认识中国经济减速的供给侧视角",《经济学动态》2016年第4期,第14—22页。

22.陈昌兵:"可变折旧率估计及资本存量测算",《经济研究》2014年第12

期，第 72—85 页。

23. 陈欢、王燕、周密："中国制造业资本体现式技术进步及行业差异性研究"，《科学学研究》2017 年第 2 期，第 60—72 页。

24. 陈彦斌、刘哲希："经济增长动力演进与'十三五'增速估算"，《改革》2016 年第 10 期，第 108—119 页。

25. 丁汝俊："罗斯激进经济改革战略——'休克疗法'再评析"，《俄罗斯研究》2005 年第 1 期，第 65—70 页。

26. 杜伟、杨志江、夏国平："人力资本推动经济增长的作用机制研究"，《中国软科学》2014 年第 8 期，第 173—183 页。

27. 杜焱、柳思维："国家规模、经济增长阶段与需求动力机制结构演变"，《经济与管理研究》2012 年第 6 期，第 5—12 页。

28. 封永刚、蒋雨彤、彭珏："中国经济增长动力分解：有偏技术进步与要素投入增长"，《数量经济技术经济研究》2017 年第 9 期，第 40—57 页。

29. 傅家骥、姜彦福："技术创新理论的发展"，《经济学动态》1991 年第 7 期，第 48—51 页。

30. 干春晖、郑若谷、余典范："中国产业结构变迁对经济增长和波动的影响"，《经济研究》2011 年第 5 期，第 4—16 页。

31. 郭克莎、杨阔："长期经济增长的需求因素制约——政治经济学视角的增长理论与实践分析"，《经济研究》2017 年第 10 期，第 4—20 页。

32. 郭庆旺、贾俊雪："中国潜在产出与产出缺口的估算"，《经济研究》2004 年第 5 期，第 31—39 页。

33. 韩民青："中国经济面临的发展趋势、严峻挑战与战略抉择——把 2050 年中国实现现代化问题提上议事日程"，《济南大学学报：社会科学版》2016 年第 3 期，第 68—74 页。

34. 黄群慧："改革开放 40 年中国的产业发展与工业化进程"，《中国工业经济》2018 年第 9 期，第 5—23 页。

35. 纪明、刘志彪："中国需求结构演进对经济增长及经济波动的影响"，《经济科学》2014 年第 1 期，第 12—24 页。

36. 焦斌龙、焦志明："中国人力资本存量估算：中国人力资本存量估算：1978—2007"，《经济学家》2010 年第 9 期，第 27—33 页。

37. 焦志明、焦斌龙："分工、人力资本与我国农民收入增长"，《当代经济研究》2010 年第 1 期，第 39—42 页。

38. 金碚、吕铁、李晓华："关于产业结构调整几个问题的探讨"，《经济学动态》2010 年第 8 期，第 14—20 页。

39. 康乃馨、张新宁："科技创新引发经济学的深刻变革——经济学界对科技创新理论研究的历史述评"，《当代经济研究》2018 年第 6 期，第 67—74 页。

40. 李平、江飞涛、王宏伟、巩书心："2030 年中国社会经济情景预测——兼论未来中国工业经济发展前景"，《宏观经济研究》2011 年第 6 期，第 5—12 页。

41. 李拓、李斌："中国跨地区人口流动的影响因素——基于 286 个城市面板数据的空间计量检验"，《中国人口科学》2015 年第 2 期，第 75—85 页。

42. 李翔："科技创新、产业结构升级与经济增长"，《科研管理》2019 年第 3 期，第 84—94 页。

43. 刘瑞翔、安同良："中国经济增长的动力来源与转换展望——基于最终需求角度的分析"，《经济研究》2011 年第 7 期，第 30—41+64 页。

44. 刘瑞翔、姜彩楼："从投入产出视角看中国能耗加速增长现象"，《经济学（季刊）》2011 年第 3 期，第 777—798 页。

45. 刘瑞翔："探寻中国经济增长源泉：要素投入、生产率与环境消耗"，《世界经济》2013 年第 10 期，第 123—141 页。

46. 刘伟、黄彪："从剑桥方程到斯拉法超级乘数——需求拉动型经济增长理论评述"，《中国人民大学学报》2019 年第 5 期，第 75—88 页。

47. 刘伟、张辉："中国经济增长中的产业结构变迁和技术进步"，《经济研究》2008年第11期，第5—16页。

48. 陆明涛、刘澈："人力资本测度与国际比较"，《中国人口科学》2016年第3期，第55—68+127页。

49. 陆明涛、袁富华、张平："经济增长的结构性冲击与增长效率：国际比较的启示"，《世界经济》2016年第1期，第24—51页。

50. 陆旸、蔡昉："从人口红利到改革红利：基于中国潜在增长率的模拟"，《世界经济》2016年第1期，第3—23页。

51. 马一德："建设现代化经济体系关键是构建新时代技术创新体系"，《红旗文稿》2018年第4期，第23—25页。

52. 毛宇飞、李烨："互联网与人力资本：现代农业经济增长的新引擎——基于我国省际面板数据的实证研究"，《农村经济》2016年第6期，第113—118页。

53. 乔红芳、沈利生："中国人力资本存量的再估算：1978—2011年"，《上海经济研究》2015年第7期，第36—45页。

54. 任泽平、张宝军："从内外需关系看中国经济增长的双轮驱动模式——基于非竞争型投入产出模型的实证研究"，《重庆理工大学学报（社会科学）》2011年第3期，第1—11页。

55. 沈利生："三驾马车的拉动作用评估"，《数量经济技术经济研究》2009年第4期，第140—152+162页。

56. 盛来运、郑鑫、周平、李拓："我国经济发展南北差距扩大的原因分析"，《管理世界》2018年第9期，第16—24页。

57. 盛来运、郑鑫："实现第二个'一百年'目标需要多高增速？"，《管理世界》2017年第10期，第1—7页。

58. 宋冬林、王林辉、董直庆："资本体现式技术进步及其对经济增长的贡献率（1981—2007）"，《中国社会科学》2011年第2期，第91—106页。

59. 陶长琪、彭永樟："从要素驱动到创新驱动：制度质量视角下的经济增长动力转换与路径选择"，《数量经济技术经济研究》2018 年第 7 期，第 4—22 页。

60. 王少国、潘恩阳："人力资本积累、企业创新与中等收入陷阱"，《中国人口·资源与环境》2017 年第 5 期，第 153—160 页。

61. 王维、陈杰、毛盛勇："基于十大分类的中国资本存量重估：1978—2016 年"，《数量经济技术经济研究》2017 年第 10 期，第 60—77 页。

62. 魏后凯：《中国区域经济发展》，经济科学出版社 2019 年版。

63. 吴国培、王伟斌、张习宁："新常态下的中国经济增长潜力分析"，《金融研究》2015 年第 8 期，第 50—67 页。

64. 谢保嵩、雷进贤："基于生产函数法的中国潜在产出及经济增长前景研究"，《金融监管研究》2013 年第 12 期，第 53—76 页。

65. 徐博：《国际城市收缩问题研究》，社会科学文献出版社 2018 年版。

66. 徐枫、王占岐："中部 6 省土地要素投入对城市经济增长效率影响研究"，《中国土地科学》2015 年第 10 期，第 6—13 页。

67. 徐鹏杰、杨萍："扩大开放、全要素生产率与高质量发展"，《经济体制改革》2019 年第 1 期，第 34—40 页。

68. 许岩、曾国平、曹跃群："中国人力资本与物质资本的匹配及其时空演变"，《当代经济科学》2017 年第 2 期，第 21—30 页。

69. 杨志云、陈再齐："要素生产率、资本深化与经济增长——基于1979～2016 年中国经济的增长核算"，《广东社会科学》2018 年第 5 期，第 41—51 页。

70. 尹敬东："外贸对经济增长的贡献：中国经济增长奇迹的需求解析"，《数量经济技术经济研究》2007 年第 10 期，第 81—90 页。

71. 于洪菲、田依民："中国 1978—2011 年潜在产出和产出缺口的再估算——基于不同生产函数方法"，《财经科学》2013 年第 5 期。

72. 袁富华："低碳经济约束下的中国潜在经济增长"，《经济研究》2010 年第 8 期，第 80—90 页。

73. 张军、徐力恒、刘芳："鉴往知来：推测中国经济增长潜力与结构演变"，《世界经济》2016 年第 1 期，第 52—74 页。

74. 张平、楠玉："改革开放 40 年中国经济增长与结构变革"，*China Economist* 2018 年第 1 期，第 22—57 页。

75. 张五六："中国经济增长方式转变特征测度——贝叶斯时变参数状态空间模型"，《统计与信息论坛》2015 年第 6 期，第 20—27 页。

76. 张晓晶："十四五时期我国经济社会发展的战略重点"，《经济学动态》2020 年第 5 期，第 15—27 页。

77. 赵红光："新时代实施创新驱动发展战略的几点思考"，《科学社会主义》2018 年第 2 期，第 67—73 页。

78. 赵科源：《中国经济增长潜力研究》，中共中央党校博士论文，2013。

79. 郑鑫："服务业促进工业升级的机制与条件——来自省际面板数据的证据"，《调研世界》2017 年第 6 期，第 28—34 页。

80. 郑玉歆："全要素生产率的再认识——用 TFP 分析经济增长质量存在的若干局限"，《数量经济技术经济研究》2007 年第 9 期，第 4—12 页。

81. 中国 2007 年投入产出表分析应用课题组："'十二五'至 2030 年我国经济增长前景展望"，《统计研究》2011 年第 1 期，第 5—10 页。

82. 中国经济增长前沿课题组，张平、刘霞辉等："中国经济长期增长路径、效率与潜在增长水平"，《经济研究》2012 年第 11 期，第 4—17 页。

83. 周黎安："中国地方官员的晋升锦标赛模式研究"，《经济研究》2007 年第 7 期，第 36—50 页。

84. 周其仁：《城乡中国》（上），中信出版社 2013 年版。

后　记

改革开放以来，中国经济取得了世所罕见的增长奇迹。以现代经济学的科学逻辑为起点，系统总结中国经济增长的动力源泉、演进脉络、转型路径，无疑是一件意义重大又颇具挑战的工程。中国经济增长的生动实践和伟大创造，激励我们勇敢地接受了这个挑战，努力深耕细研，数易其稿，终成此书。

本书是国家社会科学基金重点项目"中国中长期经济增长动力研究"最终研究成果。我们对该主题的思考发轫于六年前对国家"十三五"规划相关问题的研究，当时我国经济面临"三期叠加"的复杂局面，经济增长动力的转换成为各方面关注的焦点。我们通过对我国"十三五"经济增长动力的研究，发现了中长期经济增长动力问题的实践意义和独特价值，觉得有必要深入挖掘中国经济增长动力变革背后的科学逻辑。在此后的研究中，我们在国家社会科学基金重点项目的支持下，不断拓展理论视野、充实研究材料，并结合党的十九大提出的新要求，更加注重研究的系统性、完整性、科学性，始有今日的体系和成果。

本书的研究过程历时数年，可以说伴随着我国经济由高速增长转向高质量发展的最新进程。参与研究的同仁均为宏观经济监测分析一线的中青年骨干，他们结合宏观经济监测分析、重大战略问题跟踪研究和参与国家重大规划、宏观政策制定的丰富实践，在全面总结中国经济发展进程、科学洞察中国经济走向、准确把握中国经济脉搏等方面，提出了不少新方法、新见解。回望整个研究历程，就如同一场艰辛的马拉松，在长长的赛道上，所有参与研究的同仁相互支持、勠力同心，克服了很多困难，共同跑完了全程，并较好地实现了预期目标。抚卷思之，这段难忘的经历是本书之外最令人欣慰的收获。

本书是集体研究的成果，采取研究人员分头撰写初稿、课题组集中统稿的模式进行。初稿统稿完成后，盛来运对全书进行最后的审改定稿。参与研究和写作的人员有盛来运、付凌晖、郑鑫、周平、李拓、黄永山、黄天河、吴闻潭、冯朝阳、熊小林等。盛来运作为课题组组长，主要负责研究和确定本书的总体思路、基础理论和逻辑框架，并参与部分章节撰写。付凌晖主要负责课题研究和书稿撰写的组织协调工作，并参与全书写作框架、研究方法、主要观点的讨论和部分章节起草等工作。郑鑫主要负责全书研究框架和写作提纲的设计，承担重要章节内容的撰写，并参与总体思路、基础理论、研究方法、主要观点的讨论和设计。具体研究和写作分工如下：第一章由盛来运、郑鑫执笔，第二章由盛来运、郑鑫、周平执笔，第三章由李拓执笔，第四章由吴闻潭执笔，第五章由李拓、黄天河执笔，第六章由郑鑫执笔，第七章由盛来运、付凌晖、周平执笔，第八章由李拓、熊小林执笔，第九章由付凌晖、吴闻潭执笔，第十章由李拓、黄天河执笔，第十一章由郑鑫执笔，第十二章由盛来运、郑鑫执笔，第十三章由李拓执笔，第十四章由吴闻潭、李拓、郑鑫执笔，第十五章由李拓、黄天河执笔，第十六章由郑鑫、吴闻潭、李拓执笔，第十七章由盛来运、黄永山、冯朝阳执笔，第十八章由付凌晖、李拓执笔，第十九章由吴闻潭执笔，第二十章由黄永山、熊小林执笔，第二十一章由郑鑫执笔，第二十二章由盛来运、吴闻潭执笔。

在本书即将付梓之际，要感谢国家统计局局长兼国家发展改革委副主任宁吉喆同志给予本项研究的大力支持和悉心指导，并亲自为本书作序。感谢国家统计局办公室主任毛盛勇同志、综合司司长刘爱华同志对课题研究和书稿撰写的大力支持。感谢国家统计局综合司全体同仁在工作和生活中给予课题组成员的关心和帮助。感谢南京财经大学副校长张为付教授以及原小能教授、杜修立副教授在本书研究过程中提出的宝贵意见。感谢中国社会科学院陈耀研究员在课题设计和研究方法上给予的帮助。要对认真负责、辛勤付出的课题组全体成员表示衷心感谢，他们在繁重琐碎的日常工作之余，利用休息时间完成了本书的撰写。同时，对热情关心和指导本项研究工作的全国哲学社会科学工作办公室、国家统计局统计科学研究所有关负责同志表示衷心感谢。此外，还要感谢商务印书馆为本书的出版付出辛勤劳动的所有同志。

研究中国经济增长动力问题，不仅需要深厚扎实的经济学理论基础，还需对中国经济运行和宏观经济政策实践具有较准确的理解和把握，但限于自身水平和能力，本书难免存在一些不足或错漏之处，诚请相关领域专家学者、政策研究和决策者，以及对该问题感兴趣的广大读者批评斧正。

盛来运

2020 年 10 月